JN299020

イギリス史研究入門

近藤和彦
Kondo Kazuhiko

編

山川出版社

読者へ

　本書は，古代から現代までのイギリス史に取り組もうという学生・研究者に，携行し活用していただくための研究ガイドである。初学者はもちろん，すでに何年も研究・教育に従事してきた方々にも役立つように編んだもので，各時代と各テーマについて，何がどう問題なのか案内し，参考図書，刊行史料や研究文献など，研究の道具立てを確認する。

　第Ⅰ部は第1章を総説とし，以下は時代とテーマによって11の章に分け，各章はそれぞれの分野の専門家が執筆する。1冊の書物であらゆる論点と文献とリソースをあげつくすことはできないし，かりに100巻の文献目録によってそういったことを実現したとしても，それは日進月歩の研究によってただちに古くなってしまうだろう。むしろ，本書が心がけているのは，蓄積されてきた研究に満遍なく言及するよりは，今日からみて重要な論点を指摘し，また将来の研究のための道具立てをしっかり示すということである。第Ⅱ部は，文献・リソースをA群，B群に分けて列挙し，参照すべき文献，そして鉱脈を探りあてるための手がかりを示す。最近の文献と情報の洪水のなかで何を取捨選択するか，ということに編著者は皆かなりの努力をそそいだ。たとえ，ある特定のテーマの研究が直接ここに論及されていない場合でも，本書の示す文献やリソースを通じて探りあてることができるように配慮している。

　これから皆さんが自らフロンティアを開拓し，新しい研究史を築き，歴史像を描いていくにあたって，本書が一助となることを確信し，熱望している。

　なお，自明のことなのでここでは立ち入らないが，イギリス史研究の第一の前提は，英語力である。古今の英語に親しみ，良い辞書を活用し，語学力をみがいてほしい。英語を正確に理解する力と明晰に表現する力は，相互作用的に進化する。他の言語を学ぶことも，必ずや有益な効果をもた

らす。「言葉がわからずに、どうして歴史がわかろうか」というのは、ある先学の遺言のひとつである[西川 1984]。第二の前提は、文明および歴史学、そして日本史への知的関心である。そうした積極的な読書に加えて、第三に、自分で調べて根拠を明らかにしながら論じること、師友との交わり、切磋琢磨を喜びとしてほしい。そうでないなら、トリヴィアは蓄積されても、明晰な論文を書くことはできず、したがって、広く通用する研究者にもなれないだろう。

　第四に、インターネットをはじめとするITに習熟することが必要であるのはいうまでもない。ウェブ情報は有用にして即効性があり、本書でも積極的な活用を促している。だが、これは著書や論文と同じように、だれが制作し、いかなる版元（サイト）が公にしたものなのか、つねに責任を確認しながら読むほかない。ディジタルな情報を活用し、その大海で漂流しおぼれないためには、第一、第二、第三に記すような、非ディジタルな能力と素養が欠かせないのである。

凡　例

　第Ⅰ部で文献をあげる場合は，編著者名と刊行年により[Pocock 1974]などと記す。ただし，よく知られているシリーズやレファレンス，専門誌などの場合は[*ODNB* 2004- ; *SOHBI* 2000-08]のように示す。現在継続中ないし更新中の場合は，開始年のみを記す。ウェブサイトについては，URLを示しても数年のうちに変更される例が多いので，本書では[⇒ BBC ; Number10 ; Parliament]のように，矢印のあとにキーワードや略号を示す。そのまま，あるいはスペースのあとに国コードukやieを補って，グーグル検索すればヒットする（必ず半角で）。

　第Ⅱ部はAとBに分けて，これらの文献やリソースの書誌などを列挙する。本文の[　]内では，A群に属することを示すために細ゴチック体を用いる。

　本書では慣行に従い，重要な固有名詞についてつぎのような略号を使う。イタリック体は叢書や辞典など刊行物のタイトルである。オンラインで供用しているデータベース（ディジタル・アーカイヴ）には＊を付す。なお，ⅡのAに主要な専門誌の略号を示す。

BBIH: The Bibliography of British & Irish History (2010年にRHS bibliographyを改編継承)＊
BL: The British Library (1973年にBMから独立)
BM: The British Museum
Bod: The Bodleian Library, Oxford
CUL: Cambridge University Library
CUP: Cambridge University Press
EHD: *English historical documents*
HMC: Historical Manuscripts Commission (2003年にTNAへ統合)
HMSO: Her (His) Majesty's Stationary Office (2006年にTNAへ統合)
HOC: *The House of Commons*
IHR: The Institute of Historical Research, London
MUP: Manchester University Press
NHI: *A new history of Ireland*
NRA: The National Register of Archives (2003年にTNAへ統合)＊
ODNB: *The Oxford dictionary of national biography* (旧*DNB*を2004年に全面改訂)＊
OED: *The Oxford English dictionary on historical principles* (旧*NED*を1933年に改称)＊
OHBE: *The Oxford history of the British empire*
OUP: Oxford University Press
PRO: The Public Record Office, London & Kew (2003年にTNAへ改編統合)
RHS: The Royal Historical Society
SOHBI: *The short Oxford history of the British Isles*
TNA: The National Archives, Kew
UL: University Library
UP: University Press
VCH: *The Victoria county history of England*

目　次

第Ⅰ部

第1章　総　説　　　　　　　　　　　　　　　　　　　近藤和彦　4
1　イギリスの歴史　　　　　　　　　　　　　　　　　　　　　　4
2　ロンドン，大学，図書館，チャリティ　　　　　　　　　　　　8
3　イギリス史の叙述の変遷　　　　　　　　　　　　　　　　　　15
4　研究のガイドとリソース　　　　　　　　　　　　　　　　　　22

第2章　ローマン・ブリテン～10世紀　　　　　　　　　鶴島博和　26
1　ブリテン史の射程　　　　　　　　　　　　　　　　　　　　　26
2　ローマ帝国とブリテン　　　　　　　　　　　　　　　　　　　27
3　ポストローマと諸民族と王国の形成　　　　　　　　　　　　　32
4　ヘゲモニー国家イングランドの出現　9世紀～11世紀中葉　　　38

第3章　11世紀～近世前夜　　　　　　　　　　　　　　鶴島博和　48
1　ラテン的キリスト教世界とブリテン　　　　　　　　　　　　　48
2　半周辺と周辺の構造化　11～13世紀　　　　　　　　　　　　　49
3　島嶼複合諸国家体制　14～15世紀　　　　　　　　　　　　　　65

第4章　近　世　　　　　　　　　　　　　　　　　　　小泉　徹　80
1　イギリス史のなかの近世　　　　　　　　　　　　　　　　　　80
2　長期的変化　　　　　　　　　　　　　　　　　　　　　　　　82
3　主権国家への胎動　1450～1530年　　　　　　　　　　　　　　87
4　主権国家の構築　1530～1630年　　　　　　　　　　　　　　　90
5　主権国家の危機とその克服　1630～90年　　　　　　　　　　　97

第5章　長い18世紀　　　　　　　　　　　　　　　　坂下　史　104
1　18世紀という時代　　104
2　名誉革命体制の成立と安定化　1688〜1730年　　107
3　洗練され商売上手な人びと　1730〜83年　　112
4　名誉革命体制の動揺と改革熱の高揚　1783〜1815年　　120

第6章　19世紀　　　　　　　　　　　　　　　　　　金澤周作　128
1　19世紀史というテーマ　　128
2　模索の時代　1815〜50年　　130
3　均衡の時代　1850〜70年　　137
4　摩擦の時代　1870〜1914年　　144

第7章　20世紀　　　　　　　　　　　　　　　　　　西沢　保　154
1　20世紀という時代　　154
2　新自由主義と20世紀システムの形成　　156
3　第二次世界大戦と戦後世界の形成　福祉のコンセンサス　　163
4　帝国からヨーロッパへ　国際関係　　168
5　サッチャリズムとニュー・レイバー　　171

第8章　スコットランドとウェールズ　　　　　　　　　　　　180
1　イギリスとスコットランド　　　　　　　　　富田理恵　180
2　主権国家としてのスコットランド　　183
3　連合王国のなかのスコットランド　　192
4　ウェールズ　　　　　　　　　　　　　　　　近藤和彦　199

第9章　アイルランド　　　　　　　　　　　　　　　勝田俊輔　204
1　アイルランド近現代史研究というテーマ　　204
2　アイルランド王国期　　205
3　連合王国から南北分離・独立へ　　216
4　アイルランド島史を超えて　　228

第10章	議　会	青木　康	230
1	議会史というテーマ		230
2	議会の形成		233
3	国政の中心へ		237
4	「長い18世紀」の議会寡頭政治		240
5	民主政治と議会		246
6	貴族院と他の議会		251
第11章	教　会	西川杉子	255
1	閉ざされた宗教史研究　1980年代以前		255
2	広がる宗教史		257
第12章	帝　国	秋田　茂	272
1	帝国史というテーマ		272
2	帝国の起源		273
3	環大西洋世界と東インド		275
4	自由貿易帝国と「パクス・ブリタニカ」		281
5	脱植民地化		288

第Ⅱ部 ──────────────────────────── 295
A　レファレンス・専門誌・史料・リソース　　　　298
B　研究文献　　　　　　　　　　　　　　　　　　318

◆付　録
　年表　　381
　系図　　391
　地図　　394
　人名索引　395
　事項索引　401

イギリス史研究入門

第Ⅰ部

第1章 総説

1 │ イギリスの歴史

イギリス・英国・ブリテン・連合王国

 だれもが知っているイギリス。歴史の重さゆえにわかりにくい英国。

 イギリスといえば、ただちに名称の問題に直面する。そして名称は、歴史の見方という問題に直結する。本書でイギリスおよびイギリス人とは、現代英語の Britain および British のことである。これを誤解の余地なく示すためにブリテン、ブリテン人と記すこともある。グレートブリテン(Great Britain)とは地理的な用語で、イングランド・ウェールズ・スコットランドからなる大きな島をいう。この大島を古代ローマ人は Britannia と呼んだ。英語で小さいブリテン(Little Brittany)とは、現フランスのブルターニュ半島のことである。いずれも「ブリット」などと呼ばれたケルト系の人びとの地という意味だった。ブリテン諸島(British Isles)という表現が今日よく用いられるが、これも地理的な用語で、グレートブリテン島とアイルランド島と周囲の島々を含めた群島をいう。まぎらわしいが、ブリテン島といった場合は、諸島でなくグレートブリテン島の略記である。

 現在の主権国家イギリスの正式名称は「グレートブリテンおよび北アイルランド連合王国」である。略して連合王国(UK)という。この名称の由来については以下の章で述べる。「イギリス」あるいは「英国」という慣用名が普及しているが、この日本語の起源は、16〜17世紀の東アジアで用いられたラテン語・ポルトガル語なまりの「アンゲリア」あるいは「エンゲレス」であった。アンゲリアには「諳厄利亜」、エンゲレスには「英吉利」「英倫」といった漢字があてられたが、19世紀後半、すなわち幕末・明治には諳厄利亜・諳国・諳語でなく、英吉利・英国・英語が定着した。

英華，俊英といった熟語もあるように，「英国」という表現には美しさと優越が含意されていて，これは近代日本におけるパクス・ブリタニカの価値観の受容でもあった[日本国語大辞典；近藤 1998]。

なおまた大英帝国，大英博物館といった表現もあるが，もとの British empire, British Museum に「大」という意味はない。にもかかわらずこうした表現が近代日本語として定着したのは，イギリス帝国を偉大と考え，「大日本帝国」の模範として寄りそおうとした，明治・大正・昭和人の羨望と事大主義ゆえだろうか。本書ではこうしたバイアスのあらわな語は，引用以外では使わない。イギリス帝国，英国博物館などと表記しよう。とはいえ，イギリスも英国も，エンゲレスや English, England に起源をもつ日本語を拡大して Britain や UK に適用しているわけだから，この用法にも問題がないではない。

このように，イギリス・英国・ブリテンは，言い換えるだけではすまない，歴史がらみの問題である。本書ではそうした点を意識しながら，慎重にイギリスという語を用いるが，イギリスなる存在の広がりとアイデンティティの歴史的変化こそ，本書を貫く心柱のようなテーマである。

現況とアイデンティティ

現在の連合王国は，イングランド・スコットランド・ウェールズ・北アイルランド・島嶼部(とうしょ)からなる連邦国家である。約24万平方キロ，人口約6100万。1997年の労働党政権から権限委譲(デヴォルーション)が進行して，従来からあった地域的アイデンティティはさらに強まっている。また各地からロンドン(ウェストミンスタ)の議会ばかりでなく，EU (ヨーロッパ連合)の議会にも議員が選出されている。ほかに，植民地が今も世界の要所に散在する。アイルランド共和国(エール)は約7万平方キロ，人口約400万。やはり EU のメンバーである[⇒ Visit Britain；Discover Ireland]。

グレートブリテン島の最高峰ベンネヴィスはスコットランドにあって標高1344メートル，アイルランド島の最高峰カラントゥールは共和国にあって標高1038メートルである。日本の高山に比べるとかなり低いが，その勇壮な山肌は氷期の痕跡をとどめる。ブリテン諸島は，北海をはさんでスカ

ンディナヴィアに連続しているのである。

海の繋がりについて、以下の各章で具体的に述べるが、ブリテン諸島にはさまざまな来歴の人びとが交ざり合って住んでいる。英語は、中世以来のヨーロッパ諸言語の混成と独自の展開によってできあがった。こうした事実は、イギリス史において北海や英仏海峡、そしてビスケ湾をはさむヨーロッパ・コネクションが決定的だったことの結果である。近代以降は、これにアフリカ・カリブ系、西・南・東アジア系の移民が加わり、20世紀後半に際立って増えた。コモンウェルス(英連邦)を構成する旧植民地諸国とのゆるい連帯・関係は今日も続いているし、またアメリカ合衆国とは特別な同盟が保たれている。かつてスエズ運河(1869年)より前の時代に、これらの地域のいずれに渡るにもまず大西洋を航行したので、こちらは大西洋コネクションということができる。ヨーロッパ・コネクションと大西洋コネクションのどちらが重要か。これは歴史家の論議の的であり、近現代イギリスの政策や戦略を貫くイシューでもある。

こういった歴史の結果として、今日のイギリスは多様な複合社会である。ブリテン諸島には「単一民族国家」や「単一不可分の共和国」などとは異質な政治社会が存在している。この多様性、複合性と連邦的なアイデンティティがどのように生まれ、展開してきたのか。本書は、最初から最後までこの問題に取り組む[Grant & Stringer 1995; Bradshaw & Morrill 1996; *SOHBI* 2000–08]。

イギリス史の研究

イギリスは世界や日本の近現代が形づくられる過程で大きな役割をはたし、また痕跡を残してきたので、近代的な歴史学が成立して以来、イギリスの歴史は熱く議論されてきた。実証史学あるいは歴史科学の創始者とされるランケの業績は多いが、そのうち『イングランド史』全7巻(1859年)は近世の国制史・政治史の祖型となるものであった。マルクスが古典派経済学や議会文書を読破しながら『資本論』第1巻(1867年)で論じたのは、中世から19世紀にいたる原始的蓄積の歴史、すなわちイギリス資本主義形成史であった。また福澤諭吉は、ロンドンなどにおける見聞と読書に基づ

いて『西洋事情』(1867年)を執筆したが，その由来を，のちにこう述懐している。「保守党と自由党と徒党のようなものがあって……太平無事の天下に政治上の喧嘩をしているという。コリャ大変なことだ。……あの人とこの人とは敵だなんというて，同じテーブルで酒を飲んで飯を食っている。少しもわからない」。こうした不可思議を理解するための鍵，そして近代日本に民間公共社会とリベラリズムを定着させるための選択肢を「歴史を読む」ことによって示すのが，福澤の動機であった[福澤 1901;近藤 1998]。

問題を明らかにするには，過程を，すなわち歴史を明らかにするのがよい。その後のアカデミズムにおいて，史料編纂や著書，書評，論文，専門誌，そして学会などのかたちをとって展開したイギリス史の研究蓄積は膨大である。

すでにイギリス史の概説・通史は，いくつも公刊されている(第Ⅱ部A-1)。近年の日本語の出版として，イギリス政治史の事実を丁寧に追った3巻本の通史があり，付録も充実している[今井 1990;青山 1991;村岡・木畑 1991/2004]。イギリスの帝国としての側面を強調した概説[川北・木畑 2000]，叢書『イギリス帝国と20世紀』5巻[秋田ほか 2004-09]，外交史の入門[佐々木・木畑 2005]なども有益だろう。『日英交流史 1600～2000』5巻は英語版と日本語版が出版されている[細谷・ニッシュ 2000-02]。史学史的な観点からは，旧『岩波講座 世界歴史』31巻(1969～74年)および新『岩波講座 世界歴史』28巻(1997～2000年)の該当する章[荒ほか 1969-74;樺山ほか 1997-2000]が，そして旧『イギリス史研究入門』という共著[青山ほか 1973]が，刊行時の水準をよく反映していて，今でも有用な部分がある。

英語の出版についていえば，旧 *The Oxford history of England* 15巻[OHE 1934-65]は，20世紀半ばに完成をみた正統的なイギリス通史であった。この通史はロング・セラーであると同時に，刊行中からすでに批判が続き，今にいたる専門的なイギリス史研究は，ほとんどこれに対する批判あるいは修正として展開してきたといって過言でない。そうした数十年をへて新たに編集刊行されたオクスフォード版の2つの編著シリーズが，研究史の

転換を意識した企画として重要である。そのひとつは *The Oxford history of the British empire* 5巻[OHBE 1998-99]，もうひとつは *The short Oxford history of the British Isles* 11巻[SOHBI 2000-08]であり，現今の研究情況をよく示している。やはりオクスフォード版の *A new history of Ireland* 9巻[NHI 1976-2005]もあるが，これは上の2つにもまさるほどに意義深く，今日の研究の出発点といえる。

とはいえ，こうした近年の学界の変貌にもかかわらず，特定テーマについて，文字通り「古典的」といえるモノグラフが生命を保ち，確かな研究の基盤をなしていることも事実であり，このような業績については各章の該当箇所で言及する。

2｜ロンドン，大学，図書館，チャリティ

ロンドンの歴史

ここで，イギリス史のどのような局面をみる際にも基本となるいくつかの事柄について，要点を述べておこう。ただし，議会，教会，帝国については，それぞれ独立の章を設けて扱うことにする。

ロンドンはテムズ川を約50キロ遡った内陸の都市だが，潮の干満の影響を受け，海の経済圏の要所でもあった。コルチェスタについでローマ属州ブリタニアの首都となったが，中世には他のウィンチェスタ，ヨーク，オクスフォード，グロースタなどと並び立つ重要都市であった。ロンドン市（City of London）は最古の自由都市で，市民は数十におよぶギルド（同業組合）に編成され，カンパニ（リヴァリ・カンパニ）の代表が1年任期の市長に就いた。王宮および行政府は，ウェストミンスタに定められた。1500年の人口は合わせて約4万。ナポリ，ヴェネツィア，ミラノ，パリといった10万都市にはおよばないが，北海の存在感ある都市となっていた。16世紀に急成長して1600年には人口20万に達し（パリは22万），1700年には60万弱でヨーロッパ1の人口をもつ大都市となり，以後は今日まで，その位置を保っている[Mitchell & Deane 1971; de Vries 1984; 近藤・伊藤 2007]。ロンドンの歴史については専門誌 *The London Journal* があり，後述のIHRには首都史研究センターがある[⇒

Institute of Historical Research, Centre for Metropolitan History]。また歴史的建築や団体，場所について有用なガイドが刊行されている[Pevsner 1973; Weinreb & Hibbert 2008]。

度量衡，地図など

　イギリスの歴史的制度は，行政の単位も含めて，1970年代に大きく変わった。歴史研究のためには聖俗の制度史的な知識が不可欠である[近藤 2010]。個別的には本書の該当箇所に示すが，貨幣単位と度量衡の基本は以下のとおりである。

　貨幣は1ポンド(pound sterling, ラテン語で libra, £と略記)=20シリング(shilling, s と略記)=240ペンス(単数形は penny, d と略記)。近世・近代にはポンドは金貨，シリングは銀貨，ペニは銅貨であった。21シリングにあたるギニ金貨は，特別の報奨や専門職への対価に用いられた[⇒ Bank of England]。1971年から，1ポンド=100ペンスという現行の通貨システムが実施されている。

　容量は1クォータ=8ブシェル=32ペック≒288リットル。ただし，近世まで地域差は大きい。重量は1ポンド(lb)=16オンス(oz)≒454グラム。長さは1マイル=1790ヤード=5280フィート≒1.6キロ。1フィート(単数形は foot)=12インチ≒30cm。広さは1エーカ≒0.4ヘクタール[Zupko 1985]。現在のイギリスの児童・生徒はメートル法で学習するが，例えばPCやテレビの画面の大きさはインチで表現するように，慣行は根強い。

　歴史地図および地名事典で便利なものがいくつかあり[K. Cameron 1969; Muir 1969; Mason 1972; Pope 1989; *Merriam-Webster* 1997; Humphery-Smith 2003]，また歴史的用語の解説としては，旧『イギリス史研究入門』や『英米法辞典』とともに，後述の歴史事典を活用する必要がある[Cannon 1997/2002; Gardiner 2000]。ロンドンについては中世末から，多くの地方都市については18世紀から，正確な，また表象的な地図や景観図が残っている。とくにロンドンは，街路名の索引を付した復刻版があって便利である[London Topographical Society]。また Ordnance Survey (日本の国土地理院にあたる)の地図は驚くほど詳細，具体的で，近現代史ばかり

でなく中世史の研究にも必須の道具である[⇒ OS map]。

大学の歴史

　大学制度とその歴史については，第3章にも記すとおり，13世紀のオクスフォードとケインブリッジに大学(university)が出現した。中世都市における大学の出現はヨーロッパ大陸のボローニャやパリに続く共通の現象であるが，また特徴も明らかである。イギリスの2大学(しばしばまとめてOxbridgeと呼ぶ)では，固有の基金をもつ複数の学寮(college)が，学寮長とフェローの運営する社団・法人として，また学生も含めて寝食をともにする共同体として，互いに競合しつつ学問と教育に貢献するようになった。オクスフォード大学およびケインブリッジ大学は，そうした学寮の集まる法人連合であり，また大学としてひとつの法人である。中世から今日まで，オクスブリッジの構成学寮の数と規模は増大し，19世紀後半には女子の学寮も複数ずつ創立され，20世紀後半には共学の学寮や，学部生を採らないgraduate collegeも複数ずつできて，現在は各30を超える。こうして新しい時代に対応しつつも，大学と学寮の二重性は維持されている。大学の正規の学生・教職員となるには必ず学寮のメンバーでなければならず，学位は学寮でなく大学が授与する[Aston 1984- ; Brooke 1988-2004]。

　イングランドの大学は19世紀前半までこの2つしかなく，イングランド国教会聖職者の養成機関であり，議員やジェントルマン，学者となる者が寝食をともにする学校であった。他方で，専門職を志す者には法曹学院(inns of court)などが養成機関兼同業組合として機能した。18世紀には実学教育に特化した私塾(academy)も輩出した[Hans 1951; *History of Education*]。

　スコットランドの大学は，15世紀にセント・アンドルーズ，グラスゴー，アバディーン，そして1583年にエディンバラに設立され，20世紀までこの4つの大学が並立した。アイルランドの大学は1592年にダブリンにトリニティ大学(コレッジ)が設立され，19世紀半ばまでこのひとつだけであった。なおまたアメリカ13植民地ではハーヴァード(1642年)，ウィリアム＆メアリ(1693年)，イェール(1701年)，プリンストン(1746年)などの高等教育機関が学位を授与するようになった。19世紀までオクスブリッジの学生・教職員とな

るにはイングランド国教徒でなければならなかったから，非国教徒や，専門職をめざす若者は，スコットランド，オランダやフランスの大学に遊学したり，むしろ私塾で実学をおさめ実業界にはいるといった道を選んだ。とはいえ，19世紀のオクスブリッジ在籍者を分析した最近の研究では，通説と違い，中産階級下層の出身で実業界に進む学生もまた多数を占めたという［Rubinstein 2009］。歴史研究のためには，各学校の何百年史といった編年史だけでなく，在籍した者（卒業生とは限らない）のリスト［*Alumni Cantabrigiensis*；*Alumni Oxoniensis* など］が有益で，英米の研究図書館には必ずそろっている。

近代以降の大学

　19世紀前半のロンドンで，ベンサム主義の影響下に無宗教の University College が設立され，対抗して国教会系の King's College が設立され，両者あいまって，1836年にロンドン大学が発足した。その後も college や school や institute を名乗る機関の設立・拡充が続き，全体として大きなロンドン大学を連邦的に構成している。College といってもオクスブリッジの学寮と違って共食共同体ではないが，おのおの自律性をもつ法人であり，それぞれ UCL, KCL, LSE といった登録商標をもつ［Harte 1986；Harte & North 2004］。また1837年，国教会聖職者向けにダラム大学が設立された。

　19世紀後半から20世紀前半までのあいだに，マンチェスタ，リヴァプール，リーズ，シェフィールド，バーミンガム，ブリストル，そしてレディング，レスタ，ノティンガムなど地方の主要近代都市に大学が設立された。市民の支援を背景に設立された点に特徴があり，建物の材料と色から赤煉瓦（redbrick）大学と呼ばれることもある。ベルファストの Queen's，ダブリンの University College，そして4つの分校からなるウェールズ大学も19世紀の産物である。おおむね多学部からなる総合大学であり，歴史学部を有している［M. Sanderson 1975；⇒各大学サイト］。

　大きく性格が変わるのは，1960年代の労働党政権下，戦後世代の進学を迎えてサセクス大学以下の新構想大学がつぎつぎに生まれたときである。ヨーク，ニューカースル，イーストアングリア，エセクス，ケント，ウォ

ーリク,ランカスタ,ストラスクライド,スターリング等々の郊外に,緑の起伏とコンクリートと大きなガラス窓を特徴とするキャンパスが出現した。社会学,現代史,文化研究,地域研究などが優勢であり,歴史学科をもつとは限らない。放送授業を取り入れたOpen Universityは1971年に開学した。また1990年代初めには従来のpolytechnic(日本の高等専門学校に相当)が名称を大学と変え,学位を授与するようになった。イギリスの大学の数はいまや130を超え,日本やアメリカと同じような大衆的教育機関となった[⇒ Universities UK;⇒ Universities Ireland]。

イギリスにおける歴史学は学問の雄であり,そのことは歴史学部の教員数の圧倒的な多さ(例えばオクスフォード大学歴史学部の教員は198名にのぼる),オクスブリッジの学寮長に就任する歴史学者の多さにもあらわれている。イギリスの大学の歴史学部と日本の大学の歴史学科との違いをあげるなら,第一に規模が違う。第二にイギリスでは法制史・経済史・思想史・国際関係なども包含し,逆にアジア史・日本史は含まれない。第三にイギリスでは20世紀史,とくに1945年以降の研究が盛んである。

イギリスの大学は20世紀のあいだに大きく増加し変貌したが,歴史学におけるオクスブリッジとロンドンの優位は変わらない。前者はともに素晴らしい人員と環境,図書館・文書館,博物館,そして有力な大学出版会(OUP, CUP)をもつ。後者は首都に位置し,1921年に共同利用施設として歴史学研究所(IHR)が設立された。IHRはロンドン大学本部(Senate House)にあり,全開架の図書館であり,研究・教育の全国的・国際的なセンターである[Birch & Horn 1996]。数十のセミナーが定期的に開催され,また重要な研究集会がここで開催され,その成果がのちに編集刊行されている。

図書館と博物館,文書館

イギリス最古の図書館は,オクスブリッジの学寮図書館および大学図書館(Bod, CUL)である。それぞれ研究文献,歴史的な刊本を備えた図書館であるだけでなく,中世の写本,そして手稿史料や記録を保有する文書館(archives)でもある。1753年には,文書・稀覯本の散逸を防ぎ,博物学の標本などと一緒に国費で管理すべく,British Museumが創設された。文字通

りには「英国博物館」であるが，これは当初から図書館・文書館の機能もかねていた。1973年の法律で英国博物館(BM)と英国図書館(BL)が分離独立し，90年代から別個の敷地で運営されている。このBLの部門として文書部，稀覯本部，政府刊行物部，インド部などがあるわけである。BLはBodやCULとともに，法律で定められた納本図書館(legal deposit library)である。日本では国会図書館だけがこれにあてはまるが，連合王国とアイルランド共和国に合わせて計6の納本図書館があり，両国のすべての出版物を所蔵することになっている。さらに，エディンバラ大学図書館やダブリンのトリニティ大学図書館のように，16世紀以来の文書と稀覯本を豊富にもつ施設が数多い。また各大学図書館は学位論文を所蔵し，これは著作権手続きをへて閲覧することができる。

　こうしたものとは別に，チェタム図書館(Chetham's Library)やロンドン図書館(The London Library)などそれぞれの由緒と個性を備えた公益法人として存続しているものが多い。各都市に篤志家たちが出資・運営していた図書館は，1850年の法律によって公立図書館として再編，拡充した。なかにはマンチェスタ市立図書館のように大学図書館に負けない水準の蔵書施設もある。20世紀末の大学の拡充および財政事情の変化にともない，例えばジョン・ライランズ図書館(The John Rylands UL of Manchester)のように，篤志家による法人図書館が大学図書館に吸収合併される場合もある［近藤1983］。21世紀にはいり，世界の代表的図書館の所蔵する歴史的な英語の刊本をすべてディジタル商品化する企画が進行中で，そのアクセス権は現在のところ非常に高価な値で販売されている(第Ⅱ部A-5参照)。

　以上のような歴史的図書館にはほとんどの場合，文書部が備わっているが，公的な文書館が独立の機構として設立されるのは，1707年合同後のスコットランド国立文書館(The National Archives of Scotland)が最初である。ロンドンの公文書館(PRO)は，BMとは別の機構として，記録長官(master of the rolls)管轄のもとに1838年に開設され，拡充をへて現在は国立文書館(TNA)として運営されている。なお議会関係の文書は(1834年に庶民院が焼失したので)貴族院文書館(The House of Lords Record Office)が所管したが，これは現在 Parliamentary Archives と改称されている。この3機関は，いずれ

もウェブサイトが充実している。州の司法行政や私家の文書は,各州の文書館(county record office)におさめられるのが普通である。全国の団体や企業は余力があれば業務文書を自己管理し,それができなくなると州文書館や大学に寄託したり,北米をはじめとする財政豊かな大学や法人に売却したりする。そうした結果としてアメリカのハンティントン図書館(The Huntington Library)は,中世・近代の史料の宝庫である。歴史的文書は情報と知恵の宝庫なので,美術品と同じように資産とみなされている[近藤 1982;Foster & Sheppard 1989]。

チャリティと公共圏

すでに言及している学寮や図書館は,イギリスの現行法ではチャリティである。これに慈善団体という訳語をあてはめるのは誤解を招く。日本では学校法人,宗教法人,医療法人などと細分化して行政指導を受ける公益法人や公益信託を,イングランドとウェールズではすべて Charity Commission が,スコットランドでは Scottish Council for Voluntary Organisations が,北アイルランドでは Northern Ireland Council for Voluntary Action が所管する。公益団体としてのチャリティの活動は,日本語の公共であり,民間でもある「公共圏」の領域に属し,非政府,非営利である[Habermas 1962;⇒ Charities Act 2006]。BBC も大学も寺院も博物館もスポーツ振興団体もナショナルトラストも動物擁護団体もエイズ救済団体も,チャリティである。1601年エリザベス1世の治世43年の法律4号「チャリティ用益法」による規定から,2006年のチャリティ法まで本質的に変わっていないところにイギリス法の妙がある[*Halsbury* 1905- ;英米法辞典]。なお,労働団体や協同組合もチャリティであり,イギリス近現代史の重要なジャンルをなす。よく使われる1巻物の研究便覧(23頁参照)においても cooperative, labour, socialism, trade union などの項目に要領のよい案内がある(19頁も参照)。

今日の連合王国に登録されたチャリティの年間財政規模は,ある推計によると,計330億ポンドにおよぶという。チャリティは,イギリスの市民社会と公共圏を語る場合に欠かせないキーワードなのである[近藤 2007a;

金澤 2008；大野 2009；⇒ UK Civil Society Almanac］。

3 | イギリス史の叙述の変遷

研究史・枠組の変遷

　イギリス史の叙述 (historiography) の枠組は長期的に変遷してきたが，もっとも重要なのは，ホウィグ史観，マルクス主義史観，そして経済史・社会史・文化史と修正主義である。これらはじつは，イギリスに限らず，欧米や日本，その他の文明諸国の歴史学界にも根本的なところで共通する動きであった。とりわけ最初の2つが確立した範式(説明の枠組)は，今なお学校教育において根深いものがある。

　そもそも歴史学が大学教授の営みになったのは19世紀のことであり，それ以前のクラレンドン伯やE・ギボンは偉大な歴史家であったが，大学の教職には就かなかった。19世紀半ばのT・B・マコーリやマルクスも同様である。大学で歴史を講じ，専門誌に論文を寄稿し，また専門誌を編集し，セミナーで学生を指導するといったアカデミックな歴史家の生活様式(再生産様式)はドイツのランケに始まり，彼の影響を受けた人びとによって19世紀後半の文明諸国に普及した。最初の歴史学専門誌 *Historische Zeitschrift* は1859年に，イギリスの学会紀要 *Transactions of the Royal Historical Society* は1875年に，専門誌 *English Historical Review* は1886年に創刊された。フランス，イタリアはこれに少し先行し，日本の『史学雑誌』(1889年創刊)，そして *American Historical Review* (1895年創刊)があとに続く［近藤 1998］。

　じつは，19世紀のアカデミックな歴史学の形成よりも前に，すでに18～19世紀に民間の尚古趣味と郷土史が隆盛をみていた。1849年に創刊されて今にいたる情報交換誌 *Notes & Queries* や，その地方版にあたる類似出版物，そして各州のそれぞれ誇り高き尚古協会・郷土史協会の刊行物は，具体的な情報の宝庫である［米川 1972；近藤 1982；Sweet 2004］。*RHS texts & calendars* (計2巻)にこれらの刊行物の目次一覧リストがある。19世紀まで，歴史は文筆家・尚古家・ジェントルマンの営みであった。そうしたなかか

らホウィグ史家と呼ばれる一群の歴史家があらわれ，民間史学とアカデミズム史学の架け橋となった。

　こうした尚古趣味的な郷土史の蓄積があってこそ，民間史家と大学研究者の協力により『ヴィクトリア記念イングランド州別史』[VCH 1901-]のシリーズが始まり，今も継続している。ナチスに追われてドイツから移住したN・ペヴズナによる包括的な建築史の叢書[Pevsner 1952-74]が20世紀後半に実現したが，じつはこれも VCH あってこそ可能だったといえる。

ホウィグ史観とマルクス主義史観

　ホウィグ史観(Whig interpretation of history, Whiggism)とは近代史家H・バタフィールドの表現で，ヴィクトリア期に伸長した自由主義の立場から歴史を進歩の味方と敵に分けて叙述した史観のことをいった。こうした自由と進歩の立場はマコーリ，アクトン卿，G・M・トレヴェリアンなど19世紀から20世紀前半の歴史叙述の主流をなし，彼らはホウィグ党・自由党の支持者だったので，バタフィールドはこうした傾向の歴史家をひとまとめに「ホウィグ史家」と称したのである[Butterfield 1931]。しかし，旧体制の腐敗と矛盾を指摘し，政治と宗教における自由と進歩を称える歴史叙述は支持政党を超えて普及したし，また学校における歴史教育でこうした史観の普及版でないものは少ない。そもそも現存する秀でたものの起源と系譜を探り歴史を顕彰すること，現在と過去を結びつけて「わかる」ようにすること自体が，ホウィグ史観なのかもしれない。このように疑問があいついだが，しかし，広く応用できる解釈だったので，今日もしばしば批判の修辞として用いられる[Carr 1961/1987; Cannon 1988; Kenyon 1993]。

　ホウィグ史観の通史としての完成態は，じつはバタフィールドよりあとに刊行された前出の旧 *The Oxford history of England* [OHE 1934-65]であった。タイトルに臆面もなく表現されているとおり，狭義のホウィグ史観は，連合王国のうちイングランドに特定した政治史であった。このイングランド中心史観には根深いものがあり，中央ヨーロッパ史に該博な知識を有するA・J・P・テイラが，1965年に OHE の最後の巻[A. Taylor 1965]として著した *English history, 1914-45*（『イギリス現代史』）もまた，イングランド中

心主義であった。だからこそ，これを批判したJ・G・A・ポーコックとテイラのあいだの論争は痛烈なものとなった[Pocock 1975a]。

マルクス主義史観(史的唯物論)は，生産力と生産関係によって成り立つ社会構成体とその発展段階を想定し，ひとつの段階からつぎの段階への移行を，基底(土台)と上部構造の矛盾によって説明する。歴史発展の必然性と法則性，そして資本主義の必然的な死を唱えるこの歴史観は，マルクスとエンゲルスに始まり[Marx 1859]，1919年以後にはコミンテルンによってほとんど世界中に広まった。

かつてホウィグ史観とマルクス主義史観の対立が語られることもあった。たしかに，この2つは自由主義と社会主義のイデオロギーとして対抗した。そればかりでなく，前者は経験的な物語であり，後者は組織的に宣伝された図式であった。ホウィグ史観のエッセンスは国民国家と議会制の展開を，マルクス主義史観のエッセンスは国際社会主義共同体の実現を，あたかも人類文明の目標のようにみなすところにあった。前者はエリートの試練を，後者は「鉄の法則性」を強調した[Cannon 1988;Kenyon 1993]。

このように対照的な2つの史観だが，しかし，どちらも旧体制の問題と矛盾をことあげし，現在か近未来へ向けての長期の運動を正当化し，筋書をわかりやすく示す歴史観である点では共通していた。ともに旧体制の悪を指摘し，現在あるいは近未来の善にして正しいゴールにいたる定向進化を唱える目的史観である。わかりやすい絵柄とストーリが20世紀後半まで再生産されてきた。じつはホウィグ史観に限らず，近代の進歩史観の核には，リベラルな国民国家・国民経済・国民文化の形成があった[Carr 1961/1987;近藤 1998]。マルクス主義の場合も，1920年代にコミンテルンの方針が振幅したあと，結局は，国民国家の枠内での民主主義・社会主義革命が目標となっていた[毛利 1971;磯前・ハルトゥーニアン 2008]。

批判的歴史学

こうした2つの史観に影響を受けながらも，独自の学問が20世紀前半に展開した。そのひとつは経済史であり，もうひとつは人類学や美術史やアジア研究など，新しい文化諸学との交流である。19世紀後半からの交通や

通信，報道，科学技術，とりわけ写真の発達に支えられた展開であったことはいうまでもない。

経済史は19世紀末，ドイツにおける歴史学派経済学とその影響を受けた人びとによって始まったが，イギリスでは *The Economic History Review* が1927年に創刊され，これはフランスにおける *Annales d'histoire économique et sociale*(1929年)，日本における『社会経済史学』(1931年)，『歴史学研究』(1933年)とともに同時代の潮流をなした。この潮流には，従来の政治史や国家史の批判という側面，また新しい歴史学という進取の気概が明らかであった[二宮 1986；近藤 1998]。経済史，少し遅れて都市史は，社会史を前もって準備する苗床となった[Dyos 1968；Briggs 1968；Corfield 1997]。研究史を画する企画として *The Cambridge economic history of Europe*(1941～89年)，*The Agrarian history of England & Wales*(1967～2000年)が長い年月をかけて刊行された。また，総括的な *The Cambridge social history of Britain*(1990年)，そして *The Cambridge urban history of Britain*(2000年)，*The Cambridge economic history of modern Britain*(2004年)なども，それぞれ3巻本として公刊された。

世紀末までにロンドンおよびオクスブリッジにそれぞれ人類学・民族学の専門博物館が設立され，また東洋アフリカ研究院(SOAS)は1916年に創設された。ウォーバーグ研究所がナチスの迫害を逃れてロンドンに移転したのは1933年であるが，以後，美術史ないし図像研究のひとつの中心である[*JWCI* 1937-]。

イギリスにおけるマルクス主義史学は，経済史，社会主義思想史と結びついて展開するかにみえたが，むしろ実があがったのは，文化諸学との連携によってであった。その点で大きい意味をもつのは，第二次世界大戦後，1952年に創刊された *Past & Present* 誌である[*P&P* 1952-]。「科学的歴史学雑誌」という副題をもち，C・ヒル，R・ヒルトン，E・ホブズボームのようなマルクス主義史家が結集したが，古代史や人類学など隣接諸学の学者，またE・P・トムソンのような文人も合流した知的グループであった。やがて副題は中立的な a journal of historical studies と変わり，編集委員会においてJ・エリオット，J・サースクやK・トマスといった非マルクス主

義史家のプレゼンスが増し，アカデミズムにおける評価も高まり，一時は英語圏における歴史学の震源ともいうべき位置を占めた。その反映であろう，国立肖像美術館(NPG)には，1990年代初めの *P&P* の編集委員会の大きな集団肖像画がある。

　また，1960年には労働史研究協会が創立され，会長にリベラルな社会史家 A・ブリッグズが就いた。その例会と会報は，従来の労働史および社会主義史における制度・イデオロギー・系譜の偏重に対する社会史的な批判のフォーラムとなり，労働史伝記事典の刊行を支援した［近藤 1976；*Labour History Review* 1990- ］。なおこの関連で，すでにいかなる分野の人も参照すべき伝記事典として，*ODNB* の初版 *Dictionary of national biography* (1882-)があったが(24頁参照)，これに未収録の人びとのうち，まず労働運動・社会主義・急進主義活動家について，さらに実業家，女性などに特化した伝記事典がつぎつぎに企画刊行されることになった［Bellamy & Saville 1972-2000；Baylen & Gossman 1979-88；Jeremy 1984-86；Uglow 2005］。

　アカデミックな歴史研究も，時代情況から超然としていることはできない。1945～70年だけをみても，マーシャル・プラン，インド独立，スエズ危機(戦争)，アフリカ独立，ビート世代，ヴェトナム反戦，学生運動，EEC(ヨーロッパ経済共同体)問題と時代は大きく動いた。また1960年代に，前述のような新構想大学がつぎつぎに設立されて大学は倍増し，教員も学生も増えて，学界のありようも変化した。批判的歴史学に共通しているのは，ホウィグ史観については男中心，政治・軍・教会のエリートに偏るとして，ジェンダーや民主主義の観点から批判し，マルクス主義史観については，その図式主義，還元主義，因果連関論に反対する点であろう。文化領域の自律性，人間の行動主体性(agency)が説かれ，社会史・民衆史が1960～70年代に勢いづき，80年代には女性史・ジェンダー史が隆盛を迎え，またエスニシティが問われるようになった［*History Workshop*；*Social History*；E. Thompson 1991；河村・今井 2006］。近世以降の各教区教会に残された教区簿冊(parish register)のマイクロフィルム化が進み，ケインブリッジ大学の人口・社会構造史グループにより人口動態の歴史が解明される

のも，この頃である[Wrigley & Schofield 1981;斎藤 1985]。なおまた1990年代には，文学・社会学・歴史学などの臨界領域から生まれた文化研究(cultural studies)が革新的な意味をもつことになった。こうして20世紀第4四半期に歴史叙述は大きく転換した。こうしたことの当事者インタヴューが，文章や動画として記録されている[MARHO 1984;⇒ IHR making history;⇒ alanmacfarlane]。

修正主義とその後

ほとんど同じ頃，アカデミズムの中枢においてホウィグ史観とマルクス主義史観の死を宣告していたのは，修正主義であった[Cannon 1988;近藤 2004]。その代表は，G・エルトン，ポーコック，C・ラッセル，J・モリルであるが，もっとも早いL・ネイミアの場合はすでに両大戦間に主要な仕事を開始していた。じつは，両大戦間に州や大都市に文書館が設立され，戦後にそれぞれの文書コレクションの要項(calendar)が編集刊行され，文書要項を集積した全国文書登録(NRA)が整い，文書史料へのアクセスが合理化されたので，実証研究はおおいに進展していたのである[近藤 1982; Jenkins 2001]。

修正主義というと，日本の歴史教育では国粋主義・排外主義の動きを指していうが，1970年代の後半から英語圏のアカデミズムで進行した潮流revisionismはそれとは縁もゆかりもない。むしろ方向性は反対で，実証的な動きである。これはたしかに，進歩主義的な物語と因果論，系譜論に反対し，歴史的人物と情況の個性にこだわるが，同時に，イングランド中心史観ないし一国史，またWASP史観を批判し，ブリテン諸島の歴史の複合性，あるいはそのヨーロッパ・コネクション，大西洋コネクションを強調する。前者の早い代表はネイミアであり，後者の方向づけでもっともめざましいのはポーコックであろう[Namier 1929, 1930;Pocock 1974, 1975a]。ロンドン大学のIHRにおかれている議会史財団はネイミアの影響下，1951年に設立されたものである[Namier & Brooke 1964;近藤 1991]。同じIHRにおける研究集会「連合王国の形成？」は，研究史を画した，74年のポーコックによる問題提起の20周年を記念し，その後の学問的展開を確認

する催しであった[Grant & Stringer 1995]。

　修正主義の研究蓄積により，かつてイングランド国民国家の政治史で重視されていた1066年，1485年，1603年，1642年，1760年，1832年といった区切りは修正されてきた。革命や改革の解釈にあたっても，最近の研究は，保守と革新の陣営対立を認めず，また前後の連続性を明らかにする傾向がある。具体的には各章の該当箇所で述べられるとおりだが，修正主義の繰り返す語は complex, contingency, continuity である。歴史は単純でなく複合的であり，必然でなく情況の産物であるとされ，断絶よりは連続が強調される[岩井・指 2000;近藤 2004]。こうした動向の結果として，本書でも「絶対主義」「市民革命」「産業革命」といった用語の影は薄い。

　こうして歴史学は専門的な営み，サイエンスとして純化してきたが，その専門化によって，歴史の筋（ストーリ）や絵柄がわかりにくくなっているのも事実である。「修正主義は木を見て森を見ない些末主義だ」という批判さえある。こうした批判に十分に対応できないうちに，1980年代からは文書実証主義に対して，隣接する文学・哲学の論者により言語論的・文化的転回を唱える批判が生じた。歴史学における物語論，そして史料論は，成熟した研究者がしっかり討論すべきイシューである[二宮 2005;Burke 2008]。同時に，オーラル・ヒストリや文書館問題のように，現在の研究者の取組いかんにかかる，喫緊（きっきん）の課題があることも認識しておきたい[P. Thompson 2000;『歴史学研究』811号，813号，820号 2006;加藤陽子 2009]。

　「歴史を研究するより前にその歴史家を研究せよ」というのは，E・H・カーの至言であった。そのためには伝記事典や評伝ばかりでなく，有力歴史家に献呈された記念論文集も有益だろう。著作集が刊行され，編集者の論評がそえられている場合もある[Carr 1961/1987;Kenyon 1993;樺山ほか 1997-2006]。過去の研究成果を利用する場合には，時代の制約を意識しながら批判的におこなう必要がある。ということは，反面で，今日の研究動向のもつ今日的な偏りも意識すべきだということを意味する。研究史を明らかにすることは，尻馬に乗るためでなく，自らの立ち位置を意識し，的確に判断し，自分の着想を得るためにこそ必要不可欠なのである。

4 | 研究のガイドとリソース

レファレンス

　学問における reference とは，(1)根拠を照会して明らかにする行為，(2)参考照会した文献，出典，(3)そうしたことを明記した文(註)，という3つの意味で用いられる。論文を書くためにレファレンスについて入念な指導を受けるだろうが，決定的に重要だからである。註だけ見て，読むに値する論文かどうか判断する専門家もいる。さて，英語圏の研究図書館で quick reference と呼んでいるのは，上の(2)から派生した辞典・ガイド・便覧など基礎的な参考図書のことであるが，こうした出版物は近年ますます充実している(第Ⅱ部 A-2)。特定の時代・テーマを扱うものについてはその章で案内し，第1章では全般に有益で常用すべきレファレンスについて述べよう。

　従来から専門家向けに刊行されていた *Royal Historical Society guides & handbooks* [RHS 1938-] は各版とも改訂をかさねて充実している(第Ⅱ部 A-2に一覧を示す)。そのうちでも No.2: *Handbook of British chronology* は君主と高位の官職・聖職にあった者の異動を確認するのに必要不可欠であり，巻頭には良い参考文献表がある。また No.4: *A handbook of dates for students of British history* には西暦400年から2100年までのすべての年の暦が明示されている。君主の治世年(元号)，司法年度，そして任意の年の復活祭および祭礼日，何月何日は何曜日かといった基本的な事実を確認するのに必須である。ユリウス暦とグレゴリウス暦のずれ，その移行年や，フランス革命暦も記され，イギリス史以外の研究者にも有用である。なおまた，*RHS texts & calendars* については15ページでふれた。

　なおイギリスの制定法(act, statute)は1963年まで国王の治世年(regnal year)で記したが，その治世年は1月1日でなく毎年の即位日に始まる。さらに法律を成立させた議会が開会した年(しばしば10～12月に開会した)を記すか，法律の成立時(しばしば翌春である)の年のいずれで記すか，また1月～3月のあいだは旧暦の定めるとおり1年の始まりを3月25日とするか，1月1日と換算して数えるかといった問題があり，こうした点をめぐって法学

文献さえ表記がゆれている[近藤 1993]。法律および司法制度については *The Oxford companion to law* [Walker 1980], そして『英米法辞典』を座右におくことが必要であろう。前者の新版 *The new Oxford companion to law* [Conaghan 2008]の編集方針は旧版と異なり，現代的だが法制史には弱い。法律関係のデータベースについては，第Ⅱ部で述べる。

　学生や教師向けに各社から *The Longman handbook of modern British history 1714-2001* [Cook & Stevenson 1983/2001], *The Routledge companion to the Tudor Age* [O'Day 1995/2010], *The Routledge companion to Britain in the nineteenth century, 1815-1914* [Cook 1999/2005]や *Blackwell companion to eighteenth-century Britain* [Dickinson 2002]をはじめとして，時代やテーマを絞った研究便覧が刊行され，版をかさねている(出版社を変えて，さらに継続している場合もある)。より広く知的読者に向けた1巻物として *The Oxford companion to British history* [Cannon 1997/2002] や *The Penguin dictionary of British history* [Gardiner 2000]があり，これらは研究史も反映して信頼できる。また都市によっては *The London encyclopaedia* [Weinreb & Hibbert 2008]や *The encyclopaedia of Oxford* [Hibbert 1988]のような本があり，便利である。各時代を知るのに有用な便覧もある[例えば S. Mitchell 1988; Newman 1997; Thane 2001]。なおまた，広義の文学辞典 *The Oxford companion to English literature* [Drabble 2000]が必携であり，教会辞典 *The Oxford dictionary of the Christian church* [Cross & Livingstone 2005]が有用である。

　日本語では，イギリス史に限定することなく，『……史研究入門』(各版)のシリーズ，そして『西洋中世学入門』[高山・池上 2005]が役立つに違いないし，『ドイツ史研究入門』[西川 1984]はすでにその方面の古典である。さらに『歴史学事典』(弘文堂)，『政治学事典』(弘文堂)，『岩波哲学・思想事典』(岩波書店)，『岩波西洋人名辞典』(岩波書店)，『岩波キリスト教辞典』(岩波書店)，『日本史広辞典』(山川出版社)，『日本外交史辞典』(山川出版社)，『対外関係史総合年表』(吉川弘文館)，『来日西洋人名事典』(日外アソシエーツ)，『洋学史事典』(雄松堂)，『近世日英交流地誌地図年表』(雄松堂)などにも常日頃から親しんでおくべきであろう。

だが，以上にも増して重要で，特筆すべきは *The Oxford dictionary of national biography* [ODNB] と *The Oxford English dictionary* [OED] である。*ODNB* は1882年に創刊(2004年に改称)され，*OED* は1884年に創刊(1933年に改称)され，以来，広く利用され，歴史学に限らずあらゆる学問分野で参照されるレファレンスであり，イギリスの国民的文化資産である。ともに近年，根本的に改訂・増補され，オンラインで供用されている。両者の各項目は，示された出典に注意しながら読み込むことによって歴史的に確かな知識が得られる泉のようなものである。とりわけ *OED* は創刊以来，タイトルの後半に on historical principles と付されている事実に注意を促したい。編者の作文でなく，少なくとも1世紀にひとつの歴史的用例を挙証するという方針で編纂されているので，特定の項目を読むだけでなく，キーワード検索によって，意外な用例の発見と着想がもたらされる場合もある。この2つのレファレンスを使いこなさない人はイギリス史研究者とはいえない。なお，*OED* に倣って編纂されたのが『日本国語大辞典』(小学館)である。これも第2版がオンライン供用されている。

　電子アーカイヴやウェブサイトについて，具体的には第Ⅱ部A-5で案内する。アカデミックな歴史研究の展開する舞台(アリーナ)は，専門書と並んで，雑誌(journal)とか定期刊行物(periodical)と呼ばれている専門誌である。むしろ専門誌こそ，論文・ノート・書評・学会情報・新刊書誌・史料紹介などが掲載され，バックナンバーも含めて，宝の山なのである。専門誌を利用しないまま，良い卒業論文を書くことは非常に困難であり，良い修士論文を書くことは不可能である。ましてや博士論文や専門誌への投稿論文の場合は，いうまでもない。標準的で，つねに参照しなくてはならないジャーナルは，第Ⅱ部A-3にあげる。さらに分野を特定した専門誌については，それぞれの該当箇所に示す。今日，英語圏の有力専門誌はオンラインの電子出版に積極的なので，これらへのアクセス権をもつことが大学の生死を決するほど重要である。

これからのイギリス史

　こうして，旧『イギリス史研究入門』の頃に比べると，研究・教育の諸

条件は一新した。留学や在外研究，研究者の招聘，国際研究集会は普通のことになった。1994年にIHRで始まった日英歴史家会議(AJC)も回をかさねて充実し，その効果は広く深くおよんでいる[AJC 1995-]。大学院生の数も格段に増えた。そしてITによる情報革命は，たとえばグーテンベルク革命にも比肩する，時代の転換に相当する。

このような現状であればこそ，早くから国際的な歴史研究について発言を繰り返していた先達の，つぎのような警鐘が想い起こされる。彼によれば，歴史学においては，まず問いを発し答えを求めること，その過程で自分の問いと考え方が独りよがりの妄想でないよう，先人の業績に学ぶことこそ大切なのに，むしろ現状では，新しい動向にただ新しいというだけで振りまわされ，未刊行というだけの史料をありがたがり(史料批判なき物神崇拝)，はたまた「すでにわかっていることを史料の引用箇所だけ変えて論じたり」といったナンセンスさえおこなわれているという[西川 1984]。「グローバル化」と業績点数主義が闊歩する今こそ，専門的水準を堅持し，あらためて研究の意味，何がどう問題なのかを再考する必要がある。大学教育の責任は重い。

このように記したからといって，読者は恐れる必要はない。むしろ，激励として受け止めてほしい。日本列島と同じく島国であるブリテン諸島の歴史は，日本列島の歴史と似ているようで十分に異なり，新鮮な知見をもたらすだろう。しかも，イギリス史は日本史に負けないほど，研究も史資料も充実しているので，あなたの問いかけと取組に，必ずや実のある反応を返してくれるだろう。

本書の第Ⅰ部，第Ⅱ部には，諸課題に取り組むにあたって有用な知的資源を示す。この先を開拓していくのは，あなたである。

近藤和彦

第2章 ローマ・ブリテン～10世紀

1 | ブリテン史の射程

 第2章と第3章では，ローマ帝国から15世紀までの1500年間のブリテン史を叙述する。しかし，厳密にいえばこの時代には，現代的な意味でのブリテン史は存在しない。にもかかわらず，この時代にブリテン史を可能とする土壌が形成されたのである。「ブリテン」という言葉にブリテン島，アイルランド島そして諸島を包含させて考えることは，アイルランドの研究者からは異論があるであろう。しかし，差異性よりも関係性を強調することによってブリテンのヨーロッパ形成史における位置と構造が明らかになるのである。以下ブリテンはこれらの島々からなる運命共同体の意味で使用する。

 この時代の「ブリテン史」には2つのアポリアがある。12世紀後半以降，イングランドの貴族はアイルランドへ植民を開始した。アイルランドの史料は彼らを「サクソン人」「イングランド人」と呼んだが，現代のアイルランドの歴史家は「アングロ゠ノルマン人」「ノルマン人」と呼ぶ。「アングロ゠ノルマン人」は，他の「アングロ゠～」という表現と同じく近現代の産物であり，ノルマン人意識はノルマンディを離れると急速に消滅したといわれる[Albu 2001]。イングランド王権が最初の公式王国を樹立したがために，ブリテンにおける他地域の「国の民」(ネーション)の形成はその側圧を受けて独自の道を歩むことになる。スコットランドのみが，イングランドとの抗争のなかで王国共同体(臣民)の樹立に成功した。ウェールズは，15世紀に最終的にイングランド内の領邦として位置づけられ，1536年の合同法で一地域と化した。アイルランドは，20世紀になって「ケルト」

の共和国としてイギリス帝国から独立した。最近のアイルランドの活況は，ケルト文化というアイデンティティへの自信に拠っている[Tsurushima 2010]。

　もうひとつは，ブリテン諸島と「海」との連関である。カヌート王(在位1016～35)以来，より厳密にはウィリアム征服王(在位1066～87)以来，イングランドはつねに海外に支配領域を有する海峡「帝国」であった。周囲の海は回路の役割をはたした。その中世的「帝国」性の解体の過程で主権国家が生まれ新たなる海洋「帝国」が誕生してきたのである。以上のアポリアを念頭に本題にはいるが，概説的な叙述や詳細な研究史の紹介(必要な限りでふれたが)は断念して，ここでは，研究に必要な問題発掘的なモデルを提示する。

　コンピュータの使用によって，この20年間の研究の発展は著しいものがある。通史も *SOHBI, Blackwell companion to British history* の関係巻や Britain and Europe のシリーズとめじろおしである[*SOHBI*; E. James 2001; Rigby 2003; Todd 2004; D. Matthew 2005; Stafford 2009]。またテクストのディジタル化が進んでおり，ウェブサイトから史料や信頼のおけるラテン語や古英語の辞書・辞典類を探しあてることはそう難しくはない[Bosworth & Toller 1898, 1921; ⇒Hull Domesday database, Kemble, Monastic Matrix など]。史料の CD-ROM 化も進んでいて Domesday book, Bayeux tapestry (バイユーの綴織), *Parliament rolls of medieval England* [Given-Wilson 2005]などは検索の容易さの点からも積極的に活用すべきである。ラテン語の写本を読む場合には *Latin for local history* (巻末の中世ラテン語の簡易辞書は秀逸)や *Record interpreter* は便利[Gooder 1978; Martin 1892/1997]。英語で論文を書く際には *Style book for medieval studies* は参考になる[Tyas 1995]。

2│ローマ帝国とブリテン

ローマ化

　南部の住民が自らをプリタニ(Pritani, Pretani)と呼んだ可能性があり，それがローマ人によってラテン語化されてブリテンという言葉が生まれた。

ブリテンはローマに始まる。わが国では南川高志『海のかなたのローマ帝国』が，唯一のローマン・ブリテンの研究書である［南川 2003］。帝国辺境の地であるブリテンがどの程度ローマ化されたのかというのは，古くて新しい問題である。中世史の側からは，ロマニストとゲルマニストという，ヨーロッパ文明の起源をめぐっての国民主義的な論争があり，古代史の側からは「文明と野蛮」という近代的価値観による言説が支配的であった。しかし，1990年代以降，ポストコロニアルな言説がローマン・ブリテン史の叙述を大きく変え始めている。ここにおいては，市民権に象徴されるローマはひとつの基準であり，ローマ化とは，社会的・地域的に異なった背景をもつ人びとが，「ローマ人」たらんとする過程と解釈される［Millett 1990］。ポストコロニアルな研究を可能にしているのが，考古学の発展にともなう膨大な量の情報である。1970年代までのローマン・ブリテンからノルマン征服までの最良の研究史サーヴェイ［Sawyer 1978］と比較してみると，現在までの考古学研究の深化をみることができる［Salway 1981, 2001, 2002］。

ローマ人は，征服した土地の先行文化を根絶しなかった。ローマ貴族は文民文化を名誉とし，戦士能力の誇示は軍隊においてのみ示された。こうした文民と軍人の分離は帝国が属州にもたらした重要な変化であった。しかし，ブリトン人から将軍や皇帝に登りつめた事例がないことからすると，全体的なローマ化の程度は高くはなかったといえるかもしれない。

ハドリアヌスの長城は，帝国の国境の軍事施設であるが，ローマの支配を象徴する装置でもあった［Breeze 1996］。ローマ支配を受け入れない北の「野蛮人」に対するだけではなく，ブリガンテス族のような南の同盟者にも向けられていた。「ピクト人」という言葉の初出は297年であるが，これは民族というよりも，帝国内化したブリトン人に対して，その支配に従わないブリテン島における「野蛮人」の小集団の連合に対する総称であった。一度ピクト人という言葉が誕生すると，ブリトン人との違いが強調されてくる。ポストローマ期にはキリスト教を受容しない「野蛮人」とされた。ベーダは，言葉の違いを強調するが，その区別の起源はさほど古いものではないであろう。言語的差異は結果で，それが民族生成の原因ではな

い。ブリトン人のアイデンティティはピクト人そしてゲルマン系民集団に対抗するなかで再形成されたのである[Charles-Edwards 2004]。

ローマ化の議論にともなう厄介な問題は,「ケルト」の再検討である。従来,ヨーロッパの鉄器文化を担ったケルト民族は,ローマ帝国の拡大のなかで融解し,ブリテン諸島,とくにアイルランドにおいてのみ民族的固有性を維持したといわれてきた(「島のケルト」)。中世にスコットランド,ウェールズ,アイルランド,コーンウォルを形成していく地域は「ケルト的周縁」(Celtic fringe)として総称されてきたが,しかし,これらは,近代の政治用語といえる。以下ケルト的周縁を関係論の視点から地理的概念としてのみ使用する。英語の「ケルト」という言葉は17世紀にあらわれる。18世紀後半に,言語学の発展によるケルト語の発見によって「ケルト学」が誕生した。そして,アイルランドが国民国家の形成に向かう過程でケルト・イデオロギーが鍛造されたのである。考古学の発展は,「島のケルト」とその統一的な文化の存在に否定的な結論を導き出している[S. James 1999;田中美穂 2002]。しかし,ケルトという言葉は依然として学術用語として生き残っており,ヨーロッパの基層文化だと考える人も多く,この問題は政治的色彩を帯びている。冷静で地道な検証が必要であろう。

ローマ帝国においてキリスト教が公式の宗教となるのは4世紀のことである。問題はローマが撤退する以前にキリスト教がどの程度広まっていたかにある。ブリテン島においてキリスト教の布教が活性化するのは,異教徒のゲルマン系民集団が島の東部を占拠した5世紀と6世紀のことであり,司教制度も維持されていた。ベーダのいうブリトン人教会は,この帝国時代からのキリスト教が発展したものである[Blair 2005]。

統治のシステム

ローマ帝国の属州統治は2つのチャネルをとおしておこなわれた。ひとつは都市であり,もうひとつは軍隊駐屯地である。南部は都市的領域を細胞とし,北部は駐屯地を細胞とすることで,南北の地帯構造が形成された。2世紀の帝国に占める属州ブリタニアの人口は5％程度であるのに対して,ローマ帝国の全軍に占める駐屯軍の割合は,12.5％と高く,まさに軍事的

辺境であった。

2世紀中葉までブリタニアは，ロンドンを首都とする総督の支配下にある1つの属州であったが，3世紀に南北2つに，ディオクレティアヌスの改革で4つないしは5つに分割された。都市としては，ロンドンを別格として，自治都市1つ，退役軍人を中心に構成される3つの植民都市（colonia）と3つの軍団要塞都市，旧部族的領域を組み込んだ約15程のキウィタースの首邑が存在していた。キウィタース（首邑と後背地）は帝国属州の主要な細胞で，徴税と裁判が自立的なかたちでおこなわれていた。収入を管理するプロクラトルが首都に常駐したことは，帝国のもつ税の強制徴収体という性格をよくあらわしている。

都市とは何か。中世と同じくこの問題を避けて通ることはできない。ブリテンは都市化されたのか，それとも都市化は表層的な現象なのか。経済活動を担っていたのか，それともたんなる消費地であったのか。都市化にはたした軍隊の役割はどのようなものであったのか。ロンドンや自治都市や植民都市あるいはキウィタースの首邑といった外観上も都市的な定住地から，大農場経営体であるヴィラまでのあいだには，多数の「都市的なるもの」[Reece 1988]としかいいようのない集落形態が存在していた。これらは統治上の機能を有さず，したがってローマ的な意味では都市には値しないが，市場あるいは生産拠点という経済的意味では都市であった。その多くは，初期のローマの軍事的定住地で，道路網によって結ばれていた[H. Davies 2002]。人口1万を超える都市はまれで，レスタやウィンチェスタのような中規模のもので1500〜4000程度の人口であった[Todd 1993]。規模としては中世都市と同程度である。都市人口の割合は，都市の定義により，5％未満から13％程度までの幅がある。ローマ末期に，都市の人口が減少したのではなく，住民の下層民化と都市機能の停滞が進行したという説[Dark & Dark 1997]があり，これも「古代から中世への連続」という点で検討に値する。

一方でペナイン山脈から長城までが駐屯地帯で，ここには都市はない。軍隊は，原住民のローマ化へのもっとも強力な媒介装置であった。ブリトン人は，兵士にリクルートされ，退役したのち市民権を得て都市に定住し

た。原住民への市民権付与と市民の原住民化が進められた。ローマ軍の文書行政も忘れてはならない[A. Bowman 1994]。軍隊はラテン語学校でもあった。南の都市的地帯で徴税された財貨は，北の駐屯地に駐留する兵士の給与となった。1世紀には，約4万人の兵士が駐留し，年間650万デナリイ，金に換算すると1890キロが給与として支払われたという。軍隊の駐屯地は巨大な消費市場であり，そこに群がる商人や手工業者たちの手をへて財貨は南へと環流していった。この環流は，ブリトン人たちを帝国の貨幣経済に巻き込んでいった。

　駐屯地ができると，その周囲に物資とサービスを提供する民間人の定住地が生まれた。その後軍隊が移動しても定住地はそのまま都市へと発展したという説がある[G. Webster 1966]。これに対して，都市は，城砦(oppidium)のような前ローマ時代からの定住の中心地から発展したとの継続的発展を強調する説もある[Millett 1990 ; R. Jones 1991]。

農村と経済

　考古学の発展や航空写真の利用といった研究方法の進歩によって，それまでの予想を超えて定住地が広がっていたことが明らかになった。現在では，ローマン・ブリテンの人口は，400万から500万と推定されている[Higham 1992]。これは17世紀のイングランドの人口に相当する。また森林の開墾も進み，現在と変わらぬ景観を有していたという研究者もいる。

　都市的領域と駐屯地をそれぞれの統治の要とする属州ブリタニアの南北の地帯構造は，そのまま農村景観の違いでもあった。南の低地地帯はいわば市民的地帯であり，そこにはローマ化のシンボルとされてきたヴィラと都市の景観をみることができる。これに対して北部の高地地帯はいわば軍人的地帯で原住民の古来からの景観が広がっていた。南のヴィラはローマ化されラテン語を話す支配階層の農場で，現在1000程が知られている[Miles 1989]。一方，高地地帯では村落や分散定住すらまれであった。

　ヴィラは都市の後背地に展開することが多く，貴族の別邸としてあるいは食糧供給基地として都市と密接な関係にあった。しかし，その起源が前ローマ時代に遡るものもあり，原住のブリトン人有力者のローマ化の証拠

とも理解される[B. Hartley & Fitts 1988]。ヴィラの地理的分布は，空間的にも時代的にも一様ではない。例えば，サマセットやグロースタのような西部には，3世紀以前にはヴィラは知られていない。しかし3世紀以降の皇帝領の解体や大陸ガリアからの入植者あるいは原住民のローマ化によってヴィラが建設されていった。4世紀には最盛期を迎えるが，5世紀にはいると衰退していった。

ブリテンの経済収支を判断するのは容易ではないが，3世紀末のブリテンは経済的に繁栄していた。しかし，ローマ経済の中心は「帝国経済」すなわち「組み込まれた経済」(embedded economy)，あるいはライトゥルギー経済であった。交換の最大の目的は支配者集団の需要を満たすことであり，市場は帝国経済にぶらさがっていたのである。ローマ末期に起こったのは，帝国経済の解体とそこから解放された自由な交易の成長であった。企業家や小額貨幣の出現は，市場(いちば)での交換経済が活況を呈したことを示している。

3 | ポストローマと諸民族と王国の形成

「民族」集団

中世前期の史料で言及された「民族」集団は政治軍事集団であり，文化集団ではない。侵入者はサクソン人と表記されることが多く，こうした集団は実体というよりも，名称と考えるほうがわかりやすい。とくに5世紀から6世紀の「民族」集団を，アングル人，サクソン人，ジュート人と分類したのはベーダであり，彼の用語法の検討こそが重要となる。ローマ人はゲルマン人をひとつの民族としてよりは，帝国の文明の恩恵に浴さない「野蛮人」としてみていたのである。こうしたローマ的古典に基礎をもつ民族観は，中世のマームスベリのウィリアムやウェールズのジェラルドのアイルランド人に対するまなざしに受け継がれていて，その記述を無批判に受け取ってはならない。「ゲルマン」民集団が，さまざまな理由で，ブリテン島に移住したときの言語状況は具体的にはわからない。しかしやがて，規範言語としての英語が誕生した。そして彼らは，同じ言語を使用する「民族」として部族国家を形成していくのである。

ローマ統治の終焉と亜ローマ圏の出現

407年にローマ軍団が大陸へと向かったとき、ローマ・ブリテンは終焉(しゅうえん)を迎えた。しかしそれ以前の4世紀には東から異教徒である帝国外住民がブリテン島に移動を開始していた。この移動に関しては、その原因、形態、規模、結果などをめぐって膨大な研究史がある。しかし、かつてのようなロマニスト対ゲルマニスト的な論争は前世紀に消滅した。帝国は文明圏であり、その周辺部においてはつねに民集団の流入がみられた。ラテン語とキリスト教を公式の言語と宗教とするローマ市民の内部構成が多様であったのと同じく、のちに「ゲルマン人」とひとくくりにされる民族も、支配集団を核に離合集散を繰り返す複合的民集団であった。近代に、これら民族の支配集団が使用した言語の共通性が発見されて、ゲルマン語とゲルマン民族という概念が誕生したのである。

「ポストローマ」とは、皇帝権がのちにヨーロッパとなる地域から消滅した5世紀末から、8世紀末年のシャルルマーニュの戴冠と、812年アーヘン和約によって「西の帝権」がコンスタンティノープルのローマ皇帝によって承認されるまでの時期を想定している。いわばヨーロッパ形成の準備期といえる。ブリテン島においてこの時期を扱った記述史料はギルダスとベーダにつきる。ローマ系のブリトン人であったギルダスにとって「異民族の跋扈(ばっこ)は神の懲罰」であった。キリスト紀元をはじめて導入したアングル人ベーダにとっては、サクソン人やアングル人はブリトン人に対する神の懲罰の道具であった。この逆転の過程は、ローマ人が、世界市民から一民集団に転化していくそれでもあった[Bede/Colgrave & Mynors 1969；Dumville 1977；Gildas/Witterbottom 1978；Lapidge & Dumville 1984；Lapidge 1994]。

旧説では、東から侵入したゲルマン民族は、先住の「ケルト民族」であるブリトン人を殲滅(せんめつ)し、漸次西に追いやり、現在のウェールズとコーンウォルに押し込めた。このゲルマン民族とケルト民族の対立というライトモチーフは近代の構築物でしかなく、征服や融合によって新しい民集団が形成された。しかし、新しい集団が、アングル人となるかサクソン人となるかは、支配集団の名称選択の問題であった。サクソン王家のチェルディク

という名前は, ブリテン系のそれであり, 先住支配集団との密接な関係を推定させる。民集団は, 離合集散を繰り返しながら, より大きな集団へと統合されて, 7 世紀にはベーダが命名するアングル人, サクソン人あるいはジュート人の「部族国家」が誕生(史料に出現)したのである。

この過程が大陸と異なるのは, ローマ系ブリトン人が組織的な軍事抵抗をおこなったことである。これによって, 6 世紀のブリテン島は, フランクのようにローマ系住民とゲルマン系民集団が溶解することなく, 東の「ゲルマン」系地帯と西の比較的キリスト教徒が多くローマ文明の影響を残す西部「ブリトン」系地帯(亜ローマ圏)に二分された。この亜ローマ圏は, ウェセクスやマーシアといった部族国家の拡大によって 7 世紀に消滅あるいは縮小し, ブリトン人は西にウェールズを形成していったのである。

ブリテン島南西部とアルモリカ半島(ブルターニュ)からノルマンディにかけては, 銅と錫の産出がもたらす「青銅の道」をなし, 盛んな交易があった。ブリテン南西部と大陸のキリスト教徒との交流や地中海世界との繋がりも維持された。スペイン北西部のガリシアはその中継地である。ブリテンからアルモリカへの移住が盛んになるのは 6 世紀から 7 世紀にかけてである。これはブリトン人のディアスポラという視点からだけではなく, ウェールズやコーンウォルからの布教や交易という文脈でも議論すべきである。ブルターニュの古い聖人のほとんどは亜ローマ圏出身であった。ウェールズを中心として, アイルランド南部, コーンウォル, ブルターニュそして北部スペインまでの布教の文化圏=交易圏の存在を想定できる。一方, イーストアングリアなどからスカンディナヴィア系の腕輪, 兜と留め金が発見されており, ヴァイキングの侵入以前から北海の交易も開けていた[Hines 1984; Bassett 1989; Sims-Williams 1990; Yorke 1990, 1995; Higham 1992; Dark 1994; Keynes 1995; A. Williams 1999; Ward-Perkins 2000; Blair 2005; 原 2007]。

王国, 社会そして経済

民集団の移動, 征服, 定住, 先住民との融合のなかで新たなクニ(regio, scir, tuath)が形成されていった。最初のクニは水系にそった複数の集落を

もち，ひとつの生活圏を構成していた。クニの中核集落には首長がいて，周辺の自立的な血族的関係によって形成された集落の住民からの貢納(食糧など)と奉仕を収取していた。集落では，奴隷による農場経営もおこなわれていた。農業は粗放的で牧畜との混合形態がとられていた。クニの広がりは牧畜の必要性から分水界にそった放牧移動圏であり自給圏であった。クニのあいだあるいはさらに遠隔地からの奴隷を含む交易が遍歴商人をとおしておこなわれていた。

　基本的な社会身分は自由人と奴隷であり，イングランドではこの区分は基本的には12世紀まで続いたが，7世紀までには自由人のあいだの格差が拡大し，人命金(wergeld)によって制度化された階層社会が出現した。この間，クニはより強力なクニによって統合された。王と王の拡大家族という意味での部族が出現した。王と部族は覇権(「ブリテンの支配者」：bretwalda)を求めて抗争を繰り返し，征服した部族を併呑しながら巨大化していった。覇者(上王)となった部族王国は，内部にさまざまな規模の自立性をもった大小の部族王国(下位王国)やクニを内包していた。

　部族国家の拡大の過程で，王や聖俗の貴顕の権力基盤として，クニに由来する複合所領(multiple estate)が出現する。複合所領という概念は，中世後期のウェールズの所領から構築されたモデルであるが[G. Jones 1979]，北部イングランドから構想されたジョリフのシャイヤモデルがその先駆である[Jolliffe 1926]。複合所領は，穀作と牧畜が融合した自給的な広域生産体でインランドとワーランドの二重構造を有していた。インランドは非課税地，ワーランドはハイドなどで査定された課税地を意味した。所領の中核である領主直領地(dominium)は，インランドとワーランドから構成されていた。労働力の編成からすると，ワーランドは領主に軽微な奉仕と貢納をおこなう自由人の土地で，インランドは奴隷と従属農民(イブルール：gebur)の賦役労働で耕作される領主直営地と従属農民に貸し出された土地からなっていた。奴隷は血族の保護外にある存在で(戦闘捕虜，交易品，債務者，家の子)，直営地の耕作者であった。家族生活を営む者も多かった。従属農民は，領主に賦役労働や貨幣を上納することで領主直領地に土地を借りていた。ここに古典荘園の萌芽をみることも可能である。しかし，彼

らの従属という立場は，領主に奉仕をおこなう限りにおいてそう史料上に記録されたのであって，身分的には自由人で，多くはワーランドにも土地を所有していたと考えられる[Aston 1983；Hooke 1990, 1998；P. Harvey 1993a；Faith 1997；C. Dyer 2002]。

教会と文化

ローマ軍の撤退後も，ブリテン島にはキリスト教が生き残っていた。東からの異教徒ゲルマン系民集団の進攻によって島の西部に亜ローマ圏が形成されたと同時に，東部にはキリスト教にとっての空白地帯が生まれた。しかし，こうした事態は布教を活性化した。ゲルマン系民集団がブリトン人と融合することで，キリスト教を受容する下地がつくられた。5世紀初頭の異端ペラギウスの活動は，ブリテンにおけるキリスト教の拡大を示している。ローマ教会は，ペラギウス主義者を押さえるためにゲルマヌスを派遣した。彼の薫陶を受けたとも考えられるブリトン人のパトリックは，イー・ネールという強力な大王家の後援もあって，アイルランドの聖人となった[Dumville 1985]。ほぼ同じ頃，ニニアンがウィットホーンを基点にブリテン島北部での布教を開始している。アイオナ島からの布教は海の道を伝わっておこなわれた[McCluskey 1997]。ブリテンのキリスト教化は時計回りに進行した。

6世紀末のアウグスティヌスの布教は，亜ローマ圏の伝統を引くブリテンに対するローマ司教(教皇)の統制を狙った試みであって，異教の地への単純な布教ではない。当時のローマ教会の最高の知性ベーダが直面した敵はブリトン人の教会であって，彼はアイリッシュ系の教会には好意を示している。アイオナの史料をもとに構築されたケルト的教会とされる修道院教区(monastic parochia)[K. Hughes 1966]とイングランドのミンスタ(修道院の意味)教区のあいだに構造上の大きな差はない[R. Sharpe 1984；Blair & Sharpe 1992；Etchingham 1999]。誤解の原因は，初期教会の細胞であった「修道院」(monasterium, minster, clas)という言葉にある。ここでいう「修道院」とは，王族あるいは貴顕の一族がなる「修道院長」(abbas, abbatissa)あるいは聖職者を長として，広域の管区を有した教会人の共住教会とその附属施

設を意味していた。「修道院」のなかには司教座の機能を有するものもあった。「修道院」の代わりに母教会という分析概念を使用してもよいかもしれない。その後，その母（中心教会）からどのような娘たち（地方教会）が生まれるかが，ブリテン諸島の教会史であった。教会人には家族をもつ者もあり，また彼らの生活需要を満たすための俗人もいた。彼らすべてが「修道士」と呼ばれることもありえた（「バンゴの2100人の修道士」[Bede/Colgrave & Mynors 1969]。教会人と俗人のあいだに厳密な一線を画すことはまだ難しく，聖職の位階が整備されつつあったとはいえ，聖職者と修道士とのあいだの境界線も明確ではなかった。したがって，重点の置き方に「修道院」間の差はあっても，観想と司牧の機能をあわせもっていたといえる。修道士・聖職者は巡回して司牧にあたった。この「ミンスタ理論」は1990年以降，批判[Cubitt 2005]はあっても定説になっているといってよい。ここでの「修道院」や「修道士」を，10世紀のベネディクト改革以降の観想修道会や修道士を前提にしてはならない[Blair 1988, 2005]。ウィトビの宗教会議で問題となったのはブリテンにおける組織ではなく典礼であった。

　重要なのは，イングランドにおいてのみ，大司教座教会としてのキャンタベリの突出が起こり，10世紀の統合王権の成立による司教座管区の整備とベネディクト修道院の創建，地域の小貴族による教会（娘教会）によってミンスタ教会（母教会）管区が浸食され，それによって埋葬権をもつ多数の教区教会が建設されたことである。そのとき，イングランドとケルト的周縁の教会組織は異なったものとなったのである。

　アイルランドは，大陸布教の一大基地であった。布教には3つの段階が認められる。最初の段階は，コルンバヌスに代表される7世紀の前カロリング期，第二の段階は8世紀から9世紀にかけてのカロリング期の改革と刷新の時期，第三の段階は，広く10世紀から12世紀のラテン的キリスト教世界の確立期である。アイルランドの教会は，一般にドイツとの関係が深く，12世紀のイタリアとフランスを中心に起こった新しい知の運動に対しては時代遅れになっていった[Flanagan 2008]。

4 | ヘゲモニー国家イングランドの出現 9世紀～11世紀中葉

北海世界の構造化

9世紀から「ヴァイキング」の進攻と定住によって，北海世界の構造化が始まった。イングランドでは，デーン人という名称が一般的であるが，それは，「イングランド」側の史料からのものであり，彼らがすべて文化的・社会的背景を共有し現在のデンマークから来航したことはありえない。同じできごとを引き起こしたデーン人集団を，イングランド側の史料はデーン人と，スコットランド側の史料はノース人と記載している事例もある。彼らはロンドンからチェスタに向かうウォトリング街道の北東の側に広く内陸部にまで定住し，「デーンロー」(この語の初出は1000年頃)という特異な社会構造を有する地帯を形成したといわれてきた。いわゆるアルフレッドとグスルムの協約線の北側の地である。この協約は南部における両者の勢力域を確認したもので，1世紀以上のちに出現するデーンロー地域とは同じではない。しかも，「デーン人」の入植形態は多様で，彼らは，以前からの持続的で特異な社会や北海とバルト海交易による経済活動の活性化の影響を受け，在地化していった。

デーンローが問題になるのは，1000年前後のスカンディナヴィア諸国の拡大という文脈においてである。デーンローは，ヨーク大司教ウルフスタン(在任1002～23)やヘンリ1世の法の著者が使用したように，統合王権が北部ノーサンブリアあるいはスカンディナヴィア系のヨーク王国を呼ぶのにつくりあげた概念である[A. Williams 1999]。「第2カヌート法典」は，ウェセクス，マーシア，そしてイーストアングリア(デーン人の王の代表とされた前述のグスルムの勢力圏)の相続上納の支払いをデーン人の支払いと区別している。民族的に特異な地帯として描かれてきたデーンローは歴史家の構築物である[Hadley 2000, 2006 ; Holman 2001 ; Graham-Campbell 2001]。とはいっても，ヴァイキングの活動は，イングランド人の王国形成に結果的に大きな役割をはたした。ノーサンブリアとマーシアという，大部族国家が解体し，軍事的抵抗線を維持できたウェセクスによる「統合王国」誕生への道を開いたからである[D. Hill & Rumble 1996]。

ケルト的周縁においては，入植によって地域社会が再編成されたイングランドと違って伝統的社会が持続された。ヴァイキングの定住はニシンなどの漁業や交易を主としたもので，彼らは海岸線を中心に独自のコロニーや群小の地域権力を形成することが多かった。ヴァイキングは，主としてノルウェーから島嶼を経由して，スコットランド西岸とアイルランドに入植した。「ピクト人」と「スコット人」の融合はすでに相当進んでいたが，この北と西からの圧力が，アイリッシュ海をまたいでいたダール・リアダ王国を分断し，9世紀中頃にはケニス・マカルピンによるスコットランド東部に重心をおくアルバ王国が形成された。統合の具体的過程には諸説あるが，ここにスコットランドの基となるアルバ王国が誕生した。アルバ王の称号は9世紀末に南の「イングランド人の王」の称号の成立と対応して誕生したものであろう。アルバは，ブリテン島を意味する Albion を語源とする。10世紀後半，イングランド人の王エドガ(在位959～975)は全ブリテン島の皇帝という意味でアルバを用いている。そこにはイングランドの王権の強力な「帝国意識」をみてとることができる。一方，統合アルバ王国の成立は，アルバの意味を「北部ブリテン」に変えた[Crick 2008]。12世紀半ばまでには，ケルト的周縁においてはじめて直系卑属を王位継承者とするスコットランド王権が誕生した[B. Crawford 1987；S. Foster 1996]。

　北海とアイリッシュ海は活発な交易の海であった。ミースとレンスタの2つの王国にはさまれた港湾としての最適の地であるダブリンが活況を呈した。フェーデによる貴顕の「亡命」という政治秩序の維持システムもまた海によって保証された。北海とアイリッシュ海の活性化は，この海を「内海」化し，イングランド南部を軸として，英仏海峡，ビスケ湾，イベリア半島を繋ぐ道も開いたのである[B. Hudson 1999；Herbert 1999]。北海の構造化とは，それぞれ均質な環境条件によって性格づけられた生業と社会的諸特性をもつ共同体や地域が，それぞれのあいだの多様性にもかかわらず海と固有の船によって，日常的に結ばれた世界の出現を意味した。

イングランドと国の民

　ウェセクスはマーシアを併合しつつ，アルフレッド(在位871～899)から，

エドワード(在位899～926/7)そしてエセルスタン(在位926/7～935)にかけてイングランドの統合を成し遂げた。この過程で王の称号の変化がみられる。ウェセクスの王はサクソン人あるいは西サクソン人の王を名乗ってきたが，徐々に，アングル人とサクソン人の王，つまりアングロ゠サクソンの王，そして最終的には「アングル人」の王を名乗るようになった。アングロ゠サクソンとは史料的には9世紀末から10世紀前半までに出現した言葉で，「アングロ゠サクソン人」が存在したわけではない。アングル人の国マーシアを併合する過程で，サクソン人の国ウェセクスの王が用いた2つの民の併称である。現在使用されている英語の「アングロ゠サクソン」は近世に出現した。統合を実現したウェセクスの王はサクソン人ではなくアングル人の王という称号を用いた。このアングル人は，民集団としてのアングル人ではなく，ゲルマン系民集団の総称，あるいはローマ教皇が布教の対象としその影響下におこうとした聖書的な民という意味である。この2つの意味でのアングル人の観念はすでにそれぞれイネ王法典(Ine, 24, 46§1, 54§2, 74)[Attenborough 1922]とベーダにみられるが，統合王権の誕生によってアングル人＝イングランド人(English)という教会の民であると同時にその王の臣民という「国の民」観念が誕生したのである。この過程で，民集団としてのアングル人とサクソン人は消滅した。イングランドにおいてサクソン人という言葉は近世までに消滅し，ウェールズやアイルランドでイングランド人に対する蔑称として使用されつづけた[P. Wormald 1983; A. Williams 1995]。

　アイルランドでも，北部のイー・ネールによって，その王が支配すべき民あるいは同じキリスト教徒(Christian nation)という意味でのアイルランド人観念が形成されていったと思われるが，イングランドと異なり権力的裏付けをともなうことはなかった。『アーマの書』(Book of Armagh)ではアイルランドの住民(Hibernensis)とアイリッシュ(Scottus)とはまだ同一ではない[Bieler 1979]。この点からも，アイリッシュが北アイルランドと北西ブリテン島に展開した民集団であり，そこからスコット人が誕生した経緯とベーダのいうアイルランドの北と南の教会の違いを考慮する必要がある。言語，法，聖人の共有から成り立つアイルランド人，そしてウェールズ人の

アイデンティティは，イングランド人という先行して形成された国の民とその王権の「帝国主義的」イデオロギーの圧力を受けながら中世から近代にかけてつくりあげられていくのである［Broun 1994, 1999 ; O Cronin 1995 ; Clancy 2002］。

統合王国イングランドの確立を象徴する事件は，キャンタベリ大司教ダンスタン（在任960〜978）によって執式された973年のエドガ王の戴冠式である。これはフランク王国の式次第をモデルとして，政治的には962年のオットー1世の戴冠式を強く意識していた［Schramm 1937 ; Keynes 2008］。10世紀をとおしてイングランドは伝統的部族国家から大陸的なキリスト教的公式国家へと変質していったのである。王国内に王の称号をもつ者は1人となり，下位王制度は消滅して貴族制度に解消されていった。公式王国では，異邦人であっても，一定の条件（状況と時代で異なるが）を満たし戴冠式をおこなうことで王となりえたのである。依然として諸王が並立した，あるいは部族王制を基本として上王と下位王の関係が存在したブリテンの他の地域と，イングランドとの政治権力構造における決定的な差異が生まれた。ブリテン内に王国の大司教座教会の影響圏を自らの支配圏とするヘゲモニー国家イングランドが誕生した。それはいわば「遅れてきたカロリング帝国」であった。

移動する宮廷と統治組織としての地域共同体

ブリテン諸島では11世紀までに地域統治網を組織できたのはイングランドのみであった。州は軍役や貢納や税の徴収と地域の紛争予防や解決のための組織として出現したが，その起源は一様ではない。「役人の管区」という意味の shire が語尾につく州はウェセックスやマーシアの地域統治組織に，それがつかないケントやエセックスといった州は，旧部族王国やローマン・ブリテンの政治的なまとまりに起源をもつ。王国の中心が南部にあったため，北部では王権の浸透度が弱く，州の形成もカヌート王時代あるいは征服後と遅く，しかもその領域も広大であった。この時期の州は行政管区ではない。州は，その住民が王の命令に応える限りにおいて，王国の統治組織として発現し機能したのであり［Warren 1987］，その領域性は命令

に応えた人びとの帰属意識によってのみ保証されていた。1086年のドゥームズデイ審問によって境界線が生じたといってもよい。宮廷は南部の旧ウェセクス領内を移動していて，北部に直接統治がおよぶのは1070年以降である。エセルレッド2世(在位979〜1016)の治世に，ヴァイキングに対する貢納のための緊急の援助(gafol)が賦課され，1014年には，のちに財務府がデーンゲルドと呼んだ毎年の軍隊税(heregeld)が導入された[A. Williams 2003]。貢納の額は莫大で991年が1万ポンド(1ポンド375グラムのトロイポンド計算で銀3.75トン)，1012年には4万8000ポンド，軍隊税も2万1000ポンドにのぼった。王は徴税能力を確立したのである。

王の命令伝達は令状でおこなわれた。令状は王の手紙で州集会において参加者の前で読まれた[A. Williams 2008]。令状の古英語の言葉使いは，王の使者が州に派遣されたときに，儀式的に使用された公式の口頭文言を基礎にしていた。王の命令であることの保証は，文書そのものではなく，王自身の現存としての印璽の印影か，令状の形式に盛り込まれた儀礼的な口調にあった。

ハンドレッドは，複合所領あるいは住民の古くからの生活圏をもとに，州のなかに創出された治安維持のための相互補償機構であった。王権は住民の信頼関係(紛争予防解決能力)をもとに地域に国制の網をかけようとしたのである。

陪審制の起源については論争があるが，宣誓に従い，問いに対して真実を述べるために王権によって召喚された集団を陪審と定義すると，審問に対する情報提供あるいは土地をめぐる紛争解決にすでに用いられていた(Ⅲ Aethelred 3)[Robertson 1925]。判決手段は，神判か宣誓補助者によっていた。決闘裁判は「ノルマン征服」後に導入された。しかし，宣誓による行為は「友情」(よき関係による社会的調整力)を壊す可能性があり，(地域の年長者による)仲介による和解も一般的な手段であった。州であれハンドレッドであれ，行政手段をもちえない時代にあっては，権力は地域の共同体的社会調整力にその統治を依存していたのである。このような地域共同体がその後も解体することなく持続していくところに，それが解体し伯のような地方権力が成長し，封建制が展開していくライン川とロワール川のあ

いだのカロリング的中核地帯や，血族制が強固で地域共同体の成長が遅れるケルト的周縁との地帯構造上での差異がある［Stafford 1989；A. Williams 1999］。

イングランド人の教会と社会の成立

エドガ王の時代，イングランドでは司教座の整備が進んだ。ベネディクト修道会士を導入して南部の王修道院を改革し，司教人材養成機関とした。また司教座附属修道院を設置し修道士を参事会員として，地域の貴顕・有力者の介入を極力排除し，司教座教会を王権の統治機関としたのである。司教座管区の内部では，共住する聖職者が，広い領域を司牧の守備範囲とする複数のミンスタ教会が展開していたが，10世紀になるとそれが解体して，新興の貴族層セインなどによって集落単位で建設された教区教会の誕生をみた。キャンタベリとヨークの2つの大司教座を中心とした司教座管区・教区のシステムは，11世紀までには確立していった。この早熟性もまた，ブリテンにおけるイングランドの大きな特徴である。

統合王権の誕生で，王に対して勤務をおこない一定の特権を享受する身分である「貴族」が生まれた。10世紀の王国のエアルドールマンと呼ばれた最有力貴族は，小さくまとまった「社会」（秩序化された集団）を構成していた。彼らのあいだには，血縁，結婚，擬制的親族関係，友情，主従関係，教会との寄進埋葬関係という幾重にも張りめぐらされたネットワークが構成され，いくつもの利益関係が重層・錯綜していた。彼らは派閥を形成し，互いに王文書の証人となり，名付親となり，遺産を贈与し合い，場合によっては，同じ墓地に埋葬された。そのなかでとくに重要なのは王家との姻戚関係であった。さらに王権が，ヨーロッパの政治社会と関連をもつにつれ，王や大貴族の婚姻圏も大陸に広がり，汎ヨーロッパ的な社会が誕生した［P. A. Clarke 1994；A. Williams 2008］。

990年から1020年にかけて，イングランドの貴族社会に変動がみられた。エアルドールマンや多くの中小貴族の家系が没落していった。その原因は，重い貢納負担，政治闘争の激化による追放，処刑，虐殺，さらに家が血族的氏族制から単婚家族制へ構造変化を遂げ，不測の事態に対して家を維持

するチャンスが限定されてしまったことなどが想定できる。家長の処刑は，一族の有力者がその代わりとなりうる血族的氏族と違い，そのまま家の消滅に繋がる危険性があった。戴冠式をおこなった王は貴族とは別次元の存在とされ，王に対する裏切りは反逆罪(トリーズン)として貴族支配の制度的道具となった。反逆罪によって貴族集団内が淘汰され，その空白にゴドウィン家のような新しい家族が登場し，カヌート王の治世年には，他を圧倒する巨大な伯(アール)が出現してきた。

　セインは「仕える者」という意味である。地域の有力者は10世紀になると王権の統治において一定の義務を負うセインと呼ばれる社会集団となった。裁判集会において，セインたちには宣誓補助者や紛争解決のための仲介者としての役割が期待された。10世紀後半からの法典にはセインの教会建設に関する規定があらわれる。それは，セインが自らの土地(ブックランド)に教会を建立したことによるミンスタ教会とのあいだの十分の一税の分配をめぐる争いの回避や，司祭の水準の維持に関するものであった。州に拠点をおくセインたちによって，村々の教会が建立され始め，教区制の土台が築かれていった。十分の一税に対する王権の規定と教区組織の展開は，イングランドをブリテンにおける「フランク的」(中核的)地域としていったのである。「第二カヌート法典」は，相続税の点からセインを身分化した。さらにはケオルル(ceorl：田舎人，村人)が5ハイドの自有地を所有し，鐘楼のある教会を所有し，防備の施された居館に住み，「よき人」「よりよき人」として王に対する役務をはたすようになれば，あるいは商人は3度海を渡れば，それはセインの身分にふさわしいものとされた。これらの規定の多くは，説教者として有名な大司教ウルフスタンの編集になる法典に記録されたものである。これら法典は，彼の理論を支柱とした統合王権のマニフェストであった。説教が天上の国にいたる心得であれば，法典は地上の国に生きる信徒の心得であり，教会を統合原理とする王国においては説教と法典は同じコインの表と裏であった[P. Wormald 1999]。

　聖俗大貴族の取巻き，すなわち賢人(witan)からなる移動する宮廷は，州集会にだれがあらわれるかを知っていた。王に近い存在である州の有力者は，自他ともに「王のセイン」として認められ，一般のセインや自由人を

配下におさめていた。彼らを核として、さまざまなパトロネジのネットワークからなる地域共同体が誕生した。王は彼らをとおして地域に語り始めたのである。

1990年代にはいって、セインをジェントリの範疇（はんちゅう）でとらえようという「アングロ＝サクソン・ジェントリ」論が展開されている。それを準備したのがキャンベルの研究であった。イングランドをカロリング型の国家と想定する彼は、中央権力と地域を結ぶ仲介者としてのセインの役割を高く評価したのである。ブレアは、複合所領の解体と村と教区の成立が、ジェントリ形成の経済的基盤を形成したという。ブレアとキャンベルに依拠して、「アングロ＝サクソン・ジェントリ」論をまとめたのがギリンガムである。「長い11世紀」(970頃〜1130年頃)には貴族層に騎士的生活に繋がっていく「名誉の規範」が生まれ、エリート的心性ができあがった。所領とその教会は、地域的土地所有者の騎士化を可能とするような経済的基盤となった。セインが士の役務に就いて「王国民」的結集の場(例えば戴冠式)や州裁判集会に参加することで、王権と地域の仲介者となり、州的結合が誕生したのである［J. Campbell 1986；Blair 1992；Gillingham 2000］。

貨幣経済の勃興と「都市と農村」の誕生

ケルト的周縁においては複合所領が社会の細胞でありつづけたが、イングランドではその小規模所領への解体が進んだ。複合所領内での領主権によるモノの分配は、その解体によって市場による交易を可能とし、勃興（ぼっこう）する都市に対する後背地を提供した。大陸とブリテンとのあいだの交易は、すでに目を見張るものがあった。ラインラントから低地地方そして北フランスの海岸の交易地と、ロンドンを特筆すべき中心地としてハムウィクなどの南部イングランドから北部のウィトビにいたる交易地のあいだで、羊毛、金属加工品などが輸出され、ワイン、毛織物、陶器などが輸入された。日常品レベルでのさまざまな商品取引に加えて、遠くロシア、バルト海域、スカンディナヴィアからもセイウチの牙、毛皮、木材などの特産品がもたらされた。また奴隷交易も盛んで、ブリストルが奴隷港としての長い歴史を歩み始めていた。市場と交易の保護も法典に明記されていた（Ⅰ Edward

1-1；Ⅱ Athelstan 12, 13-1, 14 [Robertson 1925]）[Harden 1956；Palliser 2000]。

9世紀からデーン人が定住したことにより、北東部イングランドにおける貨幣経済は活性化した。銀貨の流通、ヨーク、リンカン、スタンフォード、テトフォードなどの市場の展開や北部フランスからの陶工技術者の移住と保護などによる新技術の発展、修道院の消滅による消費財の市場への出荷などがみられた。さらに、10世紀後半の輸出の好景気はその発展を後押しした。「対ヴァイキング」の防衛基地として建設された南部のバラと呼ばれた集落は、中世の経済的拠点としての都市へと発展しなかったが、北東部の多くのデーン人定住地は経済拠点としての都市的発展を遂げていった[D. Hill & Rumble 1996；Sawyer 1998]。

この新ピレンヌ学説ともいうべきソーヤ理論の実証は困難であるが、個別発見貨の分析によって一定の仮説を提起できよう。とくに973年以降のエドガ王の幣制改革によって、イングランドの貨幣は6年周期で型を変えて打造されたため、おおよその発行年と造幣所（ミント）がわかる[Dolley 1958]。発見された44350枚の貨幣のうち、ロンドン(23%)、ヨーク(10%)、リンカン(10%)、スタンフォード(4%)、テトフォード(3.5%)でほぼ50%を占める。これに対して、州の中心都市ハンティンドンは0.8%程度である。ロンドン、ヨーク、リンカンの経済力が推定される。地域内および地域間交易の堅調な伸びがあった[Sawyer 1986]。

エセルレッド2世の治世期で最大数のクラックス打型(Crux, 991頃～997年)は4072の存在が知られている。ひとつの打型が1万コインを打造するとすれば、クラックス型で4000万ペニ貨、造幣人の取り分と王権の取り分を度外視したトロイポンドによる単純計算で62.5トンの銀貨が流通していたと推計できる。中世末の南ドイツで産出された銀が年約30トン、16世紀スペインに流入した銀が年200トン強という事実を考えると、この数値は当時のイングランドの経済力の大きさを物語る。これに模造貨幣(995～1020年で1400万ペニ)、地銀、切替えのおこなわれなかった銀貨と物々交換を勘案すると、1000年頃のイングランドの経済規模を推定することができる。

王権による造幣の目的のひとつが徴税であることを考えると、物々交換

は相当数量に達したであろう。スコットランドではデイヴィド1世(在位1124～53)が独自のペニ貨を発行するまで，ノーサンブリアのシャット貨かイングランドの通貨が使用されていた。1000年頃，アイルランドで最初の貨幣が打造されたのはエセルレッド王のコインの模造である。イングランドは北海・バルト海域と大陸との交易の結節点にあり良質な銀貨の供給地であった[Blackburn 1986;戸上 1992;森本 2004;Metcalf 2006]。

　都市の後背地をなす農村も11世紀までにその姿をあらわしていた。ヨークシャのイーストライディングからドーセットへ，リンカンシャからハンプシャへ，北東から南西に引いた2つの線のあいだに，開放耕地制と三圃制度によって共有地と家畜管理が有機的に結びついた有核定住村落地帯が形成された。このベルト地帯の西側は，牧畜を主とした地帯が，東側は，比較的人口が密集し，生産性が高く，かつ広大な共有地をもたない農耕地帯が広がっていた。三圃制度は，生産性よりは，農耕と牧畜における限界的な土地利用の様式でもあった。都市と農村が多様なかたちで結合しながら，ブリテン諸島の景観が形成されていくのである[Britnell 2004]。

鶴島博和

第3章 11世紀～近世前夜

1 | ラテン的キリスト教世界とブリテン

　960年代から1130年代にかけて，ラテン語を神の言葉とし，ラテン典礼とローマ教皇庁の指導に従う司教座を細胞とするラテン的キリスト教世界としての原ヨーロッパが誕生した[R. Bartlett 1994]。そのヨーロッパにフランク的中核とその周辺という地帯構造が生まれた。962年の神聖ローマ帝国の誕生は，ドイツとイタリアのその後の歴史を決定し，987年のカペー王権の誕生は，フランスがパリ盆地を中心に拡大していく道を拓いたのである。このフランク的中核地帯の外延部に，イングランド，ポーランド，ハンガリーなどの新しい王権が誕生した。スカンディナヴィア地域がキリスト教化し，北欧としてヨーロッパに組み込まれたのもこの時代である。

　神聖ローマ皇帝と教皇との叙任権闘争は，教皇による司教人事と財政の掌握を求めての闘争であったが，結果的に，ローマ帝国以来の普遍的皇帝観を壊し，公式王権（「王は王国内では皇帝」）への道を拓いた。ローマ的生活，法，文学そして建築様式の再評価がなされた。イングランドは，ロンドン協約（1107年）によって俗人君主と教皇のあいだでの，推挙と叙任の分離を原則とする叙任権闘争の和解のためのモデルを提供したが，神聖ローマ帝国と異なり王による司教統制はつねに強固であった。1170年の原理主義者キャンタベリ大司教トマス・ベケット（在任1162～70）の悲劇はそこにあった。しかし，その一方でイングランドは教皇庁にとって豊かな財源であり，イングランド王はフランス王が取って代わる13世紀中頃までは，教皇が拠って立つもっとも強力な世俗君主であった。

　12世紀までに，イングランド，ウェールズ，スコットランド，アイルランドという地理的・政治的地域区分が確定したが，教皇の承認のもと，戴

冠式による国王をいただく公式王国を樹立したのはイングランドとスコットランドだけで、ウェールズは13世紀後半には領邦としてイングランドに組み込まれた。ウェールズのジェラルドの「ウェールズは王国ではないから、イングランドの一部である」という言は王国側の論理を表明している。アイルランドは3分の2程の地域がイングランド王の支配下におかれた。14世紀になると、フランスやスコットランドとの断続的な戦闘状態によって、イングランド王権の軍事政策の重点が南と北におかれ、アイルランドに対する軍事的圧力が後退した。そのなかで在地の貴顕が勢力を盛り返し、イングランド人の在地化（中間的な国の民：middle nation）も進んだこともあって、イングランド王の支配権はダブリンを中心とするペイルに限定された。しかし、イングランド王の支配の正当性排除をめざした1317年のアイルランドの貴顕による教皇への「上訴(レモンストランス)」はアヴィニョン教皇庁に無視され、1541年のヘンリ8世（在位1509～47）によるアイルランド王の宣言を可能としたのである。

2 │ 半周辺と周辺の構造化 11～13世紀

環海峡「帝国」

　ノルマン征服の歴史的意義と中世イングランドの封建制度の起源をめぐる議論は、19世紀以来、学界の主要な主題のひとつであった［青山 1978；Chibnall 1999］。しかし、1990年以降、起源論争はほぼ消滅した。その原因のひとつは、概念装置としての「封建制」の有効性への疑念である［S. Reynolds 1994］。現在、「封建的」とか「封建制度」という言葉は、専門的な論文や書籍からは消えつつある。レノルズは、封建制の代わりに共同体的な関係の重層性で説明しようとした［S. Reynolds 1997］。しかし、ギルド、村落、教区、ハンドレッド、州、司教管区、王国共同体のなかに縦に貫通し、絡み合う、さまざまなパトロネジのネットワークをどう考えるか。封建制に代わる概念装置の構築あるいはさまざまな分析概念と関連させた「封建制度」のより精緻なかたちでの復活は現在的課題であろう。

　ノルマン征服は、フランク的中核の社会文化システムをイングランドに

持ち込み，既存の制度と融合しつつ新しい独自のシステムをつくりあげていった。征服前からの主君に対する勤務と特権からなっていた貴族制度は，土地保有と裁判権とリンクして特殊イングランド的な封建制度をつくりあげていく。農村と結びつき，特権状，都市法，行政幹部をもつ制度としての都市が出現してきた［藤本 2000］。高く狭い大陸的形態の城が林立し，騎兵による戦闘が一般的様式となった。ロマネスク様式の教会建築がブームとなり，それにともない石工集団も移動した。大量のカーン石がノルマンディから移送され，海峡における運送が活性化した。このフランク的中核の社会文化システムは，イングランドからのさらなる征服，移住，交易をとおして，ウェールズ，スコットランド，アイルランドへ広がり，これらの地域の在地のシステムと反発・融合しながら，周辺地帯の特異構造をつくりあげていった。イングランドは，大陸文化を受容しそれを変換して，今度は自らが中核としてその周辺に伝達するという役割をはたした。その意味でイングランドもまたヨーロッパの半周辺として構造化されたのである［S. Reynolds 1977；Gem 1987；R. Bartlett 1994］。

ノルマン征服によって，それまでドイツとの関係が緊密であったイングランド人の王は，形式的にはフランク人（フランス人）王の臣下であるノルマンディの領邦君主をかね，その結果，英仏海峡を回廊とする政治的複合体をつくりあげていった［Le Patourel 1976］。大陸との交易は，質量ともに飛躍的な発展を遂げた。一方，ノルウェー王は，アイスランド，スコットランド島嶼部から北海峡をへてマン島，アングルシ島まで，その勢力を拡大していた。その勢力圏は王に対する貢納地の結合体であった。そのこと自体が，アイリッシュ海，北海，北大西洋での活発な交流を証明している。スコットランドとイングランドの両王国がその影響力を排除し，2つの島をそれぞれその支配下におくのは，ハーコン4世がスコットランド遠征途上で没した1263年，13世紀中葉以降のことである［McDonald 1997］。

1154年以降のアンジュ王朝は，北のノルマンディから南のアキテーヌまでフランス西部の領邦を保有し，アイルランドにもダブリンを中心に支配地を領有した。以後，貴族や聖職者のみならず，農民，商人，手工業者が，ブリストルからダブリンを経由し大量に移住したのである。フランスから

は塩やボルドーのワインが大量に輸入された。アイリッシュ海からセント・ジョージ海峡を抜けてビスケ湾までを回廊とする海峡帝国が誕生した。これ以降，回廊の場所と規模は違っても，イングランドの歴代の王朝は，海の彼方になんらかの支配圏を領有することになるのである。

国の民と住民

　13世紀にいたるまで，国民という意味でのネーションは存在しない[Tsurushima 2010]。ノルマン人のアイデンティティはノルマンディという郷土と結びついていた[R. H. Davis 1976]。彼らは王文書などではフランス人と記された。スコットランドでもアイルランドでも王文書の名宛人としての政治的民集団(ネーション)に，「ノルマン人」が使用されることはなかった。イングランド人とノルマン人という二項対立はレベルの違うものを比較していることになる。スコットランドにきたのも，ウェールズやアイルランドに侵攻したのもフランス人あるいはイングランド人である。所属する権力の名称がネーションであった。したがって，時と場合によって個人が複数のネーションをもつことは可能であった。イングランド人とノルマン人は融合し，征服後70年程で，新しいイングランド人が誕生した。ただし，イングランド人が名前を大陸式に改めたので検証を困難にした側面はある[Contamine 1994；Gillingham 2000；H. Thomas 2003]。

　イングランドとウェールズあるいはスコットランドとの境界は12世紀まで流動的で，住民側にもどのネーションを選択するかのチャンスがあった。スコットランドは11世紀までに，ピクトとアイリッシュ(Scottus)の融合が完了し，ピクトは消滅しスコット人の王国が誕生した。ノーサンブリアが解体したことで，スコット人の王は，英語圏ロジアンを領有した。

　12世紀後半のヘンリ2世(在位1154～89)から，より確実にはジョン王(在位1199～1216)から，イングランド人の王(rex Anglorum)は，「人びとの王」からイングランドの王(rex Angliae)と称していわば「土地の王」となった。イングランドは人的結合国家から制度的領域国家へと変質を開始し，地上の国の実現が自己目的となったのである。国家観が世俗化したといえる。イングランド人というナショナル・アイデンティティは，課税し紛争解決

と苦情処理の機会を提供する王権とそれらに応える臣民との「話し合いの場」(議会)をとおして形成されていった。

　スコットランドでは、スコット人の王国がイングランドと対抗しながら統治の核を形成し、新たな統合「スコット人」なるものが誕生した。イングランドとの境界も12世紀後半にはほぼ安定した。1300年までに貴族層を中心に「王国こそわれらの土地、生まれ故郷」という意識が生まれたが、教会がスコット人の王に神聖な権威を与えることに十分な役割をはたすことはなかった。むしろこの頃からフォーダンのいう「連続する古さ」が強調され始めたのである[Fordun/Skene 1871-72]。

　ウェールズは、諸地域とブリトン人の諸王朝の集合体で、領域性は観念されていても、そこには統合の核となる持続的中心は存在しなかった。10世紀には「ウェールズ」地域をあらわすのに「キムロ」(Cymry)が用いられ、1130年代までにはウェールズとウェールズ人(Welsh)を称するようになった。しかし、ブリトン人地域のコーンウォルとストラスクライドは、それぞれイングランドとスコットランドの領域にはいり、教会による「国の民」理念の形成は未成熟なままイングランドに征服された。ウェールズ人は、言葉と慣習法にそのアイデンティティを見出していくのである[R. R. Davies 1987, 1990; Frame 1990]。

　1086年におけるイングランドの人口は125万～225万、13世紀後半には500万に増加したと推定されている。1300年頃のスコットランドが50万～100万、ウェールズが25万程度と推定されている。イングランドにおける都市人口は11世紀にすでに10％を超えていたと思われる。イングランドの人口は13世紀末にピークを迎えていた。14世紀にはいると、生産性を超えた耕地の拡大は、収穫量の低下とそれにともなう慢性的な飢饉と飢餓を招き、健康状態の悪化により、1348～49年の黒死病(ペスト)はより苛烈なものとなった。14世紀後半には人口はピーク時の半分までに減少した。1522～24年の人口は、イングランドで180万～230万、ウェールズで25万、スコットランドで70万、アイルランドで100万程度、ブリテン諸島全体で400万前後と推定される。イングランドの人口が13世紀末の状態まで回復するのは、17世紀のことである[Britnell 2004]。

王権と統治システム

　大陸の中核地帯とは異なり，イングランドの地域共同体の結合力は征服後もそこなわれることはなかった。1086年の審問は，イングランドの王権の巨大さを示すイコンともいうべき「ドゥームズデイ・ブック」を生み出した。この史料なしに10世紀から13世紀のイングランド史を語ることはできない。王権が依拠したのは地域の情報収集力であったが，しかしその圧倒さゆえに，行政的な手続きによって「ドゥームズデイ・ブック」が作成されたと考えられてきた[Galbraith 1961, 1974；H. Clarke 1985]。本の作成そのものが審問の目的とされ，課税台帳とされたり[Round 1895；Maitland 1897/1987]，「封建関係」の正当性のためのチャーターに比肩されたりもした[Holt 1987, 1993]。しかし，省略形を常態とする書式は審問の王側の記録にしかすぎない[Roffe 2000, 2007]。

　宮廷は，顧問，役人，騎士からなっていたが，彼らの役割のあいだに明確な区別があったわけではない。宮廷は15世紀までに，徐々に機能分化し，中央行政組織として制度化されていく。宮廷はつねに移動し，王国統治に必要な命令を発し，文書を発給した。その主要な巡回路は，軍事遠征や大陸の領邦への巡幸を除くと，旧ウェセクス王国の領域内に限定されていた。移動する宮廷に従って，その消費財を供給する商人団や請願者の群れが移動した。宮廷の需要をみたさなくてはならない地域の負担はときとして怨嗟の的となった。こうした状況は13世紀まで続く。あるのは，首都ではなく「王の道」であった。宮廷は貴族たちを引きつける権力の磁場であった。14世紀にウェストミンスタに議会の場がほぼ収束すると，ロンドンは，その経済的重要性ともあいまって首都的役割を担っていくことになる。

　征服前に王文書(diploma)や令状(writ)を作成する尚書部(chancery)が存在したかどうかは争点になってきたが，萌芽的なものはエセルレッド2世期にはすでに存在していた[Keynes 1980]。ノルマン征服後その機能は充実し，13世紀の「中世文書革命」とコモンローの発展(令状システムの精緻化など)が不即不離の関係にあったことから，尚書部は14世紀には大法官府へと発展していった。王座裁判所(court of king's bench)や人民間訴訟裁判所(court of common pleas)が，12世紀後半から漸次部局化していった。これと

は別に, 1166年以降の巡察(general eyre)によって, 地域は宮廷に結びつけられていった。

1066年までにはウィンチェスタに, 銀と財務上の文書を保管する王の宝蔵庫が常設され, それを管理する役人がおかれていた。この宝蔵庫を核により組織化された財務府(exchequer)が史料上確認されるのは1110年である[J. Green 1990;Clanchy 1993]。財務府の記録であるパイプロールは, 1124年に存在が確認される[Hagger 2007]。財務府は常設の組織へと発展し, ウェストミンスタに固定された。宮廷とともに移動し, 家中の財務を司ったのは寝所部(chamber)であるが, その収入と支出の全体像は不明である。財務府は, 主要であってもさまざまな収入獲得のひとつのチャネルにしかすぎない[Church 2008]。

最初のまとまったパイプロールは, 1129～30年(会計年度は9月29日から始まる)のヘンリ1世(在位1100～35)治世31年のものである。それによると, 財務府金庫におさめられた金額は£22865, そのおおよその構成は, 王領地収入が£12000(52.5％), 税収入が£3000(13％, そのうちデーンゲルドが£2500), 裁判収入が£2400(10.5％), 空位の司教座から£1000(4.4％), 貸し方が£3600(16％)である。デーンゲルドは, 土地をベースにほぼ1ハイド2シリングで賦課された。1086年にイングランドの記録されたハイド数は56559.64[⇒Hull Domesday database]であり, すべてのハイドから徴税するとほぼ£5660の税収が見込めたはずである。パイプロールでは, 約£5150(結果的な免税額は約£2360)程が要求されていた[J. Green 1986]。

ヘンリ2世期には, デーンゲルドは消滅し, 騎士封土による封建的援助や軍役代納金がそれに取って代わった。ジョン王治世までには収入税や動産税が出現する。これは十分の一税の世俗化された形態といってもよいであろう。1207年の十三分の一税は, £60000を計上した。税収入の増加は, 海外遠征を支える必要性からの要求ではあるが, 1180年代から1220年代のインフレーション[P. Harvey 1973]も考慮しなくてはならない。地金の経済においては, 流通する銀の絶対量が増えなければ構造的なインフレ現象はありえない。1205年までにはイングランドでは£250000程の銀貨が流通し, 半世紀で4倍になったという試算もある[Mayhew 1987;Allen 2001]。

一般には，この富の増大は，羊毛を戦略物資とする交易量の増大とザクセン銀の流入で説明されているが[Sawyer 1965]，カーライル銀山の開発も検討する必要があろう。イングランドは豊かな銀の産地であった[S. Mitchell 1951; Rippon 2009]。

　カヌートとハロルド王(在位1066)の軍勢の中核は家中戦士団(housecarls)だった。エドワード1世(在位1272～1307)の主力軍は「武装した家中」であった。封建制の議論が盛んだったため，征服後における家中騎士団(familiares)は，過小評価されてきたが，つねに王軍の主力であった[Church 1999]。封建制の議論は，王に対して負った騎士役賦課(servitium debitum)をめぐってなされてきた。土地を媒介とした主従関係は征服前にもその萌芽がみられた。司教座教会や修道院は，在地セイン(44頁参照)層に土地を貸与し，その反対給付としての奉仕を得ることで，その軍事力を維持した。しかし，多くのセインは自らの自有地(allodium)を所有し，「その土地をもって自らの主君を選択する」チャンスを保持していた。ノルマンディ公のもとに軍事的に編成された騎士集団が入植したことは，土地保有と奉仕の結合を一挙に進めた。しかし，個々の主従間の関係には地域的差異が存在したであろうし，1980年代までの正統史学が，封建制導入のメルクマールとしてきた司教座教会や修道院の騎士役賦課は，王との家産的関係として考えるほうが理解しやすい。むしろ，征服後に王が，封土(fief)を与えた封臣の相続を管理できた点は，封建制が統治のひとつの手段として国制化された点で重要である。

　12世紀後半以降，主従関係と土地保有が結合した封建制度は，急速に財産制度と化した。本来は，主従関係を保証するために与えられた土地の保有は，騎士奉仕保有態様として保有権化し，相続権が確立するとともに，奉仕と付帯条件は土地保有に属する義務と化したのである。封土はハイドに替わる課税の単位と化していった[S. E. Thorne 1959; Keefe 1983; Tsurushima 1995]。それまでの主従関係の多様性に従って，王の裁判所で救済されるいくつかの保有態様のモデルが形成されていく。13世紀には，封土の保有者である騎士には，直接の主従関係を超えて，自由人保有者とともに王権の支配の網の目がかけられてくる。13世紀末までには，騎士は

地域の名望家として国王統治を担う身分として社会的に特化し,自他ともにジェントリと称する社会集団が形成された[Coss 1991, 2003]。

　スコットランドでも,宮廷は移動していたが,英語圏ロジアンの領有とともに,エディンバラを中心とする半径100キロ以内(フォーファ－スターリング線とベリック－ロクスバラ線のあいだ)が王国統治の核となった。デイヴィド1世(在位1124～53)の治世あたりからイングランドをモデルとして,王文書が発給され,州が誕生し,王国としての統治制度が整ってきた。自立的な伯領(earldom)や大領主領(provincial lordship)が広汎に展開していたこともあり,王文書の発給地も,王の城を中心とした州組織も,この比較的狭い核となった地域に集中した。シェリフ職は,イングランドでは役職化していったのに対して,スコットランドでは場所によっては中世後期までに世襲化していった。

　王権は,漸次州や王のバラといった国王の平和・裁判権領域を,伯領や大領主領を避けるかのように東部海岸線にそってインヴァネス方面へ拡大していった[D. Carpenter 2003]。州の数はほぼ25で,伯領とバロン領が複雑に絡み合ったモザイク構造をなしていた。ジェイムズ3世(在位1460～88)の治世からエディンバラが首都的機能をもち始める。宮廷収入は,王領地(王のバラも含む)の約£5000(実際の王の収入は£500から£2000程度)の地代と,13世紀になって導入された羊毛と革の輸出に対する関税(1360年代で年£7000程度),それに王の緊急の必要のための援助としての税からなっていた。援助は,1306年から1469年のあいだに22年分課税された。議会では,援助が必要かどうかが議論された。平均£2000程度で,1328年の「平和への支払い」(3年間で£20000)やジェイムズ1世(在位1406～37)の身代金(2年間で£13000)は別格であった。ロバート1世(在位1306～29)のときの「独立戦争」以外には,傭兵費用などの戦費調達の必要性がなく,イングランドと比較するとその財政規模は格段に小さなものであった[Grant 1984; McNeil & MacQueen 2000]。

　アイルランドでは,1169年以前に王文書と呼べるものは9通しかなかった。文書には,ドイツの影響がみられるが,尚書部のような組織は存在せず,アングロ＝サクソン・イングランドにみられた受領者による作成の形

式(受領者正本)をとっていた。王の統治は軍事力に依存し，12世紀中葉までは司教の多くは王族で，大陸の教会人と関係をもつ聖職者が統治に影響力をもつことはほとんどなかった。イングランド教会人の影響がおよんでくるのは13世紀になってのことである［Watt 2005］。

教　会

　大司教ランフランク(在任1070〜87)は，依然として村落的性格を有していた一部の司教所在地を都市的集落に移し，司教座の再編成をおこなった。イングランドには，キャンタベリとヨークの2つの大司教座が存在していた。キャンタベリの首位性はランフランクのときにいちおう確立した。しかしこの問題は1118年に再燃し，14世紀後半のイノセント4世によるキャンタベリ優位の裁定まで解決しなかった。イングランドが，南のウェセクスによって統合されたこと，経済的に北の司教座が貧しかったことなどがその背景にある。13世紀にキャンタベリには13の司教座が属したのに対してヨークには2つの司教座(ダラム，カーライル)しか属していなかった。2つの大司教座はブリテンでの首位性も主張した。キャンタベリの干渉を受けてセント・デイヴィド大司教座構想は頓挫し，ウェールズの4つの司教座はエドワード1世のときにキャンタベリの管区にはいった［Barlow 1979；Pryce 1993；R. Bartlett 2000］。

　アイルランドは，キャンタベリの側圧を受けながら，教会改革をおこない1152年のケルズ＝メリフォント教会会議で4大司教座，23司教座が教皇庁によって承認された。しかしアーマーとダブリンのあいだの首位権は未定のままであった。さらに教皇ハドリアヌス4世は，教皇勅書(Laudabiliter)によってヘンリ2世のアイルランド統治権を承認し，大司教座はあっても，アイルランド内部から王として戴冠する覇者があらわれる条件は消滅した。アイルランドの貴顕たちは，教皇庁から自らの統治権の承認を引き出さなくてはならなかったのである(49頁参照)。

　スコットランドは，ヨーク大司教座の影響もあって大司教座の設置が遅れたが，1192年に「教皇の特別の娘」として9つの司教座が教皇の直属管区となり，15世紀後半(セント・アンドルーズの大司教座昇格が1472年，グラ

スゴーは1492年)まで共同裁治体制を敷いた。島嶼ソダーがマン島のノルウェー王の下位王の影響から離れるのは13世紀後半，ギャロウェーがヨークから自立するのは1335年のことである。教区も複雑で，保護者となる大領主の勢力圏との関係で，飛び地が多かった。一般的に，ケルト的周縁では，十分の一税が賦課されず，教区教会は未発達であった。

12世紀になると新しい修道会がブリテンにはいってきた。シトー会は汎ヨーロッパ的なネットワークをもっていたし，アウグスティヌス会のように観想と司牧をおこなう律修修道会は教区の発達していない地域では貴重であった。都市部を中心に托鉢修道会(フランシスコ会やドミニコ会)が展開し，説教の水準をあげていった[Burton 1994]。ブリテンではロラードはあったものの，基本的には大陸のような大規模な異端はみられなかった。14世紀のアヴィニョンの教皇庁やシスマ(教会分裂)の時代には，教皇の課税はおこなわれなくなり，司教任命も王が手中にした。15世紀には通常はイングランド人が司教に任命された。1433年に「王は王国内では最上の存在である」という宣言がセント・オールバンズ修道院長から発せられたとき，すでにイングランド国教会への道は整えられていた。

文 化

ノルマン征服後，王権は文書による法支配をおこない，教皇庁との対抗のなかで，12世紀後半から文書発給数は等比級数的に伸びた[Clanchy 1993]。13世紀には尚書部は発給した文書の写しを保管するようになった。中世人の意識は大きく変化し，口頭伝承が一般的ではあっても，記録に依存する社会が出現したのである(「中世文書革命」)[R. Bartlett 2000; 鶴島・春田 2008]。しかし，征服前からアイルランドではゲール語で，イングランドも英語による文書，法典，年代記が作成されていた。商人などの俗人も特定のラテン語に対する読み書き能力を備えていった[Britnell 1997]。

イングランドには征服前からヴァージル，ルーカン，スタティウスなどの古典をたしなむ文化的土壌が存在した。このことは女性も例外ではない。ミルトン修道院は貴族の女性の教育機関であった。征服後，大陸，とくにフランスからの貴族たちが王国の支配階層を形成することで古典文化の拡

大に拍車がかかった[ANS 2009 の一連の論文]。年代記, 歴史書, 事蹟録などには古典からの引用や影響が顕著にみられる。こうした史料を使用する際には, そうしたレトリックを読み取る細心の注意が必要である。

　12世紀ルネサンスと呼ばれる汎ヨーロッパ的な知的覚醒のなかで, 同世紀中葉から聖職者のフランス留学が一般的になる。それは, パリが新しい学問の中心となったこと, それまでイングランドの学術の中心であったキャンタベリやウィンチェスタが修道院大聖堂教会(monastic cathedral church)のため聖職者を受け入れないという制度的理由もあった。在俗聖職者の参事会からなるリンカンの司教ロバート・グロステスト(在任1239～53)の活躍は, 例外的だが特筆に値する[Southern 1960, 1986 ; Luscombe 2000]。イングランドの大学は司教座都市を避けてオクスフォードやケインブリッジで誕生した。大学で教育を受けた人材(主として聖職者でのちには俗人も)は, 王座裁判所や人民間訴訟裁判所周辺に自然発生した宿泊施設(のちの法曹学院)とともに, イングランドの統治と法実務を支えていった。

　14世紀後半には, 英語の書き言葉としての地位が確立し始める。俗人の識字率も高まった。議会での議論も英語でおこなわれ, 1362年に最初の英語の記録が出現した。1399年にヘンリ4世(在位1399～1413)は英語で演説した。貴族やジェントリの保護のもと文学の花が開き始めた。『キャンタベリ物語』はその世紀末に書かれた。ロンドン, ブリストル, ヨークを結ぶ三角地帯の農村部に標準的なミッドランド英語が形成されたのもこの頃である。むしろ都市部に方言が残ることになる。

イングランド人社会の再構造化

　10～11世紀のイングランド社会を特徴づけたのは, 血族制の解体と家(単婚小家族)を核とした親族構造と, それと不可分に結びついた貴族制度の誕生である。ヨーロッパや王国レベル(婚姻圏)で活動するマクロな大貴族社会と, 州や教区ないしは村をその拠点とする小貴族のミクロな社会が誕生した。貴族は自らの根拠地を姓とした。ノルマン征服前にイングランドに地名命名(toponymicus)は存在しないというホルト説[Holt 1982-85]は修正が必要である。地名命名はノルマンディでも格段に早いわけではなく

11世紀前半に広がったにすぎない[Bates 1982]。ノルマン征服によって，イングランドの大貴族社会は崩壊したが，ミクロな社会は存続し，その上部に北フランスを中心とする「ノルマンディ型社会」が移植された。1066年から1130年代は，移植された「ノルマンディ型社会」が，イングランド系住民との融合と統合によって新しい「イングランド人社会」をつくりあげていく再生の時期であった。征服前のイングランドには多数の自有地所有者がいた。彼らは，王に対して軍役と納税の義務を負い，地域社会の秩序を維持する「よき人」であった。領民と人的により強く結びつけられていた領主権は，裁判権と領域的支配権に強く結びついた領主制へ変貌を遂げた。土地保有権の変化が征服の結果なのか，それ以前からの持続的変化なのかは議論の分かれるところである[Sawyer 1985; Fleming 1987]。

地域社会でのイングランド人とフランス人の融合は，初期の政治的混乱や通訳の必要はあったものの順調であった。入植してくるノルマン系の騎士と在地の自有地所有者たちのあいだで主従関係が結ばれた。両者は修道士団との祈禱兄弟盟約を結び，死と生における共生を分かち合い，寡婦の老後を保障し，あるいは陪審として地域の紛争解決に関与し，地域共同体の再編を担ったのである[Tsurushima 1992, 1996]。

海運と漁業

島の内陸部は海から隔絶されてはいなかった。主要な都市は水路による接近が可能なところにあった。陸路であれば，運搬と商売と帰宅を考慮すると局地的市場圏は半径7マイル以内にあるとされたが[Bracton/Woodbine & Thorne 1968-77]，水路にはそうした制約はなかったし，運搬コストが格段に安価であった。1300年頃のデータでは，ロンドン地域で小麦1トンを1マイル運ぶのに，陸路で1.27d〜1.85d(d＝ペンス)，河川で0.13d〜0.17d，海路で0.1dで，水路のコストは陸路の10分の1以下であった[Britnell 2004; Blair 2007]。流通コストを勘案すると局地的市場圏のモデルは，円あるいは六角形ではなく，価格の等高線によって構想されねばならない。11世紀に海上運搬に使用された典型的な船は，竜骨をもつクナール船であった。デンマークで発掘された6艘のスカルデレヴ型は，長さ

11〜29メートルの大きさで，最大のII型はダブリンで建造された[Bill 2008]。農耕，漁撈（ぎょろう），運搬，交易，海賊，それらの複合といった，生態系によって規定された生活環境から，労働によって生存に必要な価値を引き出すこれら生業によって成立した各地の共同体は，その内部構造の多様性にもかかわらず，同じ型の船によって結ばれたのである。

13世紀にかけて，ハンザ起源の喫水が深く積載量の大きなコグ船（幅は長さの3分の1程度で，30メートルであれば10メートル）が主力輸送船となった[Unger 1980; G. Hutchinson 1994]。この型の船の導入は，積載量の増加と輸送力の強化に繋がったが，最大の利点は，同じ仕事をするのに従来の船の2.5分の1程度の人員ですんだ操作性にあった。ボストン，キングズリン，ハルなどの海港あるいは河口港が繁栄し，内陸の小河川港には途中での小型船への積替えが必要となり，そのための中継地が繁栄した（ヨークに対するセルビなど）。大小さまざまな種類の船舶が連携して交通網が整備された。都市の市場圏には，どの運搬手段をとるかによって交通手段と移動距離の異なる，局地的，国内的，国際的，遠隔地的といったいくつもの交易網がかさなりあっていたのである。

ブリテンは四方を海に囲まれ海の幸に恵まれていた。牡蠣（かき）はローマ時代から有名であったし[Cool 2006]，『エルフリックの対話』の漁師は，テムズ川水系を中心とした魚種や都市での販売について語っている。荘園制の成立を議論するときには必ず利用されるタイデナム文書[ASCI]は，紀元1000年頃の所領において，サケとウナギの高度に発達した簗（やな）が存在し，農民と思われた住民が半商業的な漁業を営む海民でもあったことを示している。海水面所領は地先権を有し一定距離の海を領有していた。その距離の計測法は11世紀には慣習であった。梁立（かしたて）あるいはエコトーンを視野に入れた環境史からの研究が望まれる。

英仏海峡での11世紀の組織化された船団によるニシン漁の登場は画期的であった。解禁日と禁漁日が設定され，海の生業で生計を立てる海民は，「ニシンの暦」を共有したのである。1008年にエセルレッド2世は統合王国の海軍を創設したが，諸地域が提供する船と水夫の形態と熟練度は，その地域がおかれている海の生態系によっても多様であったろう。そのなか

で外洋において船団による漁をおこなうニシン漁集団は，もっとも強力な海軍能力を有していた。ドーヴァなどの海民共同体に対して王権は，9月29日からの2カ月間の「王の平和」(漁期)を与える代わりに10カ月間の水主役を課した。ノルマン征服後，王権はニシン漁の制度内化を推し進め，ヘンリ2世の治世までには海軍役とニシン漁の特権が結合した五港組織(シンク・ポート)が確立した[Murray 1935]。常設の海軍などは存在しない時代ではあるが，海峡帝国の要である海軍力の核が形成された。日常的に活発な海上交通と，海を知りつくした海民の存在を前提としなければ，海峡帝国は存立しえない[Tsurushima 2007]。

スカンディナヴィアと地中海の技術を吸収しながら，イングランド人の船は海峡からビスケ湾にいたる海域で活躍した。アンセルムは修道士が船を操舵することを禁じた。アラブの地理学者エドリシはビスケ湾をイングランド人の海と呼んでいる[Dunlop 1957]。イングランド人が十字軍遠征ではたした役割は過小評価されてきたが，聖地への海のルートを維持するのにイングランドの艦船は少なからぬ役割をはたした。サンティアゴ巡礼も陸の道だけでなく海の道も利用されたのである[R. Tate 1990]。

13世紀以前に漁業に関する記述は極めて少ないが，史料が記録しなかっただけである。14世紀以降の貴族の会計録には，さまざまな種類の魚がたくさんあらわれる。魚や牡蠣などの貝類は安価な日常的タンパク源であった。例えば牡蠣は1273年の記録では100個で0.5d であった[Goodsall 1956]。「ドゥームズデイ・ブック」において確認できる魚種は3種類でウナギ，サケ，ニシンである。ウナギは全国どこにでもあらわれるが，サケは西部，ニシンは東南部に集中してあらわれる。これは，これらの魚が実際の漁獲あるいは消費とは別の課税における上納物として記録されたからであろう。それでも西のサケ，東のニシンという文化的な区分が存在したようである。西の貴顕にとってニシンは高級魚だった。人びとは魚介類を大量に消費していた。魚の保存のために塩は重要である。「ドゥームズデイ・ブック」にはリンカンシャからコーンウォルまで1195カ所の海浜製塩所が記録されている。そのほかに塩水から製塩したドロイトウィチとチェシャが主要な産地である。14世紀には，「樽詰ニシン」や「燻製ニシン」といった保存

方法の革新で，ニシンの大量輸送と消費が可能となり，塩の需要増大に応えるために，ガスコーニュやブルターニュからの安価な塩が大量に輸入されるようになり，イングランドの製塩業は衰退した。塩業者の一部が羊毛生産にまわる小さいが時流に乗った産業転換が起こった［Bridbury 1955; Keen 1989］。

「古典荘園」の誕生

　11世紀末の「ドゥームズデイ・ブック」では13418の定住地と112のバラに名前が与えられている。文字化されたことで地名の綴りが固定化されていった。その多くは現在でも道路地図などでも確認できる。しかし，このことから集落が現在と同じ場所にあったとは必ずしもいえない。肥沃な耕地をつくるために移動することも廃村とすることもあった。記録された世帯数（家族をもたない者も含め）は268984，その41％が「村民」で45％の耕地を保有していた。32％は「零細者」とか「小屋住み」と呼ばれた一群で5％の耕地を保有していたにすぎない。さらに「自由人」あるいは「ソウクマン」(sokeman)が14％を占め，彼らの土地は全体の約20％を占めていた。土地をもたない奴隷が9％を占めていた［⇒Hull Domesday database］。

　身分上の区分は，自由人か否かにおかれていた。「自由人」と「村民」の差は曖昧である。王の直接封臣である200名程度の俗人貴族と100人程の大司教，司教，修道院長が領主として記録されていた。彼らはハイドで査定された土地のほぼ75％を保有し，その50～75％を直領地として保有していた。ただし，ハイドで査定されていない厳密な意味での非課税地であるインランドが「ドゥームズデイ・ブック」の記述からは相当数もれている。さらに，彼らと定住地の住民のあいだには，陪臣あるいは中間領主がいた。「ドゥームズデイ・ブック」のこの層に関する記述は不十分である。他の史料とつきあわせると，中間領主的存在が「ドゥームスデイ・ブック」の記述では「村民」に埋没している場合も多く，「村民」と記述されていたとおぼしき階層から，他のあるいは後代の史料で突然騎士やジェントリが出現することは珍しくない。「ドゥームズデイ・ブック」の用語は地域によってその意味するところに違いがあった。「ドゥームズデイ・ブック」

を用いた統計的研究は慎重な操作を要する。

　イングランドでは定住地の多くが複合所領の解体の結果ではあるが，定住の形態からすると教会と領主の居館(マナ)を中心とする有核定住と散居定住に分けることができる。前者はドーセットからヨークシャまで北東に延びるベルト地帯を構成しほぼ三圃(さんぽ)制地帯と一致する。領主直営地と領主が農民に貸し出した保有地との結合関係は多様であったが，13世紀以前では，基本的生産者を個別に支配する制度はまだなかった。領主は所領を請負に出すのが一般的で，最終的には在地領主や請負者が請負地代(firma)を領主に上納した[Lennard 1959;E. Miller 1971;E. Miller & Hatcher 1978]。

　1200年を前後して，王の裁判官が，国王裁判所に救済を求める権利をもつ者ともたない者を差別化していった。さまざまな地域的・社会的・経済的差異を内包していた自由人と奴隷という二分法は，自由人と隷属者という国制的・法的身分に特化されたのである。後者は，慣習法圏に押し込まれ領主の荘館の裁判だけが救済の手段となった。両者を分けたのは賦役労働であった。13世紀に，多くの農民が，「ドゥームズデイ・ブック」を根拠に自由人であることを主張したがむなしかった[R. Hilton 1976]。実務的な読み書き能力は都市から農村にもおよんできた。慣習帳(custmal)，地代帳(rental)，裁判記録(court rolls)が領主権のもとで作成され，基本的生産者個々の身分，地代，保有地が記録され，直営地と農民保有地の結合も固定化された[Razi & Smith 1996]。「農奴」と「古典荘園」の誕生である。とくに人口増加による穀物需要の高騰に対応して直営地の「貸出し」から直接経営に乗り出した教会領主のもとで古典荘園は大きく発展した。領主の収入は，例えばキャンタベリ大司教領では，インフレの影響もあり1066年の£772から1172年の£1375そして1279年の£3148に増大した[Du Boulay 1966]。所領管理のマニュアルも作成された[Oschinsky 1971]。しかし領主もまた慣習規範をめぐって村落共同体との長い闘争を展開しなければならなかったのである。

　1086年から1300年までには人口は3倍に増加したと推測される。水車，風車，三圃制，重量有輪の普及といった農業生産のインフラとソフトの整備が農業生産力の増大を支えてきたといわれる(「中世農業革命」[White

1962])。しかし，それは収穫限界地までの農地の拡大によってやっと支えられる程度のものでもあった[Beresford 1954；Beresford & St Joseph 1958；Postan 1972；Hoskins 1977；Bailey 2008]。

羊毛産業とスコットランドの貨幣経済の胎動

イングランドの主要な産物は，羊毛，錫（コーンウォル），皮革，金銀細工，塩漬魚であったが，収支のバランスを保ち，良質の銀貨（法定品位として銀の含有率92.5％のスターリング貨）を造幣できたのは，フランドル毛織物最先進地帯への大量の羊毛輸出に負うところが大きい。1300年のイングランドには1500万～1800万頭の羊がいたという（人口の約3～4倍）。

スコットランドではじめての銀貨が発行されたのは，王国統治の体制が整ってきたデイヴィド1世のときである。ヘンリ1世の後継をめぐるイングランドの内乱に乗じて，カーライルを占拠した彼は，1140年頃に，スティーヴン王の貨幣を基にし，カーライルの豊富な銀を用いて独自の貨幣を造幣した[I. Stewart 1955；Carson 1971；Bateson 1997]。もっとも内乱期は，イングランドの王権による造幣独占が崩れ，諸侯も独自の貨幣を発行した時期であるという事情も考慮しなければいけない。デイヴィド王以前にはスコットランドに都市と呼べるものは存在しなかった。王は，ニューカースルの慣習法を基に，ベリックとロクスバラをはじめとして，スターリング，ダンファームリン，パース，スクーンそしてエディンバラにバラを建設し，ドイツ人，フランス人，イングランド人，そしてとくにフランドル人を入植させ交易経済の活性化をはかった[Barrow 1981]。セント・アンドルーズでは1140年に司教がフランドル人のバラを建設した[N. Brooks & Whittington 1977]。

3 │ 島嶼複合諸国家体制 14～15世紀

世俗化する王権

イングランドの王権は10世紀後半から大司教による「塗油」と「戴冠」によって即位するフランク的王権となった。12世紀後半以降の制度的領域

国家の発展とともに，非人格的な王権と王とを制度的に区別する理念が生まれてきた。王の入市式などは劇場化され，王は治癒の機能という半聖性が付与された公共的な存在になった[Kantorowicz 1957]。

スコットランドではスクーンでの詩人の賛歌をともなう聖なる石の上での「即位式」が知られている（ただし最初のスクーンでの即位は14世紀後半のフォーダンのジョンの年代記において知られるのみである）。スコット人の王は，11世紀には戴冠の習慣をもっていたが，ロバート1世（在位1306～29）にいたるまで「塗油と戴冠」の認可を教皇に願い出て承認されたのは1329年のことである。デイヴィド2世（在位1329～71）が，セント・アンドルーズ司教のもと，塗油と戴冠で即位（1331年）した最初の王となった。

「イングランドの王」の称号は，世俗化しそれ自体が自己目的化した領土をもつ王国の支配者であることの表明であった。13世紀になると，聖職者への課税と関税のシステム化が起こった。国家観の世俗化にともない教会も世俗内化した。ジョン王のときに，イングランドが教皇の宗主権下にはいったことは，王権に大きなメリットをもたらした。13世紀中葉までには，聖戦（十字軍）の目的で，やがて実質的には目的は何であれ教皇の承認なしでイングランドの教会は課税の面で王権を援助したのである。1291年，エドワード1世は教皇十字軍税から10万マーク（£67000）を得ている。当初関税は戦時体制の緊急的措置であったが，1275年以降羊毛を中心に恒常的な税となった。関税は，1294年まで毎年£8000から£13000を宮廷に計上した。これら巨額な資金は，イタリア商人・銀行家の手によってヨーロッパの信用経済のなかに環流していった。信用融資は国王財政の根幹をなすようになった。海峡帝国の経済は，イタリア商人なしには立ち行かなかった。

議会の誕生

ヘンリ1世のときには，収入の10％そこそこであったと推定される臣民の援助である税は，エドワード1世の時期には60％を占めるまでになった。人的関係での奉仕としての封建的援助や軍役代納金はその役割を終えたのである。課税額はますます巨大化した。1290年の十五分の一税は，£116000と見積もられる。借入れと課税は，海峡帝国イングランドの継戦能力を維

持するために必要とされた。イングランドは，中世的財政軍事国家の道を歩んでいくのである。

　税と納税者が多様化するにつれて，課税に対する臣民の同意が必要となった。これは議会の２つの起源のひとつである。もうひとつは，裁判所でありさまざまなレベルからの請願のチャンスであった［北野 1982；Dodd 2007］。その延長上に，最高位の裁判所としての側面があらわれてくる。パーラメントという言葉の史料上の初出は1236年で，裁判所の意味であらわれる。その機能は，宮廷と地方における裁判所のネットワークが確立するにつれて，政治的性格の裁判に限定されていった。請願は，課税同意と並ぶ，王権と臣民の接点であった。これらいずれもが，早期に議会(パーラメント)という場に収束したことが，イングランドの特徴であるといえる。14世紀末から徐々に慣行化する議会での立法のあり方は，これらの延長にでてきたものである。

　ヘンリ３世（在位1216～72）の時期は，マグナ・カルタでの約束ごとが国制に組み込まれた時代である。北部フランス出身で，リンカン司教グロステストに薫陶を受け，フランス王ルイ９世とも親交のあったシモン・ド・モンフォールは，19世紀以来，王の寵愛を受けながらも貴顕を率いて騎士と市民を入れた議会を召集し，オクスフォード条項を起草した国制改革のチャンピオンとして描かれてきた。こうしたホウィグ史観から議会政治の発達を説く解釈は大きく修正されつつある。貴族が王政に階層として関与するイデオロギーができあがりつつあった。議会の機能をめぐるスタッブズ流の憲政的議論とメイトランド流の法制的議論の長い論争がある［D. Carpenter 1990, 1996；Holt 1993；朝治 2003；Dodd 2007］。

　対スコットランド戦費調達のために召集されたいわゆる「モデル議会」は，48人の貴族，２人の大司教と18人の司教，67人の修道院長と３人の修道会長，各州から２人の騎士と110のバラからおのおの２人の市民代表が一堂に会した。貴族と庶民の集会が分離したのは14世紀になってのことである。課税同意と請願が確立したエドワード３世（在位1327～77）期に制度としての議会の起点をおいてよいであろう。長い11世紀に誕生した令状を用いて王権が貴族と地域に問いを発し，彼らが回答する審問というシステ

ムは，イングランドが制度的領域国家へと変質を遂げ始めるヘンリ2世期の改革による巡察制度によって地方統治の歯車となったが，14世紀の統治の行政化の進展とともに終焉(しゅうえん)を迎えた。それに代わって，ウェストミンスタに議会という王権と貴族・地方が話し合う場が誕生したのである。

尚書部は，大法官府へと発展し，王自身が不在でも機能する(王の個人の身体に縛られない)政府が誕生した。ロンドンは実質上の首都となり，ブリテン中から人と情報が流入した。貴族，司教，修道院長は，彼らの政治的必要性や対策のためにロンドンに「出先事務所」をおいた[R. G. Davies & Denton 1981]。

アイルランドの議会は，イングランドとほぼ時を同じくして誕生した。1295年のキルケニの集会は，領主たちといくつかの州から2人の騎士が参加した。都市の代表が加わるのは1313年からである。しかし，在地のアイルランド人は「政策を担う資格に欠ける」という理由で排除されていたことからも，ペイル内の限定的な属領支配の装置にしかすぎなかった。1494年のポイニングズ法は，議会を枢密院の支配下においた。在地のアイルランド人が議会の正式構成員となるのは，1541年，ヘンリ8世がアイルランド王を称し，彼らが王の臣民となってからである。しかし，ゲール地帯からすればまだ「関係のないこと」であった。

スコットランドの議会は司教と伯の宮廷顧問会議(コロクィウム)から発展してきた。この「会議」という言葉の初出はイングランドより1年早い1235年のことで，その機能が確立してくるのは同じ14世紀のことである。貴族と庶民の集会の場は分かれておらず，聖職者，貴族，バラの3つの身分の代表が同じ会堂に集まった。イングランドからの独立を宣言した教皇への書簡である「アーブロース宣言」には，伯，バロン，指導的な自由土地保有者からなるスコットランドの王国共同体(tota communitas regni Scocie)理念が表現されている。しかし，議会には地域共同体の代表が参加していない。ジェントリに相当する中小領主(laird)は理念的には貴族集団を構成したが，実際には議会貴族から区別されていた。自立的な大貴族の領主圏が広がり，「臣民」の成長が遅れ庶民院が形成されていく条件は整わなかった[Butt 1989 ; Frame 1990 ; K. Brown & Tanner 2004]。

イングランドでも政策決定を担う「王国共同体」という理念が標榜されるようになった。それは「キリストの体」という世界観が世俗化し，王国という身体が，貴族，州共同体，都市共同体という部分から構成されているという理念の反映と考えられないこともない。王権は，とりわけ議会の場で，こうした政治的身体の四肢を統御し，必要な限りで調整もした。しかし，議会だけがこうした機能をはたしていたわけではない。親族，近隣，友人，兄弟団などの社会的ネットワーク，主従関係やアフィニティ（派閥）といった，さまざまなパトロネジのチャネルが存在していた。王の恩顧を望む人びとは，異なった複数の接近手段を利用することができた。確かなことは宮廷と地方のあいだに行政的統治の鎖が繋がったことである。

コモンローの形成

王権は，ヘンリ2世以降，さまざまな慣習法と地域における裁判集会に干渉して，令状と巡察という2つの手段をとおして「国王裁判所の慣習法」を王国に拡大していった。拡大の道具となったのが陪審制度の利用による地域の情報収集であった。陪審制の起源は，大陸ともイングランドともいわれる。しかし，肝要な点は，たしかに州の内部には，州域を越えた支配や敵対や友情といった関係も存在したが，それでも外に対して自己主張しうる自由人上層部からなる州共同体への確実な発展がみられたことである。これによって保有や相続に関する土地をめぐる紛争を解決するためのアサイズ（assize）という訴訟類型が生まれた。自由で適法的なる12名の成年男子が宣誓のもと，保有と相続に関する情報を開示したのである。ヘンリ2世は，「民事」のみならず，「刑事」裁判においても1166年のクラレンドン法において「告発陪審」（のちの大陪審）を創設し，疑わしき人物を告発させ地域の警察能力を高めた。

自由土地保有者であれば，王の令状を得ることで国王裁判の救済手続きにのることができた。王の裁判官は管区をまわり，州に時限つきの国王裁判所が出現した。裁判官たちは異なった地域の慣習法に直面しながら，妥協をかさねしだいに王座裁判所と人民間訴訟裁判所とともに，エドワード1世の治世までには，コモンローをつくりだしていった。共通法化のプロ

パガンダを担ったグランヴィルやブラクトンは，この原則が王国に広まったと主張したであろう[Glanvill/Hall 1994;Bracton/Woodbine & Thorne 1968-77]。しかし，救済手段は一元化できなかった。ケントのように慣習法を特権とする州も存在したし，商取引や大都市には商人裁判所や都市の裁判所があり，慣習法を使いながら裁判をしていたと思われる。依然として地域の慣習法との軋轢は存在していた，しかし，ロンドンのギルドホール裁判所が，14世紀にはすでにコモンローを使って裁判するようになっていたように，コモンローは徐々に浸透していった。

比較史的にみて，相当広範な臣民層が使える王の裁判制度があったことは特筆に値する。コモンロー裁判制度では，中央制度のほか地方のアサイズ裁判と刑事巡察裁判も機能していた。これを補完するものとして，いずれは議会に集中していく請願の仕組も形成されていった。これらすべての基は，議会の請願も含めて，12世紀末までどうにか残っていた大巡察の機能から発達したものである。コモンロー裁判制度がほぼ定着したと思われる14世紀半ば以降，新たな社会的必要性が生じて，法的規制は，コモンロー裁判制度ではなく，議会での立法とその執行にあたる行政・司法官としての治安判事という新しい機構で対処していった。王の政府は，政策立法の実施のために，この新機構を積極的に利用したのである。一方コモンロー裁判の領域では，14世紀中葉以降，財産権訴訟と不法行為訴訟においては法理の細分化が進んだ。15世紀中期には，大法官府でエクイティ裁判(96頁参照)の萌芽にあたると思われる訴えも扱われるようになった。

12世紀は，ローマ法の研究が新しい判決の立証方法と法的救済の探求を模索し始めた時期である。またベケット論争はカノン法への関心を強めた。ヘンリ2世は大陸で教育を受けた人材(聖職者)を登用し，裁判官は専門化していった。ヘンリ2世をへて，1215年のラテラノ公会議における神判への聖職者の関与の禁止もあり，それに代わるものとして陪審による審理が広がっていった。シスマの時期(1378〜1417年)のイングランド教会は，百年戦争の影響を受けざるをえず，アヴィニョン教皇に対立するローマ教皇を支持しつづけた。それでも，イングランドの教会は，従来通り，ローマ教皇庁から相対的な独立を保ちつづけ，イングランド王はイングランドの

聖職者が王の許可なくローマ教皇庁に教会法上の上訴をすることを禁じたのである [Pollock & Maitland 1895/1968；Baker 1971；Milsom 1981；Helmholz 1987；P. Brand 1992]。

スコットランドにおけるコモンローの形成は，イングランドと同じく，土地法を中心に，ラテン語を使用して12世紀に始まった。ゲール語の使用は14世紀の後半になって開始されるが，ラテン語は使用されつづけた。イングランドと違い，中央裁判所，法曹教育と法曹が発達せず，北部と西部を中心に慣習法の地域が展開していた [Cooper 1952；Grant 1984；H. MacQueen 1993, 1997]。

アイルランドではコモンローはペイルのなかに閉じ込められたが，イングランドと同じく法曹 (serjeant, attorney) が活動していた。一方のゲール地域では，教会法も含めた慣習法に精通した職業的法識者 (brehon) が活躍していたことが知られる [Hogan & Osborough 1991]。

ウェールズでは，13世紀にウェールズ語で書かれた「ハウェルの法」(Cyfraith Hywel) が「発見」された。これは，イングランドの政治的圧力と新しい学問とキリスト教結婚観の影響を受けて，ウェールズをほぼ統一した10世紀前半の王ハウェル (実際にはエセルスタン王を上王とあおいでいた) を編者と見立てて，教会人 (シトー会修道院か) がウェールズ人の慣習法として編集したものであろう [Pryce 1993；Ni Chonaill 2008]。13世紀から14世紀にかけて，イングランド人，スコットランド人，アイルランド人，ウェールズ人の差別化は，言葉と法を契機として先鋭化していったのである [R. R. Davies 1987, 2002；Tsurushima 2010]。

外交の誕生

1204年のノルマンディの喪失は，イングランドの海峡帝国の終焉として描かれることが多かった。海峡をまたいでいた貴族層が，ノルマンディとイングランドに引き裂かれ，イングランドは「島国」となったと。しかし，ノルマンディとの関係はすぐには切れることはなかった。帝国の比重はアキテーヌ公領に移っていた。イングランド海峡帝国の方向を決めたのは1259年のパリ条約であった。ヘンリ3世は，正式にノルマンディを放棄し，

曖昧だったアキテーヌの領有をフランス王からの封土として受け取った。イングランド王の大陸領は封建法(ヨーロッパ貴族の国際法)の枠のなかにはいったのである。フランス王は, 事由が発生すれば, 封土権喪失を宣言できた。大陸の政治関係は, フランス王と領邦との鍔迫合いから, 偶然も作用したが, フランス王位継承をめぐる全面戦争へと発展していった。13〜14世紀の西ヨーロッパの政治状況は, 教皇, フランス王, イングランド王, スコットランド王のあいだの綱引であった。そこに教皇特使のはたした役割は大きい。教皇による外交が始まった。

ジョン王がイングランドとアイルランドの属領を教皇の封土としたことは, 長期的にはマイナスではなかった。シュタウフェンのドイツ皇帝をにらんで, 教皇はフランス王との戦いに支持を与えたからである。しかし, 教皇がマグナ・カルタを認めたことは, ヘンリ3世にとって足枷となった。13世紀後半になると教皇庁はフランス王に傾斜していった。アーブロース宣言(1320年)などの努力もあり, スコットランド王国は教皇ヨハネス22世によって承認されたが, アイルランドの人びと(populus Hiberniacus)の名において, 1317年アルスタ王, ドムナール・オニールの指導のもとにイングランド王の支配の法的根拠を否定した上訴(レモンストランス)は, 同じ教皇によって無視された。ダブリンに打ち込まれたイングランドの楔はアイルランド王国形成の桎梏であった。

「百年戦争」は1860年代につくられた誤解を招く言葉である。実態は, 1337〜1453年までの, 複雑な要因が絡んだ間欠的な戦闘の鎖である。基本的には, イングランドとフランスが制度的領域国家を形成する途上での, フランス王位の継承戦争であった。しかし, 徐々に, イングランド経済発展にとって生命線ともいえる海峡域とフランス南西部の覇権をめぐる争いとなっていった。戦線もイベリア半島北部まで南下した。イングランド側が主張する女系による王位継承を, フランス側は容認できなかったし, サリカ法典の「発見」などの対抗措置をとっている。最終的には, イングランドの王は, この戦争によってフランスに保有していた封土(領邦)を失った。大陸の領邦はフランス王権に吸収されていくのである。しかし, この戦争は, 戦費調達のための課税をめぐっておこなわれた議会での議論をと

おして，貴族から庶民（法人格としての州あるいは都市の構成員）までの国民意識の発酵醸成に大きな役割をはたしたのである［Curry 2003］。

貴族身分の確立

　近年のブリテン史研究では，貴族をあらわすのに nobility を避け aristocrat を使う傾向にある。ノルマン征服前のイングランド王国には，大貴族＝エアルドールマンあるいは伯と，州に根拠地をおく小貴族＝セインからなる萌芽的な貴族制度が誕生していた。伯の英語 eorl は素性のよき者の意味で，スカンディナヴィアのヤール(jarls)の影響を受けてカヌート王の時代に一般に使用されるようになった。征服前の伯は，大領主ではあっても勤務貴族であり，特定の地名を冠する伯領は存在しなかった。征服後20年程は，征服前の伯制度が継承されたが，その後，大陸的な伯が徐々に出現する。しかし地域共同体としての州の強固な存在ゆえに，スコットランドやウェールズとの境界地帯を除くと大陸的な独立的伯領は出現しなかった。

　エドワード3世以前の貴族は，爵位貴族(peerage)としては未成熟で，伯だけが確立した貴族的称号でそれ以外の称号も存在はしていたが位階は明確ではなかった。バロンは，騎士の上位にある貴顕を指すと考えられてきたが正確ではない。これは，征服後におそらくは尚書部でつくられた「王のセイン」に対応させた言葉である。指導的人物，とくに州集会やハンドレッド集会に影響力を行使できる人物であった。伯のバロン，財務府のバロン，という使い方からもバロンは貴顕に限定されるものはではなかったが，公(duke)が1337年に，侯(marquis)が1385年に，そして1440年にはもともとは州のシェリフであった viscount が子として称号となることで，バロンを底辺とする世襲の権利として個人宛に召集令状が発給される議会貴族(parliament peerage)の枠組ができあがった。彼らはエリザベス治世末年(1603年)まで50～60人程度の小さな集団であった。またつねに充足していたわけではなかった［Crouch 1992］。

　騎士は戦士という職能をあらわし，とくに騎乗戦士の幅広い階層を含んでいた。12世紀中頃から，王権は騎士に封土の保有者と州集会の担い手と

いう規定を与え，それによってその数も限定された。騎士は局地的な小貴族となったのである。そこに，フランスでは騎士が貴族身分となったのとの違いがある。そしてこの騎士規定では拾えない残りの「よき者」たちがジェントリ層を形成し，やがて州共同体の構成員として騎士と一体化して庶民を構成し，イングランドの貴族制度の根幹がつくりあげられたのである（数として6000程度）。ただし，イングランド的貴族制度は，開放的な社会身分であり，その区分も決して明確なものではなかった。

「ジェントリ」のもともとの意味は，生まれよき者という意味であるが，この言葉で呼ばれる人たちが，最後まで失うことのない性格は地域の土地所有者，名望家，そして州に対する帰属意識と州の統治と国政へ関与するチャンスの保持者としてのそれであった。在地小貴族としての「よき人」である。ただ在地的といっても教区に拠点をおく者から複数の州にまたがって所領を有する者まで，その財力や勢力には幅があった。カーストというよりは，王権の地域に対する統治の網かけによって形成されたステータスという性格が強く，王権，地域(州)の構造，統治のあり方によって，ジェントリの実体は，時代や場所によっても異なっていた。そのため研究者によってその起源に対する解釈が異なる。一般には議会制度が成立する14世紀に起源が求められてきたが[Given-Wilson 1987]，1990年代になると，令状と審問制の誕生あるいはその制度的確立を重視して，それぞれノルマン征服前や12世紀後半のヘンリ2世の改革にその起源をみる解釈が登場してきた[Scammell 1993；H. Thomas 1993；Gillingham 2000]。コスは，起源論争を整理して，地域共同体的な凝縮性と王の統治への関与という点から，13〜14世紀にその起源を見出した[Coss 2003]。

イングランド王は，ウェールズにペンブルックと辺境伯を，アイルランドにもコーク，デズモンド，キルデア，ロース，オーモンドそしてアルスタの伯をおいたが，在地権力の側から貴族制をつくりだす国家形成の動きはなかった。10世紀スコットランドでは，王のもとにゲール語で大役人を意味する貴顕大領主(mormaers)が存在した。彼らは世襲的な軍事的支配者で，イングランドから定住したフランス系貴顕とともに，スコットランドの貴族層を形成していく。デイヴィド1世は伯という名称を使用した。伯

は，13世紀以降議会に出席し王国共同体の構成員を自認する一方で，自らの支配領域で刑事罰を執行し地域防衛に責任を負った自立性の高い大領主であった。スコットランドの爵位貴族制度は，バロン領を所有する卿(lord)の出現によってイングランドとほぼ同じ1440年代までに成立した。

　スコットランドの領主制の核は，領主が裁判権を行使する小集落(toun)からなる複合所領で，ほぼ教区と一致するバロン領であった。ロバート1世は，それを王権が認めた特権領に限定したため，その数は200程であったが，14世紀末までには350程に増加した。スコットランドは，本来はフォース川の北部がゲール語圏であるスコット人の土地，南部はイングランド人の土地であった。こうした感覚は1180年代になっても生き残っていた。しかし，統治の中心地がパースからエディンバラを中心とした南部や東部海岸地帯に移り，地域統治組織が整備され，王権がマリ伯領を越えて，ノルウェー王の勢力を排除して北部ハイランドと島嶼地域におよぶ(1266年)につれて，北西部のハイランドと南東部のローランドの差異が強調されるようになった。そしてハイランドの特異性を記述したフォーダンの年代記が出現した。1380年代までには，ハイランド線(Highland line)が王国の文化的な区分として浮上してきたのである。フォーダンの言説は1745年以降ことさら強調されていくことになる。しかし，スコットランドはハイランドの血族社会とローランドの封建化された社会というハイブリッドな構造をもった[Barrow 1980, 1992]，とする19世紀以来の国民国家史的論点は，再検討の時期にきている[Broun 2007]。

荘園経済の解体

　最近の研究の特徴は，中世全般に対して，マナ(manor)という用語が使用されなくなってきたことであろう。荘園の起源については，アストンとフェイスの研究がある[Aston 1983; Faith 1997]。「ドゥームズデイ・ブック」が本来は領主館を意味するマナ(manerium)という言葉を使用したことが研究の混乱を招いた。貢納と地代が未分化の時代と13世紀以降の地代帳によって生産者が個別に支配された時代とは区分されなくてはならない。マナ経済とは，13世紀以降の慣習的農民経済が，領主の主導によって局地

的経済に組み込まれた,長い荘園経済の歴史における集約的な体制と考えられる。伝統的な解釈に関してはコスミンスキー,R・ヒルトン,ティトー,ポスタンの研究を参照されたい[Kosminsky 1956; R. Hilton 1966; Titow 1969; Postan 1972]。

14世紀になると,寒冷化や耕地の過剰利用などもあり不作で穀物生産は遽減したが,荘園は活発な市場へ穀物の供給を続けた。1270年以降小麦価格は上昇したが,賃金は低く抑えられたままであった。例えば,熟練大工の日当は3ペンス程であった。人口のかなりの部分が飢餓と慢性的な栄養失調に苦しむようになった。増加する都市人口と不衛生な環境状態ともあいまって,1348年の黒死病(ペスト)が,人口の3分の1以上を死に追いやり猛威をふるう条件は整っていた。ペストはその後も断続的に発生し,とくにイングランドにおいては社会の構造転換をもたらす土壌となったのである。継続的な戦争もあって廃村が生まれた。人口が減少したことで,労働の価値があがり,貨幣経済が農民経済を巻き込むことで,賦役労働と荘園経済は解体し始めた。農民層における格差が発生した。豪華な石の家に住む農民があらわれる一方で,生存ぎりぎりの「貧困」が社会化したが,反乱(1381年)はあっても,死亡率の高さがそれを覆い隠していた。16世紀になって国内の平和が相対的に確立し,貧者救済の機関でもあった修道院が解散し,囲い込みなどによってセイフティネットであった共同体が崩壊,あるいは救済停止に直面したとき,貧困と救済の問題は一挙に浮上してくる[Rubin 1987; C. Dyer 1989; Gilchrist 1995; B. Harvey 1995]。

毛織物産業の隆盛

13世紀までのブリテンは原料生産地であった。そのなかでも基幹的な産業は羊毛生産で,輸出の80～90%は占めていたと思われる。イングランドにおける羊毛輸出のピークは,1300～10年で,毎年30000袋(1袋は約165キロ)から46000袋(最大値は1304/5年の46382)が出荷された。想定される取引額は,低く見積もって毎年21万ポンドはあった。海運も盛んになり,輸出の60～70%はイングランド人によって担われた。エドワード1世は,関税収入を確実にするために指定取引所(staple)を設置し,翌1295年には羊

革，皮革と並んで羊毛の輸出に対する課税を議会に承認させた。1330年代からの高関税政策，百年戦争とフランドル毛織物産業の衰退は，イングランド内の毛織物産業の成長を招いた。水車の導入という技術革新によってコストが下がり，水を求めて生産拠点も都市から地方へと漸次移動した。イングランド商人(merchant adventurer)のみならずイタリア商人やドイツ商人も活躍し，中流品や上質の広幅物の先端的大生産地となり，販路も東ヨーロッパから地中海にまで広がった。毛織物産業は，さまざまな場所でのさまざまな人による，複雑な工程をともなう一種の組立作業で，これによって資本，材料，人の集約度の高い産業構造への転換が起こった。羊毛の輸出は長期的にみると右肩下がりのグラフを描き，これに反比例するように毛織物の輸出は右肩上がりのグラフを描き1450〜80年には両者は逆転した。

　スコットランドの羊毛輸出はイングランドのほぼ5分の1程度ではあるが，1373年と74年をピークにイングランドとほぼ同じパターンの右肩下がりの曲線を描いていった。一方，同時期の毛織物生産は低レベルのままであった。これは北部イングランドの羊毛が，関税をきらってスコットランド経由で密輸出されたことと北部イングランドとスコットランドがひとつの交易圏を形成していったことを示している。イングランドのみが良質の毛織物生産地としての地位を確立し，16世紀以降の成長のための戦略的産業を得たのである。ウェールズでも毛織物は盛んにはなったが安価な貧者の着物となった[Bridbury 1982; Blair & Ramsay 1991; E. Miller & Hatcher 1995; Britnell 2004]。

都市化の進行

　11世紀，ブリテンの都市の大半は，ヨークからグロースタまで線を引いた場合，その南東部に集中していた。1300年までに都市化は3つのかたちで進んだ。ひとつは既存の都市の人口，規模，機能における拡大。2つ目は新しい都市の建設。3つ目は交易を支える市場集落の増大である。ブリストルは史料上の初出は1020年代であるが，1120年代にはアイリッシュ海域最大の交易港となった。15世紀までにはアイルランド，ガスコーニュ，

イベリア半島との穀物，ワイン，塩，毛織物などの交易とアイルランド戦略の拠点となり，14世紀の課税額から判断するとヨークにつぐ王国第三の都市に成長していた[Palliser 2000]。ロンドンは別格で，14世紀初めには人口は8万から10万を数え(ヨーク，ブリストル，ノリッジは1万)，ヨーロッパ屈指の大都市に成長し海峡帝国の扇の要となっていた。ノルマン征服期からその人口は，約8倍程拡大したと推定される。12世紀は，スコットランド，ウェールズ，そしてアイルランドにおける都市化が進んだ時期である。1300年頃のイングランドの都市住民(小都市も含めて)は15〜20％を数えたが，スコットランドは3〜4％程度で東部と南部に集中していた。ノルマン征服以後のイングランド人の侵攻と定住とアイリッシュ海交易の活況によって，ダブリンが成長し，グラスゴーやカーディフをはじめとして海域両岸に都市が数多く生まれた。

1100年から1300年のあいだに，イングランドでは多くは地方の領主主導のもとで約140の都市が建設された。新建設都市のなかでも船舶の大型化に対応できた，北海に面したボストン，キングズリン，ハルなどの成長はめざましかった。都市は，国際的な，地域間的な，局地的な交易が交差する場所であった。イングランドの都市は周辺領域の支配権がない。したがって荘園領主は，王からの特許状を獲得できれば市場を開設できた。1000年から市場の数は増加しつづけた。1198〜1483年までに約2400の開設権が授与された。市場は局地的市場圏を活性化し，貨幣経済の進展をみた。しかしウェールズやスコットランドでは，交易は都市が独占していた。13世紀後半カラマーザンは半径24キロの領域で交易を独占し，日常的な小市場の発展は阻害された。ブリテンはロンドンを中心とした市場経済圏の外側に，地域の都市の独占的な経済圏が広がっていたのである。それでも，15世紀までに貨幣経済の波はブリテンに浸透していった[Britnell & Campbell 1995；Masschaele 1997]。

危機と構造転換

15世紀は危機の時代であった。14世紀の劇的な人口減少は回復しなかった。1500年にフランスの人口は1600万に達したのに対して，イングランド

は11世紀の水準のままであった。15世紀中頃から回復基調はあったが13世紀の水準になるのは17世紀のことである。エドワード1世の帝国拡大路線は，ウェールズの領邦化には成功したものの，スコットランドに王国確立への道を準備した。スコットランドはアイルランドのゲール系権力者とフランス王との同盟関係によるイングランド包囲網を敷いた。フランスとの王位継承戦争の結果，イングランド王は，1306/7年には1万7000ポンドの収入があった大陸のガスコーニュを失った。1520年代のフラソワ1世の宮廷収入が80万ポンドなのに対して，ヘンリ8世の平均的な収入は8万〜9万ポンドで，戦費調達で突出した年でも17万ポンド程度であった。五港組織に頼った海軍システムも時代遅れとなった。13世紀の財政軍事帝国の姿はなく，イングランドは1050年の島国に戻ったかのようである。

しかし，そこには「血と言語」で区別された国民意識が育ちつつあった。1461年のヨーク派の政権は，スコットランドとの関係をプラスに転じ，1502年の「永久平和条約」は，長期的にはステュアート体制に道を拓いた。1400〜10年のオウェイン・グリンドゥールによる最後の組織的独立戦争の失敗以降，王の役人による法の強制と辺境領主による支配体制の強化によってウェールズはイングランド王権のなかに最終的に異なった文化をもつ「地域」として組み込まれた。

14・15世紀の制度改革や経済構造の変化は，つぎの時代の帝国的拡大の飛躍台であった。海への窓口はロンドンからブリストルへ移った。1497年カボットはブリストルから出帆した。それも新しい商品，タラを求めて。

鶴島博和

第 4 章　近　世

1 | イギリス史のなかの近世

　かつて近世は，イギリス史において特権的な地位を保持していた。イギリス史上 2 つの画期，宗教改革とイギリス革命が，近世の産物だったためである。20 世紀の前半，ホウィグ史観の全盛期，イギリス革命前後に議会とりわけ下院の主導権が確立した[Notestein 1924]と理解されていたし，それを批判したエルトンも宗教改革において近代へと連なる主権国家の枠組が形成されたことを強調した[Elton 1953]。

　しかし近世史が，もはやこのように単純な物語ではなく，「国家」と「社会」[Trevor-Roper 1959]，「宮廷」と「カントリ」[Zagorin 1969]，「中央」と「地方」[Morril 1976/1999]等々の，対立抗争の歴史として描き出されるようになるにつれ，国家そのものに対する関心は薄れていった。もちろんその間も国家を主題とした業績がないわけではない[P. Anderson 1975 ; Corrigan & Sayer 1985]が，これらの著者が歴史研究者ではないという事実に，歴史学が国家以外とりわけ社会に関心の焦点を移していたことがうかがえる。

　ところがここ数年，歴史学の関心が再び国家に戻り，しかもその関心が従来とは異なる方向を向いていることが確認できる[Collinson 2002]。国家形成を論じる最近の研究[Braddick 2000 ; Hindle 2000]において，主たる関心は，国家機構の建設から，さまざまの政治集団が権力を行使する過程のなかに生じてくる国家機能の形成へと移ってきた。国家を構成するさまざまなグループが，出現しつつある主権国家という大きな枠組のなかで対立し，あるいは協調しながら，全体として国家統合が進むという新しい歴史像が提出されている。この新しい国家形成史という枠組は，国制史，政

治史の領域にとどまるものではなく，そこにはここ数世代の社会史研究の成果が統合されている。

最近顕著なもうひとつの動向は「ブリテンの大西洋世界」への関心である［Armitage & Braddick 2002；Mancke & Shammas 2005］。かつてのようなアメリカ合衆国建国前史ではなく，さまざまな可能性を秘めていた大西洋世界のなかから，いかにブリテンの大西洋世界が出現してきたかという問題意識へと移行している。

したがって現在，近世イギリス史研究に認められるのは，(1)国家形成とその変容，(2)ヨーロッパ世界から大西洋世界への関心の移動という2つの動向であるとまとめることができよう。以下では，(1)をさらに，ⓐ地域統合，ⓑ政治統合，ⓒ社会統合，という3つのカテゴリに分けて考えたい。地域統合については，イングランド内部の地域統合にとどまらず，アイルランドやスコットランドなどを視野に入れた複合国家（composite state）論の描き出すイギリス近世像を紹介する。政治統合では伝統的な国制論，国家機構整備についての現在の研究動向を紹介し，それがどのように社会統合に接続しているかを考える。

(2)に関しては，他の諸章との関連が深いので，詳細はそちらに委ね，方向性を示唆するにとどめる。

また以上の課題設定に加えて，本章では近世を3つの時代に区分し，第3節で(1)1450〜1530年を，第4節で(2)1530〜1630年を，第5節で(3)1630〜90年を扱うことにする。イギリス史では，伝統的に1485年を中世と近世を分かつ年号としてきたが，最近の概説書［A. Pollard 2000；R. Griffiths 2003］は，いずれもその年を転換点とみなしていない。またバラ戦争に関する最近の研究入門［A. Pollard 2001］も，「全体としてみた場合，1450〜1530年がひとつの統一的時代として把握できる」としている。他方，宗教改革にともなう国制（コンスティテューション）の変革が，イギリス史上の画期をなしていることは，否定できないので，1530年で時代を区分することは現在も意味がある。ステュアート朝の開始（1603年）もかつては重要な転換点とみなされていたが，現在は変化よりは継続の要素が強調され，革命に向かう具体的な変化が認められるのは，チャールズ1世の親政期以降である［Coward

2003]。

　(1)の時代は，主権国家形成へ向けての胎動期というべき時期で，大陸国家への道は絶たれたが，その方向性はいまだはっきりしない。(2)の時期になると，宗教改革をきっかけとして，ローマ・カトリック教会の主導する普遍的ヨーロッパ世界から抜け出て，独自のブリテンへ向けての歩みが始まった。それは同時に，アイルランド，スコットランド，ウェールズを統合した「ひとつの」ブリテンへの道でもあった[Bradshaw & Morrill 1996]。しかし(3)の時代に，そうした道は暗礁に乗り上げる。政治統合，地域統合，社会統合の破綻は革命を引き起こし，新たな秩序の模索期へはいり，名誉革命においていちおうの解決をみた。

　そして革命や内乱という危機のさなかでも，行政活動は持続し，ときには強化された。政府が倒れても，国家が人的・物的資源を動員する力はむしろ強化された。戦争をおこなう努力のなかで，消費税をはじめとするさまざまな財源が掘り起こされ，そうした財源は革命後にも利用されつづけたのである。(3)の時代はいわば，革命と内乱という痛みを通じて18世紀の強力な「軍事財政国家」を準備したといえるかもしれない[Wheeler 1999]。

　近世全般について学ぶにあたって有益な手引がある[O'Day 1995/2010: Wroughton 1997/2005]。いずれもそれぞれの時代の基本的な事実，制度，人名，用語を確認するとともに，巻末に研究史を視野に入れた参考文献が付されている。また以下でも何点か紹介している *British history in perspective* の近世に関連する各巻[K. Brown 1992; Loades 1992; J. G. Jones 1994; S. J. Gunn 1995; M. Young 1997; Doran 1998; A. Hughes 1998; Hutton 2000; D. Kennedy 2000; MacCulloch 2001a; A. Pollard 2001; D. Scott 2003; Barnard 2004; Rex 2006; Cruickshanks 2007]は，問題点の分析，情報量，いずれの点でも参考になる。日本語による研究動向紹介[岩井・指 2000]も有益である。

2 | 長期的変化

人口と経済

　最初に近世を通じてあまり変わらない長期的変化について簡単にふれて

おきたい。経済や社会システムは，少なくとも数十年から100年を単位として変化するために，通常の年代順の記述に合わないためである。

近世イギリスの人口については，決定的な研究がでている[Wrigley & Schofield 1981；Wrigley et al. 1997]。歴史人口学の出発点は「ケインブリッジ・グループ」であるが，その影響は，歴史人口学のみならず社会史全般におよんでいて，すでに全体像が紹介されている[斎藤 1988]。いずれにせよ近世イギリスの人口動態は，上掲書ですでに確定している。14世紀におそらく限界に達してすでに減少し始めていた人口は，黒死病(ペスト)のために急減し，15世紀中を通じて，14世紀前半の水準を取り戻すことはなかった[Hatcher 1977]。これが領主制の危機の前提であったことは，ポスタンの古典的業績[Postan 1939]以来，定説となっている。人口が黒死病以前の状態に戻るのは，16世紀前半で，それ以降，教区簿冊が整備された結果，比較的正確な推計が可能となる。1541年に277万だったイングランドの人口は，17世紀半ばまで一貫して増加し，1656年には528万に達する。ここで人口は停滞期にはいり，再び増加に転じるのが18世紀中頃のことである。ちなみに疫病の影響は，近世にいたってもなお大きい[Slack 1985；Dobson 1997]。

いずれにせよ，この人口動態がイングランドの経済や社会に対して与えた影響ははかりしれない。人口が，直接に影響をおよぼすのは，何よりも経済の領域である。16世紀半ば以降，人口の増加が経済成長，そしてインフレーションを引き起こしたことについては，議論が一致している。議論が分かれるのは，それがどのような影響をおよぼしたかという点である。この時代の経済史研究の黎明を告げたトーニーの古典的著作[Tawney 1912]は，インフレと農業改良(囲い込み)があいまって，農民の窮乏化を引き起こしたと結論した。トーニーの議論については，その後，全面的な批判が加えられ[Palliser 1983]，16世紀の農業経済が，トーニーが描き出したほどの激変をこうむったわけではなく，同時代のトマス・スミスが指摘したように，囲い込みには，経済的に合理的な側面があったことが明らかになった。ただインフレと農業改良，そして市場の発達の結果，農民の階層分化が進み，とりわけ下層階級に大きな影響をおよぼしたことはなお

否定できない[Wrightson 2000]。

　経済史の分野で、かつてのように全国的変化について語ることはできなくなった。イングランドは国土が広くないにもかかわらず、土壌と気候の多様性によって、特徴づけられる[Thirsk 1987]。もっとも重要な区分として穀作地域と牧羊地域、あるいは流域地帯と高地地帯などが提唱されており[Everitt 1985]、地域によって、囲い込みや農業改良の様態は極めて多様であった。1970年代以降盛んになった農村地域における「プロト工業化」の研究もこうした地域区分が基礎になっている[Clarkson 1985]。プロト工業化が直接に工業化に繋がった可能性は低いが、この概念は家族や男女のあり方とも関連づけて議論され、ヨーロッパの諸地域のみならず、アジア地域との比較を可能にしたという点で、近世社会の理解を深めるのに役立った[斎藤 1985；Ogilvie & Cerman 1996]。

　経済に関してもうひとつ注目すべきことは、生産のみならず消費の重要性に眼が向けられたことである。本格的消費社会の誕生は早くても17世紀後半以降のことであるが[Brewer & Porter 1993]、その先駆は16世紀に求めることができ[Thirsk 1978]、社会的・文化的影響は無視できない[Jardine 1996；Peck 2005]。そして消費と密接な関係をもつのが都市化である。中世末から近世初頭にかけての都市の衰退については意見の一致をみないが、16世紀後半以降、各地の都市の成長の兆しが認められる[A. Dyer 1991]。イギリスの都市史全般については、最近、信頼できる概説書が出版された[P. Clark 2000b]。

家族，社会，国家

　歴史人口学の成果についてはすでにふれたが、その意味はたんなる人口推計にとどまらない。人口推計の基礎となる家族の再構成に大きな意味があった。その結果明らかになったのは、近世の家族が基本的に核家族だったという事実である。かつてヨーロッパの前近代社会は、現在の第三世界と同じように大家族を基本とする社会とみなされていたが、そのような見方は大きく修正された[Laslett 1983]。結婚年齢についても現在とほとんど変わらないことが確認され、親から自由な未婚の若者の青春時代が発見

された[Ben-Amos 1994]。イングランドおよび西ヨーロッパに見出されるこうしたライフサイクルの特異性についてはすでに注目されており，日本との比較も試みられている[Macfarlane 1986, 1997]。ライフサイクルと密接な関係をもつ宗教儀式，宗教改革との関連も見逃せない[Cressy 1997]。近世において家族の性格が変化したという問題提起[Stone 1977]もあるが，すべての階層にあてはまるわけではない[Wrightson 1982；Ingram 1987]。

　このように家族が注目されてきたのは，社会の基盤，統治機構の末端として，現実的な意味をもっていたためである[Amussen 1988]。近世社会において一般に受け入れられていた家父長的世界観によれば，家長（父）が家族を支配し，名望家が地域を統べ，国王がすべての人びとの家長として国をおさめるものと考えられていた。そして実態はともかく，宮廷こそがそのような社会の原型であり模範であると考えられた[Peck 1991；Smuts 1996]。最近，歴史学でも注目されているジェンダー研究が意味をもつのは，家族においても男女の権力関係が存在し，それが社会全体を貫くひとつの構成原理となっているためである[Fletcher 1995]。もっとも女性をただ家父長的支配の犠牲者としてのみとらえることはできない。当時支配的であった言説空間を超えて，女性は自らの意味と物語をつくりえたことも事実である[Laurence 1994；Mendelson & Crawford 1998]。

　また近世社会をすべて「家父長的家族関係」で割り切るのは，単純にすぎる。そこでは家父長との支配・被支配関係とは別の原理も機能していた。短期的貸借関係などを通じて，当時の人びとは互いにセイフティネットを形成していた。より対等な社会関係である近隣関係もまた重要な社会的紐帯であった[Boulton 1987；Hindle 2004]。

社会構造と統治システム

　ジェントリこそが近代イギリス社会を解く鍵だと最初に主張したのは，トーニー[Tawney 1941]であったが，「ジェントリ論争」[Stone 1972]の進むなかで，ジェントリに対する理解は，しだいに深まった。貴族と上層ジェントリを厳密に区別することはできないこと，修道院解散の結果，ジェントリ層が拡大し，さまざまな側面で主導権を獲得したことが確認された

[Heal & Holmes 1994]。家父長的世界観は，社会の家父長としてのジェントリの社会的機能の承認のうえに成り立っていた。

こうしたジェントリ主導の社会に「一階級社会」という名前を与え，その特異な性格を強調したのはラズレット[Laslett 1983]であるが，そうした見方が固有の時代性を無視しているという批判は無視できない[E. Thompson 1991]。E・P・トムソンは，民衆がジェントリに対して従属的立場に立っていたわけではなく，独自の「モラル・エコノミ」を強要していたことに注目する。その議論は主として18世紀を対象にしたものであるが，17世紀以前にもあてはまる[Sharp 1980; Walter 1999]。またジェントリは，社会のすみずみを自ら直接，把握することはできなかったため，媒介者として，富裕な農民層や職人層の存在が欠かせなかった[Barry & Brooks 1994]。そして当時，人びとの移動性は極めて高かった[P. Clark & Souden 1987; Yungblut 1996]ので，社会の最底辺で浮浪していた人びともまた，社会的に無視できない存在であった[Beier 1985]。ジェントリの主導する近世社会は，静かで牧歌的な世界ではなく，社会的緊張をはらんだダイナミックな世界だったのである[P. Griffiths et al. 1996]。

近世イギリスの統治システムは，この社会構造をほぼそのまま反映していた。国王による行政の中心であった枢密院顧問官は貴族，上層ジェントリの出身者からなっていた。州統治を担う治安判事の出自は，社会的に彼らの下にいる州ジェントリであった[Fletcher 1986]。そして治安判事のもとで，治安官，貧民監督官などとして実際に行政に携わり，また陪審員として裁判にかかわったのは，地域社会において比較的富裕なヨーマンであった[Kent 1986; Herrup 1987]。末端の教区は，たんなる地域共同体にとどまらず，国家権力が最終的に執行される政治の場となった[Hindle 2004]。

しかし国家権力の行使は，今日とまったく異なる方法でなされた。大規模な有給の官僚制を欠いた当時のイングランドにおいて，国家意思は，末端にいたるあいだに，大幅な修正をよぎなくされた。国家は，統治システムを担っていた各社会層に権限を委任せざるをえず，委任された各社会層は，自らの社会的利害を考慮に入れながら裁量権を行使したからである

[Wrightson 1980]。国家権力の行使が，変形させられていく過程のなかに，ダイナミックな社会関係の存在を感知することができる[Hindle 2000]。

3 | 主権国家への胎動 1450～1530年

バラ戦争——歴史の転換点？

かつてヴィクトリア時代においては，バラ戦争はロマンティックな想像力をかきたてる中世最後の戦争として大きな関心を引いていた。現在でも，バラ戦争を中世末期の大混乱であると同時に，近世を生み出した画期としてとらえる見方は少なくない[N. Davies 1999]。

しかし最近の研究は，歴史の転換点としてのバラ戦争という考え方自体に疑いを投げかけている。王位をめぐる内乱は，決してイングランド固有のものではなく，百年戦争期のフランスをはじめとして各地にみられるものであった。原因についても，遠くは庶子封建制があげられ，近くはアフィニティ（派閥）が強調されたが，15世紀のイギリス社会においてアフィニティのもつ意味が18世紀のパトロネジと大差ないことが明らかになり，近年，それらの社会的要因は背景に退いた[Hicks 1995]。むしろ戦争の原因は，統治者としてのヘンリ6世（在位1422～61，1470～71）の政治的無能に求められている[A. Pollard 2001]。当時の君主に不可欠であった，派閥間の均衡を保ち，大貴族と協調することで統治の安定をはかる能力が，ヘンリには欠けていた。バラ戦争は，それ自体として取り上げられる政治的大事件というよりは，15世紀後半の国制と政治をめぐる諸問題の一部として理解されるべきできごとなのである[C. Carpenter 1997]。

戦争の結果，大貴族の家系が死に絶え，テューダ朝の新貴族層が台頭してきたといわれてきたが，そのような事実はなかった。内乱中に家系が絶えた貴族もいたが，戦争の結果というよりは，相続人を欠いたためである。しかし大貴族はそれ以前の発言権を取り戻すことはなかったし，王権に忠誠心を示すようになった。家系が断絶したり，所領が没収されたりした場合，それを回復する権利をもっているのは国王だけだったからである。バラ戦争は，結果として国王の権力を強化する機能をはたしたといえよう

[McFarlane 1981]。

　バラ戦争期に国家機構に大きな変化はなかった。15世紀初頭, イングランドの国家機構はヨーロッパでもっとも整備されたものになっていた。そのような国家でも, ひとたび国王に政治的能力を欠いた者が即位すれば, 内乱を防ぐことはできなかった。地域統合という観点からみても, 基本的構図は, 戦争以前と変わらない。内乱のためにイングランド国王は大陸における権利を主張することが困難だったが, 所領回復の意思が完全になくなったわけではない。エドワード4世は, 1475年に大陸反攻を企てて失敗している。また1485年, リッチモンド伯爵 (のちのヘンリ7世) は, リチャード3世から王位を奪うべくイングランドに侵攻したが, これもまたイングランドが大陸諸勢力の覇権争いの一部であったことを示していた。しかし30年におよぶ内乱は, イングランドをしだいに島国国家に変えていった。そしてバラ戦争に影響をおよぼしていた大陸の内乱も, 1490年代には終息に向かった。

ヘンリ7世——島国国家の自覚

　1450～1530年をひとつの時代としてみるとき, テューダ朝の開始は, それほど画期的な事件ではなかった。たしかに結果としてヘンリ7世 (在位1485～1509) は内乱を克服して, 比較的安定した統治を遺すことに成功したが, あいつぐ反乱は治世半ばまで続き, 統治が安定したのは, ようやく1500年前後のことである。

　バラ戦争後の統治を安定させるためにヘンリ7世が採用した政策は, 貴族の自立性を弱めるためにアフィニティを国王のコントロールのもとにおくもので, それ以前の国王と同じ方法であった。統治機構もそれ以前の制度を引き継いだが, 国王評議会 (King's Council) の権限が拡大し, その内部に専門家からなる小評議会が生まれたことは注目に値する [Condon 1979]。ヘンリはまた弱体な国王の財政が内乱のひとつの原因であると考えて増収に努力したが, これも従来の収入源の見直しによるものであった。議会のもたらす特別税収入に依存せずに, 自活の道を探ったという点でも, 彼の財政政策はエドワード4世以来の伝統的なものであったといえる。

地域統合の面でも、それ以前との決定的違いを見出すことはできない。歴代の国王同様、ノーサンバランドなど大貴族の地域的権力を削ぐことに力をそそいだが、目標が達成されるのはエリザベス1世（在位1558〜1603）の統治においてである。地方統治の主体は治安判事で、その権限はますます拡大していたが、これもそれ以前からの方向の延長上にあった［Lander 1989］。全体としてヘンリ7世の統治に、新しい要素は見出せない。国家統合という観点からすると、彼の統治は完成した中世的王権で、新機軸の出現は、1530年代まで待たなければならなかった［Bernard 1992］。

　変化が認められるとすれば、イングランドの外に向かう関心の方向である。パーキン・ウォーベックの反乱に乗じてアイルランドでポイニングズ法を制定し、スコットランドとは婚姻関係を結ぶなど、ブリテン諸島のなかで主導権を確保しようとする動きがみてとれる［S. Ellis 1998］。これに比べるとき、大陸政策はフランス王の勢力拡大を牽制(けんせい)しようとする程度で、かつてのように大陸所領を回復しようとする妄執(もうしゅう)はみられない［Doran & Richardson 2005］。大陸政策の基本は平和外交政策で、明らかに大陸からブリテン諸島に関心の対象が変化していた。こうした外交政策をとったひとつの理由は、貿易を振興することによって、王室の関税収入を増やそうとしたことにあったが、治世末にいたって、関税が王領地収入と並ぶ二大収入源となったことは、ヘンリの政策が成功したことを示している［Ramsey 1953-54］。

　ヘンリ7世はかつて歴史上もっともめだたない国王の1人であったが、現在では、イングランドが封建的無秩序に陥るのを防ぎ、政治的安定を取り戻したもっとも有能な国王の1人とみなされている［Chrimes 1972］。

ウルジの時代

　宗教改革とそれにともなう変革を実行したことによって、ヘンリ8世（在位1509〜47）は歴史に名を残した。しかし治世の前半に、そうした激動を予想させるものはなかった。大陸のルネサンス宮廷に憧れる若い君主は、その野心と稚気において、未熟な主権国家をみごとに表象していた。

　大陸の一流国家と肩を並べたいという野心が、治世初期の大陸政治への

介入を引き起こした。フランスの影響力がイタリア半島へ拡大することを恐れる教皇ユリウス 2 世の呼びかけに応じて戦争に参加したヘンリは，ハプスブルク家の戦争からの離脱によって国際的に孤立し，何ひとつ得るものもなくフランスと和平を結んだ。

日常的な政務をきらうヘンリ 8 世は，それを側近ウルジに任せた。ウルジは出自こそ平民だったが，野心の大きさは，主人のそれと肩を並べていた。ヘンリと同様，彼も大陸政治への野心を明らかにしていた。ハプスブルク，ヴァロワの両家を巻き込んだ対オスマン帝国大同盟は，彼の政治的経歴の頂点を示している[S. J. Gunn & Lindley 1991]。

治世前半のヘンリ 8 世の統治は，国際関係からみても，内政からみても，移行期にあった。一方に，普遍的ヨーロッパ秩序の継続するなかで主導権をめざすハプスブルク家の皇帝があり，同じように普遍的ヨーロッパ秩序の代表であるローマ教皇と争っていた。そのなかにあって，ヘンリはこの秩序のなかで位置をより高めようとした。ウルジの個人的目標も，普遍的ヨーロッパ秩序の最高位にあった[Bonney 1991]。ウルジのあとをおそって大法官に就任した人文主義者トマス・モアもまた，普遍的ヨーロッパに生きる知識人であった。他方，主権国家の形成するヨーロッパを志向する動きも認められた。イタリア戦争でハプスブルク家に挑んだヴァロワ家は，主権国家の秩序を代表していた[M. Anderson 1998]。

4｜主権国家の構築 1530～1630年

改革とその余波

かつて近世の始まりと考えられていた1485年という年号が，時代区分として意味をもたなくなった最大の理由は，宗教改革に対する見方が変化したことにある。ルターやカルヴァンのそれと比べると，世俗的で不徹底にみえたイングランドの宗教改革を，エルトンは統治革命としてとらえなおし，これを主導したトマス・クロムウェルを再評価することによって，その意義を強調した[Elton 1953]。

エルトンの主張には異論も多い。変革の芽はすでに15世紀後半に認めら

れる，到達地点からみるとむしろ伝統的な国制に戻っている，等々の疑問が出されてきた。しかし大陸諸国における変化を考慮に入れるならば，16世紀前半に大きな変化を認めることは不自然ではない[S. J. Gunn 1995]。宗教改革に関する研究史，参考文献は膨大なので，他の文献に委ねる[R. O'Day 1986；Haigh 1993；MacCulloch 2001a；Rex 2006]。

　それでは改革の目標はどこにあったのであろうか。一言でいえば主権の確認ということになる。宗教改革立法のひとつ上訴禁止法において，イングランド王国が古来「帝国」であったことが確認され，枢密院が統治の中心として出現した。司法の領域では，中世以来数多くあった特権裁判所や特権領域が廃止・縮小され，重罪裁判は国王の裁判権のもとに統合された。宗教改革立法においてもっとも重要だった国王至上法の目的は，救済をめぐる神学論争に決着をつけることではなく，教会が国家に属することの確認であった[Bernard 2005]。

　このような主権の確認と並行して進められたのが，国家による地域統合である。1530年代の終りに国防上の理由から作成された各地の地図は，王国の範囲を空間的に確定した[P. Harvey 1993b]。また教区簿冊の整備によって，その空間に属する人間が確認された。また1530年代にあいついでウェールズ辺境評議会，北部評議会が設立され，国境地帯の大貴族の地域支配は楔(くさび)を打ち込まれた[Robson 1989]。地域統合は，イングランドの内部にとどまるものではなかった。治世初期の大陸での戦争を除くと，ヘンリ8世の戦争はすべて，ブリテン諸島統合へ向けての努力であった。1530年代にウェールズを統合し，アイルランド支配を強化すると，40年代にスコットランドに目を向けた[S. Ellis 1995]。ヘンリ7世のときにすでに確認できるブリテン諸島統合への関心は，ここではっきりしたかたちをとることになった。そしてこれらの戦争の費用を出すことになったのが，修道院および教会であった。

　中世的財政制度では16世紀の主権国家を維持できないことは，ヘンリ7世のときにすでに明らかであったが，改革と戦争は新しい財源をさらに必要とした[S. J. Gunn 1995]。1536年に始まる修道院解散にいたる政治過程は，これまでの研究によってすでに明らかで[Youings 1971]，個別の修道

院についての研究も蓄積されている。問題は，これらの修道院領，教会領が，国家財政にとってどのような意味をもち，また社会的影響がどのようなものだったのかということになる[Heal 1980]。修道院領が国王のもとにとどまったのは，わずかな期間であった。その多くは行政と戦争の費用を捻出するために売却された。したがって修道院解散は，一時的に国王の財政を豊かにしたが，永続的果実をもたらしたとはいえない。国王は，依然，平時の税収入をもっていなかったので，その財政力が最大限に拡張した1540年代でさえ，国民総所得の9％を占めるにすぎなかった[O'Brien & Hunt 1999]。

それでは修道院の富は，最終的にだれの手に落ちたのか，これがかつて学界を賑わした「ジェントリ論争」の主題であった。果実を手に入れたジェントリが近世・近代を通じて主導権を握った。中世の国王が貴族の統合を政治的課題としたように，この新しい統治エリートを政治的に統合していくことが，以後の王権の主たる課題となっていった。

全体として，ヘンリ8世の統治は中道独裁という性格を帯びていた。カトリックとプロテスタント，守旧派と改革派のバランスのうえに，彼は独裁的権力をふるった。いずれかの派閥が統治に失敗すると，もうひとつの派閥に乗り換えることによって，彼は統治を安定させた。このような姿勢は，主権国家が自らの主権を維持できさえすれば，その内実を問わなかったことに対応している。ヘンリは，その豪奢と虚栄心において，生まれたばかりの主権国家を表象していたのみならず，その本質においても主権国家を体現していた[Bernard 2005]。

しかしすべての君主が，主権国家の中立的な性格を理解したわけではない。ヘンリ8世に続くエドワード6世（在位1547～53）とメアリ1世（在位1553～58）の統治は，両翼への逸脱として出現する。両王ともに，主権国家の権力をその内実において理解していた。エドワードにおいてそれは改革されたプロテスタント国家でなければならなかったし[Jordan 1970]，メアリにおいてはローマ教皇の普遍的権威のもとにあるイングランドでなければならなかった[Loades 1991]。彼らのこうした姿勢が，国内の対立を激化させ，国際関係におけるイングランドの利益をそこなった。

エリザベス 1 世の統治

　姉や弟と異なり，エリザベス 1 世は主権国家の本質を理解していた。そのため彼女の統治の基本的性格はヘンリ 8 世と変わらなかった。ただ父ヘンリと異なり，エリザベスには，主権国家を構築する必要はなかった。彼女は，ヘンリ 8 世の正統な後継者であることをことあるごとに明らかにし，父の築き上げた制度を維持すればよかった。もちろんその努力は並大抵でなく，危機的状況も少なくなかったが，エリザベスが有利な位置から出発したことは間違いない。

　内政において最大の課題は，直前の時代のような宗教上の分裂・抗争を防ぐことであった。そのためエリザベスがとった政策は，宗教上の寛容を事実上認めることであった。カトリックは組織としてイングランドに存在することは認められなかったが，個人の内面において何を信じようと問題ではなかった。教会分裂を引き起こさない限り，国教会のなかには多様な考え方が許容され [Walsham 1993]，古い信仰も1570年代まで生き残った [E. Duffy 1992]。しかし彼女の宗教政策は，のちの寛容政策と同じではない。国家教会という枠組を守る点で，エリザベスは厳格であった。即位当初から，エリザベスは首尾一貫してカトリック教会を認めなかった [N. Jones 1993] し，のちにイエズス会によるイングランド宣教が開始されると，ほとんど残酷といえるやり方で，その活動を弾圧した [Covington 2003]。またエリザベスの治世に，国教会と改革派プロテスタント（ピューリタン）のあいだに宗教上の大きな対立があったわけではない [Collinson 1982; Lake 1982] が，国家教会を否定する分離派は弾圧された。父と同じように，彼女もひとつの国にひとつの教会という原則を，守りつづけたのである。

　国家統合の多くはすでに父が成し遂げていたので，エリザベスはその政策を踏襲した。1569年の北部の反乱によって大貴族領は解体され，イングランド国内の統合はほぼ完成した [M. James 1986]。1580年代にスペインとの戦争の脅威が高まるなかで，各州の州長官（統監：lord lieutenant）の権限が強化された。その基本的権限は民兵の指揮権など軍事的なものであったが，しだいに筆頭治安判事の地位もかねるようになって州統治の中心を担うようになった [MacCaffrey 1992]。統治の中心は依然，枢密院であったが，

その規模は縮小され、より機能的になった。国家統合の手段は、必ずしも制度的なものに限られない。宗教的祝祭に代わって国家的祝祭が登場し、エリザベスの即位記念日がそこで大きな役割をはたした[Cressy 1989]。治世の後半にはエリザベスの神話化が始まった[Doran & Freeman 2003]。

統治がしだいに安定していくなかで社会統合という新たな課題が浮かび上がってきた。ひとつは統治エリートとして拡大してきたジェントリ階層との協働という課題であり、もうひとつは人口増加にともなうインフレと農業改良のなかで増加しつづける貧困層、浮浪者層にどのように対処するかという課題である。統治エリートとの協働の具体的な場である議会にエリザベスは熱意をもっていなかったものの、彼らの利害に反することはほとんど実行しようとしなかった[T. Hartley 1992; Dean 1996]。その結果、実効課税率はしだいに低下し、ステュアート朝に大きな課題を残す結果となった[Braddick 1996]。貧困問題については、治世末にいたって救貧関係の法律を集大成し、救貧法を制定した。救貧法によって、教区が救貧の責任を担うようになったので、地方行政の末端である教区は、王国の統治システムのなかで以前にも増して重要な位置を占め、結果として社会統合が促進された[Walter & Schofield 1989; Hindle 2000]。

対外関係についても、ヘンリ8世以来の一貫した政策が追求された。ひとつは大陸所領回復政策の放棄であり、これは1559年、カトー゠カンブレジ条約によって確定した。この後、イングランドはヨーロッパ大陸政治不介入の原則を貫いた。例外はネーデルラントである。エリザベスに、ネーデルラントを支配する野心はなかったが、そこにヨーロッパの強国の影響力がおよぶことは許さなかった。ネーデルラントはスペイン（ハプスブルク家）領だったので、スペインが同地に直接支配をおよぼそうとした治世後半にスペインとの戦争を決意したのはこの政策の帰結である[Wernham 1980]。この戦争の結果、イングランドの軍需品供給能力は大幅に向上した[R. Stewart 1996]。

ブリテン諸島統合への意思は、エリザベス治世の当初から、明らかであった。即位翌年、スコットランドで起きたプロテスタントの反乱を支援し、フランスの影響力を排除した[J. Wormald 1981]。アイルランドでは、ダ

ブリン周辺のペイルを越えて，イングランドの影響力を拡大しようとする動きが始まった。とりわけマンスタの反乱（九年戦争）とゲール系貴族の逃亡（1607年）ののち，各地でイングランド人による植民が進み，のちの植民地化への一歩が踏み出された[S. Ellis 1998]。

　アイルランドの西には大西洋が広がっていた。イングランドは，海の支配を求めて大西洋に乗り出した。当時，大陸の中心的市場であったアントウェルペンは，16世紀後半から衰退の道を歩み始めていたが，ネーデルラント独立戦争はそれを決定的なものにした。アントウェルペンに依存していたロンドンの貿易商人は，レヴァント会社など新たな特権会社を設立し，直接取引を模索した。1600年の東インド会社設立は，こうした動きの到達点である。これと並んで，治世後半には「新大陸」のヴァージニア植民が試みられている。この試みは失敗に終わったが，「ブリテンの大西洋世界」形成の端緒であることは間違いない[Andrews 1984; Brenner 1993]。

グレートブリテンへの道
　エリザベス女王が1603年に没すると，スコットランド国王ジェイムズ6世がジェイムズ1世としてイングランド王位（在位1603〜49）を継承した。かつて1603年は，1485年と同様，イギリス史において大きな意味をもつ年号であった。ジェイムズが専制政治に道を開き，革命の遠因をつくりだした絶対君主だと考えられていたためである。しかしジェイムズは基本的にエリザベスの統治システムを継承した。たしかに彼は神授王権論を唱えたが，それは普遍的権威を主張するローマ・カトリック教会に対して向けられた主権国家の君主の論理であり，当時のヨーロッパにおいて常識的なものであった[Sommerville 1999]。実際，議会との交渉，租税をめぐる論争などにおいて，彼は伝統的な国制を尊重していた。また国教会内部の改革派プロテスタントと意思の疎通をはかり，彼らの要求する聖書の英訳事業を支援し，聖職者の学識向上を約束した[M. Lee 1990]。

　にもかかわらずジェイムズに対して否定的な評価がなされてきたのは，彼個人の責任というよりは，エリザベスの統治システム自体が限界に突きあたっていたことを示している。エリザベスは伝統的財政観に立って，国

王自活の原則を貫いたが，ジェイムズが長期的にそれを維持できる可能性はなかった。1610年，「大契約」によって問題の根本的解決が試みられたが，伝統的国制の一部をなす議会によって，それは阻まれた。司法制度の面でも，コモンロー裁判所以外の裁判所（エクイティ〈衡平〉裁判所）の台頭によって，競合する裁判所間の主導権争いが激化した。国教会では，前世紀半ばの宗教的分裂を知らない新しい世代が出現し，両翼から国教会の権威に挑み始めた。統治エリートに権限を委任し，その同意を取りつけながら行政をおこなうという方法は，ほころび始めていた。

他方，ヘンリ7世以来のブリテン諸島統合への関心は，ジェイムズが王位に就くことによって，はからずも実現してしまった。別々の王国のままであれ，イングランド，アイルランド，スコットランドはともかく同一の君主をいただく同君連合の国になったのである[Levack 1987]。しかしこの事実が新たな問題を生み出した。ジェイムズはイングランドとスコットランドの即時の統合を望んだが，両国の統治エリートはそれぞれの思惑から冷淡だった[Galloway 1986; K. Brown 1992]。互いに利害の異なる3つの王国の関係は，のちに革命の一因をつくりだすことになった。さらに統合問題は，ヨーロッパにおける自己認識という問題をはらんでいた[Armitage 2000]。統合推進派は，統合によってヨーロッパ国際関係のなかで有力な帝国の位置を占めようとしていたのに対し，反対派は国際関係よりも国内の安定と現状維持に眼を向けていた。帝国はヨーロッパの国際関係においてのみ，意味をもっていたわけではない[Andrews 1991]。アメリカ大陸への関心は，ジェイムズの治世に具体的なかたちをとった。1607年，ヴァージニア会社は植民事業を開始した。

「大きなブリテン」か「小さなイングランド」か，という対立が，実際に政治的な局面であらわれたのが，三十年戦争（1618～48年）である[Cogswell 1989]。三十年戦争でスペインに占領されたファルツを取り戻す点で，統治エリートの意見は一致していた。問題はその手段である。財政的に戦争を遂行できないと自覚していたジェイムズは平和外交政策で取り戻そうとした。それに対してプロテスタント改革派の人びとは，戦争による解決を志向した。この人びとのあいだでアメリカ大陸に対する関心が

強くまた実際に投資がおこなわれていたことは注目してよい[Brenner 1993]。いずれにせよこの問題が解決しないうちに、ジェイムズは没した。

チャールズ1世(在位1625〜49)がさまざまな意味で不運な君主であったことは間違いない。そもそも兄ヘンリが夭折しなければ国王になるはずではなかった。1625年、王位を受け継いだまさにそのとき、失敗に終わる一連の戦争が始まっていた。そのために議会の同意を得ないさまざまな課税を実施し、「権利の請願」という古来の国制の確認を強いられた(1628年)。また長期的にみれば、ヘンリ8世が築き、エリザベスのもとで安定した統治システムは、ジェイムズのもとですでに限界に達していた[Cust 1987]。にもかかわらずチャールズが断頭台で処刑されるにいたる原因の多くは、彼の個性にあった。よくいえばまじめ、悪くいえば頑固で内向的な性格は、危機の時代を乗り切る国王にふさわしい資質ではなかった[Carlton 1995]。

それでも1620年代には、チャールズと統治エリートの乖離は、まだ修復可能であった。寵臣バッキンガムは、プロテスタント改革派との関係を修復することで権力の安定をはかった。そのバッキンガムが暗殺され、また宮廷侍従長であった改革派の指導者ペンブルックが死去したことによって、チャールズは孤立した[Reeve 1989]。危機の時代が始まった。

5 │ 主権国家の危機とその克服 1630〜90年

チャールズ1世の親政

イギリス革命の原因については、数多くの研究がなされてきたが、チャールズの親政期がひとつの転換点であったことは、多くの論者が認めている[Russell 1990; A. Hughes 1998; Woolrych 2002]。親政期のチャールズの政策は、普通「革新」(イノヴェーション)と呼ばれるが、新機軸の導入をめざしたものではなかった。その中身は、国王の古来の権利の再確認や関税徴収の強化など、既存のさまざまな権利を利用するものであった[K. Sharpe 1992]。それが革新とされたのは、「古来の国制」との対比においてである。古来の国制すなわちエリザベスの統治システムの限界を、中世的国王の権利を回復することによって突破する試みといえるであろう[G.

Burgess 1996]。しかしこれは危険な賭けであった。革新は，王権の基盤である統治エリートとの関係を悪化させる可能性があり，事実，租税負担者や関税徴収請負業者といった王権の支柱となる人びとを離反させた。当時のイングランドの租税負担率は，全ヨーロッパ的にみた場合，比較的低かったが，議会の同意を得ない課税は，その限度が明らかでないために，不安を引き起こしたのである[Braddick 1996]。

チャールズは宗教上も統治エリートとの関係を悪化させた。エリザベスの国教会は多様性を基盤とする寛容な教会で，ジェイムズもそれを引き継いだが，チャールズはそこにアルミニウス主義を軸として統一と不寛容を持ち込もうとした[Tyacke 1987]。比較的平穏だった教会に混乱を引き起こしたのは，権威と秩序を重んじるチャールズの個人的性格であった。その結果，国教会のプロテスタント改革派の高位聖職者は，しだいに反改革派の聖職者に取って代わられた。改革派の貴族も枢密院から排除され，のちの国王反対派を形成し始めた。また各地の改革派の人びとは，アルミニウス主義を受け入れず，それぞれの地域で「改革」の続行を試みた[B. Webster 1997]。そうした改革はたんなる宗教的運動にとどまらず，人びとの生活や治安の改善を名目として，祝祭や伝統行事を抑圧するにいたった[W. Hunt 1983;Underdown 1985, 1992]。こうした状況のなか，改革派のアメリカ大陸への脱出の可能性も現実化してくる。ニューイングランドの植民地が，その受け皿として浮上してきた[Zakai 1992]。

統治エリートは二重の意味で分裂した。議会とコモンローという安全装置によって私有財産が保護されると考える人びとと，改革されたプロテスタント教会こそがイングランドの教会であるべきだと考える人びとの双方が，チャールズの統治に疑問を感じ，積極的に支持することをやめた。両者の利害は必ずしも一致していたわけではないが，チャールズはその両方とも疎外してしまい，イギリス革命，いわゆるピューリタン革命への動きをとめることができなかったのである。

このようにチャールズが統治エリートを疎外しても，戦争という危機がなければ，統治がこれほどすみやかに崩壊することはなかったかもしれない。当時のイングランドの統治は，職権委任と裁量に基づいてなされてお

り，国王の意思が直接に地方社会にまで貫徹したわけではないからである。しかし権威と秩序というチャールズの政策は，ブリテン諸島全体を巻き込んだ。もともと利害の一致しない複合国家は，統一の旗印のもと，逆に分裂の道を歩み始めた[Morrill 1990]。それぞれの地域の利害が，反イングランドという大義のもとに結集されたのである[Russell 1991]。その結果起きたスコットランドとの戦争を，統治エリートはもはや支持しなかった。戦争の目的もわからなければ，財政的負担も大きかった。結局，チャールズは古来の国制に立ち戻って，議会を召集せざるをえなくなった。

チャールズの統治のもと，ブリテン諸島の地域統合へ向かう動きが強化されたが，それは逆にイングランド内部の政治統合を危機に陥れた。統合への努力が，ブリテン諸島に分裂をもたらすと同時に，イングランド内部にも分裂をもたらした[Merritt 1996]。ヘンリ8世以来の，イングランド内部の政治統合，ブリテン諸島全体の地域統合という課題は，ここに三王国戦争，イギリス革命というかたちで，基本的矛盾を明らかにした。

革命と共和制

イギリス革命は，ブリテン全体の地域統合および政治統合の機能不全から生じた。かりにチャールズの政治的能力が十分であったとしても，その解決は難しかったであろう。イングランドの統治エリートの多くは，古来の国制による統治を望んでいたが，17世紀の主権国家においてそれは不可能な道であった。ブリテン諸島の統合についても，統治エリートの多くは現状維持を望んでいたが，大陸から切り離されたイングランドが国際関係のなかで進むべき道は，ブリテン諸島の統合しかなかった。革命はこれらの課題を鮮明にすることによって，統治エリートに対し，問題の解決と枠組の変更を迫ったのである。研究史および関連文献は膨大で，簡単に紹介することはできない[A. Hughes 1998；R. Richardson 1998；Hutton 2000, 2004]。

いずれにせよ，革命は既得権益の擁護から始まった。最初は，あくまでも古来の国制に基づく改革であった。それが革命へと転化したのは，もうひとつの契機，すなわちカトリックの陰謀によるイングランド国家転覆の可能性という共有された危機感があったからである[Hibbard 1983]。16世

紀後半以降，プロテスタンティズムはイングランドの独立と同一視され，1588年の無敵艦隊(アルマダ)の来襲や1605年の火薬陰謀事件[J. Sharpe 2005]は，神に嘉(よみ)せられたイングランドに対する悪魔の攻撃とみなされるようになっていた。チャールズのきらったプロテスタント改革派の精神は，ここに革命のイデオロギーとなった[Baskerville 1993]。

議会の分裂から内乱の開始(1642年)にいたるまでの期間，議会派，国王派ともにそれぞれの党派の旗印のもとで政治統合をはかろうと試みたが，すでに革命を予兆させる混乱が始まっていた[Cressy 2006]。内乱が始まると，両派ともに戦争の勝利が至上命題となったが，勝敗を決したのは，戦費の調達と人の動員にあった。議会は，戦費を調達するために，新たな財源を求めて，週割税，消費税を課した。人の動員については，プロテスタンティズムを中心にすえた革命の軍隊を形成することによって，既得権益に縛られた従来の州民兵隊の限界を打ち破った[Gentles 1992]。こうしてプロテスタンティズム改革派の主導する議会は，あらゆる側面で古来の国制の原則に反することによって，勝利を獲得した。

しかしこのような統治は，まさに古来の国制に反するがゆえに，地方社会の反発を招いた。戦争の惨禍自体も人びとの厭戦気分を高めた[Morrill 1976/1999, 1982]。軍事的勝利が，従来の政治統合を弱体化させたのである。他方，強制的に戦費を調達し，人を動員することによって，地方社会と国家の直接の結びつきが強化された側面もあった。古来の国制に基づく政治統合の弱体化と戦争遂行の結果としての新しい政治統合の出現は，州ジェントリの政治的影響力の低下，教区ジェントリの台頭という現象となってあらわれた[D. Smith 2003]。

さらに戦争に勝つために，議会がスコットランドと結んだことが，新たな問題を生み出した。ウェストミンスタ宗教会議は，長老教会制度の導入を決定したが，これは一方で従来の国教会体制を重んずる人びとの反感をかい，他方で国家教会に反対する人びとの離反を招いた。とりわけイングランドの制度が，スコットランドによって定められることへの感情的反発が強かった。チャールズは，この状況を利用してスコットランドに働きかけ，スコットランドからの反攻を試みた。かつてチャールズの統治を崩壊

させた3つの王国の利害の不一致を,逆に利用しようとしたのである[Ashton 1994]。しかしスコットランド軍は戦いに敗れ,チャールズは囚われの身となって裁判にかけられたうえ,1649年に処刑された。

　人民の名において君主を処刑するという前代未聞の行為は,人びとの世界に対する見方を変えた。いまや世界がひっくり返ったのだと,多くの人びとが感じた[C. Hill 1972]。既得権益の擁護に始まった改革は,革命へと転化し,いまや行き着くべきところまできた。統治エリートは事のなりゆきに驚き,他方,世直しを期待する人びとは心を躍らせた。かつて祝祭において一時的に解放されたエネルギーが,地下から噴出したかのようであった[Underdown 1985]。君主のいない共和制がはからずも実現してしまったことに,古典古代の理想の回復をみる者もいた。囲い込みによって土地を失った下層の農民にとっては,すべての人びとが平等に働いて生きるユートピアを実験する絶好の機会が訪れた。キリストの支配する千年王国の夢は,中世以来,多くの敬虔な人びとを引きつけてきたが,それが地上に実現する可能性を,人びとは垣間見た[McGregor & Reay 1984]。

　イギリス革命は,たんにブリテン諸島で起きた小さなできごとではなかった。それは「17世紀の危機」の一部をなしていた[Parker & Smith 1997]。ヨーロッパの諸地域が,主権国家体制の成立するなかで,イングランドと同じ問題をかかえていた。中央と地方の軋轢,統治エリートの負担の限界,利害の一致しない複合国家,国家に包摂されつつ同化を拒否する民衆の統御などの問題が,解決されなければならなかった。したがって革命は,大陸に連帯を見出すとともに,国際関係に変化をもたらした[Venning 1995]。経済的利害をめぐってオランダとの紛争が生じると(1652年),逆に同じプロテスタント国家であるオランダとの合邦の可能性が模索された[Pincus 1996]。またこの戦争中にジャマイカを占領したが,それはブリテンの大西洋世界形成において決定的な重要性をもった。アメリカ大陸の植民地には本国の政治構造が移植されていたので,そこにも革命は飛び火した[Brenner 1993]。また戦費の調達と兵士への未払い給与問題の解決のため,オリヴァ・クロムウェルは,アイルランドを征服したが,それは21世紀にまで続くアイルランド問題の端緒となった。

こうして1650年代,イギリスは権力の空白状態のなかで,地域統合,政治統合,社会統合のいずれも不安定な状態に陥った。それらが崩壊するのを食い止めていたのは,わずかにクロムウェルの個人的カリスマ性だけで,軍政官などの新しい制度は機能しなかった[Durston 2001]。ここで統治エリートの復権が始まる。彼らはクロムウェルの統治を安定させるために,幅広い支持基盤を確保しようと試みた。これは結果として,革命以前の国制への事実上の復帰というかたちをとった[Morrill 1992]。クロムウェルの死後,ある程度の政治的混乱があったにせよ,統治の崩壊を回避し,1660年の王制復古を実現させたのは,この変化であった。

革命を保守する

20年間におよぶ政治的混乱が明らかにしたのは,エリザベス時代の統治システムに戻ることはできないという事実であった。17世紀の主権国家は,それを支える財政を必要としており,なんらかのかたちで満たされなければならなかった。守るべき価値も明らかになった。古来の国制は守られなければならなかった。また政治的分裂の直接的契機になったのが宗教である以上,宗教政策にもなんらかの変更が必要とされていた。王制復古に先立つブレダ宣言は,議論の出発点を明らかにしていた[Hutton 1985]。

召集された仮議会は,関税と消費税を財源として,毎年,120万ポンドの収入を国王に保証した。それが特別税ではないという点で,平時において国王は自活するという伝統的財政観は維持されたが,その総額は議会がすでに新しい一歩を踏み出したことを明らかにしていた。また議会が国王派と議会派に分裂する以前に制定された一連の改革立法は認められたので,古来の国制は守られた。しかし古来の国制が守られたことによって,逆に,宗教上の寛容という原則を確立することはできなかった。プロテスタント改革派に敵意をもつ騎士議会が,反対したためである[Seaward 1989]。

こうしてチャールズ2世(在位1660〜85)の統治は,協調の契機と対立の契機が並行するなかで進んでいった[T. Harris 1993]。宗教と外交の側面で,対立がめだった。というのも国王のめざしていた宗教上の寛容にカトリックも含まれており,それは親フランス外交と表裏一体をなしていたか

らである。統治エリートのなかでは，フランスの国制はイングランドの古来の国制に反するのみならず，フランスは教皇派の陰謀の拠点であるとみなされていた[Kenyon 1972]。

1670年代の終りに起きた王位継承排除危機は，対立の契機が顕在化した例である[J. R. Jones 1961;J. Scott 1991]。ジェイムズを王位継承者から排除しようとしたシャフツベリは，反カトリック，反フランスという立場で闘った。チャールズは血統による王位の正統性を主張し，国王を支持したトーリは，古来の国制の枠組のなかで血統と国教会が両立すると考えた。

しかし王位継承排除危機で問題となったのは，たんにイングランドという一国家の国制だけではなかった。国際関係のなかのブリテンの位置が真の問題であった[Israel 1991]。ルイ14世のもとで強大化したフランスは，自然国境説に基づいて拡大政策を追求しており，ハプスブルク家を含む周辺諸国家は，それに対応することを迫られていた。イングランドがこのまま親フランス政策を継続するならば，ネーデルラントはフランスの支配下にはいり，イングランドは事実上の属国となることが予想された。

ジェイムズ2世(在位1685～88)に後継者が誕生したのも，たしかに名誉革命(1688～89年)のひとつの原因である。しかし真の原因は，ジェイムズとその後継者にこのまま王位を認めつづければ，ブリテン全体がフランス・ブルボン家の支配下にはいり，さらにアメリカ大陸を失うという危機感にあった[S. S. Webb 1995]。多くの点で対立していたホウィグとトーリは，この一点で共通認識をもっていた。したがって名誉革命がフランスとの世界戦争へ発展していったのは当然である。そもそもフランスの脅威がなければ，ウィレムはイングランドの王位を受け入れなかったであろう。そしてフランスと戦うということは，世界のなかのブリテンを守るために戦うことを意味していた[Schwoerer 1992]。1690年代に土地税を導入したことや，国債引受銀行としてイングランド銀行を創設したのは，そのための施策であった。ブリテンはいまや内における統合と，外に向かっての拡大の時期を迎えていた。16世紀初頭にその姿をあらわした近世主権国家は，ここにひとつの帰結をみた。

小泉　徹

第5章

長い18世紀

1 | 18世紀という時代

　名誉革命からナポレオン戦争の終結までの時代は，近世以来の伝統が堅固に持続していたが，同時に近代へと向かう変化と活力に満ちていた。後者の大きな原動力となったのは人口増であった。1680年にブリテン諸島の人口は約650万で，西ヨーロッパ全体の7.6％を占めるにすぎなかった。これが1840年までに約1850万に増えた(10.5％)。そのうちイングランドの人口は，1681～1841年までの160年間に約3倍(510万から1490万)になった。スコットランドとアイルランドの人口増も明らかで，前者は18世紀初めの86万が1801年までには163万に，後者は200万から500万へとそれぞれほぼ倍増している[Wrigley & Schofield 1981;Floud & Johnson 2004a]。当時のイギリスは基礎の部分において成長の時代にあった。

　しかし，18世紀の全体像となると問題はそれほど単純ではなく，近年のそれはむしろ拡散傾向にある。これは研究の細分化に加えて，「伝統の継続を強調する見解」と「変化やダイナミズムに注目する立場」とが対立したまま併存していることによる。もちろんこの時代の捉え難さへの言及は目新しいものではない。かつて松浦高嶺は，18世紀を「前後の時代から取り残された長大な端数」と呼び，「時代の顔」の欠如を指摘した。そして，固有の積極的主題を発見することを念頭にユニークな「民間公共社会論」を提起した[松浦 1970, 1973]。これは今も多くの示唆を与える議論だが，現時点で18世紀史を考える際にとりわけ重要なのは1980年代以降に前面にあらわれてきた研究動向である。そうした動きの前提に，E・P・トムソンやブルーアによる影響力のある著作の出版[E. Thompson 1963/1980; Brewer 1976]や，1970年代以来の都市史があるのはいうまでもない。しか

し，より直接的にはいわゆる「アンシャン・レジーム論争」が重要である。

　この論争を個別の論点を超えてあえて単純化すれば，それはジョナサン・クラーク流の保守的18世紀像とポール・ラングフォードらの進歩的18世紀像の対決といいあらわすことができよう。クラークは主に思想やイデオロギーの側面から社会の家父長主義的性格に光をあて，18世紀イングランドはヨーロッパ大陸と類似のアンシャン・レジーム下の社会であって，そこには国王，国教会，地主貴族のヘゲモニーが貫徹していたと主張した（「信教国家論」）。そして，名誉革命後から1832年の第1次選挙法改正まで約150年間続いた政治体制と社会の連続性を強調した［J. Clark 1985/2000］。この主張は進歩史観や基底還元論への挑戦を旨としており，修正主義の潮流とも無関係ではない。これに対してラングフォードは，18世紀社会の変化とダイナミズムを強調し，中間層と上流階級が，商業と消費によって牽引する活気に満ちた時代像を描き出した。ラングフォードによれば，18世紀のイギリスは「洗練されて商売上手な人びと」が，都市を結節点に活躍する世界であった［Langford 1989］。

　この2つの18世紀像をめぐる論争は1980年代から90年代にかけてさまざまな場で話題の中心を形成したが，21世紀にはいる頃には一段落し，現在では双方の主張を考慮した包括的な時代像が模索されている［近藤 2002；Langford 2002］。いま振り返って重要なのは，この論争を契機に18世紀史研究が大きく活性化したことであろう。民衆，ジェンダー，地域といったさまざまな視点からの実証研究が進んだ結果，大陸諸国家とイギリスが部分的にであれ共通点をもっていたことが明らかになった。また，「宗教」「思想」「原理」といったイデオロギーや言説の重要性が再認識された。あとでみるように，こうした動向は，中間層研究をへて一部は表象の文化史へと展開していった。

　論争を契機に活性化した18世紀史研究は，のちの世代にさまざまな影響を与えた。1990年代以降，論文や著書のなかに頻繁にみられるようになり，本章のタイトルにもなっている「長い18世紀」という時代区分もそのうちのひとつである。ただし，長い18世紀の始点と終点については必ずしも一致した見解がみられない。この時期の始まりは名誉革命を起点とするのが

一般的だが,王制復古期を含める論者も少なくない。終りは1815年を区切りとすることも,30年代の諸改革期まで射程に入れることもある[O'Gorman 1997]。ここでは,本書の構成と最近の傾向を念頭において[Gregory & Stevenson 2000/2007;Dickinson 2002],冒頭に述べた始点と終点を設定している。

　各論にはいる前に全体にかかわる基本構図を示しておこう。長い18世紀のイギリスでは,歴史的な秩序と新しい動きが対抗するなかで,多極多元的な世界が「国家＝中央政府」からなる中核を受け入れて存在していた。伝統と変化の対抗という意味では,当面3つの側面を見出すことができる。第一は「規制」と「自由」というレベルである。これは広義の経済社会にかかわるがそれだけにとどまらず,モラル・エコノミとポリティカル・エコノミの対峙や,洗練されて商売上手な人びとと暴徒（モッブ）や放蕩（ほうとう）貴族が混交する18世紀的世界の特徴を浮かび上がらせる[E. Thompson 1991;Brewer 2006]。第二は「集権主義」と「分権主義」というレベルであり,政治の文脈で注目されることが多いが,じつは,この時代の文化としても扱うことが可能である[Wahrman 1992a]。それは,強力な中央政府による国政運営と地方統治における自由裁量という「名誉革命体制」のあり方を特徴づける。この関係において,統治機関としての議会が,地域名望家による議論のアリーナとして,また世論の結節点として機能することで破局を回避していた[Langford 1991;Jupp 2006]。第三は「宗派主義」と「多元主義」という,思想や社会生活の全般にかかわるレベルである。ここでは,体制教会として優位に立つ国教会と権利を制限されたプロテスタント非国教徒諸派の不平等関係のもとでの共存を可能にする寛容法体制が前面にあらわれる。その一方で,カトリックやユダヤ人はこの枠組の外におかれ,前者はとくに世紀後半にかけてアイルランド問題として体制への脅威となった[Watts 1978/1985, 1995;Walsh et al. 1993;Hempton 1996]。

　以上,「規制」-「自由」,「集権」-「分権」,「宗派主義」-「多元主義」という3つのレベルを構成する諸要素は,どれかが絶対的に優位な位置に立つことなく併存した。こうした枠組のもとに,伝統的な制度や価値観と新しい活動が隣合せの,「ダイナミックで変化に富んだアンシャン・

レジーム社会」[J. Black 2008]が生まれたのであった。

　次節以降で個別テーマと時代について整理するが，ここで，長い18世紀を3つの時期に細区分しておきたい。(1)1688～1730年頃。名誉革命前後からハノーヴァ朝のもとでの安定が明らかになるまでの時期で，革命の混乱と対外戦争によって高まった社会不安と恐怖が徐々に薄らぐ過程といえる。(2)1730～83年頃。国内の政治的安定と経済上の繁栄が実感され始め，国際関係においてはフランスに対する優位が見え出す時期である。この全般的傾向はアメリカ独立革命戦争の敗北まで続いた。(3)1783～1815年頃。これは北米13植民地喪失後の国家・帝国の衰退への不安，フランス革命がもたらす混乱への恐怖が蔓延した時期だが，ナポレオン戦争の終結によって差し迫った危機感はひとまず後退した。以上の時系列的時期区分を行論の基礎とするが，これになじまないテーマについては適宜柔軟に扱う。

2 | 名誉革命体制の成立と安定化　1688～1730年

長い18世紀の始動

　戦後から1970年代にかけては，多くの歴史家が17世紀半ばの政治的混乱の実証と解釈に精力を傾けた。その一方，王制復古後の時期は必ずしも大きな注目を集めなかった。しかし，1980年代になると，文学や政治思想研究における新展開や名誉革命達成300年記念の共同研究の成果[J. R. Jones 1992；Schwoerer 1992]を踏まえて，後期ステュアート朝を再検討する気運が高まった。宗派対立の政治的意味が再考されて，イングランド中心史観の見直しが唱えられた[De Krey 2007]。また，内乱期のセクトの遺産，ジェイムズ2世の政治，王位継承排除危機の政治社会における意味についても再解釈が進んだ。そのなかで，名誉革命の前後に，政治的・社会的な連続性をみる傾向があらわれた[T. Harris 1993；Knights 2005]。

　連続性を強調することで，この時代は，テューダ朝に始まる宗教問題が継続し（「長い宗教改革」）[Tyacke 1998]，内乱をはさむステュアート朝下の支配・社会体制が色濃く残る時期として描かれる。だが連続説の含意はこれにとどまらない。それは，17世紀後半から名誉革命にいたる時期に18世

紀社会のさまざまな局面が準備されたという点で,「長い18世紀」の始まりにもかかわる。例えば,18世紀の経済成長は王制復古期に始まる貿易構造の転換に起源をもつ。この時期に活発な商業活動が起こったことで,貿易量は増大し,とくに非ヨーロッパ世界との取引の比重が増した。毛織物取引の割合が減退する一方,雑工業品,植民地物産,穀物などのそれは増大し,環大西洋経済圏において吸収されることになった。1660年以降のこうした新しい経済状況すなわち「商業革命」は,資本蓄積をもたらす工業化の前提であった[川北 1983]。

　名誉革命は諸勢力間の妥協と安定のための方向性を示した。しかし,混合政体のもとでの議会王政,プロテスタント非国教徒に一定の自由を認める寛容法(1689年),そして事前検閲の失効(1695年)による言論と出版の自由といった革命の基本原則が不可逆的なものとして浸透するには相当の時間を要した[Hoppit 2000]。宗教と政治の関係は1688年以降も引き続き最大の問題でありつづけた。不道徳や反宗教的活動が蔓延する状況は「神の怒り」という言説と容易に結びついて,未来への不安や混乱再来への恐怖となった[Claydon 1996]。こうした傾向は,ハノーヴァ朝の成立からジャコバイト反乱の失敗(1715年)をへたのちに政治的安定が実現され,帝国の拡大と繁栄への道程が明確化するまで続いた[Plumb 1967; G. Holmes 1993]。この意味で,長い18世紀の始まりは,不安や恐怖と繁栄の兆しが隣合せの時代であった。

名誉革命とブリテン世界

　名誉革命の保守性を否定することはできないが[Speck 1988], 外交,経済,宗教などには革新的な政策も施された[Pincus 2006]。長期的にみた場合,この革命の最大の成果は議会の制度化であった。議会が毎年開催されるようになり,「議会のなかの国王」原則が浸透するにつれて,対立する諸勢力間の妥協を創出する議会の役割と機能が確立した。制度としての議会確立の影響は中央にとどまらない。特定の地域の個別的な問題を,中央の議会における立法によって解決する回路が開かれ,より強固な中央と地方の関係が樹立されたのであった[Davison et al. 1992]。三年議会法(1694

年)のもとで選挙の頻度が高まると，トーリとホウィグが対決し，政治ジャーナリズムが開花する「最初の政党時代」が到来した[G. Holmes 1967/1987；松園 1994]。しかし，そこでの対立は制度化され，17世紀半ばの分裂や熱狂が再来することはなかった。異説の存在がただちに無秩序や混乱に結びつく状況はなくなった(第10章を参照)。

名誉革命はブリテン諸島におけるイングランドの優位をいっそう強固なものとした[T. Harris 2006]。また，一歩早く金融経済を強化していたオランダと連合したことで，イギリスの国際関係上の地位が向上し，プロテスタント世界の防衛という大義のもとで大量の資金がもたらされた。その結果として，長期戦が可能となった[Israel 1991]。もちろん，戦争は外的な要因のみから起こったわけではない。対仏戦争は，国内に潜在する国際問題への関心と反カトリック，反仏感情が高まるなかで，イギリス人が主体的に選択した結果でもあった[Claydon & McBride 1998]。したがって国内における戦争への反対は全体として小さかった。だがその方法や戦略，犠牲をめぐっては不満や反対意見が噴出した。そこでは，自由な国制と国民を防衛する戦争が自由を変質させるという逆説(常備軍論争)や，伝統的な社会と価値観が新興の金融利害によって切り崩されるという「地方派」の主張が繰り広げられた[G. Holmes 1993]。

名誉革命がもたらした王位の正統性問題をめぐっては，ステュアート亡命宮廷が存在するフランスをも含めて，陰謀，秘密，煽動が遍在し，ジャコバイトはつねに想像上の，そしてときには現実の脅威となった[Monod 1989；Szechi 1994]。名誉革命後のスコットランドでイングランドとの分離が模索されたのは，このような事情と無関係ではない。しかし，実際の歴史はむしろ逆に，合同(1707年)とジャコバイト反乱の失敗(1715年)，それに続くハイランドに対する統制の強化へと進み，スコットランドの政治的自律性は弱まっていった[Robertson 1995](第8章参照)。

財政軍事国家の成立

イギリスの18世紀は，強力な「財政軍事国家」の時代である。戦争の規模拡大にともない，「九年戦争」時に陸海あわせて約10万であった軍の規

模は，アメリカ独立戦争時には約20万に，ナポレオン戦争期には約50万へと増大した。名誉革命体制下の軍は予算決定において議会の統制下におかれており，国王の恣意による動員には抑制がかかっていた。だが，戦争に資金が必要な点は変わらない。第2次英仏百年戦争の時代を通じて，国家歳出の約80％は軍事費や戦時に膨らんだ債務の返済に向けられ，平時でも国家支出の5分の4近くは軍事関係の出費であった[Brewer 1989; Stone 1994]。この状況下で国家が破産しなかったのは，議会王政のもとで国民的合意が得られ，イングランド銀行(1694年設立)が迅速かつ効率的に国債を引き受けたからであった(財政革命)[P. Dickson 1967; Roseveare 1991]。

戦時国債は特定の税と結びつけた償還が約束されていたために信用度が高く，オランダをはじめとする海外資金を引きつけたが，債務償還を迫られるイギリスは空前の重税国家となった。税収は1670年代から1715年までに3倍，九年戦争開始時とナポレオン戦争終了時を比べると10倍に膨れ上がった。この過程で，主たる徴税の対象が土地税(地租)から関税や消費税などの間接税になるという比率の変化が起こった[O'Brien 1988]。消費税は各種の奢侈品に対するものも含んだが，紅茶やビールなどの日用品への課税も増えた。つまり中間層以下の人びとの税負担が上昇したわけである。徴税のための行政機構の整備は，王制復古期から18世紀の前半にかけてもっとも進んだ。政府部局の主導による直接的な徴税方式が定着し，また財務府を核とする行政機構が確立した結果，共和制期には数百人程だった徴税官は，1690年代には約2500人に，1780年代には8000人を超えた。彼らは，報酬を得て特殊な任務に携わる者としてメリトクラシー(実力主義)の感覚を共有し，集団で効率的に業務に従事する傾向をみせた[Brewer 1989; Braddick 1996]。

消費される文化と都市社会

1980年代以降，財政軍事国家の確立とその良好な運営と並行して，広告・宣伝といった販売促進技術が向上し，また購買能力のある人びとが台頭したことで嗜好品や奢侈品が大規模に消費され，教育やレジャーが消費の対象になる世界が誕生したことが注目されている[McKendrick et al.

1982］。こうした傾向は消費行動の社会的・文化的意味の検討を促し，消費をしかけ，またその担い手でもあった商人，製造業者，商工業者，専門職，熟練職人が何を着て何を室内に飾ったのか，どのような品を好みどのような奢侈にふけっていたのか，余暇活動にどれくらいの金を費やしていたかなど，さまざまな問題が実証研究の対象とされた（「17, 18世紀消費と文化シリーズ」Consumption and culture in the 17th and 18th centuries）［Brewer & Porter 1993；Bermingham & Brewer 1995；Brewer & Staves 1995］。遺産目録の詳細な分析から，女性を含めた消費パターンの解明が試みられもした［Weatherill 1988］。ただし，18世紀における消費の拡大に先んじて商業革命が存在し，収入の増加や中小の製造業において生産性の上昇があったという見解や［Thirsk 1978；Berg 1985］，消費社会論は農業や国家機構の拡大，市場システムの整備などの諸条件とあわせて検討するべきだという主張があることも考慮する必要がある［道重 1989；Wrightson 2000］。さらには，商品の実態やその製造と販売の過程にふれることなく，消費を文化的なアイデンティティとして論じ，問題を抽象化してしまうことへの警鐘も鳴らされている。こうしたなかで，一般消費者の新奇な商品への欲求を満たすために製品の差異化を試みたり，流行を創り出したりする企業家が登場し，これによって奢侈的消費の幅も広がったというように，消費欲求と生産活動を繋いで理解しようとする方向もみられるようになった。また，より下層の人びとの消費にも目が向けられている［Styles 2007］。いずれにせよ，消費と奢侈の加速は，とくに18世紀前半期における社会論争の中心であった。この状況をポーコック流に表現すれば，新しい富をもたらす商業や作法と，土地を基盤とする伝統的な共和主義の徳の対立の表出ということになる［Pocock 1985］。

　消費社会は自由な経済活動，情報交換，言論活動を支える制度的な枠組のもとで展開した。王制復古期の文化的潮流を踏まえて，アディソン，スティール，デフォー，スウィフト，ポープ，ゲイ，そしてジョンソン博士といった文人が登場し，新聞や雑誌を中心としたジャーナリズムや商品と情報提供の場としてコーヒーハウスが栄え，「芸術」の大衆化を促した展覧会，市民を対象にしたコンサートや演劇，言説や言論の場としての小説

や評論が繁栄を謳歌した。情報も権力も国王や大貴族の独占物ではなくなり，批判的言説が機能する場が生まれた[Habermas 1962; Cowan 2005]。だがそれは，売れるものが社会的価値をもち，芸術もゴシップもともに商品として大量に消費されうる社会でもあった[Brewer 1997, 2006; 草光 1998]。

消費社会の展開は都市化の進展と密接不可分であった。市場や取引所はもとより，とくに後世に「文化」的消費財を提供するようになる，商店やオークションルームも都市的な環境において発達した。18世紀の都市化はとりわけイングランドで進行し，19世紀の半ばまでには都市人口が農村人口を上回るまでになったが，そうした側面については，ロンドンよりも，むしろ地方都市の変化の大きさに目を向けることが必要である[Corfield 1982; J. Ellis 2001]。18世紀にあって多くの地方都市は，文化の基準をロンドンにおきながらも，独自に社交会館，競馬場，遊歩道といった文化娯楽施設を建設した。

都市化の度合をはかる際には職業の分化が一定の基準を提供するが，18世紀を通じて多くのイギリス都市には，仲介業を含め，各種のサービス業の発達がみられた。また，医師や法律家などの専門職が成長した背景に，大勢の人びとがひとところに集中していたことや，産業の発展によって契約の件数が増えたことで，より確かな専門知識と能力をもった人びとが求められていたという事情を垣間見ることができる。街灯，舗装道路，上・下水道，防火建築など公共アメニティの充実化がみられ，瀟洒なあるいは荘厳な建築物や憩いの場としての広場が出現した（都市ルネサンス）[Borsay 1989]。また，救貧行政や都市改良を担う新たな機関（特定法人）が設置されるなど，統治制度にも展開がみられた[Sweet 1999]。都市は，新しい商品や流行を広めつつ，衒示消費の場を提供して消費者の欲求を満たした。

3 │ 洗練され商売上手な人びと　1730～83年

18世紀イメージの源泉

かつてネイミア学派は，プロソポグラフィ（人物研究）の手法を駆使した

実証研究で，個々の人的コネクションで結びついた下院議員を核とする，エリート中心の安定な18世紀政治社会像を描き出した。こうした像の中心にはネイミア自身による世紀半ばの議会についての手堅い研究があり，議会史財団がこれを引き継いでいる[Namier & Brooke 1964;Hayton et al. 2002]。その後，政党政治の役割を再度強調したネオ・ホウィグ史学，民衆に光をあてた社会史，宗教とイデオロギーに目を向けたアンシャン・レジーム論などが登場すると，ネイミア学派の18世紀像はさまざまな面に修正を加えられた。ところが，私たちがもつ18世紀イメージの源泉に，その世紀中葉があること自体はあまり変わっていない。現在この時期はラングフォードが描き出した「洗練され商売上手な人びと」の世界として理解されており，これが世紀の全体像にも大きな影響を与えている。

　世紀中葉のイギリスは，消費税危機(1732〜33年)やミノルカでの敗北(1756年)などのときに大きな困難に直面したが，総体的には戦勝による帝国と商業の拡大が続いた。ウォルポールの率いたホウィグ優位のもとで政治的安定が達成され，名誉革命以来のジャコバイトの脅威も1745年反乱の失敗によって後景に退いた[G. Holmes & Szechi 1993;B. Harris 2002]。港湾都市や産業都市の成長が顕著となり，運河や有料道路などのコミュニケーション手段が発達し，新聞や定期刊行物を中心に情報基盤がさらに整った[Raven 1992;Barker 2000;Floud & Johnson 2004a]。商業と軍事力に支えられた海外領土の存在が経済成長を促し，工業化への流れも明らかとなった。こうして，前世紀から持ち越された社会的な不安や恐怖心は薄れ，成長や繁栄を期待し実感できる時代，すなわち洗練され商売上手な人びとが活躍する時代へと移っていった。これはアメリカ独立によってイギリスの世界勢力としての成長が小休止するまで続いた。

政治と外交における転換

　名誉革命の原則に基づく政治システムの定着と国際関係におけるイギリスの地位向上は，1720年代が終わる頃までには明らかとなった。党派抗争の時代からホウィグ優位の時代にはいり，南海泡沫事件(1720年)のような危機はあったが，社会経済の成長と変化が全体としてイギリスの成功を下

支えした。部分的な対立や動揺はあったが，全体としてハノーヴァ朝は国内外においてその地歩を固めていった[Colley 1982；H. Smith 2006]。繁栄は新しい商業金融利害集団にその多くを負っていた。彼らはイデオロギーの面で土地利害と対立していたが，現実には新旧の勢力はむしろ互いに融合して，都市と農村の協力共生の関係が構築された。新しい富は土地に流入し，地主は都市の社会文化生活と経済活動に参加した[J. V. Beckett 1986；Borsay 1989；F. Thompson 1994]。

七年議会法(1716年)による選挙頻度の減少もあって政党政治的な局面は後景に退いた。トーリやホウィグという呼称は存続したが，当時の政治的集団は派閥の領袖の影響力下に集合する党派(ファクション)的な性格が強く，議員は「政治家」「宮廷・行政府党」「地方・独立派」といった基準で分類するほうが有効だとされる[青木 1997]。対外的には帝国の拡大が顕著で，1757年のプラッシーの戦いによってインドでの優位が明らかになり，パリ条約(1763年)によって，フランスの勢力圏であったカナダが植民地に加わった。だが，戦費によって膨らんだ債務は，国内における重税にとどまらず，植民地への介入強化(課税)を不可避とした。「有益なる怠慢」政策の放棄はやがて，13植民地との対立を修復不可能な地点へといたらせた[P. J. Marshall 2005/2007](第12章参照)。

世紀半ば以降，ジョージ3世の愛国王イメージを典型とする愛国主義が国民的統一の表現となり，対立感情をやわらげていった。この状況を踏まえて，議会史や政党政治史は，ジョージ3世とその側近の積極的政治介入を政党政治の衰退と結びつける[P. Thomas 2002]。こうした見方は，一面では当を得ているが，国王の影響力自体は世紀半ばに急に強まったわけではない。制限君主制とはいえ，財政軍事国家の諸政策の根幹を成す戦争と外交の遂行は国王大権に属していたし，首相は国王による指名が必要であった。国王がこのような政治的位置を維持している時代にあって，議会は党派や中央と地方のあいだに噴出する利害対立を調整する役割をむしろ期待された(第10章参照)。

国王と議会の関係と同じく，支配層である貴族と被支配層である民衆の関係も全体として制度化されていた。社会は地主貴族による家父長的な支

配を基調としたが，彼らと平民の関係においては，暴力的な対決が生じることもあった。両者の関係は，良好で平和的なものであっても対立的なものであっても，一定のルールと枠組を逸脱しないという合意のもとで自らの役割と社会的地位を確認し合うための「演劇的」な互酬関係であった[近藤 1993;Rogers 1998;Randall 2006]。1763年に始まるウィルクスの運動以来，民衆の参加を含めた急進主義の伝統が築かれていくが，そこには，極端を抑制し，混乱の拡大を第一の目的としない儀礼に満ち洗練された政治(politics of politeness)的駆引が定着していた。それは最終的に対立を調整することで合意を生み出すシステムであった[Brewer 1976;Dickinson 1995]。

財政軍事国家の内側

　財政軍事国家の整備と維持に勢力を傾けた中央政府は，国内の各地域における統治に干渉する余裕と関心を失った。その一方，地域社会も議会主導の徴税システムは受け入れたが，中央政府からの組織的な干渉をきらった。この結果，地方統治には自由を重んじる考え方が適応されて多くの自律性が許容された。こうして「中央＝地方」の政治的関係という点からみると，中央政府の力は相対的に弱く，中央集権的でない体制が生まれたのであった[Eastwood 1997]。当時イギリスは，国家が存続するうえで極めて重要かつ火急の課題であった軍事財政の維持と拡大を達成する反面，国内諸地域を中央の直接統治下におさめることがなかった。国内の問題を集中的に管理する内務省が専門の常設機関として整備されるのは，ようやく1782年のことであり，それ以降でさえ業務の多くが地方当局に任されていた[Stone 1994]。議会(場合によっては関係省)では，地方自治体や各種団体からの請願や，地方選出議員からの地域利害に基づく主張を受け取り，審議したうえで法律の制定を通じて適宜対応策を講ずるというように，地域の声をまず聞いたうえで適した処方箋を法律のかたちで与えた。貧困，浮浪，犯罪，経済や労働に関する諸規制が話し合われるなかで，地域社会と中央政府のあいだに議会が機能していたという点において，イギリスは同時代の大陸諸国とは異なっていた[Innes 2009]。

地域統治の頂点は国家(中央政府)に帰属する州長官(統監)だが、実務の要は治安判事であった。治安判事は中小の地主や聖職者から選ばれて、司法と行政の広範な業務を引き受けた。彼らは無給のアマチュアであるが、全国的に普及したマニュアル類を用いて、自由裁量と統一的な行政のあいだのバランスをとりながら外界と接触する地域エリートであった[Landau 1984]。地方統治の末端に位置する教区の多くは、人口1000人以下で地域共同体を成していた。教区を中心的に運営するのは教区委員、貧民監督官、治安官などであり、彼らは日々の生活にかかわるさまざまな事柄に携わった[Hindle 2004;近藤 2010]。伝統的制度や組織が対応しきれない問題は、各種のヴォランタリ・ソサエティや議会立法によって設置される特定法人である改良協会や救貧社が引き受けた。前者は慈善や教育の場面で、後者は救貧や地域のインフラ整備(道路、橋、照明、治安維持)において重要な役割をはたした[Langford 1991;P. Clark 2000a]。

経済成長と商業社会の展開

長い18世紀を鳥瞰する際に避けることができない問題は経済的成長の大きさである。経済といえば、まず世紀後半に本格化する産業革命があることはいうまでもないが、この時期の成長は機械化、工場制などが象徴する特定分野における現象にとどまらない、より広範な展開のもとにあった[Daunton 1995;Floud & Johnson 2004a]。産業革命については別に論じるので、ここでは農業と商業社会についてふれる。18世紀は農業が拡大した世紀であった。これはしばしば農業革命と表現されて、あとに続く工業化の前提であったかのようにいわれることもあった。こうした見解がまったく否定されたわけではないが、農業における変化はそれほど単純ではなかった[Thirsk 1984-85;Mingay 1989]。新しい品種や農具の導入などの農業改良と、規模や土地所有の形態の変化は別の過程であったし、変化そのものも17世紀末頃に始まり、産業革命の前に完了したというわけでもない。議会囲い込みは農業労働者の雇用をむしろ増大させたという見解もあり、また当然ながら変化には地域と時間における差が大きかった[Neeson 1993;Overton 1996]。工業と農業の変化は、因果関係にあったというより

も同時並行的な現象であった。とはいえ農業生産の向上は確かであった。イングランドでは1700年に100人の農業人口が182人の人口を支えたが，1800年前後にはこれが276人へと上昇した［Langford 2002］。生産性があがったことで農業は資本蓄積をもたらすことにもなり，これが，工場設備，作業場，道路，運河，鉄道などへの投資に繋がった。

　つぎに商業社会である。18世紀の成長を促した商業を，当時の人びとはたんなる経済問題としてではなく，モラル哲学の問題として認識していた。例えばそれは，スミスへと連なるスコットランド啓蒙の知の水脈にまざまざと映し出されている。商業は富の増加をもたらし，生活水準を高めて，もろもろの社会的慣習と意識を変化させた。そして，同時に厳しい競争とイデオロギー対立をもたらした［Pocock 1985；Hoppit 1987］。商業の成功は消費と結びついていたので，消費をどのように導くかは時代の最大の関心事のひとつであった。消費，とりわけ奢侈の問題は18世紀を通じて最大のトピックであり，18世紀中葉までの政治は奢侈をめぐる社会政策であったとすらいえる。啓蒙の時代にあって，成長を信じて変化と改良進歩を容認する楽観論と，限界を予測し天罰を恐れて現状批判と伝統への復帰を願う悲観論が併存し，満足と失望が混在した［Hont & Ignatieff 1983］。「洗練され商売上手な人びと」は急速に成功して社会の中心に位置することになったが，この状況をどう受け止めるかをめぐっては一致した具体的な見解を持ち合わせていなかった。

洗練された社会と中間層研究

　商業社会が展開するにともなって中・上流層のあいだで，「洗練，上品＝ポライトネス」という社会的観念が重んじられるようになった。主に地主階層が形成した旧来の名誉観と規範は，生産と消費活動に精力的に従事する商業的で都市的な中間層が活躍する社会に適した新たな枠組としては十分ではなかった。そのため，彼らが参入可能な別の規範が求められたのである。ポライトネスは，文明的であること，作法の規範，品位と優雅さ，寡頭政治，貴族的な流行などの諸要素があわさったもので，カントリハウスや肖像画や『スペクテイタ』のジャーナリズム，あるいはポープの

詩やホラス・ウォルポールの書簡，ギボンの歴史書やバークの修辞，ボズウェルの評伝やジョンソンの著作といったもののなかに表出しているとされた[Klein 2002]。これは18世紀の有産者に流布した行動様式や価値観で，彼らに消費階級としての共通意識をもたらすことで，宗派や政治における立場の違いを覆っていった。「洗練された社会」は，競争とその抑制が同居し破局的な対立を覆い隠す世界であった。それは，購買(消費)という行動において貴族的な生活を賞賛し模倣することを促しつつも，権力を貴族社会に集中させることはなかった。また，それ自体がつねに競争にさらされており，新しい富が参入することが常態化した社会であった。

洗練された社会に参入し，時代にダイナミズムをもたらしたのは主に都市の中間層だとされた。その結果，彼らに着目する研究が急速に進展した。ロンドン商人の伝記的研究やレスタ大学を中心とする地方都市研究などを出発点に，都市中間層の研究は産業革命論争や地域経済をめぐる議論とも一部で呼応して展開した[集大成は P. Clark 2000b]。この中間層研究は1990年代に収穫期を迎え，成果はバリとブルックスが編んだ論集[Barry & Brooks 1994]などによって広く共有されていった。そこでは多様な中間層の活動と生活にさまざまな角度から光があてられており，ライフサイクル，年齢，地理的な移動，社会的な移動，ジェンダー，家族，消費傾向，宗教，教育，識字率，地域差，都市農村関係，経済・社会・政治・文化的なネットワークなど，テーマは百花繚乱の様相を呈した。こうしたなかで注目されたのは，中間層の社会的なアイデンティティが，階級的な権力関係というよりも，内部の文化的経験に根ざしていたという点であった。この時期以降，中間層研究はさらにさまざまな方向に展開をみせたが，とりわけ近年はアイデンティティの文化史における成果を生み出している。例えば，中間層文化の社会的な側面の解明としては，ある地域の中間層全体の経験を取り扱った研究[Smail 1994]，家族史やジェンダー史のなかでの展開[M. Hunt 1996；Davidoff & Hall 2002]，商人と帝国との関係[Hancock 1995]などの研究があがる。他方，政治的な側面は，階級イメージが形成されていった「中産階級」に与えた影響[Wahrman 1995]，都市政治におけるこの階層の自己認識のあり方[岩間 2008]，都市農村関係

の再考[Estabrook 1998]などの方向において解明が進んだ。その一方，農村史研究や農村部については，中間層の研究は相対的に手薄である。

社会史から文化史へ

　近年の文化史隆盛の背景には，1980年代後半から顕著になった社会史から文化史への展開がある。トムソンを中心として築かれた社会史研究は，いくつかの概説書[Malcolmson 1981; D. Hay & Rogers 1997]が出版されたことで一段落した。そこでは階層間の緊張や対立が強調され，資本主義の矛盾，政治家の権力欲，社会的不正義，男性中心の価値観などが描き出された。また，非エリートの日常の経験に光をあてるために，階級や民衆文化，あるいはジェンダーなどが切り口として用いられ，民衆の騒擾や政治，法と犯罪，労働と余暇，女性などのテーマが開拓された。トムソンの Customs in common [E. Thompson 1991]におさめられた仕事も大部分は1980年代までに成されたものである。同書で扱われたテーマは，賃金，農村工業，慣習に基づく権利，民衆抗議などであり，労働する男女が実際に経験したことを明らかにすることが目的であった。そのために，ジェントリや中間層などの支配層は脇役的にしか登場しなかった。1990年代にはいると変化があらわれて，関心は労働，土地所有，生活水準から文学，芸術，音楽，ファッションなどのテーマへと移っていった。そして，その主たる担い手である中間層への注目度も高まっていった。この変化の背景には，マルクス主義的な社会理論の衰退やポストモダン理論の流行，あるいはサッチャ主義の影響などが指摘されることもある。しかし，イギリスの社会史家，文化史家の多くは狭義のマルクス主義者ではなかったし，フーコーは別としても，フランスを中心とするポストモダンの思想家の影響も，それほど決定的ではなかった。

　文化史の先駆的な試みはロイ・ポータの著書[R. Porter 1990]にみられる。だが，社会史との関係で重要なのはクラークの English society, 1660–1832 である[J. Clark 1985/2000]。クラークの姿勢は，社会経済的な説明を好む社会史への挑戦であるとともに，言説に目を向けるという意味で1990年代以降の文化史的展開を準備した。このほか，従来は経済的行為と

して社会経済史の文脈で取り上げられがちだった消費を，社会での行動様式や思想と関連させて文化的に説明する研究の影響も大きかった。文化史では，搾取される労働者，怒りをあらわにする騒擾参加者，抑圧された女性といった社会史家が重視したトピックとフレームワークは後景に退いた。このような傾向は1970年代に民衆政治を語ったブルーアが，*The pleasures of the imagination* [Brewer 1997]で，中間・上流層を中心に高揚する18世紀イギリス文化を取り上げたことに象徴的にあらわれている。18世紀のイギリスでは，宮廷と教会が文化の発信源，後援者としての役割を減じる一方，より広い消 費 者 公 衆（コンシューミング・パブリック）が，文学・絵画・音楽の受け手となった。その結果，中間層と上流階級の両方に働きかけるかたちで，クラブ，結社，図書館，改良協会などを通じて，ロンドンそしてその他の地方都市を中心に，「国民文化」なるものが展開した。

18世紀イギリス社会に展開した文化は，消費という行為に深く結びついていた。そのため，この時期を対象とする文化史は，とくに都市史研究と強い親和性をもつことになった。そして元来，伝統的な社会史と新しい文化史が混在していた都市史では，前者から後者への転回が顕著で，直前にふれた中間層研究とも呼応しながら，関心の中心は社会経済の構造から表象と認識の世界へと移動した[例えばBorsay 2000]。もちろんこうした新たな潮流が，実体よりも表象，イメージ，認識の問題の検討に終始しているという批判はある。実際，研究は拡散する傾向にあり，因果関係や変化のプロセスを解明する姿勢は後退した。しかし，こうしたなかで，信用文化[Finn 2003]，ジェンダーとセクシュアリティ[Hitchcock 1997; Shoemaker 1998]，場というコンセプト[Ogborn 1998]などをテーマとし，実体とイメージを繋ぎ合わせ，社会史と文化史を接合する試みも始まっている。

4 | 名誉革命体制の動揺と改革熱の高揚 1783～1815年

18世紀的世界の変容

アメリカ独立とフランス革命は，名誉革命体制の根幹を揺るがす衝撃であった。イギリスでは，これらの事件をきっかけに，自由主義と平和主義

に向かって国政上の方向転換が模索され，財政軍事国家から自由放任国家へといたる長い変化の過程が始まった[Harling & Mandler 1993；Evans 2001]。その間，モラルや制度などさまざまな面で改革の試みが続いたが，1783〜1815年は，この「改革の時代」の前半期に相当する。この時期については，従来から，議会改革を最大の目的とする政治的要求が前面にあらわれた1790年代半ばまでと，そうした動きが対仏戦争下で押さえ込まれた時期とに分けて，両者のコントラストを強調する傾向がある。しかしより最近では，改革を指向する潮流は戦時下においてもかたちを変えて継続しており，戦後の本格的な実践へと連なったと考える立場もみられる[A. Burns & Innes 2003]。これは議会史を特権化することなく，多様な改革や改編の動きを，文化や精神面も含めて時代の文脈のなかに位置づける見解として注目に値する。

　他方，アンシャン・レジーム論では，そもそも1780年代に決定的な意味での転換をみない。というのも，1820年代末に急激に変化が始まるまでは，伝統的権威のもとで家父長的な社会が継続していたために，急進主義者による改革運動はもとより，産業革命，世俗化，中間層の影響は，実際は限定的だと考えるからである。こうした見方は，ゆるやかな経済変化(124〜125頁参照)や地主支配の継続を認めている点で近年の研究動向と一致する[Cain & Hopkins 1993/2002]。しかし，とくに1790年代に顕著になる保守的潮流については，継続(信教国家)というよりも復活だとする立場もある。つまり，アメリカやフランスでのできごとを受けて，イギリス本国社会に啓蒙と進歩を信じてすべてを消費に委ねる価値観に対する疑問や反発が高まった結果，1780年代以降にこうした動きが前面にあらわれてきたというのである[Dozier 1983；Sack 1993]。そこには革命への恐怖，大衆への恐怖，犯罪への恐怖，飢餓への恐怖，貧困への恐怖，混乱と無秩序への恐怖，快楽への恐怖などが混在していた。洗練され商売上手な人びとは変わらず消費生活を続けていたが，彼らは自らの活動の場が「手に負えず品性に欠ける危険な連中」からの挑戦を受けていることに気づかざるをえなかった[B. Hilton 2006]。長い18世紀の終盤は，再び不安と恐怖の時代であった。

アメリカ独立とフランス革命の衝撃

アメリカでの独立をめざす13州に対する敗北は、本国の社会に大きな衝撃を与えた。というのも、この植民地における政治・経済のコントロールの失敗は、アイルランドやインドといった他の帝国内の地域へと波及し、ブリテン世界に混乱と衰退をもたらすという不安を増したからである[A. Burns & Innes 2003]。その過程では宗教問題が再び先鋭化し、寛容法体制の矛盾がとりわけカトリックの処遇をめぐって表出した。アメリカ独立戦争には多くの兵士がアイルランドから参加していた。彼らの存在と貢献を踏まえたカトリック解放が議論の俎上にのぼると、プロテスタント非国教徒も差別立法の撤廃を要求し、これに反発する保守派の活動もまた表面化した[Conway 2000]。宗派間の対立は、ゴードン暴動(1780年)やプリーストリ暴動(1791年)のような過激なかたちで噴出することもあり、不平等な多元主義に拠って立つ名誉革命体制の限界が露呈した。アイルランド問題については、1798年の反乱をへて合同(1801年)の道が選択される。しかし、肝心のカトリック解放自体は国王の反対で頓挫し、非国教徒への差別撤廃とともに1820年代に持ち越された(第9章参照)。

1780年代以降のイギリスでは、改革をキーワードとして、各種の運動が活発化した。ワイヴィルらのヨークシャ運動、バークの経済改革、そしてフォックス、小ピットらの東インド会社改革案は、アメリカでの敗北をきっかけとする財政軍事国家の破綻と、植民地帝国の縮小への不安や恐怖を背景としていた[A. Burns & Innes 2003]。加えてフランス革命の進行は、もっとも自由で優れているとされたイギリスの国制に再検討を迫り、財産所有者による寡頭制や宗教的差別の存在が、ロックの自然権、社会契約、抵抗権などとともに議論された[Emsley 1979]。名誉革命体制下において諸利益に与れなかった人間は不満を募らせ、政治的な改革要求が顕現した。しかし、対岸の革命が急展開するなかで、自由主義者や急進主義者の主張への共鳴は1790年代の半ばまでには弱まり、代わって対仏戦争下の保守主義と愛国主義とが浮上した[Dickinson 1977; Christie 1984]。これらの新たな潮流は、革命の恐怖に駆られた支配層の策動というよりも、中間層や民衆のあいだの独自の展開によって支えられていた[Philp 1991]。しかし、

急進主義は言論のレベルでは保守派となお対抗しており、改革への関心も、議会に限定されないかたちで1790年代以降も継続した[Spence 1996]。また、政策や統治ではエリートの主導による改革の動きがみられたが、これはリベラル・トーリという従来の文脈に位置づけにくい立場を生み出した[Harling 1996]。加えて、18世紀半ば以来の結社活動の流れを受けた博愛主義的活動が地域を横断して推進された[金澤 2008]。また、福音主義は宗派を超えて浸透し、メソディストやクラパム派(セクト)の活動が表出した[Ditchfield 1998]。それらは、ときには急進主義者とも協同して、厚い信仰と革命への恐怖を背景に監獄改革、日曜学校の設置、貧民救済といった社会改良に積極的にかかわった。また、奴隷貿易廃止運動やシエラレオネに解放奴隷の社会をつくる試みは、保守派から改革派までを包含する裾野の広い運動であった。

財政軍事国家の危機

　戦争中の公債大量発行によって信用危機の可能性が現実味を増すと、商工業者を含む公債所有者は行財政改革を求めた。財政軍事国家は、資金の効率的な調達の必要性から徴税機構を中心に集権的な国家を志向し、ある程度の成功を得てきた。しかし、それが基盤としたのは、地主を中心とする名望家による地域統治と、彼らの利害を調整する議会によって成り立つ分権的な国家であった。このような国家は直接税である土地税を抑制するシステムとして機能し、1780年代において税収全体に対するその割合は、世紀初めの40％から20％程度にまで減少していた。この数字からある程度想像できるように、改革を求める声の背後には、財政軍事国家の構造的な危機と間接税負担者の不満があった[Ashworth 2003]。しかし国制の改革は、特権保持者の抵抗と戦争の再開によって当面、停止された。

　とはいえ、危機は統治機構の末端にもあらわれ、分権主義の要である救貧行政は、とくに急激な支出増大に直面した。イングランド・ウェールズの救貧支出は1780年代の約200万ポンドから1802年には400万ポンド以上に、1812年には約670万ポンドに達し、戦後にかけてはさらに上昇した[Brundage 2002]。背景には、囲い込みによる共有権の消失や農村工業の

衰退による雇用不足などに加えて、人口増、賃金水準の低下といった長期的な変化と、戦争による貿易中断や凶作による物価の急上昇といった短期的でより直接的な危機の影響があった[Wells 1988]。こうした状況下に、物価と家族規模に応じて給付額をスライドさせる救済の供与（スピーナムランド方式）がイングランド南東部農村地域に広まるが、その背後には、治安の崩壊や革命の勃発に対する政治エリートの不安感が潜在していた。救貧法はこうした社会不安への防波堤であった[Christie 1984]。いわゆる公的救済の拡大は、かつては、19世紀前半に続いた数々の議論と厳しい批判を受けたのち、新救貧法の成立によって否定されるとみなされた。しかし、近年の研究は、救貧法がむしろ地域社会の要請に柔軟に応えていた点に目を向け、従来の考え方には再考の余地があることを示している[Boyer 1990 ; S. King 2000]。

産業革命をめぐって

　産業革命については膨大な研究蓄積があり、それらを整理すること自体がひとつの仕事としての意味をもつ。多くの論者が長期におよんでさまざまな立場からこのテーマに取り組むなかで、1960年代に、計量経済史家を中心に、産業革命の時期やそれがもたらした諸変化について再考を迫る議論が活発化した[Deane & Cole 1962 ; Hartwell 1967]。その後も続けられたさまざまな統計を駆使した試算によれば、1760年代はもとより、80年以降であっても、国民生産の成長率は今日的な指標からすればとても高いとはいえず、数値をみる限り、「革命」という概念を使用することに懐疑的にならざるをえない[Crafts 1985 ; Crafts & Harley 1992]。こうした新見解を踏まえて現在までに、1760年代以降に経済と社会の急激な変化を認める古典的な産業革命像に大幅な修正が加えられた。ただし、こうした主張に対しては、研究手法や論拠となる統計、そしてそこから導き出された数値の妥当性に関する諸説があり、変化の度合、地域差、産業間の成長の違いなど、きめの細かい研究の積重ねが求められている[P. Hudson 1992 ; O'Brien & Quinault 1993]。

　こうした状況下で、近年はむしろ「革命」を避けて「工業化」という表

現が好まれる傾向がある。18世紀の工業生産の向上や産業構造上の変化を示す際に,「産業革命」という呼称を使うかどうかを決めるには,市場の拡大,交通手段の発展,商業手段の改良,流動資本の増大,分業の浸透などを総合的に考慮したより多面的な議論が不可欠となった。しかし,激変ではなかったかもしれないが,18世紀に製造部門の拡大を含むなんらかの変化があったのを否定することはできない。またこの変化が,たんなる数値的変化にとどまらず,人びとの社会認識や思考のあり方に大きく影響した点を考慮しなければならない[Berg & Hudson 1992]。こうして,18世紀の経済構造の変化は,先行する時代以来の人口増加,農業生産の拡大,商業活動の活発化と商業圏の拡大,消費欲求の全般的な増大などの延長線上に,ないしは並行して起こった事柄として,より広い文脈のなかに位置づけられるようになった[Floud & Johnson 2004a]。さらに地理的視野を広げて,環大西洋商業圏の確立やアジアの物産の流入による消費欲求と需要の拡大,新たな知見に基づく技術革新の普及などを,この「革命」的変化と切り離さずに考えることも必要だろう[Berg 2005; Mokyr 2009]。

イデオロギー対立の先鋭化と国民意識の形成

アメリカとフランスの革命は,「自由」を大義とするイギリス本国において,逆に進歩主義への反動としての保守主義の台頭をもたらした[Dickinson 1977; Pocock 1985]。世紀中葉までに築かれた寛容と同意を前提とするバランス感覚が後退するなかで,1783年以降のイギリスは,政治的なイデオロギー対立の時代にはいった。この保守主義が対決したのは2つの競合する自由主義であった。すなわち,市民権に重点をおく政治的な自由主義と,市場の展開に重点をおく経済的な自由主義である。両者は19世紀半ばには結びつき,主流派のイデオロギーとなっていくが,それまでの道のりは,ゴードン暴動から急進主義者弾圧へと連なる政治的な暴力や,家父長制的な価値観に基づく反市場の思想や行動との対抗にあらわれたように平坦ではなかった[B. Hilton 2006]。なお,18世紀後半の諸革命のトラウマから生じた保守的な価値観は,国王と教会を核にすえて19世紀にかけて有力な思潮を形成し,一部はオクスフォード運動などのかたちをとっ

て表出した[B. Hilton 1988; W. Gibson 2001]。

　保守主義は対仏戦争下においては愛国主義と容易に結びついた。中間層や民衆のあいだに広まった保守主義が，急進主義者や改革派の思想や行動に対する反発というよりもフランスの侵略に対する恐怖と結びついていたことは，民兵運動の研究が明らかにしたところである[Cookson 1997; Gee 2003]。他方，宗教の問題は，保守派が国教会を支持したという単純な次元にとどまらず，急進主義者の展開した諸活動においても大きな影響力をもった。こうした点を踏まえて，近年の研究は急進主義と世俗性との親和性を前提とはしていない[Spence 1996]。宗教の役割の強調は，戦争と宗教と帝国を核とするブリテン意識の形成を論じるリンダ・コリの主張とも共鳴する[Colley 1992]。18世紀全般をカバーするコリの議論が，プロテスタンティズムの多様性を見逃しているとか，アイルランドについて十分に論じていないと指摘するのはやさしい。しかし，ポーコックの提言以降にも必ずしも大きな展開をみせなかった18世紀のブリテン史に，宗教に対する観点から挑み突破口をもたらしたコリの研究は評価に値する。その後，この分野の研究は量産され，ブリテン諸島内の各地に存続(再生)する地域的なアイデンティティにも光があてられている[A. Murdoch 1998; C. Kidd 1999]。ただ，ブリテン意識を考える場合に，それが啓蒙の流れを引くコスモポリタン思潮の退潮と並行しつつ，イングランドを核に形成されたというプロセスは認識しておく必要があろう[Newman 1987]。また，1780年代以降にイデオロギー対立が先鋭化したのはいうまでもないが，保守主義も急進主義も，何もないところに突如出現したわけではない。思想的な意味でのさまざまな源流を指摘する研究もあり[Dickinson 1977; Sack 1993]，その一部はアンシャン・レジーム論とも親和性がある。

長い18世紀？

　対仏戦争の終結は改革を志向する時代に新たな局面をもたらした。戦争継続の必要性は薄れ，財政軍事国家に代わる統治のかたちが模索された。1830年代の第1次選挙法改革，新救貧法，都市自治体法へと連なる統治体制の再編が始まり，そのなかで18世紀的世界を支えた多極多元的な枠組

弱まっていく。

　戦争によって肥大化した行財政機構の見直しは「旧き腐敗」批判とかさなり，これに応える政治エリートの内部からの改革をもたらした[Harling 1996]。それはある面では名誉革命体制の恩恵を受けてきた有産者による急進主義への対応であった。彼らは戦争中に膨張した国家支出を削減し，エリートとしての愛国心を示す必要性があったのだ。こうして，パトロネジを通じた国王権力増大を警戒するホウィグと，戦前の秩序回復を願うトーリのあいだに，体制主導の改良という当面の一致点が見出された。しかし，1810年代末以降の議会外からの圧力の高まりとリヴァプール政府の強圧的な姿勢がホウィグを議会改革運動の方向へと走らせた結果，このエリート内部での協力は消滅した。ホウィグは改良路線から離脱し，トーリは内部分裂するという特殊な状況のもとで，第1次選挙法改革は通過した。エリートの防衛的運動はこのときは機能しなかった。

　本章では長い18世紀の終点を，財政軍事国家の変質を念頭に，対仏戦争の終結した1815年においている。だがこの時代区分は絶対的ではない。冒頭で述べたように，政治史や議会史を中心として伝統的に1830年代の諸改革をひとつの転換点とみる立場があり，現在でもこれを引き継ぐ研究がある。さらに，1780年代以降を「改革の時代」とみる立場からすれば，40年代のチャーティストの活動を切り離してしまうことはできない。また最近は，1680年以降の200年間を，商業帝国主義を基調とするひとまとまりの時代ととらえたうえで，「長い18世紀」も「ヴィクトリア時代」も，最適な時代区分ではないとする見解もある[R. Price 1999]。これは既存の研究への大きな挑戦であり，今後も検討が進められるだろう。われわれは，18世紀，19世紀といった小さな枠組や時代区分を再考するときにきているのかもしれない[Corfield 2007]。過去30年程のあいだに，「長い18世紀」という考え方やこれに関する歴史研究は大きく進展し，さまざまなかたちでわれわれに新たな知見を与えた。今後は，長い18世紀という呼称の妥当性を判断し，イギリスの近世から近代への移行期を的確にとらえる斬新な視角が求められていくだろう。

坂下　史

第6章 19世紀

1 | 19世紀史というテーマ

　名誉革命体制そのものとともに，イギリス世界に対して中央と地方，都市と農村といった一種のコントラストを与えていた時間と空間の限界は，18世紀以来の有料道路や運河の建設，そして19世紀の鉄道の敷設によって劇的に克服された。1820年代，ロンドンからヨークへは乗合馬車で30時間かかったが，45年には列車で8時間の行程になり，1910年までに，同じ8時間でエディンバラに到達できるようになった。実質的に，1870年から1900年のあいだにブリテン島は3分の2から4分の3程に「縮んだ」といえる[Langton & Morris 1986]。それによって，人もモノも情報も18世紀の水準をはるかに上回る速さと広さで行き交うようになり，しかもなお20世紀におけるような均質化にはいたらないために，現代の研究者および同時代人が時代に切り込む視座(パースペクティヴ)も，人間の行動・存在が展開する領域(スフィア)も，さまざまな重複をかかえつつ多様に分節化した。

　その意味で，現在の19世紀史研究には，諸領域を横断して影響を与える「大きな物語」はないのかもしれない[ただし，一読すべきは Perkin 1969; 村岡 1980, 2002]。しかし，これは19世紀への関心が低下したことを反映しているのではない。ヴィクトリア時代はそれが終わった瞬間から現在にいたるまで人びとを魅了してやまないし[松村昌家ほか 1996; Gardiner 2002]，蓄積される研究は幾何級数的に増え，同時にそれぞれの質も保たれている。ただ，時代を生きた人びとの声がますます精妙に聞き取れるようになり，それぞれが相応の存在を主張しうるがゆえに，大きな物語へと整序するための取捨選択が難しくなっているのである。

　そこで，あるいはそれにもかかわらず，本章ではあえて，諸研究のさま

ざまな動向を並列的に紹介するのではなく，それらが結果的に織り成している時代の図柄を描いてみたい。まずは本章の枠組として，「視座」と「領域」をゆるやかに分類しておこう。

　視座としては，(1)国制を中心とするものや，(2)特定のイデオロギーからみていくもののほかに，(3)国際関係や帝国の文脈に重きをおく立場や，(4)前後の時代との相違（変化と連続）に着目する見方（あえて無視する方向性も），そして，(5)アイデンティティにこだわるものが，代表的である。

　領域は，地域，ブリテン諸島の「4つのネーションズ」，ヨーロッパ，帝国，世界といった論点をいずれも含む以下の4つに大きく分けられる。すなわち，(1)「政治」，(2)「市場」（経済），(3)公式・非公式のアソシエイションからなる「ヴォランタリ部門」，そして，(4)階級，消費，生活，欲望，世界観などにまたがる「私的な世界」である。

　ほとんどすべての研究は，いずれかの視座ないしそれらを組み合わせた視点からひとつ以上の領域の現象を説明しようとしている［B. Harrison 1982 など］。近年の研究は組合せの複雑さがいっそう増しているといえる。19世紀の人びとも，それぞれの視座（群）に頼って，自分が重視している領域（群）を認識し，生きていた。それゆえ，かつての研究のように自由主義や民主主義の発展，ミドルクラスの勝利（あるいはジェントルマン的価値体系の持続的支配），進歩の観念，帝国の遍在といった像を，19世紀全体にひとしなみにかぶせることはもはやできないのである。

　たしかに，19世紀史にとって議会政治，自由主義，階級，経済，大国意識，帝国などはこれからも重要な研究テーマでありつづけるだろう。ただ，時代にコンテクストがあるとするなら，これらはそれを構成する諸要素にすぎない。研究もその理解で進んでいる［C. Matthew 2000；C. Williams 2004］。19世紀の時代像は，諸問題が取り組まれる「場」——諸要素の軸が相互に結線してできる模様——の転変として描かれるのがふさわしい。そして，これまでの研究動向をまとめると，大きく3つの時期の場が浮かび上がっているように思われる。

　まず，ナポレオン戦争が終わった1815年から50年頃までは，「模索の時代」としてくくれるだろう。戦争に勝利したとはいえ，世の中の動きと方

向性, それに提案される処方箋も定まらず, イギリスの最終的な着地点もまだ見えなかった。こうしたなかで, 18世紀的な国制のあり方は, 大きな異議申し立てを受け, 財政軍事国家はゆっくりと, 自由放任国家へと再編成されていった[B. Hilton 2006 など]。

1850年頃から70年頃は,「均衡の時代」である。自由放任国家への脱皮と, 圧倒的な国際的優位が明確になると, 多くの経済問題は政治課題から消え, 自由主義の思潮が規範的地位を得た。人びとは形成されてきていた階級社会を受け入れつつ,「豊かな」社会のもとで自由を具現するかのようなアソシエイション活動を繰り広げた[Hoppen 1998 など]。

しかし1870年頃を境にして再び「場」は変化し始める。「摩擦の時代」の幕開けである。大不況が到来し, 諸階級の融和と自足, そして国際的優位への自信は揺さぶられ, 国制がまたもや政治的な議論の俎上にのぼる。アイルランド問題や労働組合の運動, 女性の参政権要求のうねり, 自由主義の再編要求は, イギリスに極めて深刻な選択を迫ることになった。しかも, 自由主義原理への固執が, さまざまな問題を引き起こす。階級政治と同時に諸階級を超越する「市民(シティズン)」の創出もはかられた。そして第一次世界大戦は, イギリスを総力戦に巻き込み, 国家の役割はとくに福祉と軍事の面で飛躍的に高まる[J. Harris 1993/1994 ; Searle 2004 など]。

以下では, この3つの時代の像と論点を, 順を追って述べていきたい。

2 | 模索の時代 1815～50年

改革の息吹

道徳と機構に対する「改革の時代」[A. Burns & Innes 2003]は, 後期啓蒙(けいもう)主義の空気をまとって18世紀の後半に始まり, ナポレオン戦争後に, ひとつの頂点を迎えた。既存の国制は「旧き腐敗」として表象された。さまざまな陣営がこの敵を, 憎悪し, 嘲笑(あざわら)い, 攻撃した。

人びとの認識と行動を方向づけた勢力には, 現体制を積極的に容認するバーク的な勢力を対極におき, ロマン主義に傾倒した人びとと, 国家=国教会体制を糾弾(きゅうだん)する急進主義者(ラディカル)やプロテスタント非国教徒やカトリック, ペ

インやカーライルの影響を受けた革命的共和主義者，功利主義者，本来のあるべき国制への立戻りを求める復古主義者，そして民衆の娯楽や飲酒を敵視しその道徳的純化(合理化)を求める福音主義者などがいた[Royle & Walvin 1982;McCalman 1988;Bebbington 1989;Lyon 1999]。出身地も，またときに肌の色さえ異なる彼らは，同床異夢ながら，1832年の第1次選挙法改正法にいたるまで，ひとつの運動潮流を構成した。友愛組合も，ロバート・オウエンの実験とともに，別の改革の流れをなした[Cordery 2003]。

「旧き腐敗」言説が力を失ったのち，1830年代後半からはチャーティスト運動が盛り上がった。チャーティズムについては，暴力派，理性派の対立，それに女性の関与や参加者のアイデンティティ(新しい労働者「階級」なのか伝統的な「人民」なのか)など，「失敗」した，あるいは未完の労働者運動という見方を超えて，多様な内実が明らかにされている[Stedman Jones 1983;D. Thompson 1984;古賀 1994]。これと対照的に，運動という観点からの研究が乏しい反穀物法同盟は，実際にはコブデンら活動家の理論闘争にとどまらず，労働者や女性を動員し，しかも「成功」した大運動体だった[Pickering & Tyrrell 2000]。また，1830年代から始まったオクスフォード運動は，国教会内部の高教会陣営からの引締めの試みであり，個人の内面に深い刻印を押すとともに，宗教と切り離せない当時の政治や社会の問題に対しても，積極的に発言し，相応の影響力をもった[S. Skinner 2004]。

改革の範囲は，政治や法制，道徳のみならず社会問題の分野にまで広がっていた。17世紀末から誕生したアソシエイション型のチャリティは18世紀半ばから数を増し，その傾向は19世紀初頭にはさらに加速した。都市ミドルクラスをはじめとするさまざまな階層の男女が，貧者や病人，老人，子ども，女性だけでなく，水難者や外国人や動物にまで，救済の手を伸ばした[Prochaska 1980;Morris 1983;Gorsky 1999]。また，中世以来の信託型チャリティも，その不透明な運営が18世紀末からたびたび問題視されたが，依然として地域の教育や医療，救貧に大きな役割を担っていた。こうして，チャリティは，農村的な温情主義や都市的な統治手法と織り合わされ，動機も担い手も方法も多様ながら，社会の本質的な要素となった[D.

Owen 1964；金澤 2008]。

　奴隷貿易・奴隷制度への反対は，前世紀末からウィリアム・ウィルバフォースやトマス・クラークソンを中心に政治的な力として結実し，1807年には奴隷貿易が廃止された。1823年には奴隷制反対協会が設立されて，33年には奴隷制度を段階的に廃止する法律が制定された。これについては従来，経済的利益がなくなったために廃止が可能だったのだとする，ウィリアムズ・テーゼにそった「資本家と支配層の陰謀」的な見方が優勢であったが，人道主義的感性の変化や，福音主義者や女性たちによる反対活動を再評価する研究も無視できない[Haskell 1985；Midgley 1992]。

　学問と教育の世界にも改革はおよんだ。T・アーノルドのラグビー校改革(1828年〜)や，ロンドンにおけるユニヴァーシティ・カレッジ(1826年)とキングズ・カレッジ(1829年)の設立といった中等・高等教育の新展開のみならず，チャリティ部門では，国教会・非国教会は助教制をとる初等学校を各地につぎつぎに建設したし，人道立法で有名な第7代シャフツベリ伯は「ぼろ学校(ラギド・スクール)」の普及に尽力した[W. Stephens 1998]。工場法(1833年)もその教育条項において工場児童の教育に多少の配慮をみせた。また，より専門的な要求に応えるべく，地理学会(1830年)や英国科学振興協会(BAAS, 1831年)，統計学会(1834年)などが叢生し，純粋な学問的成果だけでなく，社会の改良と発展も追求した。

　個々の事例に流れ込む思潮や利害，対立と協調，言説の機能，他の事象との関連などを総合的に分析して叙述することが求められているので，広い視野をもつことが必要である。

国制の維持

　政治家集団と政策の転換に関する微妙なニュアンスに敏感であることも大切だが[L. Mitchell 1993]，この時期の顕著な特徴は，どの政権も，国教会と結びついた国制の維持を至上命題としていたことである(しかもカトリックのアイルランドを統合しつづけようとする)。それゆえ，プロテスタント非国教徒を正式に国制に迎え入れることになった1828年の審査法・自治体法の廃止，それから翌年のカトリック解放といったできごとは，ジョナサ

ン・クラークの主張するように，32年の選挙法改正よりも深刻な政治危機をはらんでいたともいえる[J. Clark 1985/2000]。たしかに，1830年代からは，オコンネルの主導する合同(ユニオン)撤廃運動とアイルランド選出議員が，イギリス議会政治の帰趨(きすう)を左右した。そして，1845年に始まるジャガイモ飢饉に対するピールとラッセルによる一連の対応(緊急食糧輸入，公共事業，スープ・キッチン，救貧法)は，国制イデオロギーに染め抜かれたトーリ，ホウィグそれぞれの特性をよく示している[Donnelly 2001]。

　つぎに，改革の時代を考えるうえで，批判の矢面に立たされ「腐敗」しているとされた政府の態度の解釈は重要である。例えば，ナポレオン戦争後のトーリ政府は，戦時体制の清算から金本位制復帰をへて好景気へという時代の流れに「適応」する努力を続けた。1815年の穀物法も，地主層に偏る階級政治の結果というわけではなく，静態的な社会の維持という方針に基づいて，万人に利する「アダム・スミス的なモラル・エコノミ」を実現しようとするものだった[B. Hilton 1977]。先述のクラークによる「アンシャン・レジーム」としての国家＝国教会体制論のほかにも，支配層は急進主義者たちの要求への妥協をかさねたあげくに，1832年法を受け入れさせられた[Rubinstein 1983]，いや，超然と自己改革を進めたのだ[Harling 1996]といった具合に，多くの議論がある。

　こうした国制の中心性を考慮すると，国教会と諸宗派の歴史に注目が集まるのは自然である。前世紀と比べて国教会の社会的影響力が低下したことは一般に認められているが，国教会側は非国教会陣営と伍して勢力拡大の努力を続けた。宗教史は，社会史や文化史，人口史，地理学，ジェンダー研究の知見を取り入れ，システムの頂点から末端にいたるまで，さまざまな側面に光をあてている[Knight 1995;Snell & Ell 2000]。

　1832年法の前後で庶民院の社会構成はさほど変更をこうむらなかった。この法は選挙権を拡大するよりもむしろ，議席を適正に再配分するという意味合いが強かった。1834年に救貧法も大きく改変され，劣等処遇と院内救済の原則を掲げたが，実施レベルでの裁量，20世紀初頭まで繰り返される運用の変化により，その効果は地域によってまちまちであった[大沢 1986;Englander 1998]。受給者の主体的戦略はもちろんのこと，チャリテ

ィや互助, 自助といった混合的な福祉の諸要素も考慮に入れなければならない[S. King 2000]。1832年の改革法も34年の新救貧法も, そして35年の自治体改革法も, 近世からの教区単位の地方自治を踏まえるならば——17世紀から続く定住法も生きている——, 断絶か連続かを見定めるのは, 決してやさしいことではないし, もはや生産的ではないかもしれない[Poynter 1969; Eastwood 1997; A. Kidd 1999; Snell 2006]。

1815年以降, ウィーン体制下の平和は, 陸海軍への歳出規模の漸次的縮小をもたらした。海軍の強制徴募隊(プレス・ギャング)や私掠船(しりゃくせん)も消えた。さらに「旧き腐敗」の(自己)改革は, 国王および政府のパトロネジ基盤をかなりの程度, 掘り崩した。こうして膨大な歳入を広義の支配層が分け合うシステムは成り立たなくなった。その結果, 18世紀的な財政軍事国家はしだいに, 自由放任国家へと変貌を遂げていく[Harling & Mandler 1993]。ただし, 本国に経済的便益を提供した公式・非公式の帝国は, 陸海軍によって防衛され, それゆえコストの面を無視することはできない。また, 階層秩序とパトロネジに依拠する改革されざる国制は部分的に残存した(オーナメンタリズムによれば, インドをはじめとする帝国統治もその延長とみなしうる)[Cannadine 2001]。国制があらためて問題化するのは世紀後半になってからのことである。

工業化のインパクト

先に述べた急進主義運動をはじめとする改革の流れの背景には, (海の彼方で生じた諸革命とともに)産業革命による工業化がある。とはいえ近年の研究は, 文化史の発展や言語論的転回をへて, 経済と社会のあいだの因果関係を示すことよりも, 両者を構築・媒介する言説に微細な検討を加え, 経済還元論ではない説明を求める傾向がある[そのような社会史のあり方を示す例として F. Thompson 1990]。一定の経済的現実に基づく共通経験が階級意識を生み, それを基盤に階級が形成され彼らによって歴史が動くという, E・P・トムソンのような定式[E. Thompson 1963/1980]は, 発展的に乗り越えられている[McWilliam 1998; Cabrera 2004]。

それに, 個別実証研究の進展により, 産業革命の影響の非均質性がます

ます強調されるようになっているという事情もある。炭坑や漁村を含む多方面にわたる工業化のインパクトの相違や、ウォーラーステインの世界システム論などグローバルなダイナミズムとの関連、そして地域ごとの個性を考慮していかなければならない[P. Hudson 1992;O'Brien & Quinault 1993;Daunton 1995]。とくに現今の研究の流れにおいて特筆すべきは、クラーフツに代表される数量経済学による成果である。これは、古典的産業革命期にロストウ流の「離陸」ではなく前代からの連続を見出して産業「革命」を否定し、学界に衝撃を与えた[Crafts 1985;Digby & Feinstein 1989]。またこの学説は、ロストウに反駁してヨーロッパ諸国の工業化をひと繋がりの現象として読み解いたガーシェンクロンの相対的経済後進性論とも親和性をもつ[Sylla & Toniolo 1991]。産業革命をヨーロッパのコンテクストで考慮していく必要もあるのである。

さらに産業革命を相対化するならば、そもそも、18世紀のうちに、のちに巨大化する諸都市はそれぞれ特徴のある産業を育成していた。産業革命の典型とされる綿工業が発達したのはその一部分にすぎず、したがって力織機の普及による1820年代からの大工場制度もまた、局地的な現象であった。むしろ、イギリス経済は伝統的な業種、小規模な私企業群によって支えられつづけた。そういう意味で、工業化した19世紀の都市社会を考える際には、エンゲルスやディズレーリやギャスケルによる変化を強調する階級的なイメージと、メイヒュやディケンズによる過去からの連続を強調する民衆的なイメージの両方を、つねに意識せねばならない。

他方、農村部では世紀前半の都市化と工業化の連動により、従来の兼業的な農村工業、とくに家内織布業が大打撃を受けた。農業はますます労働節約的、資本集約的になっていき、地主、借地農業経営者、農業労働者という三分制は強化された。こうして農村地域は資本主義化にともない総じて「脱工業化」していくが、大地主＝ジェントルマンの経済基盤は磐石であった[F. Thompson 1963]。

かつて学界を沸かせた生活水準論争も、決着点が見出しにくくなってきた。実質賃金や消費水準、世帯収入などの算出に工夫を凝らすだけではなく、失業の危険や住環境、労働時間を繰り込んで研究することが求められ

ている。また，身長や寿命，識字率，余暇といった変数に頼る必要もある。長期的なスパンをとらないならば，工業化の帰結として単純に生活水準が高まったか下がったかを判断することはできない[Feinstein 1998; Humphries 2004]。

これに関連して，階級形成をめぐる議論も複雑さを増している。とりわけ，工業化に端を発する都市社会とミドルクラスの形成過程の関連を追求する研究[Morris 1990; 岩間 2008]や，ミドルクラスと男性性(マスキュリニティ)の理想との不可分性が，男性を外，女性を内に固定する分離領域のイデオロギーを生み出したという議論を含む内容豊かな共同研究[Davidoff & Hall 2002]が，注目に値する。労働者階級やミドルクラスは，経済世界のなかで「形成」されたのではなく政治の場で言説的に「構築」されたのだという議論も有力で[Wahrman 1995; Steinberg 1999]，階級という「言葉」の流通と階級「意識」の存在を直結しない態度も一般的になっている。19世紀前半は，諸階級によって争われたというよりも，諸利害間の係争が展開するなかで，階級という語りと実体が浮上してきた時代だといえる。

国家も工業化に対応をよぎなくされ，都市整備への全般的な無関心とは対照的に，救貧，工場労働，衛生，治安・警察といった問題について，積極的に情報を集め，干渉した[例えば治安・警察については，Emsley 1996]。しかし，政府，議会，官僚のあいだには根深い方針の齟齬があった。金融政策をめぐっても，銀行主義と通貨主義とのあいだで熾烈な対立があったし[Daunton 1995]，コレラの恐怖とあわせて懸案だった都市の衛生問題への対応も，E・チャドウィクの『イギリス労働人口の衛生状態報告』(1842年)の発表や，公衆衛生法(1848年)の制定といったできごとがもつ印象とは裏腹に，ベンサム主義的な中央集権化の成功例とはみなせない。むしろ「公衆衛生」(public health)という概念形成の背後にあるイデオロギー，集権化の限界や地域の自律性などに注意をはらうべきである[見市 1994; Hamlin 1998]。

また，1830年代から40年代にかけて，ホウィグ党には社会や経済の自由主義とは別に，政治的権利の問題にこだわる貴族的なホウィギズムの思潮が強く，それもまた政府や議会の動きを単純化してはいけないことを教え

てくれる[Mandler 1990]。結果的に実現する自由主義を前の時代に遡及させるような議論は禁欲し、先の見えない航路の舵取りを再構成していき、国家がついに「信頼されるリヴァイアサン」[Daunton 2001]へと変貌していく過程を丹念に描く姿勢が求められている。

なお、この時期、福音主義の影響で、経済・市場の問題は概して道徳ないし神学の問題として把握されていたことは、根本的に重要である[B. Hilton 1988 ; Winch 1996]。ピールによる穀物法撤廃とトーリ党の分裂についても、この要素を入れて考えることが不可欠である。人口増加に食糧増産は追いつかなくなるであろうという「マルサスの罠」の恐怖にさいなまれるなかで、各レベルの政治の当事者たちは、それぞれにとっての「正しい」策を構想し、実行しようとした。それが、結果的に、自由主義へと収斂したのである。

3 | 均衡の時代 1850～70年

世界の工場・世界の銀行

先行きの見えない「飢餓の1840年代」を潜り抜けたのち、人びとはついに工業化の恩恵を実感できた。1851年のロンドン万国博覧会は600万人も動員してイギリスの圧倒的な力を内外に誇示した。この催しは、互いに異なる思想信条も階級も統合して進歩を祝う国民的催事として演出された。実際、1850年代から60年代にかけて、イギリス工業は未曾有の成長をみせた。1人当り国内総生産の額も成長率も他の欧米諸国をはるかに凌駕していた。綿工業は基幹産業として、製鉄業とともに、世界総生産高の2分の1を占め、これらを支えた石炭の生産にいたっては3分の2を占めた。農業も利益を増し、造船や運輸、金融も他を圧した。アイルランドという重要な例外はあるが、マルサスが恐れた飢饉などによる激しい痛みをともなう人口調節も、リカードやJ・S・ミルが想定した経済の定常状態も到来しなかった。ポリティカル・エコノミと自由主義の勝利を、ほとんどの人が信じた。

大半の人びとが、生活水準の上昇を経験した。彼らは鉄道を利用して万

博を見学することもできた。その鉄道は1840年代には熱狂的な投資ブームに沸き，全国に線路網が張りめぐらされ，それに付随して製鉄や機械工業・土木，鉄道員，工夫などの新たな仕事，そして鉄道旅行や「郊外」といった新たな文化が生み出された。

世界の工場であり銀行でもあったイギリスは，圧倒的な比較優位のもとで，そして強力な軍事力，とくに海軍を背景にして，世界に自由貿易のルールを広め，モノと資金とインフラを提供した。そして，各地におこなわれていた奴隷制を糾弾し，奴隷貿易を取り締まり，現地に「良い政府」を樹立させようとした[Halstead 1983]。一方で，間接的にはイギリスがさまざまな方法で奴隷制から莫大な利益を引き出しつづけていたことにも目を向けるべきである[Sherwood 2007]。パクス・ブリタニカとも称されるこの自由主義イデオロギーの建前と支配の現実は，しばしば現地社会とのあいだに摩擦を引き起こした。1840年に起きたアヘン戦争や，57年のシパーヒーの反乱はその代表例である。

大国間の会議で動くウィーン体制のもと，イギリス外交は，ラテンアメリカの独立達成後は「東方問題」を中心に展開した。そしてイギリスは，1848年のヨーロッパの激動をへて，54年からはクリミア戦争に参戦した[Baumgart 1999]。その戦いは写真やリトグラフなどによってヴィジュアルに報道され消費され，人びとの戦争観を形成した[Keller 2001]。そもそも，前後の世紀に比べて平和的にみえるヴィクトリア時代のイギリスは，じつは戦いに明け暮れる国であったのだ[I. Beckett 2003]。同盟と孤立，そして現実と理想のあいだで揺れたヨーロッパ外交[佐々木・木畑 2005；君塚 2006]，陸軍と海軍，また本章の時代に開花した平和運動の組織・活動・思想[Laity 2001]と，平和運動が厳しく批判した世紀後半からの社会のミリタリズム傾向についても，知るべきことは多い。

金本位制に基づく通貨制限を定めた銀行認可法の制定(1844年)と穀物法撤廃(1846年)ののち，イギリス中央政治の議題から，経済規制をめぐる問題はほぼ消え去った。一方，地方自治体は，公衆衛生の問題も含め，都市のインフラ整備を積極的に進めていった。実業家のなかにはタイタス・ソールトの「ソルテア」のように理想の工業村を建てる者もいた。国家は市

場・地方・民間の能力を認め、夜警国家として必要な規制をおこなうにとどめた。

　工業化は「4つのネーションズ」に異なる展開をもたらした。スコットランドでは世紀前半から石炭や造船といった重工業が劇的に成長した。その結果として、また他の諸要素も働いて、1843年にはスコットランド教会から自由教会が分裂し、宗教熱はかえって増した。ウェールズでも世紀前半に非国教徒(ノンコンフォーミスト)による宗教復興があったのと同時期に、南東部では製鉄業が勃興(ぼっこう)した。そして、1847年の『ウェールズ教育状態調査委員会報告』がウェールズ人の後進性を指摘したことが反響を呼び、非国教主義と独自の言語に立脚する「ウェールズ人らしさ」が模索されることになった。アイルランドでは、大飢饉もあり工業化は阻害されたが、ナショナリズムは盛り上がった。そしてブリテン島に移民した人びとは工業を支える労働力となった[Hempton 1996]。

　工業化は未来をダイナミックに示した。I・K・ブルネルの橋や鉄道にみられるような巨大事業は産業の時代を象徴する。蒸気船や鉄道、電信といった新しいテクノロジーは時代の文化や関連諸科学と相互に影響し合った[Marsden & Smith 2005]。しかし静止した過去を召還して未来を現在に繋ぎとめるかのように、欧米では19世紀をとおして、中世趣味が流行した。ヴィクトリアン・ゴシック様式のオクスフォード自然史博物館やマンチェスタ市庁舎、ロンドンのセント・パンクラス駅や国会議事堂は、最先端の鉄とコンクリートとガラスとレンガで建てられた工業社会の大聖堂であった。ロイヤル・アカデミの固陋(ころう)を打ち破らんとしたラファエル前派や、世紀末になるが、工業社会に適したデザインを模索したラスキンやモリスらの芸術活動も、あとで論じる都市空間の問題も、この文脈で理解される[Dellheim 1982]。また、工業化後のポリティカル・エコノミと、疎外化される人間存在とのせめぎあいは、思想史的にも重要なテーマである[Winch 2009]。

階級的生活様式の形成

　自由主義で回転するようになった社会では、社会の構造そのものは改革

の対象ではなくなった。世紀前半にそれぞれの改革綱領を掲げていた労働者とミドルクラス，そして改革の時代を乗り切った上流階級からなる三階級社会は，対立がなかったわけでは決してないが，世紀後半に向けて社会に広く分け持たれることになる「品位の理念」(リスペクタビリティ)[F. Thompson 1988]を軸に，融和的均衡を実現した。ただし，ここでいう「階級」とは，分析概念としてのそれであり，実体としての階級が斉一に層を成したとする考え方は支持されていない。例えばキャナダインは３つの社会秩序観の並存——社会的に切れ目のない階層秩序(モザイク的)，経済的な三階級(上流・中流・労働者)，政治的な二層(支配層と民衆)——を提起していて説得的である[Cannadine 2000]。

大土地所有により長らく支配層を成してきた上流階級たる貴族・ジェントリ層は，穀物法廃止で打撃を受けるはずであったが，彼らは経済力を失うことなく，自由主義の時代に適応していった。彼らは，地所に構える屋敷と大都会にもつ邸宅のあいだを行き来し，商業，工業，金融などで致富した人びととともに最富裕層を成し，互いに婚姻関係を築き，中央はもとより地方政治でも主要な役割を演じた[F. Thompson 1963; Rubinstein(ルビンスティン) 2006]。彼らがシティの金融エリートと結んで，19世紀資本主義の牽引者でありつづけたことを強調する「ジェントルマン資本主義」論も唱えられている[Cain & Hopkins 1993/2002]。また，パトロネジは，彼らと，つぎに論じるミドルクラスにとって不可欠な統治のツールであり，雇用やチャリティを提供し，政治にも利用された[Bourne 1986]。

ミドルクラスは，もともと労働者階級と上流階級の中間といったほどの意味しかなかったが，ヨーロッパ近代におけるブルジョワに相当する。その上層においては士官，高位聖職者，法律家，医師，技師(エンジニア)といった専門職(プロフェッション)を通じて，また金融や商業で蓄積した莫大な富を土地に転化することによって，そして家内使用人(サーヴァント)(世紀末にはイギリス最大の職業集団)を雇う[Horn 2004]など生活様式を真似ることによって，上流階級と入り混じった。アンダーソンやウィーナは，ミドルクラスが上の階級の生活様式を模倣する欲求を強くもちすぎたために，固有の文化を発達させられなかったと主張した[P. Anderson 1964; Wiener 1981]。たしかに，世紀前半の政

治言説にみられた旧支配層への批判と嫌悪感は，穀物法と航海法の廃止にともない共通の敵を失ったことにより希薄化し，この時期にはあまり表明されなくなった。自助の精神も，ミドルクラスに固有であったわけではない。再生産のための教育機関は，人文科学(リベラル・アーツ)を中心におくグラマスクール，パブリックスクールといった一種のチャリティ組織であり，ここから輩出された人材の多くは，オクスブリッジへ吸収された。彼らは，上流階級，労働者階級の構成員に比しても，収入の幅，仕事の質，生活環境が多岐にわたり，階級としての一体性をもちにくかった。とはいえ，地方都市の産業ブルジョワの個性を忘れないことが，先述の「ジェントルマン資本主義」論とのバランスをとるためにも必要であろう。彼らが理想とした家父長制的な核家族像は，現実の密なネットワークに立脚し，一種のイデオロギーとして道徳的力をもった[Morris 2005]。

　労働者階級は，チャーティスト運動の「失敗」後，しばらくは闘争的な一体感を生み出さなかった。むしろ彼らはすぐ上のミドルクラス的な生活を模倣しようとした。海浜リゾートへの殺到や男性稼ぎ手世帯の理想の受容，そして古典の英語訳を含む活発な読書行為[Rose 2001]などが代表的である。ただし，実際にある程度の模倣を実行できたのは熟練労働者層で，彼らのことは「労働貴族」として問題視されてきた。つまり，彼らが労働者の階級としての運動を主導すべきだったのにブルジョワによって籠絡(ろうらく)されてしまったのではないかというのだ[Gray 1981]。しかし，イギリスに社会主義運動が早期に起こらなかったのはなぜかという問いが妥当であるならば，その答えはむしろ，自由主義のもとでの中立的な国家への信頼とその階級的な統治の手際，『英国国制(イングリッシュ)』(1867年)でW・バジョットが描いたような国制上の特質(尊厳的部分と実用的部分からなる)，階層秩序に対する自足感のほうにあると思われる[Bagehot 1867]。

　象徴的なことに，1867年の第2次選挙法改正は都市の労働者階級に選挙権を与えたが，これは彼らがかちとったというより，階級的闘争を予防するために，当時の保守党が制定したのである。また，19世紀後半の自由党は，「労働者階級」ではなく，チャーティズムやそれ以前に遡る「人民」というカテゴリーに訴える政治を展開して支持を得た[Biagini 1992]。

自由主義の具現

世紀半ばから,国家の方針は自由放任に一本化した。民間の活力にできるだけ多くを委ね,経済は市場に任せ,社会福祉は最小限にとどめ,国家財政はスリム化をはかった。もちろん,介入がなかったわけではない。放任(社会)と干渉(国家)の二項対立ないし補完関係という見方を超えて,法,諸教会,アソシエイション,市場,道徳,不文律といったところから,「自由」を選択的に付与する規律や,統治性に迫る研究が増えてきている[P. Johnson 1993；Searle 1998；Mandler 2006]。

依然としてキリスト教的世界のなかに生きていたイギリス人にとって,とくに大きな衝撃だったのが,「科学」である。チェインバーズが匿名で発表した『創造の自然史の痕跡』(1844年)は,商業ベースに乗りセンセーションを巻き起こした[Secord 2000]。それに比べると,ダーウィンの『種の起源』(1859年)は落ち着いて受け止められた。のちに「ダーウィンのブルドッグ」と称されることになるT・H・ハクスリが,出版の翌年にオクスフォード主教サミュエル・ウィルバフォース(ウィリアムの子)と公開の場で対峙した際にも,どちらが勝ったかは判然としなかった。進化論の静かなインパクトは,世紀末葉に響いてくる。

不信仰の態度は確実に,知識人層を中心に増えてきた。1851年の国勢調査(センサス)にともなう宗教実践の一斉調査が示すとおり,またヨーロッパ的潮流としても,キリスト教が人びとを方向づける力は低下してきた。この背景には,諸宗派の競合そのものがキリスト教の信憑性(しんぴょう)を切り崩してきたことのほかに,イギリスでは贖罪(しょくざい)に重点をおいた19世紀前半の厳しい福音主義的神学が,1860年代頃に,イエス・キリストの受肉(救済)を強調する楽観的な神学へと変化したことがあるだろう[B. Hilton 1988]。こうした状況を打開すべく,1850年代からは,キリスト教社会主義を掲げ,人びとの生活に寄り添う教会を標榜していく動きもあった。信仰(の有無)は,人びとにとって重要なアイデンティティのひとつでありつづけたが,それでも「自由」に選択する問題になり始めてきたのである。

1857年7月29日,H・ブルーム卿邸に集った女性15人を含む43人が,「中立」の立場から社会改良をめざす社会科学協会を設立した。世紀前半まで

に広がっていたさまざまな知的出自の人材をゆるやかに結びつけたこの場で，法改正，教育，福祉，経済，公衆衛生などが検討され，党派性を極力排除した対策が講じられ，あくまで民間にあって，国家と世論を橋渡しした。議会がほとんどの社会問題から手を引いたこの時期にあって，社会科学協会は「非公式議会」「ヴォランティア立法集団」などと呼ばれ，時代を象徴した [Goldman 2002]。

　社会の改良が民間に任されていたため，チャリティの相対的規模は空前絶後であった。世紀前半の活況に拍車がかかり，微妙に差異化された信仰や思想の背景をもつ無数の団体が，寄付者たちに支持を訴え，莫大な資金を国内外のさまざまな「弱者」に流し込んだ。均衡と繁栄の時代にあっても，社会の末端ばかりでなく苦境に陥ったミドルクラスも含めて救済されるべき人びとは多く，不安定な自助や互助が破綻した場合に頼ることのできるチャリティには，無限の需要があった。しかも，自助と品位(リスペクタビリティ)の理念は，公的救貧行政の世話になることとは違って，チャリティの受給によって汚されることはなかった。これまでの研究は，チャリティに，社会秩序の維持や市民意識の涵養といった（必ずしも両立しない）諸機能も見出している [Daunton 1996；Cunningham & Innes 1998；F. Roberts 2002]。

　この時期は，ジェンダー・ポリティクスの大きな進展を可能にした。世紀前半のフェミニズム運動は潜在的であったが，世紀後半にはいり，さまざまな主義主張をもつミドルクラスの女性たちが，性の二重規範(ダブル・スタンダード)を是正する政治的な運動を展開した。ラングム・プレイス・サークルと『イングリッシュ・ウーマンズ・ジャーナル』(1858年)，J・S・ミルの第2次選挙法改正法案に対する修正動議に端を発する女性参政権獲得運動，人口動態レベルでの女性「余り」のなかの独身女性やガヴァネスの自活，結婚と離婚にかかわる財産保有，そして売春と1864年に制定された伝染病法に対する撤廃要求など，これらは世紀後半を通じて，ときに議会を巻き込む全国的な問題になった。女性史・ジェンダー史研究の隆盛によって，従来の男性中心的な偏りや，「女性」カテゴリーの不安定さが明らかになり，陰翳に富んだ像が提起されている [Walkowitz 1980；J. W. Scott 1988；A. Clark 1995；Gleadle 2001；河村・今井 2006]。

圧倒的な工業力のもとで実現された自由主義の時代は，長くは続かなかった。人びとの明るい展望を打ち砕きかねない現実の影がすぐそこまで迫っていた。

4 | 摩擦の時代 1870〜1914年

経済の失敗？

産業革命の達成と世紀半ばからの繁栄に続き，1873年から96年には大不況が到来し，イギリス経済は「更年期」を迎え，国際的優位を喪失した──世紀半ばまでの成功とその後の失敗を対比的にとらえたこの従来の見方は，ここ数十年，議論の的となっている。すでに述べたとおり，産業革命期の経済成長率の革命性は重大な批判にさらされている。その反動で，世紀末の「失敗」にも違った相貌が与えられるようになってきたのである [Daunton 2007]。

ヴィクトリア時代の後期に始まるイギリス経済の停滞という像に対する異論は，1970年にマクロスキが提出した。彼は，イギリスの遅れた技術革新と海外投資偏重による国内産業資本の枯渇という従来の否定的時代像を転倒させ，当時の産業構造内で企業家たちが最適な技術選択をしていたことと，海外投資の戦略的な合理性を主張した [McCloskey 1970]。

一方で，企業家たちの新技術採用の遅さや経営体質の古さを強調する研究はあるし，例えば技術教育や，高等教育機関と産業界との連携については，明らかな立遅れが認められた [M. Sanderson 1972]。しかも工業部門の労働生産性は1871年にはアメリカ合衆国に抜かれてしまい，ドイツの追走は大いなる脅威であった。しかし，近年の各分野の研究は，マクロスキ説を大筋で認めているようである [Floud & Johnson 2004b]。

重要な点は，イギリス経済が他国に先駆けて工業化し，1870年頃まで他国よりも繁栄していたことにある。先述のとおり，イギリスでは小規模生産と熟練労働の伝統が続いていた。このことが，結果的に新技術採用の困難と大資本の海外流出を招いたといえるが，かの岩倉使節団が1872年のイギリスの工業社会と文明に圧倒されたように [久米 1978]，同時にこうし

た伝統は，イギリス経済の強みでもあった。それゆえ，「成功」か「失敗」かの図式で議論せず，経路依存(パス)の側面を重視せねばならないだろう。

さらに，いくつかの論点があげられる。

1870年代以降，輸入食糧に押され，それまで30年にわたる「黄金時代」を享受してきた農業の利益率は低下した。農業人口比率も激減した。農業労働者の窮状はメディアでもよく取り上げられた。地主層は資産を金融商品へと切り替えていった。全国田園歩道(フットパス)保全協会(1893年)やナショナル・トラスト(1894年)の設立にもみられるような，同時代の田園の理想化熱を思えば皮肉なことである。もっとも，衰退ばかりでなく，農業の「再工業化」の側面にも目を配る必要があり，農業史は多角的に深められてきている [Collins 2000]。

製造業も深刻な不況に苦しんだ。地域によっては製鉄，造船，石炭の生産が停滞し，人も資本も流出した。「世界の工場」の時代がもたらした輸入の増大は，いったん不況になると，国内製造業の苦境を深めた。*OED* によると，「失業(者)」という名詞の初出はちょうどこの頃，1880年代であった。

いうまでもなく，一夜にしてイギリスの優位が崩れたわけではない。綿工業はまだ強い。1890年の時点でもイギリスは世界の大半の船を建造した。海難対策をリードし，海運を支配し，海底ケーブルをはりめぐらして電信網を整備し，輸送料と保険料という貿易外収入の増大を呼び，そして，巨大な海外投資とあいまって，世界の金融を支配した。自転車製造業や化学工業の伸びは際立っていたし，産業革命期の石炭，鉄，繊維製品と対比して，鋼鉄，化学工業，電気，電話，自動車，石油といった分野が「第2次産業革命」ともいわれる劇的な成長をみせた [Hobsbawm 1968；Landes 1969]。

規格品の増大と世界中の商品の流入，そしてセインズベリなど小売チェーンの出現によって，大衆消費文化が形成された。消費の世界では，ミドルクラスも下層中産階級も労働者階級も「大衆」であった [下層中産階級については Crossick 1977]。種類の増えた食品，ミシンや石鹸，既製服や自転車，そして「ノースクリフ革命」で知られる大衆紙『デイリー・メイ

ル』(1896年創刊)などを求める彼らは, 階級とは別のアイデンティティを建増ししていった。ジンゴイズム(好戦的愛国主義)の盛上りとミュージックホールの流行, そして大衆の観戦するスポーツの定着もみられた。後述の階級政治や市民の論点とも絡められる問題である。

人びとの生きる環境にも変化が見え出した。世紀後半から進んできた街灯, 上下水道, 市庁舎, 図書館, 美術館, 道路, 住宅, そして鉄道および路面馬車などの整備は, 階層ごとの住分けをもたらしつつ(田園都市の形成を想起せよ), 都市に, 商業や工業, 生活や歓楽の場であるとともに, 文化および政治の地方中心地としての性格を与えた。また, マンチェスタやリヴァプール, リーズなどでは実学重視の大学の創立があいついだ[D. Jones 1988]。他方で, 「切裂きジャック」の報道からチャールズ・ブースやS・ラウントリの貧困調査にいたるまで, スラムや売春など闇の部分への関心も高まった。日雇い労働者や「人間の残りかす」(residuum)をめぐる社会調査も重要である[Stedman Jones 1971 ; Englander & O'Day 1995]。また, 都市史の研究では, 空間(スペース／プレイス), 統治性, パフォーマンス, スペクタクルなどの切り口が用いられるものがあり, 「自由」な空間が「統治」される仕方に注目が集まっている[Daunton 2000 ; S. Gunn & Morris 2001 ; Joyce 2003。ロンドンについてはNead 2000, すべての出発点としてBriggs 1968]。

国制問題の再浮上と階級政治

政治も, 経済と社会の変動と無縁ではありえない。

王権, 議会, 国教会を軸とするイギリス国制は, 1830年代前後の危機を過ぎると, 根本的な異議申し立てを受けることなく, 自由主義のなかで, 君主制と共和制をすりあわせ, 国教会と非国教会の差別を消去しながら, 合同体制を維持してきた。1869年にはアイルランド国教会が廃止され, イングランドでは非国教徒の教会税支払いが免除された。また, 1867年の第2次選挙法改正に続き72年には秘密投票, 84年には第3次選挙法改正が実現した。

1837年に即位したヴィクトリア女王は61年のアルバート公の死後, 長ら

く公的な場から姿を消したが，これに起因する王室の危機は回避され，77年にはインド女帝たることを宣言し，ビスマルクの築いた新しい国際体制に対して後手にまわったイギリス帝国の，威信の体現者として復活した。同時に，よき妻，母としてのイメージはミドルクラス的価値観に合致するものとして歓迎された[川本・松村 2006]。

　以上から導かれるのは，1868年から85年まで展開したグラッドストンとディズレーリ[伝記は C. Matthew 1997；Kuhn 2006 など]の二大政党政治は，依然として国制政治の枠内にあったということである。19世紀の自己イメージの主旋律が国制主義(コンスティテューショナリズム)であったという見解もある[古典的には Parssinen 1973；Vernon 1995]。しかし，この安定的な枠組はアイルランド自治(ホーム・ルール)問題の浮上と自由貿易批判とともに綻びを見せ始め，政治の性格そのものも変質を遂げることになる。

　まずはホーム・ルール問題であるが，パーネルの影響力のもとに1880年代から，アイルランドの自治が政治課題としてでてきた。グラッドストンが1885年にホーム・ルール支持を表明したことによりアイルランド選出の議員が彼に合流したが，自由党のなかからこれに反対する議員がリベラル・ユニオニストとして離反し，これは保守党に合流する。イングランドで保守党は保守国制協会全国連合(1867年)や，とくにプリムローズ・リーグ(1883年)を駆使して，地方の組織化と労働者層および女性の取込みに成功した[小関 2006]。それを背景にして1886年と93年の2度にわたってホーム・ルール法案は否決された。

　この問題からもみてとれる両党のアイデンティティの不安定化は，エドワード時代に加速した。保守党の関税改革運動(1903年〜)と，1906年に地すべり的に勝利した自由党の，アスキス内閣のニュー・リベラリズム路線(1908年〜)をみてみよう。

　前者はジョーゼフ・チェンバレンの提案をきっかけとして起こった。国際競争の苦戦を打開するため，換言すれば帝国統合と財産防衛のため，チェンバレンは帝国特恵関税の導入を唱えた。結局これは頓挫し，自由貿易イデオロギーの根強さ[Trentmann 2008]が証明される結果になったものの，そのような主張が巨大な政治勢力になるというのは19世紀後半であれば考

えにくい現象であった[E. Green 1995;桑原 1999]。

　後者は,次項で再論するT・H・グリーンの理想主義が政治的に結晶化したものといえる。アスキス内閣は負担の増す救貧行政に危機感をいだき,貧困の原因として個人(道徳)ではなく環境の要素を強調し,国家の役割を重視して,救貧法改革を試み(結実せず),老齢年金法(1908年),賃金委員会法(1909年),国民保険法(1911年)を成立させた。これらにはたした人民予算(1909年)と貴族院改革(1910年)の役割は大きい。民間部門の福祉も視野におさめて考察すべき問題である[Thane 1996]。

　ところで,上記の国制をゆるがす課題に隠れてしまいがちであるが,女性の参政権獲得運動は,先述したミルの法案修正案の否決ののち,しばらく低迷していが,1897年の女性参政権協会全国同盟(NUWSS)と1903年にできた女性社会政治同盟(WSPU)を中心に,全国的に激化していく。1870年代以降できてきた女性労働者の組合も1906年には一般労働者の組合をつくるにいたる。この運動に賛成するにせよ反対するにせよ,なんらかのかたちで参加した男女の実態,同時代の反フェミニズム,政党政治など他の動きとの関わりは,明らかにされつつある[Pugh 2000]。

　世紀転換期の政治を混乱させたこうした一連の動きは,社会主義の興隆とも関連している。ハインドマンの社会民主同盟や,1884年に発足したフェビアン協会の漸進的社会主義路線も重要ではあるが,1900年における労働党の前身団体の結成は,イギリス政治が階級を軸にして動いていく流れを準備した画期として特筆に値する[Laybourn 1997]。

　また,階級政治の台頭に対し,1910～11年,貴族は譲歩をよぎなくされたが(250頁参照),王室は「伝統の創造」[Hobsbawm & Ranger 1983]や,女王の即位50周年と60周年の祝賀にもみられる大衆的人気に支えられた。エドワード7世が1901年に王位をおそってからも,前代に引き続きチャリティ団体の名誉職を数多く務め,市民的で「共和主義的」という独特な君主像を保った[Prochaska 2001]。

組織化の波

　こうした展開と軌を一にして,イギリスではさまざまな領域で従来の個

人主義が代替されていくことになった。

　労働者たちは，世紀半ば以降，政治的活動にあまり関与することはなかった。たしかに，この頃から労働組合は定着したが，熟練労働者層に限られたもので，それはある意味で前世紀末からしだいに伸びてきた種々の互助組織(友愛組合，生活協同組合，埋葬組合など)の延長線上にあった[Gosden 1973]。しかし，1871年に労働組合は法的地位を認められた。第2次，第3次の選挙法改正で労働者は選挙権を得た。1873年以降の大不況が都市と農村をおそい，人びとはすでに得ていたある程度安定していた生活を再び喪失する危険に直面した。そのプロセスには諸説あるが，労働者たちは全国的に結集する方向へ舵を切った。1890年代からは新組合主義が台頭し，業種や収入を問わない総合組合ができた。1893年には独立労働党も結成された[Laybourn 1992]。ただ，労働者の組織化と攻勢の流れに対しては，1901年のストライキの賠償を労働組合に命じたタフ・ヴェイル判決のような大きな反動もあった[松村高夫 2005]。

　「人民」をはじめとする複数のアイデンティティを保ちつつも[Joyce 1991]，労働者はひとつの階級として構築され，政治化していく。だが一方で，種々の組織化は，じつは自由主義の勝利のなかで，しだいに人びとのもっていた豊かな政治行動の諸形態を切り崩し，結果的に非民主化に繋がるものだったという逆説的な見解もある[Vernon 1993]。また，労働者の組織化に対抗して，自由党も保守党も，先述のとおり大衆受けする政党政治へと転換をはかった。

　労働者とは別なところでも，組織化は進んだ。1853年のノースコート＝トレヴェリアン報告を第一歩として，また，インドでの実験をへて，行政官には競争原理に基づく能力主義が導入されてきた。パトロネジの原理はほとんど消え去り，官職保有者は公務員へと変貌を遂げた。これにともなって官僚機構はしだいに巨大化した[Cohen 1941；Chester 1981]。また，公務員の大半を構成したミドルクラスの人びとはこの時期に，以前からあった専門職化の傾向を強めた。ほかにも，医師や軍人，研究者などの職業団体は，資格をもたない者を排除する独自の階層秩序を形成して国家に対して利害を主張するようになっていく[Perkin 1989]。専門職化が政治や

経済，社会や文化にどのように影響したのかという点に，この時代を理解するひとつの鍵がある。

　中央のみならず，地方行政にも改革はおよんだ。フォースタ教育法の制定された1870年からは学務委員会が地方の教育に口出しし，ヴォランタリ学校を欠いた地域に公立初等学校を建てるようになった。なお，国家が介入する以前の民衆のリテラシーや教育の伝統を見落としてはならない［松塚 2001］。初等教育の義務化が徐々に実現されていく一方で，バルフォア教育法(1902年)は中等教育に大きな改革をもたらした。非国教徒や女性にも開かれるようになった大学とあわせ，初等教育から高等教育までがひと連なりに繋がる教育階梯が構成された。また，1888年には州カウンシルが，94年には教区カウンシルが導入され，名望家支配やパトロネジの残っていた地方自治は新たな段階に移行した。ロンドンの行政も1888年にロンドン・カウンティ・カウンシルができて一新された。そして，女性の地方政治参加は1860年代後半から徐々に進んだ［Hollis 1987］。

　世紀後半から顕著になった世俗化の傾向のなかで，生物進化論やスペンサ流の社会進化論とともに，諸学問が制度化されてくるが，歴史学や物理学，化学，電磁気学などの正統学問からはずれるものもでてきた。オカルトやサイキック研究や心霊主義がその例だが，これには進化論のもう1人の立役者ウォレスや，コナン・ドイルのような信奉者もいた［Oppenheim 1985］。

　医学史は進展著しい分野である［Wear 1992；Waddington 2000］。なかでも，F・ゴルトンに始まる優生学の発達には注目すべきである。これは人の性質や能力を個人でも環境でもなく遺伝に帰する第三の道を示し，人種と階級を結びつけ，男性同性愛を犯罪視し，当時ヨーロッパに広まっていた退化論にも影響を与えた［Pick 1989］。例えば，「新しい女性」たちは優生学に依拠して，理想の人間を再生産するための家族作り，それによる社会の刷新を主張した［A. Richardson 2003］。

　世紀後半からの全般的な乳幼児死亡率の低下と少子化傾向，そして拡大する女性の職業進出は，ゆっくりとではあるが，ヴィクトリア時代盛期には家庭を連想させた男性性(マスキュリニティ)を，よりホモソーシャルで冒険的なものへと

再編し，ジェンダー規範とセクシュアリティの変容をもたらした[Tosh 1999]。

あるべき社会像として，アトム的個人主義ではなく有機体的な集団主義を唱えるグリーンの理想主義哲学は，階級的対立を放置して悪化させる一方の個人主義的な自由主義の超克をめざし，階級を超えて結び合う「市民(シティズン)」の涵養を促す潮流に思想的根拠を与え，世紀転換期のアソシエイション文化と呼応した[J. Harris 1993/1994；H. Jones 2000；小関 2000]。放任ではなく，科学的で積極的な介入こそ，理想の社会の実現に不可欠だという認識が受容された背景には，「限界革命」で知られるジェヴォンズやマーシャル流の経済学の誕生のほかにも，いくつかの新団体・新思潮がみえる。例えばチャリティ組織化協会(COS, 1869年)は，ヴォランティア精神の無秩序で過剰な発現を問題視し，救貧行政と住み分けしつつ，チャリティの配分を効率化していこうとした[Stedman Jones 1971；Humphreys 1995]。さらに1904年には救済ギルドが起こり，COSが固執した個人主義的アプローチに代えて，積極的に行政と協調する路線を打ち出した。

だが結局，市民社会に欠かせないはずの民間のヴォランティアをもってしても，貧困問題は解決しない。個人主義的倫理に基づくチャリティや連帯的な友愛組合の活動が衰えることはなかったが，いまや労働者層をも含むようになった有権者の支持のもと，中央と地方の行政による「効率的」な福祉が進出してくる。これについては，バーナード・ハリスがのちの福祉国家をにらみつつ19世紀の社会福祉を包括的に分析している[B. Harris 2004]。

「効率(エフィシェンシ)」は時代のかけ声でもあった。自由放任は最適化を保証しないと考えられるようになってきた。都市が人間を退化させているとの以前からあった恐怖(これが世紀後半の農村憧憬の動きを後押しした)は，1899年から始まったボーア戦争での苦戦の経験を国民(兵)の身体的劣化と結びつけた。1908年には少年の健全な育成をめざすボーイ・スカウトが誕生する。ローズベリやチェンバレン，バーナード・ショウらは「国民的効率」を叫び，ドイツに倣って国の仕組と人のあり方を近代化しようと訴えた[Searle 1971]。そのドイツとは20世紀初頭に熾烈な建艦競争が繰り広げられた。

イギリスはやがて, 福祉国家(ウェルフェア・ステイト)化と並行して, 戦争国家(ウォーフェア・ステイト)としての体裁も整えていくことになる。これらは, 関税改革運動や人民予算, ビスマルク失脚後に露仏圏と独墺圏とに二極化していく国際関係, 日英同盟(1902年), そして第一次世界大戦の起源[Steiner & Neilson 2003]などと関連して考える論点だろう。ともかく, 世界観の動揺, 時代との摩擦は, 否応なく非効率と立遅れを意識させたのである[イギリス衰退論争については, English & Kenny 2000]。

19世紀史の相対化──「イギリス」の外部へのまなざし

帝国史の隆盛により, その要素を入れない歴史は「国内史」ないし「一国史」として批判されがちである。では, 19世紀イギリス国内に生きた大多数の人びとにとって「帝国」はどのような意義を有していたのか。B・ポータはこの点にふれて物議をかもした[B. Porter 2004]。彼は, 帝国は国内の人びとに影響をさほど与えはしなかった, とくに1870年代まで, 帝国は他の関心事のなかに埋没していたと論じた。世紀半ばからの帝国の存在感の増大を扱ったA・トムソンの本 *The empire strikes back?* も示唆的である[A. Thompson 2005]。外向きのイギリス史が帝国史, そしてグローバル・ヒストリーへと展開していくなら, 内向きのイギリス史も, ジェンダー, 階級, 人種, そしてヨーロッパを絡めた新しいポスト・ナショナル・ヒストリーのなかで再検討されるべきであろう[S. Thorne 1999]。

1815年からの100年で, ブリテン島からだけで1000万人以上が出ていった。この人びとは本国にいかなる痕跡を残したのであろうか。本国に残った人びととどのようにかかわり合ったのか, どのような世界像を提供したのか[Erickson 1994]。また, 国内を移動した人びと, 長期的・短期的にイギリスへやってきた人びと(帝国各地やアメリカや日本などからの来訪者や, ヨーロッパからの名もなき移民・亡命者, そしてゲルツェン, マルクス, マッツィーニ, メッテルニヒやナポレオン3世といった著名人)を忘れてはなるまい[Panayi 1994]。交通網の発達などで容易になった旅行や移住は, 人びとの信仰や娯楽や言語や仕事, そしてアイデンティティにどのように作用し, ゆるやかに結び合わされた連合王国を, どのような空間に変えたのか

[Robbins 1988]。

　本章では19世紀にひとつのストーリを与えるとともに，視座と領域の多様性を喚起した。この２つの企ては二律背反のようにみえる。だが，ある対象に異なる角度から，異なる方法で接近し，新たな視野がつぎつぎに広がるために，あえて不安定な土台を出してみたい，これが本章の意図したことである。研究上の活況は示した。これを足がかりに，より濃密な，現在 ＝ 此処を揺さぶる「歴史」が書かれていくことを願う。

金澤周作

第7章 20世紀

1 | 20世紀という時代

　1900〜2000年という20世紀全体を対象にしたイギリス現代史の研究書（単著）は，イギリス本国でも極めて少ない。A・J・P・テイラの *English history, 1914-1945, OHE*, vol.15 も，イギリスが19世紀から20世紀へ飛躍を遂げ，「イギリス国民が成年に達した」「民衆の戦争」たる第二次世界大戦で終わっている。その意味で文字通り20世紀全体をカバーするP・クラークの *Hope and glory:Britain 1900-2000*（邦題『イギリス現代史 1900-2000』）の意義は大きく，本章もかなりそれに依拠している[P. Clarke 2004]。

　1900年のイギリスは，いまだ世界の最強国であった。19世紀末からの転機のなかにあっても，世界の広大な領域が地図上で赤く塗られ，世界中の物産がイギリスの食卓にのぼり，世界中の富がイギリスの財布を満たした。ポンドは世界通貨であり，その優位は国際的オーケストラの指揮者になぞらえられた。自由市場で世界に広がるネットワークがあり，ロンドンのシティが多角的な取引を巧妙に取り仕切っていた。他方，2000年のイギリスにとって最大の問題のひとつはヨーロッパ統合であり，ヨーロッパにおけるイギリスの役割を定めることであった。20世紀をとおしてみて，イギリスの地位の相対的衰退は不可避であった。2つの世界大戦はイギリスの資源を枯渇させ，人的・物的双方について高い費用を強いた。クラークによれば，20世紀イギリス史に必要なことは，イギリスを転換させた政治経済的変化が理解できるような説明であり，同時に，かつてない変化の時代を生きた3世代余りの多様な経験を繋ぎ合わせるような説明である。それが単純に衰退の歴史として語れるはずはなく，国際的な指導権が他に移っても，イギリスは「依然として栄光の時をもった」のであり，「希望を育ん

できた」のであった。クラークの前掲書は，最初1996年に出版され，1900～90年を対象とするものであった。もともと「希望と栄光」と題されてはいるが，2000年以降の繁栄するイギリス経済を定かに望見することはなかったように思われる。「イギリス病」の時代からサッチャ，ブレアの時代をへて「ヨーロッパの優等生」になったイギリスは，どのように説明されるのだろうか［Cain & Hopkins 1993/2002；Benson 1994；English & Kenny 2000］。

はじめにシステムとしてみた現代イギリス資本主義の変遷・転換を概観してみたい。私的利益と公共善との調和に経済学的論証を与えたアダム・スミスの「見えざる手」以降の古典派経済学の市場経済観，自由貿易・金本位制・財政の均衡を三位一体とする19世紀資本主義を転換させ，20世紀資本主義に経済学的基礎を与えたのはJ・M・ケインズであった。『国富論』(1776年)の刊行から150年をへた1926年に公刊された『自由放任の終焉』で，ケインズは変貌する資本主義・市場経済について，「主要な課題は，政府のなすべきこととなすべからざることとをあらためて区別しなおすこと」(傍点は原文イタリック)だと書いた［Keynes 1972］。1920～30年代の大量失業，労働と資本の慢性的な過少雇用という事態のなかで，市場と政府の役割が変わりつつあった。ケインズ主義的な市場経済観に基づく20世紀資本主義は，ソヴィエト社会主義に対するオルタナティヴともいえ，ケインズ主義は1970年代までの先進国経済を多かれ少なかれ支配した。後述するように，1976年のキャラハン首相の演説は，しばしばケインズ主義時代の終焉を告げるものといわれるが，それは奇しくも『国富論』200年の記念の年であった［R. Black 1976］。

自由貿易と金本位制による経済の自己調整機構は1920年代に行き詰まっていた。そうしたなかでケインズは古典派理論を覆して，完全雇用の維持に必要な有効需要の思想を導入し，マクロ経済分析に基づく政府介入の必要を説いた。「高度で安定的な雇用水準の維持」を言明した『雇用政策白書』(1944年)，および1942年の『ベヴァリッジ報告』は，戦後福祉国家の原点となった。第二次世界大戦後，世界経済は急速に回復し，イギリスでも1950～60年代の「黄金時代」にケインズ主義的な経済管理はいわば最良

の時を迎えた[Deane 1989]。

　ソ連型計画経済，ニューディール，保護主義，そして全体主義が台頭するなかで，1930年代に自由主義は「危機」に陥り，自由市場経済学(フリーマーケット・エコノミクス)は「衰退の極」にあった。そのなかで1930年代にハイエク，ミーゼスらによる経済的自由主義の意識的復興があり，「自由主義の危機」を論じた「リップマン会議」(1938年)，そして『隷従への道』(1944年)の精神が継承されて，やがて1980年代にサッチャのもとで正統的な信条になっただけでなく，ソ連，東欧，その他の社会主義体制の崩壊を促進する思想になった。IEA (Institute of Economic Affairs)のような自由市場志向のシンクタンクは，コレクティヴィズムが半世紀以上にわたって形成してきた思想潮流を反転させることになった。この方向はちょうど19～20世紀の転換期にフェビアンや新自由主義者がしたのと反対で，20世紀末には新自由主義(ニュー・リベラリズム)からネオ・リベラリズムへの転換があった[A. Seldon & Ball 1994; Cockett 1995]。

2｜新自由主義と20世紀システムの形成

新しい世紀と福祉

　1900年のイギリス人は現在のイギリス人よりも短命なだけでなく身長も低かった。身長は栄養水準の長期的な指標であるし，栄養水準は平均余命に影響した。1900～80年のあいだに男性の平均余命は10年延び，女性は20年延びた。世紀転換期から20世紀の前半をとおして，出生率の低下および人口増加率の低下とともに，人口の高齢化が進んだ。1901年には，イギリス(ブリテン)の全人口のほぼ3分の1が15歳以下で，65歳以上は5％にすぎなかった。1951年には，15歳以下の割合は4分の1以下になり，65歳以上は10％を超えていた[Floud et al. 1990]。

　貧困はおよそ新しい問題でなく，「ロンドンの見捨てられた人びと」は1880年代の衝撃的なできごとであった。チャールズ・ブースの貧困調査があり，S・ラウントリによる「貧困線」の発見は，生存に必要な最低限の収入を保証することによって，その後の福祉の基準となった。19世紀にお

ける自由主義の役割は政治的民主主義の達成であったが,20世紀には社会民主主義の達成であり,自由主義は市場の自由(レッセ・フェール)だという考え方は切り捨てられた[Freeden 1978;Collini 1979;J. Harris 1993/1994]。

1908年に首相となったアスキスは行政能力に長け,財務相ロイド゠ジョージ,商務相チャーチルも彼に敬意をはらった。ロイド゠ジョージは,反戦紙『マンチェスタ・ガーディアン』の編集者C・P・スコットのような新自由主義者と絆を結んだ。財務省はすでにアスキスのもとで,伝統的な自由貿易財政に新境地を開く措置(所得税減税,累進税率による直接税,老齢年金)を認めていた。ロイド゠ジョージの「人民予算」は,累進課税と社会改良によって富者から貧者に所得再分配をしようとするものであった。人民予算は,チャーチルがいう「政治の未踏の分野」にはいっていく社会改良策を支えた。それは失業対策で,チャーチルは摩擦的失業の解決を「職業紹介所」に求め,1908年に導入された。その制度は,当時チャーチルの顧問であったベヴァリッジによって考案された。それはおよそ社会主義といったものではなく,労働者の職の自由市場を,多少介入主義的な潤滑剤でより効率的にするための手段で,失業保険を得る必要な手段でもあった。チャーチルは特定産業における強制保険というかたちで,失業給付に対して無条件の受給資格を与える計画を選択した。これが1911年に通過した国民保険法の第2部となり,第1部は疾病を対象とし健康保険という用語が採用された[Gilbert 1966;McBriar 1987;Thane 1996]。

第一次世界大戦とロイド゠ジョージ,女性と労働者

第一次世界大戦は世界に広がる総力戦となったが,主要な舞台はヨーロッパで,西部戦線の塹壕がこの戦争を象徴することになった。1915年5月には連立内閣(首相は引き続きアスキス)が誕生し,軍需省を創設し総力戦体制に向かった。

西部戦線の激戦となったソンムの戦いののち,1916年12月アスキスに替わって,ロイド゠ジョージが首相になった。ロイド゠ジョージは5人の閣僚からなる戦時内閣を組織し,保守党のボナー・ロー,労働党のA・ヘンダーソンに加えて,南アフリカの元高等弁務官であったカーゾンとミルナ

という2人の総督を閣僚に抜擢した。軍需省に倣って,労働,海運,食糧を所轄する各省(ミニストリ)が新設された。また1917年には再建省が新設され,戦後再建に向けて住宅,社会保障,労働,教育などに政府がイニシアティヴを発揮しようとする姿勢が示された。

女性と組織労働者は二重の意味で戦争に勝ったということができよう。戦争に対する彼らの貢献は社会的にも経済的にも無視できず,政治的に得たものも大きかった。1918年の選挙法改正の結果,労働党が正真正銘の野党として急速に台頭した。選挙権を熱い問題にしたのは女性の煽動で,戦闘的な「サフラジェット」(suffragette)だけでなく,フォーセット夫人が先導する「サフラジスト」(suffragist)によるものであった。女性労働力は切迫した問題に対する回答でもあり,終戦までに100万人近くの女性が軍需工場に動員された[Lewis 1984; Turner 1992]。

戦時中の労働力不足は労働組合の交渉上の立場を強くした。組合員数は大幅に増加し,労働党の支持者の数が倍増した。労働党は議席を増やし,独り立ちした政党として闘っていた。ヘンダーソンは全国的な労働党組織を構築し,「生産手段の共同所有」を党に委ねる有名な第4条を含む綱領が1918年に採択された[Tanner 1990]。

ロイド゠ジョージは1919年1月に四大巨頭の1人としてパリを訪れた。ドイツの無私無欲な経済的奇跡という想定でもしない限り,ヴェルサイユ条約による賠償請求はできないというケインズの主張は正しかった。国際連盟は,アメリカ合衆国が加盟しないことで基盤が弱かったが,国際的な紛争の調停,大きな軍備に代わる集団的安全保障を約束した。ヴェルサイユ条約のもとでいくつかの旧ドイツ領植民地が委任統治領となり,イギリス帝国は1920年代にもっとも拡張していた。中東ではオスマン帝国がドイツ側に立って参戦したが,インド陸軍を活用するイギリスに撃退された[K. Morgan 1979]。

自由党の退潮と労働党の躍進

労働党は,都市部と工業化された地域を代表する政党として地位を固めていた。労働党の支持が階級に偏っていたことは,多数票主義のもとでは

有利であった。逆に，支持者がイギリス全体にわたり，階級を横断して均等に散らばっていたことは自由党に不利であった。自由党は，労働者階級選挙区では労働党の次点，中流階級選挙区では保守党の次点で終わることになった。保守党こそロイド＝ジョージ連立政府の大黒柱であったが，ロイド＝ジョージと保守党，そしてアスキスとの確執のなかで，真の前進を勝ちえたのは労働党であった。1924年に最初の労働党政府が誕生し，わずか数カ月間の政権を維持した。党首になったマクドナルドは進歩主義者で，労働党は自由党よりも忠実に進歩主義を代表していると主張した。財務相にはスノウデンが就任した。自由党が異を唱えるような政策はなく，スノウデンは正統な財政政策に忠実でマッケナ関税を廃止したほどであった。法律制定上でも労働党は自由党に頼り，保健相ウィートリの1924年公営住宅建設補助法もそうであった。

　1923年に左派の側で戦った自由党は，24年には右派の側で戦っていた。争点は「社会主義」であったが，労働党の得票は100万票以上増え，第一野党としての地位を確立した。これに対して自由党の得票率は20％以下に落ち込み，自由党は主要な政党としての役割を終え，「ケルト周縁」(ウェールズとスコットランド)に追放された[T. Wilson 1966；Bentley 1977]。

1920年代のイギリス経済と金本位制復帰

　1924年にイギリス経済が戦前のように強くないことは明らかであった。国債の返済は予算の大きな重荷であり，1920年代には海外投資からの利子収入と貿易外収支も減少していた。イギリスの輸出は，相変わらず古い基幹産業に依存していたが，高い賃金，ポンド，利子率などによって決定的な影響を受け，生産費を競争的でない水準にし，失業がもたらされた。電気製品や化学工業のような科学に基づいた産業は，新しい貿易条件にあわせて新しい技術に振り向けられた。この時期の大きな特徴は，産業合理化，合併であり，1926年にはICI社が誕生し，リーバ・ブラザーズ社は，オランダの共同出資者と1929年にユニリーバ社を立ち上げた[Hannah 1976/1983；P. Clarke & Trebilcock 1997]。

　金本位制は戦争とともに停止され，平価は1ポンド＝4.86ドルに固定さ

れていなかった。為替レートは，1922～24年には4.40ドル前後にもちなおしたが，戦前の旧平価より10％低く，旧平価で金本位制に復帰することの帰結は真剣に考慮されなかった。財務相チャーチルに金本位制を良しとする助言は圧倒的で，その利点は「悪漢を寄せつけない」(knave-proof)ことであった。イングランド銀行総裁ノーマンは，「神の世界というよりもいまだ人間の世界では，金本位制が最良の「総裁」である」と主張した。社会主義への恐怖によってこの感情は強められ，政府の失敗が市場の失敗よりも恐れられた。チャーチルが1925年の予算演説で金本位制復帰を表明した際，主要な批判者はケインズで，彼は自分の主張を『チャーチル氏の経済的帰結』(1925年)にまとめた[Keynes 1972; Moggridge 1972]。

金本位制への復帰は輸出不振をいっそう悪化させ，炭鉱所有者を賃金削減に走らせた。1926年は「ゼネスト」の年として知られる。1926年5月3日，労働組合会議(TUC)はエネルギーおよびコミュニケーション産業に従事する150万人の労働者を，炭鉱労働者支援のためにストライキに突入させた。1926年は労使紛争で最悪の年になり，12, 21, 79年のすべてをあわせたよりも多い労働日の損失があった。しかし，全体の9割を占めたのは炭鉱労働者のストで，文字通りのゼネストではなかった[Clegg 1985]。

経済危機と新しい資本主義

ロイド＝ジョージが復帰すると構想も党に戻り，彼は自由党に残っていた資産を最大限に活用するのに成功した。労働党は労働組合をもち，保守党には資金があったが，自由党には頭脳があるという自信があった。ロイド＝ジョージは，自由党夏季学校を支援し自由党産業調査委員会を創設した。その報告書(『イギリス産業の将来』1928年)の構想は，自由党の選挙宣言『われわれは失業を克服できる』(1929年)に盛り込まれた。それは，公共投資によって失業を戦前の水準に下げるというロイド＝ジョージの公約を軸に構成され，ケインズは『ロイド＝ジョージはそれをなしうるか？』(1929年)を書いて，公共投資による国内開発計画を詳細に示した[Skidelsky 1992]。

しかしチャーチルは，4月の予算演説でのちによく知られるようになっ

た「財務省見解」(政府借入れによる公共事業は失業を純減できないというクラウディング・アウト説)を宣言した。総選挙が迫り，ボールドウィンは「安全第一」(Safety First)のスローガンを採用した。1929年の総選挙は，前年の男女平等選挙法により，完全に民主的な選挙権で戦われた最初の選挙になった。有権者は30％以上増え，労働党が287議席，保守党が260議席を獲得し，自由党はわずか59議席であった。「安全第一」は拒絶され，第2次労働党政権が誕生した。

　第2次労働党政府の命運は，先例のないほど経済の実績と結びついていた。イギリスの脆弱(ぜいじゃく)な国際競争力が目についた。世界経済は上向きでアメリカが先頭に立っていたが，1929年秋のウォール街の株価大暴落はアメリカの好景気に終止符を打ち，30年にはいると世界貿易が連鎖的に収縮する事態に陥った。マクドナルドはこれを「経済の嵐」と呼んだ。経済不況は国際的な問題となり，海外市場が疲弊し需要に弾力性が欠けていたので，輸出コストの削減による競争力の回復という伝統的な解決策は難しくなった。金本位制の自己調整メカニズムに支えられた自由貿易の前提は無防備になった[P. Clarke 2004]。

　自由貿易のうえに築かれた世界の工場が困難に陥った。不況のために税収が落ち込む一方，失業手当のために政府支出は増大した。財政赤字，ポンド通貨に対する懸念は，市場の信頼の重要性を浮彫りにした。公共事業は，1929年の7％台の失業には対処しえたかもしれないが，31～32年には失業率は15％を超えていた。自由党の支持に頼る政府は自由貿易の公約を守りつづけ，財務相スノウデンは確固たる信念で均衡財政の原則を貫こうとした。若手閣僚のモズリは，古いやり方では何もできないことを見せつけられ，失業対策への焦りから統制的な経済戦略を提案した。ロイド＝ジョージの公約以来，主たる論議は公共事業であったが，モズリの辞任後は関税になった。マクドナルドは経済諮問会議を設置し，ケインズを長とする経済学者委員会は1930年秋に一連の方策を勧告したが，関税は公共事業に比べてはるかに多くの論議を呼んだ。1931～32年に保護主義の考えは広がり，手垢にまみれた自由貿易に信頼を失った自由党員からも支持の声があがった[Skidelsky 1967; Howson & Winch 1977]。

1931年7月メイ委員会は政府会計を点検して，企業と同様に収支を均衡させる必要があることを直言し，1億2000万ポンドにおよぶ財政赤字の見通しを公表した。衝撃的な数字は世界を駆けめぐり，ドイツが金融崩壊の瀬戸際にあったため危機をロンドンに持ち込んだ。メイ委員会は，総計9600万ポンド（その3分の2は失業給付の切下げによる財政支出）の削減を求めた。これは政治的危機となり事態は急迫した。ポンドが重圧にさらされ，イングランド銀行はニューヨークからの借入れを必要としたが，J・P・モルガン商会はその条件として財政緊縮策を求めた。

　窮地に陥ったマクドナルドは，8月24日に総辞職し挙国一致政府を組織した。ボールドウィンが枢密院議長となり緊縮案が遂行され，スノウデンは税率を引き上げ，公共部門の賃金切下げと失業給付の10%削減を提案した。これは明らかに失業者や兵卒の懐に打撃を与えるもので，海軍基地インヴァゴードンの二等水兵は，名目25%の給与カットを知ると教練召集令を拒否することになった。インヴァゴードンの反乱はポンド危機を誘発し，イギリスは1931年9月21日に金本位制を離脱した。一瞬にして1ポンド＝4.86ドルという歴史的平価が消滅し，同年末にはおよそ3.40ドルになった。政府にとっての慰めは，ポンドが相応の水準に落ち着くと，高金利によってそれを支える必要がなくなり，1932年6月には公定歩合を2%に切り下げることができた。市場の信頼は金本位制の維持ではなく，それの放棄によって回復し，挙国一致政府はイギリス経済の回復策を見出した[Furner & Supple 1990]。

　1931年10月総選挙後の挙国一致政府は，大多数が保守党議員で，18年の連立政府に似ていた。財務相になったネヴィル・チェンバレンは，1932年2月に輸入関税法案を議会に提出し，父ジョーゼフの正しさが証明されたと言ってのけた。こうしてイギリスは，金本位制からの離脱に続き，自由貿易体制からの離脱をよぎなくされた。ジョーゼフ・チェンバレンは帝国特恵制度を提唱していたが，これもネヴィル率いるイギリス代表が派遣された1932年7～8月のオタワ帝国経済会議で実現されることになった。

　経済回復への道を開いたのは，保護貿易というより低金利であった。公定歩合は，1932年6月から39年の戦争勃発時の2カ月を除いて，1951年11

月までほぼ最低限の２％の水準を維持した。投資を決定するうえで重要な部類の工業製品価格は，1932年中に底をついて上がり始めた。住宅ブームは国内投資の回復にとってもっとも重要な刺激剤であった。このブームと結びついた新産業は，電気アイロンからラジオにいたる耐久消費財を国内市場向けに提供し労働と余暇に大きな変革をもたらした。イギリス自動車産業は関税障壁に守られて一大ビジネスに成長した。経済回復は加速し1937年夏に失業は一時的に10％を下回ったが，構造的失業は顕著であった。1934年のオクスフォードの失業率は５％であったのに対して，南ウェールズの炭鉱町では50％にのぼった。1936年のダラム州ジャロウの住民の飢餓行進はこの問題を鮮明に映し出していた［J. Stevenson 1984］。

3｜第二次世界大戦と戦後世界の形成　福祉のコンセンサス

チャーチルと「民衆の戦争」

　ボールドウィンのあと，早晩ネヴィル・チェンバレンが保守党を継ぐことは明らかであった。チャーチルは自由貿易に固執し，インド統治問題で保守党リーダー層と袂を分かった。チェンバレンは，全面的な国際危機のなかで窮地に陥った。外交政策がもっとも重要な時代で，外相イーデンはヴェルサイユ条約以来リベラル派が支持してきた「ヨーロッパ全体の融和」を政策の本領にした。チェンバレンが宥和(ゆうわ)政策にこだわったあげくの成果は，ドイツとの戦争はやむなしという国論で，イギリスは１世代のうちで２度目の世界大戦を迎えることになった［Martel 1986］。

　1940年５月，首相になったチャーチルは５人の新戦時内閣を組んだ。チェンバレンは残ったが，チャーチルは側近にいくつかの大臣職を確保した。労働党の党首アトリーと副党首グリーンウッドが２つの閣僚席を占め，1940年末には，その後20年近くにわたる保守，労働両党の党首が確定した。労働党のもう１人の大物ベヴィンは，労働・徴兵相として人的資源の統合管理をおこなうことになった。ベヴィンとアトリーが形成した軸は，のちの労働党を運営する基盤となった。戦争中ベヴィンは，チャーチルの陰になって尽力したが，その姿は「イギリス人とイギリス史のもうひとつの半

分を代表して」[P. Clarke 2004]いた。

戦時連立内閣の任務は容易でなかったが, チャーチルの強さはそういう様子を見せないことであった。チャーチルの声は BBC をとおして伝えられ, その言葉は歴史に残ることになった。1940年7月の世論調査で, チャーチルの支持率は88％を示し, 45年5月まで78％を下回ることはなかった [Churchill 1948;Colville 1985]。

第二次世界大戦は多くの者にとって「よい戦争」であった。ナチスを擁護する者はいなかったし, 他の方法でヒトラーをとめられると思う者もほとんどいなかった。第一次世界大戦では平和主義者だった多くの者が, 第二次世界大戦では異なる方針をとった。危機感の共有は階級区分を不鮮明にし, 勝利のために蓄え, 繕い, すべての者が「頑張り」, 「銃後」の貢献ができる戦争であった。それはファシズムに対する「民衆の戦争」と呼ばれた[A. Taylor 1965;P. Clarke 2004]。

再軍備計画はボールドウィンのもとで始められ, 1935年までGNPの2.5％であった防衛費は, 37年には3.8％に上昇した。軍需生産, とくに航空機生産が増強され, 防衛費支出は1939年にGDPの18％, 40年には46％になり, これはナチス・ドイツよりも高い数字であった。大きな政府は第二次世界大戦のテーマで, 政府は非常時における福祉の責務を負い, 食糧相ウルトン卿は国民が「こんなに健康だったことはない」と主張した。購買力に関するはなはだしい不平等も減少し, 仕事のない者も従軍して報酬を得, 家族も別居手当を受け取った。1940年に100万人を数えた失業者数も, 10万人まで激減した[J. Cronin 1991]。

政府支出の急増は失業を一掃し, ケインズの考えをはるかに超えた需要への刺激とともに, 大量失業ではなくインフレ圧力が問題になった。『戦費調達論』(1940年)で, ケインズは財政システムを経済の均衡を維持する調節物として用い, 需要の刺激か抑制かによって経済を管理しようとした。1941年予算は政府の歳入歳出勘定だけでなく, 国民所得勘定によって予算のマクロ経済効果を明らかにしようとする最初のものであった[J. Tomlinson 1987;Peden 1988;Booth 1989]。

ベヴァリッジ報告と福祉国家の形成

　1940〜41年，ナチス・ドイツと戦っていたとき，知的エリートは戦争(ウォーフェア)よりも福祉(ウェルフェア)を求め，戦後のイギリスに建設されるべき「新しいエルサレム」(New Jerusalem)の設計に忙しかった。ベヴァリッジが『社会保険および関連サービス』(1942年)で意図的におこなったことは，戦後福祉政策の包括的な青写真の提供で，社会に大きなインパクトを与えた。他方で政府は戦争に勝たねばならないと考え，ベヴァリッジ・プランに慎重な反応をしたため，世論調査で労働党が保守党をリードすることになった[J. Harris 1977/1997]。

　ヨーロッパ戦勝記念日(VE day)とともに連立政府は終わり，チャーチルは保守党政府をつくって総選挙での勝利を望み，そうなると広く予想された。しかし，左傾化の兆しは明らかで，計画化の思想が受け入れられ，ケインズやベヴァリッジの遺産が労働党に舞い込んだ。1945年7月，総選挙の結果は，労働党が393議席を確保し，保守党は210議席であった。労働党はアトリー内閣の5年間をとおして，選挙綱領『未来に目を向けよう』に忠実で，福祉国家建設が重要な政策課題であった。

　1945年7月までのチャーチル「暫定内閣」のときに家族手当法が成立した。これはベヴァリッジ報告の目標を実現するもので，女性議員の草分けエレナ・ラズボーンが普及に努めたものであった。1940年代の福祉国家は，チャーチルが表明したように，「全階級に，ゆりかごから墓場まであらゆる用途に応じた国民的な強制保険」を提供した。保健相ベヴァンは議会の多数を梃子(てこ)にして病院医療の国有化を押しとおした。彼は国民保健サービス(NHS)を1948年7月に施行させた[Addison 1975；Fielding et al. 1995]。

　アトリー政府は私企業の公有化と完全雇用の維持を経済政策の目標にした。労働党は「計画化」を通じて，公有化政策を完全雇用の維持に用いようと考えた。ベヴァンのような左派には，社会主義政権のみがそれを達成できると主張する者も少なくなかった。公有化は綱領の第4条に規定されていたが，それをいかに実現するかは注目されてこなかった。モリソンが独立の公企業として創設したロンドン交通局がモデルとなり，この公企業方式がアトリー政府の国有化政策の雛形になった。まず1945年のイングラ

ンド銀行公有化，英国海外航空会社(BOAC)の再編，ついで47年の炭鉱国有化，48年ガス産業の国有化，翌年の電力供給産業，そして英国国有鉄道(ブリティッシュ・レールウェイズ)の創設。これらの事例には，公益事業の公有化による私的独占の排除という根拠があった[Cairncross 1985]。

アトリー政権のもとで，都市・農村計画にかかわる省が新設されたが，住宅は依然として保健省(実質的には保健住宅省)の管轄であった。1951年に再び首相になったチャーチルは，住宅関連の省を創設しマクミランを長に任命した。また財務相に就任したバトラは福祉国家政策を継承し，外相イーデンも，NATO(北大西洋条約機構)，英連邦，アメリカとの関係において外相としてのベヴィンの路線を踏襲した。政権は交替したが，政策には大まかな連続性がみられた。

1955年末の労働党の党首選でベヴァンを破ったゲイツケルのヴィジョンは社会民主主義で，クロスランドが『社会主義の未来』(1956年，邦題『福祉国家の将来』)で展開しようとした見方であった。それは，社会主義をさらなる国有化の手段とみるのではなく，管理された混合経済の成長をとおして社会的平等をさらに推し進めようというものであった。それはガルブレイスの『ゆたかな社会』(1958年)と共通するもので，これら2冊の本は左派に大きな影響力をもった。修正主義が進むなかで，ゲイツケルは1959年に綱領の第4条を修正するという提案をおこなった(実現はしなかった)が，ドイツでは社会民主党(SPD)が本質的に同じことをその年の早い時期に実施していた[Pelling 1984]。

黄金時代・繁栄の時代と成長率の相対的な低下

イギリス人はハリウッドが広めたアメリカの大衆文化と「特別な関係」にあった。ハリウッドは食糧配給もナイロン(ストッキング)不足もない新世界を見せてくれ，自動車や冷蔵庫が庶民の文化として描かれた。1962年に映画館の観客数は最盛期の4分の1以下に減ったが，これはテレビの成長によるものだった。1946年にBBCがテレビ放送を再開したとき，受信ライセンス保有者は1万5000人で，それもロンドンに集中していたが，56年には500万人を超え，国内の98％の地域で受信が可能になった。新しい

豊かな世帯は，戦間期の消費動向を継承して，テレビだけでなく，掃除機，洗濯機，電気調理器などさまざまな家庭用品を購入していた。1959年には自家用車が500万台になり，60年代はオートバイの黄金時代であった[Marwick 1991]。

より多くの人びとがまともな生活水準を享受できるようになった。1964年までに賃金は週当り18ポンドを超え，年率で物価の2倍の上昇だった。こういう利得が失業という制約を受けず，新しい国民保険制度が1948年に導入されてから70年にいたるまで，登録失業者数が平均で2％に達したのは8年間だけであった。「わが国民の大半にとってこんなよい時代はなかったのです」とマクミランは1957年に語った。「豊かな社会」は，また「怒れる若者たち」の世代を生み出した。この反抗の雰囲気に強く訴えたのは，核兵器廃絶運動(CND)であった。これが台頭したのは，スエズ戦争やハンガリー事件のあとで，それに続いた知識人の「旧左翼」共産党からの脱退が「新左翼」の誕生をもたらした[Lockwood & Goldthorpe 1968]。

1959～60年に景気は4～5％の成長率で頂点に達し，過熱の兆候に気づいたマクミランは経済の調整・規制に取り組んだ。金融・財政の引締めに加えて，「賃金凍結」が考案された。組合，雇用側，政府の代表からなる三者協議機関が設立され，1961年には国民経済開発審議会(NEDC)が設立された。ウィルソンと労働党は保守党政府の「無為の13年間」を執拗に語り，変化を求めるムードをとらえて1964年10月の総選挙で勝利した。ウィルソンは，高度な経済成長でさらなる社会支出を可能にするような新生イギリスの創出を強調し，労働党に鮮明なイメージを与えた[M. Stewart 1978；Tiratsoo & Tomlinson 1998]。

ウィルソン政府の中心的課題は最初から経済危機であった。引締めで公定歩合は7％になり，政府支出は削減され賃金・物価上昇は凍結された。4％の成長を掲げたナショナル・プランは空文化し，マイケル・ステュアートが経済問題省に行き，物価・所得政策について事態を収拾した。1966年の賃金凍結は，当初は任意であったが，提示された増額分を物価・所得委員会に届け出ることが義務化された。経済は1966～67年に年率で2％程度しか成長しなかった。政策顧問でもあったカルドアは，ケインブリッジ

大学の教授就任講義『イギリス経済の低成長率の原因』(1966年)で，1953〜63年の製造業の成長率について，ドイツの7.3％，日本の13.6％に対してイギリスは3.2％だと指摘した[Kaldor 1966；Howell 1976]。

4 | 帝国からヨーロッパへ　国際関係

第二次世界大戦とアメリカ

　アメリカの参戦，日本の真珠湾攻撃は戦争の流れを変えた。1941年3月にアメリカと武器貸与協定が結ばれ，イギリスは制約のない供給を保障されたが，切札を握り，利益を得たのはアメリカであった。「民主主義の武器庫」というイギリスの伝統的な役割は，アメリカの世紀に奪われた多くの役割のひとつであった。イギリスはアメリカとの特別の関係を強調し，ロンドンに亡命するドゴールに，もはや大国でないことを自覚して振る舞うようたしなめながら，チャーチルはどうやってフランクリン・ローズヴェルトを喜ばせるかを考えながら毎朝起き上がった。しかし，スターリン，ローズヴェルト，チャーチルが三大国の代表であっても，実際には，2対1ではなく，2対0.5大国の関係であった。ノルマンディ上陸前夜のイギリスには165万人を超えるアメリカ兵がいた。1942年8月から毎月10万人のアメリカ兵がイギリスにはいり，ノルマンディ上陸までに13万人の黒人兵がいたが，イギリスの黒人系住民は8000人にすぎなかった[P. Clarke 2004]。

　イギリスにとって第二次世界大戦の財政負担は第一次世界大戦の倍になり，国富の28％が消失し，他のスターリング地域(ポンド通貨地域)に対して30億ポンドの負債(「ポンド残高」)が累積した。武器貸与法は日本に対する戦勝記念日(VJ day)に失効し，日本の降伏から数日のうちにトルーマンはイギリスの命綱を断ち切った。ケインズがワシントンに派遣され，37億5000万ドルの借款がなされた。「ドル不足」は極めて深刻な問題であり，1947年と49年の2度のポンド危機にみまわれた。

　1949年のポンド危機の解決策は，ゲイツケル，ウィルソン，ジェイという3人の若手閣僚に託された。クリップスとベヴィンは新レートを一任さ

れ，1ポンドは1940年以来の4.03ドルから30％も切り下げられ2.80ドルになった。クリップスは財務相として財務省に新体制を確立し，ケインズ主義的手法の曖昧さを取り除いた。「国家計画委員会」方式でなく，財政を総需要管理の手段とする自由主義的な計画化が勝利をおさめた。ポンド切下げでドル不足は解消し，1950年のイギリスの輸出は，戦前の頂点である37年を50％上回った［Howson 1993；P. Clarke 2003］。

イギリス帝国，ヨーロッパ，アメリカ

　チャーチルは，戦後世界に対するイギリス人の見方を凝縮した2つのイメージを提供した。ひとつは鉄のカーテンであり，もうひとつは，イギリスがヨーロッパと帝国とアメリカの3つの環の交わるところに立つというものであった。卓越した外相のベヴィンは，チャーチル同様に大国としてのイギリスに疑いをはさむことがなかった。戦後60年をへてみれば，イギリスが分不相応な振舞いでどれほど弱体化したかは明白であろう［D. Reynolds 2000；Peden 2007］。

　チャーチルの見方は，ヨーロッパ合衆国構想も含め，イギリスは統合に加わらずアメリカとヨーロッパを保護していくというものであった。戦後イギリス外交政策の主要な成果は，東ヨーロッパがソ連の支配下にはいるや，西ヨーロッパの安全保障にアメリカを引き出したことであった。ベヴィンは1948年3月，西ヨーロッパ連合の創設に取り組み，イギリス，フランス，ベネルクス3国が防衛システムをつくることを約束した。これにはアメリカの参加が決定的で，1949年4月にNATOが締結された。

　イギリスは第三の環であるヨーロッパではどこに立っていたのだろうか。ベヴィンは，マーシャル援助・復興計画に応え，ヨーロッパ経済協力委員会（CEEC, 1947年設立。翌年設立のヨーロッパ経済協力機構〈OEEC〉の前身）を設立した。にもかかわらず，イギリスは，ポンド切下げをヨーロッパには通告せず，アメリカとカナダに伝えた。これはヨーロッパ諸国に対するイギリスの尊大さをよくあらわしていた。フランスが1950年にヨーロッパ石炭鉄鋼共同体へのイギリスの参加提案をしたとき，内閣は全会一致で拒否した。イーデン内閣の外相マクミランは，ヨーロッパ贔屓ではあったが，

「帝国はつねに最優先」と公言し,「ヨーロッパはそのつぎ」であった[George 1994]。

　新生ヨーロッパ形成への参画を辞退したイギリス政府は, 原子爆弾の開発など, 執拗に世界的な役割を追い求めた。他方, ヨーロッパ石炭鉄鋼共同体は大きな成果をもたらしていた。1955年6月に6カ国はメッシーナ(シチリア北部の港町)で会議を開き, ヨーロッパ規模の組織体制を協議することになった。イギリスはその後の交渉に参加するよう熱心に招かれたが, 最初は躊躇し, 言葉を濁し, 結局は撤退した。英連邦の存在が大きく, 1948年でも, 4つの自治領がイギリスの貿易の25％を占めていた。1950年代初め, イギリスはその国際的役割を英連邦のリーダー, アメリカのパートナーに求め, 地球の反対側にあるオーストラリアやニュージーランドのほうが, ヨーロッパ大陸よりも身近な関係にあった。1961年4月のギャラップ世論調査で, イギリスのもっとも重要な友邦は, 英連邦48％, アメリカ19％, ヨーロッパ18％であった[J. W. Young 2000]。

EEC加盟交渉と加盟

　1953年にはヨーロッパからの輸入は, 6カ国あわせてもイギリスの輸入の10％にすぎず, オーストラリアとニュージーランドは14％であった。後二者はイギリスの輸出の12％を占め, ヨーロッパ6カ国を上回った。しかし, 1960年には, イギリスの輸入の15％近くがEEC(ヨーロッパ経済共同体)からくるようになり, オーストラリア, ニュージーランドからは8％にすぎなくなっていた。さらに, EECはイギリスの輸出の16％を占め, オーストラリア, ニュージーランドはその3分の2程度になっていた。英連邦を選ぶことは, イギリス経済が間違った途を進もうとし, 拡大しつつある市場に背を向けることを意味した[Rosen 2003]。

　1961年の夏, マクミランはEECの加盟申請をおこなうことにした。オーストラリアとニュージーランドに対する移行措置が必要で, 外務省のヨーロッパ担当相ヒースが問題の解決を委ねられた。ヒースは親ヨーロッパ的で, ブリュッセルでの交渉にあたるイギリス代表として適任者であった。しかし, 真の障害はフランスにあった。ドゴール大統領は, アングロ=サ

クソン人はヨーロッパ人として適格かどうか資格認定をおこなうことを自分の義務だと考えていた。

　労働党政権到来の見込みはヨーロッパに関しても特有の問題をはらみ，労働党はヨーロッパに懐疑的だとみられていた。ゲイツケルは1962年の党大会でEEC加入は「1000年の歴史の終焉」を意味すると語り，ジェンキンズのようなゲイツケル派は戸惑いを隠せなかった。この頃マクミランは，イギリスが核兵器を保持することを主張し，ケネディ大統領とナッソー（中米バハマの首都）で会談し，ポラリス型核ミサイルを供給するという合意を得た。ナッソー会談は，アメリカとの「特別な関係」を象徴するメッセージで，イギリスはヨーロッパへの献身よりも大西洋をまたぐ関係を優先するという教訓をドゴールに与えた。1963年1月に発表されたドゴールの拒否権は，イギリスのEEC加入交渉を終わらせ，ヒースは無念にも帰国した［Gowland & Turner 2000］。

　1969年ドゴールに代わってポンピドゥーが大統領に就任した。ヒース政権下でヨーロッパ問題は政策課題の頂点に押し上げられた。ヒース自身がよきヨーロッパ人としての自覚をもち，アメリカに対して冷めていたことが，ポンピドゥーを説き伏せるのに決定的に有利となった。1973年1月1日，イギリスはEECの正式加盟国になったが，これはヒースにとってもっとも重要な願望であり最良の業績であった。1975年夏に加盟をめぐる国民投票があり，加盟賛成への支持が明瞭にあらわれた。経済的に繁栄している地域では支持が60〜70％を超え，裕福で教養ある階層の支持は明らかで，ヨーロッパへの海外旅行の増大，島国のヨーロッパ人としての意識を強めるようになったことがその背景にあった［Beloff 1996；細谷 2009］。

5｜サッチャリズムとニュー・レイバー

1970年代以降の政治状況

　戦後ほぼ30年間にわたって，保守党と労働党双方の政策理念は広義のケインズ主義にそうものであり，介入主義的で，産業・労働については協調組合主義的であった。しかし，自由主義政策を強める自由党は存続し，

ハイエクの『隷従への道』に象徴的なネオ・リベラリズムは，IEA のような組織をとおして普及し，その思潮・理念は政策・政党の周辺・非主流派と結びついて浸透した。ヒース政府ははじめて明瞭に自由市場経済を打ち出したが，サッチャ政府の誕生とともに，周辺・非主流派であったネオ・リベラリズムが主流になり，その後ニュー・レイバーはサッチャリズムの政策理念を受け継ぎ，医療，教育，福祉などの政策においてそれをより完成形態に近いものにした[Gamble 1988;Brittan 1988]。

ヒースと自由市場経済の復活

1970年代の最初の数年間に世界経済は大きな変貌を遂げた。1971年8月15日のニクソン演説とドルの交換性停止により，第二次世界大戦後四半世紀を支えた国際金融の枠組である IMF 体制は，その機能を停止した。「スミソニアン体制」という多角的通貨調整の妥協も1973年2～3月に崩壊し，主要国通貨は管理フロート制に移行した。1972年後半から73年にかけて世界的なインフレーションの波が起こり，秋には第1次オイル・ショックが勃発した。インフレは加速し，生産は降下し，1974年以降の数年は，多くの国にとって二桁台のインフレと高い失業率が並存するスタグフレーションの時代であった。

1970年にヒースが首相になった。ヒース政府は，1960年代を通じて政府が追求してきた介入政策，とりわけ所得政策との断絶を表明していた。物価・所得省は廃止され，市場による解決策が追求されることになった。大きな政府と大きな組合を同時に制圧するという「静かな革命」が語られていた。自由市場を指向する政府のイメージは，議会の外部から著名な人物が任命されたことで高まった。イギリス産業連盟(CBI)のジョン・デイヴィス会長が通商産業省の仕事を任された。しかし，1971年初めにロールスロイス社が倒産に追い込まれると，国有化という苦しい決断を迫られた[A. Seldon & Ball 1994;Cockett 1995]。

政府は所得政策を放棄していたが，公共部門の賃金決定には責任があった。1972～73年に炭坑をめぐる危機が訪れた。英国石炭庁(NCB)の従業員は，15年前の70万人以上から30万人以下に減少していた。1972年1月に26

年以来の全国炭坑ストライキが始まり，スカーギルの指令のもとにピケは大きな成果をあげた。炭鉱労働者の賃金は16％も跳ね上がりインフレ率の倍以上になった。1972年の夏，ヒースが賃金抑制策に関して労働組合の協力に失敗したとき，政府は所得政策を導入した。

キャラハンと政策の転換

1976年4月にキャラハンが新首相に就任した。財務相ヒーリ，雇用相フットとの協力関係によって，穏健左派の経済産業戦略は歩調をそろえていた。新首相は1976年9月の党大会に赴き，「これまでは可能だったとしても，いまや浪費によって不況を脱出することはできない」という率直なメッセージを伝えた。失業は4.2％という水準に達していたが，「財務相の一筆によって完全雇用は保障される」という「心地よい時代は永久に終わった」。この演説がケインズ主義時代の終焉を告げるかどうかについて議論の余地はあるが，ケインズ主義的な多くの議論が1970年代半ばの状況のなかで妥当性を失っていた［Buchanan et al. 1978］。

保守党政権下で失業者が100万人を超えたときは，ヒースに方向転換をもたらしたが，労働党政権下で100万人という水準は常態になった。1976～79年まで失業率は年平均5％を超え，50～60年代のどの年と比べても2倍の水準であった。これは生産と税収の喪失だけでなく，失業者とその家族を支えるための国家の出費を意味した。IMF危機の影響もあり，ヒーリーは政府支出の削減を繰り返し，1979年までにとくに住宅と教育の削減がおこなわれた。キャラハンの在任期間を支配したのはインフレと労働組合という双子の問題であった。労使紛争で失われた日数は急増し，1979年は20世紀最悪の年のひとつになった。選択肢は，物価および所得政策によって経済衰退の影響を管理するか，自由市場を介した失業による調整に委ねるかのどちらかであった［Middlemas 1991; Burk & Cairncross 1992］。

労働組合員の数は1000万人あたりを上下していたが，1970年代半ばに急増し，79年には1300万人を超えるピークに達した。総労働人口の半数が組合員になり，その範囲は急増するホワイトカラー職とくに公共部門へ移行していた。公務員が争議の先頭に立ち戦闘的になったのは，公共支出削減

の影響をこうむりやすかったためで、彼らは攻撃されると反撃した。こうして1978〜79年にかけての「不満の冬」がつくりだされた。NHSの労働者、清掃作業員のストライキが続き、収集されないゴミ山の風景は忘れられないものであった。1979年3月までに保守党は大きなリードを奪った。不満の冬は、どちらの政党が組合にうまく対処できるかについて有権者の考えを変えていた。1300万人の組合員が労働党に投票していたなら、この問題は重要でなかったが、組合員の3人に1人は保守党に投票した[Donoughue 1987]。

サッチャリズムと価値観の転換

サッチャは、ヒース内閣の教育相として頭角をあらわし、1975年の党首選でヒースに対抗し彼を破った。彼女は第二次世界大戦末期にオクスフォードで化学を専攻した。サッチャは当時の平等主義的な政治思潮に反発して、『隷従への道』(1944年)で展開された、計画と集産主義、福祉国家に対する反論に深い感銘を受けた。サッチャリズムは、自助とナショナリズムという「ヴィクトリア時代風価値観」の復活と結びついていた。サッチャリズムの基礎を準備するのに、イノック・パウエルの役割は明らかで、IEAによるハイエク的な経済自由主義の布教活動もそうであった。キース・ジョーゼフは、1974年に政策研究センター(CPS)を設立し、マネタリストのアプローチを保守党の政策立案の主流に取り入れた[Denham & Garnett 2001]。

サッチャはマネタリストのアラン・ウォーターズ教授を顧問にし、経済政策の基礎は、財務相ハウのもとでローソンが起草した中期金融財政戦略(MTFS)であった。インフレ抑制を最優先し、政府介入と税の重圧から民間企業を解放するサプライサイドの経済改革によって雇用は回復すると論じられた。この「正しいアプローチ」に政府は決断を要した。成功の秘訣は労働市場に何が起ころうと金融財政の秩序は維持するということであった。通貨供給を低水準に抑えることが目標とされ、基準金利は17%まで上昇し、イギリス産業に壊滅的な打撃を与えた。失業が増大し社会保障費が増大したため、公共支出は大きな割合を占めつづけた。

インフレは1980年の18％から83年の4.5％まで下落したが，失業者は81年秋に280万人，82～83年の冬には330万人になった。失われた職の多くは製造業で伝統的な工業地域にあった。これは長年続いてきた地理的・社会的格差を増幅し，とくに顕著なものは北部（イングランド北部とともにスコットランド，ウェールズを含む）と南部（より広い範囲の大ロンドン）の格差であった。このときサッチャは決断力を発揮し，「私は逆戻りしない」と1980年の党大会で語った。ブリクストンやトクステスの暴動にも彼女は動じなかった[S. Pollard 1982;Keegan 1984]。

政府は危機に瀕したが，野党も同じで，労働党は急速に左傾化した。反対に，「3人組」による社会民主主義派を結集する連帯行動で労働党は分裂し，1981年に社会民主党(SDP)が創設された。政府の立場を決定的に変えたのはフォークランド戦争であった。フォークランドは時代遅れの帝国に対する高価な責務で，アルゼンチンの軍事政府によるフォークランド侵略による危機が，サッチャを国民の指導者にした[Skidelsky 1988;Thatcher 1993]。

「経済学というのは手段で，目的は心と魂を変えることです」とサッチャは述べた。サッチャリズムは個人の選択の自由を最大にしようとするもので，道徳的大衆主義という彼女の政治学は，グラッドストン以降に例をみなかったような成功をおさめた。サッチャは小規模企業を擁護し，1979～90年に自営業者は150万人も増えた。民営化はもっともダイナミックな政策となり，世界中でサッチャの名と結びつけられることになった。石油会社ブリティッシュ・ペトロリアム(BP)株は，財政赤字を埋めるために売却されていたが，それは「大衆資本主義」への推進力になった。ブリティッシュ・ガス，ブリティッシュ・テレコム，そしてロールスロイス，ブリティッシュ・スティール，ブリティッシュ・エアウェイズ，空港，水道会社も民営化企業の対象にあげられた。公企業の割合は半分以上削減され，そこでの雇用は800万から300万人に減少した。

民営化がもたらした最大の功績は，「不動産所有民主主義」という古い時代の保守党の考え方を確認したことであった。公営住宅の借家人に居住期間に応じた割引価格で持ち家の購入権を与える政策は，環境相のヘゼル

タインによって実施され，1987年までに100万人が持ち家所有者になった。民営化によって持ち家所有は上昇志向をもつ熟練労働者の手に届くものとなり，その割合を1980年の55％から90年の67％にまで引き上げた。住宅金融組合が住宅ローンの大半を貸し出し，ヴィクトリア時代風価値観が勝利をおさめるなかで，住宅金融組合もヴィクトリア時代の起源に戻った。公営住宅団地で真新しくペンキをぬられた正面扉と『サン』紙がはいった郵便受けは，保守党改革でサッチャが達成したことの象徴であった[H. Young 1989/1991]。

イギリス経済の回復とニュー・レイバー

1986年1月に340万人というピークに達した失業者は，その後着実に減少し90年6月には160万人になり，ヨーロッパの平均値を2〜3％下回った。1984〜88年の成長率は3.7％で，61〜64年，69〜73年に達成された記録を破った。こうしてローソン景気は歴史に名をとどめることになった。

ローソンはマネタリストを自認していたが，£M3というマネーサプライの目標値はすでになくなっていた。その代わりをポンドの固定相場制に見出し，それをヨーロッパ為替相場機構（ERM）に加入するための論拠にした。ERM加入の好機であったが，ローソンは首相に足止めされた。首相と財務相の信頼関係が薄れている兆候は明らかになったが，減税がよいという点で2人は一致し，ローソンは1988年予算で所得税の基準税率を27％までさげた。所得税減税は間接税の増大によって賄われ，貧しい者はより貧しく，富める者はいっそう豊かになった。シティの「ヤッピー」が裕福になった背後にはそれを支える財政上の計算があった[Kavanagh 1987]。

サッチャは1987年に，すべての成人住民が個人として均一額を支払うという「コミュニティ・チャージ」（いわゆる人頭税）計画を明言した。その目的は，労働党が支配する地方議会による浪費的な政策の抑制で，大ロンドン府議会は1985年に廃止された。しかし，サッチャ失墜の引き金は人頭税ではなくヨーロッパであった。EC（ヨーロッパ共同体）とイギリスの関係は隠れた暗礁で，あいつぐ閣僚の辞任のなかでサッチャ内閣は瓦解していった。ヘゼルタイン，リドリについで，ヨーロッパ政策はローソンとハウの

辞任も後押しした。ハウは外相として1985年にヨーロッパ単一議定書に署名するようサッチャを説き伏せ，イギリスはより親密な統合の原則に委ねられることになった。1989年にサッチャがERMへの参加を拒んだ頃，ハウはローソンと力をあわせようとしていた。サッチャはハウを外務省から移し，従順なメイジャを選んだ。ERMをめぐって対立したローソンが財務相を辞任すると，サッチャはこの空席をメイジャで埋めた。党首選に出馬したヘゼルタインをハウとローソンが支持し，サッチャの統率力は悪循環に陥った。サッチャは辞任を決意し，その空席をまたもやメイジャが埋めることになった[B. Anderson 1983/1991]。

　サッチャの失墜はイギリス政治の時代を画することになった。メイジャはヘゼルタインを環境相にしたが，彼は1991年に「地方議会税」を導入し人頭税をやめた。メイジャはボンに行き，共通のヨーロッパ通貨がドイツ統一後のヨーロッパの一体化を維持する方法だと述べ，サッチャの怒りをかった。メイジャは1991年12月マーストリヒトの政府間会議に背水の陣で臨んだ。ヨーロッパ首脳はメイジャに寛大で，イギリスが2つの重大要件から離脱しうる権利を認めた。イギリスが共通の通貨（のちのユーロ）に加入するか否かの決定の延期を認め，社会憲章を拒むことも自由にした[Butler et al. 1994]。

　EU（ヨーロッパ連合）は20世紀末のイギリス政治を二極化する問題であった。マクミランとヒースのもとで保守党はヨーロッパ支持の政党であったが，サッチャが遺したものは，ヨーロッパ的ということすべてに対する執拗な反感であった。逆に労働運動内部では，ブリュッセルがサッチャリズムを抑え込む場になるかもしれないと考えられた。労働条件に関するヨーロッパ的規制を支持する労働組合の熱情によって，労働党の政策は，ブリュッセルから離れるという1983年の公約から180度転換することになった。キノックはこの転換の旗手になり，社会憲章に調印しなかったメイジャを非難しながら，1992年4月の総選挙を戦った。

　1992年の総選挙における労働党の4回目の敗北は，労働党内の「近代化論者」のあいだで党を根本的に改革するための進んだ議論を引き起こし，それを実現する機会を与えた。多くの若い近代化論者たち，とりわけゴー

ドン・ブラウンとトニー・ブレアが労働党内の改革派のスターとして登場し、労働組合という不落の城を決定的な障害物とみなし、党の組織体制そのものの改革を優先させた。1994年7月の党首選で近代化論者の大義は全面的な成功をおさめ、41歳のブレアが絶対的過半数の得票を得た。ブレアはサッチャ時代の変化の多くを明示的に受け入れ、左派だけでなく中道派をも結集できるようなサッチャ以後の戦略を断固として追求した。社会主義についての彼のヴィジョンは、1995年の党大会を確信させた「若い国家」というヴィジョンであった。1994年の党大会のテーマは「ニュー・レイバー」で、ブレアは公的所有の教義を謳った綱領第4条の書替えを求め、労働党は歴史的な社会主義的立場を捨てようとした。

ブレアは、政策上の立場を引用しやすい文句に要約する「サウンド・バイト」の名人になり、メディア報道は彼を褒めそやした。若いブレア一家はニュー・レイバーの縮図であり、労働党に向けられた嘲りは、時代遅れということでなく、時流に乗っているということであった。1997年5月の総選挙でニュー・レイバーはその話題をさらった。新しい議会でブレアは400人を超える支持議員をもち、それは1945年のアトリーと06年のキャンブル゠バナマンに匹敵するものであった。自由民主党も議席を増やし、1929年のロイド゠ジョージの時代以来最大の第三党になった。ブレアは地滑り的勝利までは予想せず、連合政権の可能性という非常時対策を考えていた。ブレアのプロジェクトが広範囲にアピールしたのは、柔軟な定義に基づいていたからであった。ブレアはその巧みな弁舌で、ニュー・レイバーの社会主義的系譜とともに自由党的系譜を強調した[Brivati & Bale 1997 ; Tanner et al. 2000]。

ブラウンは強い経済を引き継ぎ、それを持続させる諸政策をとった。財務相として最初にしたことは、ドイツやアメリカの範に倣って金融政策の責任を中央銀行の手中におき、イングランド銀行に独立性を付与したことであった。自ら「福祉から仕事へ」という誓約の闘士となって、25万人の若者を失業登録名簿から消すことになった。失業率は2001年初めまでに2.3％まで下がり、伝統的なケインズ主義者でさえも喜ぶ水準になった。ブラウンは低所得家庭の税控除など一連の地味な再分配政策をおこない、ブレ

アは1996年のサウンド・バイトで政府の3つの優先事項を「教育，教育，教育」と宣言していた。ブレアとブラウンは政府の中心に権威の枢軸を確立し，彼らのライバルはお互い同士だけであった[P. Clarke 2004；Brivati 2007]。

　その後ほぼ10年間，「第三の道」を唱えるブレア政権下で，経済指標をみる限りイギリスは繁栄しヨーロッパの優等生であった。大国意識とイラク戦争におけるアメリカ追随のなかで，ブレアがブラウンに取って代わられるのは2007年6月であった。

西沢　保

第8章 スコットランドとウェールズ

　ブリテン諸島の「ケルト周縁」(Celtic fringe)と呼ばれる地域，すなわちケルト諸語(Celtic)のうちゲール語(Gaelic, Goidelic)が優勢だったアイルランド，スコットランド，マン島，そしてブリソン語(Brythonic)が優勢だったウェールズ，コーンウォルなどの歴史は，それぞれ固有の魅力と問題に満ちている。また同時に，イングランドや海の向こうの広い世界との連関でしか語れない面がある。これは制約と感じられるかもしれないが，見方を変えれば，ローカルな研究にも深みと広がりが内包されていて，未開拓のテーマが多く，可能性が広がっているのである。本章ではスコットランドとウェールズを，第9章ではアイルランドを扱うことにする。

1｜イギリスとスコットランド

　第2章と第3章が明らかにしたように，前近代の歴史に変化を起こす熱源は，ブリテン諸島の南東部イングランドにあった。ヨーロッパ大陸に近く，平地と日照に恵まれた沃野である。この地域に生成してきた政治制度や経済システム，言語やさらに時刻(グリニッジ標準時)までもが，近代の世界標準となった。

　明治日本にはスコットランド出身者も到来し近代化に貢献した。その1人，アバディーン出身のブラントンは，お雇い外国人第1号となって犬吠崎をはじめ津々浦々の灯台を建設したのだが，その業績は，三重県の安乗崎灯台の案内に「イギリス人ブラントン」の業績と表記されている。ところが，現在のケルト周縁地域は，独立をはたし，あるいは1997年以来，意思決定を自律的におこなうシステムを強化してきた。外からはかつて一律に「イギリス」とみえたところが，急に別の名前をもち動き始めたように

映る。

　一方スコットランドの人びとの問いかけは，外からの驚きや疑問の視線とは逆方向を向く。彼らは問う，「なぜ私たちはスコットランド史を忘れていたのか」と。しかしM・アシュが *The strange death of Scottish history* [Ash 1980]を刊行するまでは，忘れていたことも意識されなかった。歴史研究の欠落を問う問題設定そのものが，1970年代以来の自治権獲得をめぐる政治状況が促した歴史意識の所産なのである。歴史が動くと同時に，新たな問いが発せられ研究が展開していく[Mitchison 1991/1997;Devine 1999;Houston & Knox 2001]。現代スコットランドにおいてこの展開は急であり，その歴史研究は，若い人びとが創造的な営みに参加できる有望な領域である。

　では，なぜスコットランド人はスコットランド史を忘れたのだろうか。C・キッドは *Subverting Scotland's past* [C. Kidd 1993]を著していう。18世紀のスコットランド啓蒙の知識人たちは，1707年までの自国の歴史が，暴力的な事件，宗教的熱狂，無力な議会，封建的束縛のなかにとどまり，自由拡大の歴史に貢献せず意義が小さいものとみなした。自由な商業社会として先を行くイングランド史に吸収されることで，18世紀スコットランドは過去と断絶できた，と考えたのである。こうして祖国を「歴史なき国」とした啓蒙の知識人を，キッドはイングランド的価値観を内面化したとして断罪する。これはナショナリストの観点に立つスコットランド啓蒙批判である。

　史料批判に基づく歴史研究は，アシュによれば，パトリック・F・タイトラが始めた。1823年文学者ウォルタ・スコットは彼にスコットランドの歴史を書くよう勧めたのである。その *History of Scotland* は，原史料からいえることを厳密に検討した記述で，1843年に完成した。さらにスコットは，愛書家のクラブとして，バナタイン・クラブを立ち上げた。会員が拠金して貴重な手稿を刊行する事業を起こしたのである。同種の出版クラブがあとに続いた。これらの成果は今日も有用な一次刊行史料となった。

　19世紀後半以降も，アカデミックな環境のなかでスコットランド史研究は続いた。史料刊行は1880年代に第二の山場に達し *Scottish Historical*

Review が1903年に創刊された。P・H・ブラウンをはじめとする大学に職をもつ歴史家たちは，帝国のなかのスコットランドを肯定する立場に立ち，1707年の合同(ユニオン)はスコットランドのナショナリティを守るためにも，有益であったとみた。このように学問的な努力は継続されていたものの，制度的な後援が十分でなく，研究の継続は民間の努力に頼っていた[Iwazumi 1996]。

1960年代，帝国と国家への忠誠はしだいに薄れ先進国に大衆消費社会が到来すると，人びとの心に「私は何者か，どこからきたのか」との自問が芽生えた。社会史研究が歴史研究のフロンティアを切り開くと，国家の歴史とは切り離された近代スコットランド史も，研究するに値する分野と認識されるようになった。T・C・スマウトが社会史の先鞭をつけ，T・M・ディヴァインの社会経済史があとに続いた[Smout 1969;Devine 1975]。

1967年，スコットランド国民党(SNP)の補欠選挙勝利に始まるナショナリスト票の急伸も，60年代に人びとの帰属意識がゆるやかに転換した政治的発露ととらえられる。この票の動きは内外に衝撃を与え，歴史研究を活性化した。この時期スコットランド史で4巻からなる最初の概説史のシリーズが刊行された[近世以降は Donaldson 1965;Ferguson 1968]。

1980年代以降の研究は，ナショナリズムの第一波(1967〜79年)を若いときに経験した世代が担っていく。1981年から全8巻の New history of Scotland が刊行された[近世以降は J. Wormald 1981;Lenman 1981;Harvie 1981;Mitchison 1983;O. & S. Checkland 1984]。このシリーズは1970年代の研究の革新を総合し，つぎの世代へと橋渡しをした。現在では，全10巻におよぶ三番目の概説史シリーズが刊行中である[Dawson 2007]。

さらに1980年代からヨーロッパ諸国との比較研究や共同研究が，86年の *Scotland and Europe 1200-1850* [Smout 1986]をはじめとして，さかんにおこなわれるようになった。このインパクトは質的な認識の転換をもたらした。「豊かな」ブリテン諸島南東部にあった歴史的変化の熱源に，スコットランドはどう向き合うかがつねに問われてきた。しかしヨーロッパに視野を向けた研究は，イングランドとの固定的な比較の枠組から自らを解き放ち，北海，バルト海地域との近縁性と古くからの交流関係を意識させた。

こうした研究の背景には，EU（ヨーロッパ連合）統合の深化があるのは論を待たない。

ブリテン3国を対象とする共同研究や比較研究も花開いた[Cullen & Smout 1977]。1980年代の共同研究の広がりは，J・G・A・ポーコックの問題提起(17, 20頁参照)への応答でもあった。制度的な環境も好転した。1980年セント・アンドルーズ大学でスコットランド史学科が創設され，旧議会史料のディジタル化と研究[K. Brown & Tanner 2004；K. Brown & Mann 2005]には，スコットランド自治政府というスポンサーがついてきた。

1960年以降人びとの帰属意識が変容し，政治的には自治権獲得へ，文化的には歴史研究の再生へと向かった。時代の刻印は，こうした研究にも押されている。新たな時代の展開によって，あるいは第三者の視線によって，刻印の限界が破られることを期待したい。とくに1707年の合同以降の歴史は，本格的な究明と解釈を待って，私たちの前に横たわっている。旧議会による「自発的な」合同は，アイルランド史の場合とは異なる複雑な屈折と陰影とを歴史に与えており，合同後の歴史をどのように紡ぐのか，注目されるからである。

なおスコットランド史研究の基本として，以下の点に留意されたい。1707年以前の公文書はロンドンに移管されず，スコットランド内で保管されることが合同条約で合意された。以後も他領域にかかわらない文書は，スコットランド内で集積された。さらに18世紀以前の文書を読む場合に，スコットランド語の辞書は必携である。また shire（州），Justice of Peace（治安判事）などイングランド史との共通の歴史用語は少なからずある。しかしその概念や機能は異なっており，スコットランド独自の性格をもつという認識が必要である。

2 | 主権国家としてのスコットランド

中世国家の再編

ジェイムズ3世の成年期初年にあたる1469年に開かれた議会は，王が「スコットランド内において十全の裁判権と自由なインパイア（free impire）

をもつ」と宣言する法を成立させた。君主が政教両権をもつという主権国家の概念は，教皇権との対抗のなかでイタリアに芽生え，フランスに伝播し，その同盟関係[Macdougall 2001]にあったスコットランドにはいってきた。この機に主権国家の領域が拡大した。議会がデンマーク王女の婚資の未払い分の代わりに1472年にオークニとシェトランド諸島を編入した結果，現在にいたるスコットランドの領域が確定した。

しかし実際に，国王が十全の統治権を全土には行使できなかった。ロバート1世の死去(1329年)後の混乱のなかで，ドナルド氏族の盟主ジョン・マクドナルドは西部ハイランドと島嶼部(とうしょ)の覇権(はけん)を握り(初代)島嶼の宗主(ロード・オブ・アイルズ)を自称した。後継者たちも，即位式やカウンシルをもちときに外交に打って出るなど，その領域は半独立国家の様相を呈した。第4代の宗主ジョン・マクドナルドは，1462年にイングランドのエドワード4世への臣従を約して条約を結んだ。これが1476年にジェイムズ3世の知るところとなり王が討伐を命ずると，ジョンは屈服した。1493年にジェイムズ4世[Macdougall 1989]はジョンの宗主権を没収し，その領地を王領とした。ハイランドと総称される北西部の山岳地帯と島嶼部は，交通に不便で日照時間が短く農耕に適さないので，ブリテン島南東部からの人口流入の波が押し寄せることはなく文化変容も経験しなかった。一方スコットランド南東部のローランドにはその波動がおよび，そこではゲールの言語と文化が劣勢となって，王国内に文化的な懸隔が生じていた。

人びとの忠誠を集め，陸は天然の要害に守られ海には水軍を備えたハイランドの盟主は，長期間自らの権力を保持しつづけた。ハイランドの氏族(クラン)制度は，太古の部族社会の遺物ではない。というのも，封建制度の定着には王権のイニシアティヴが欠かせなかった。しかし島の宗主滅亡後もハイランドには国王の勢威がおよばず，したがって封建制度が秩序維持のシステムとして機能しなかった。その結果，地域社会のリーダーが中央権力なしに自分とその縁者や配下を守る必要から，氏族制度が14世紀に成立した。中世後期のハイランドは，「血縁を基盤に封建制度が加わった社会，ローランドは，封建制度を基盤に血縁も影響する社会」[Smout 1969]と形容され，両者の差異はニュアンスの違いにすぎなかったが，宗教改革をへ

ハイランドとローランド
標高180メートルが両者の分界線となっている。16世紀には、分界線の西側でゲール語が、東側で英語と同系のスコットランド語が使われた。

ハイランド
年間日照時間約1100時間
山がちで牧畜中心

マリ湾
インヴァネス
アバディーン
ハイランド
グレンコー
ダンディー
テイ湾
セント・アンドルーズ
フォース湾
アイオナ
グラスゴー
エディンバラ
ベリック
ローランド
ソルウェイ湾
ローランド
年間日照時間約1400時間
比較的平坦で耕作中心

てローランド社会の規律化が進むと「無法な」ハイランドへの視線は、厳しくなっていった。世紀が進むにつれハイランドは政治的、経済的にも劣位におかれた[I. Whyte 1995 ; Macinnes 1996]。

　1371年に始まるステュアート朝は、のちにイングランドの王位も包摂しヨーロッパ史に名を残すが、14〜15世紀には宮廷内の暗闘が絶えなかった。ジェイムズ１世は暗殺、２世は事故死、３世は反乱によって敗死、４世は戦死と、みな若くして落命している。その結果社会は混乱したのであろうか。そうはいえない。権力闘争は恒常的ではなく、国王の権威は保持され、外敵には一致して防衛し、大貴族は広大な領主権を保持した。直接王から授封されるが爵位のない存在であるレルドは、自身の領主裁判権をもちながらも地元の大貴族と臣従盟約を結びその勢威に服していた。1424年以降ほぼ毎年開会された一院制三身分の議会は、有力者が一堂に会して国政を論じ課税に同意し和解がはかられ、分権的な社会の結節点として機能していたという[J. Wormald 1985 ; Grant 1987]。ただし16世紀になると王権は、

分権的な社会を統御し国家機能を強化させる方向を志し，民事最高法廷として1532年に高等法院をおき，45年に枢密院を備えた。近世史研究は1560年の宗教改革を起点に展開し，集権化は近世の現象ととらえてきたが，むしろ中世末期の再検討による中世史との接合が必要であろう［Boardman & Lynch 2000］。

15世紀後半から，土地制度について構造的な変化が起きていた。教会と王家は，現金収入の必要から，多額の第１次支払いをし永代固定貨幣地代の約束をした者に永代借地権特許状を発行し，相続を含む保有権を保証していった（永代借地化運動）。この動きは1530年から80年に頂点に達した。これは長期的にみるとインフレーションのため固定地代を支払う側に有利に働いた。特許状取得者を分析すると，もともと土地を耕作していた借地農（おそらく上層の農民）が半数以上，レルド29％，貴族３％である。土地保有は上層から中層に広がり，上昇してきた階層は自信を深めていった［M. H. Sanderson 1982］。

宗教改革と近世国家

宗教改革は，国制，外交，政治，社会，経済，文化にわたる変革をもたらし，注目を集めてきた［飯島 1976；富田 1998；Dawson 2007］。

ヘンリ８世とサマセット公がスコットランドの併合を企て侵攻したため（「粗野な求愛」戦争，1544～51年），スコットランド政府は６歳のメアリ女王の身柄を守ってカトリックのフランスと結ぶ道を選択し，女王は王太子フランソワの婚約者として1548年に渡仏した。女王の母，フランスのギーズ家出身のメアリが1554年より摂政として統治の責を担い，58年に女王メアリを予定通り王太子と結婚させた。その裏で，メアリが子なくして死去した場合スコットランドはフランスの属州となるという密約があり，フランス支配の危険が高まった。

一方プロテスタント勢力も政治力を結集しようとした。摂政統治下の1557年に，５名の貴族がプロテスタントの礼拝を確立させるため尽力すると誓約した（「第一盟約」）。1559年５月に，この５名の貴族を中心に会衆軍が結成され，フランスの支援を得た摂政軍と対峙した（宗教改革戦争）。こ

の緊張した局面で，イングランドとの敵対を解消しブリテン島に共通のプロテスタンティズムを確立させるのに動いた人物がいた。かつてエドワード6世に仕えた宗教改革者ジョン・ノックス，「第一盟約」に署名した第5代アーガイル伯アーチボルド・キャンブル，「粗野な求愛」戦争に従軍し教訓を学んだウィリアム・セシルらである[Mason 1998b；Dawson 2002]。このときセシルが女王エリザベスを説得して1560年3月に会衆軍に援軍を派遣し，膠着状態を崩したのである。同年6月にギーズのメアリが病死し，7月英仏両軍が撤退し，8月に議会が召集された。宗教改革議会とも呼ばれるこの議会は，カトリック教会とそれを支えた法のすべてを無効とし，カルヴァン主義に基づく「スコットランド信条」を公式の信条として採用した。「第一盟約」の賭けは成就した。

一方，女王メアリは夫であるフランス国王フランソワ2世を亡くし1561年に帰国し，スコットランドを統治した。しかし結婚をめぐる醜聞をプロテスタント急進派につけこまれて退位させられ，67年に1歳の実子，ジェイムズ6世が即位した。摂政にプロテスタントのマリ伯が就き，メアリの裁可を受けないでいた1560年の宗教改革関連立法は，再び立法化され議会を通過し，摂政の裁可を得た。しかしメアリ退位の是非をめぐって1568年から73年まで女王党と国王党との内乱となった。メアリの逃亡と，エリザベスの支援が決め手となって，国王党が勝利し宗教改革が確定した。

宗教改革と地域社会との関係は，宗教改革の動向が外交関係や中央の政治状況に大きく左右されるようにみえるがゆえにいっそう研究者の関心を集め，地域を特定した社会史研究として進められてきた[Lynch 1981；M. H. Sanderson 1996]。地域の教区教会に，新教会はキルク・セッションをおき，これを牧師と長老（平信徒の代表）からなる執行機関とした。この司牧体制がローランド全般で確立するのは，17世紀におよぶ長い過程をへたが，いったん確立すると，このシステムは命脈を保った。議会を失った18世紀のスコットランドの地域社会をほぼ自律的に統治したのは，救貧や学校教育も担うキルク・セッションを中心とした教区制度であったといえよう[Devine 1999]。

教区を統括する制度については，長老主義的教会統治[Cameron 1972；

Kirk 1980]が成立し,1592年に議会法の承認を得た。これは教会法廷が合議をかさね教会が自律的に意思決定することを旨とする制度であって,主教制[Mullan 1986]とは相容れなかった。長老制と主教制の相克は近世史を貫く争点であり,両者は権威や秩序観も先鋭的に対立していた。ジョン・メイジャ,ジョン・ノックス,ジョージ・ブキャナン,ジェイムズ6世らが,対立する思潮の衝撃のなかで,あるべき秩序や権威を模索し歴史から学ぼうと,著述活動をおこなった[J. MacQueen 1990; J. Burns 1996; Mason 1998a]。

16世紀後半に政治権力の磁場が移動した。メアリ女王は臣従を得るため各地を巡回したが,ジェイムズ6世は宮廷に貴族を参集させたのである。枢密院が行政組織の長を包含して統合的に行政を執行し,地域社会に1609年に平和維持を目的に治安判事がおかれ,25年には地域のレルド400人が在職した。議会課税が恒常化し議会制定法による法の整備が進んだ1580年代を,イングランドの1530年代に相当する行政革命の起点ととらえる見方もでてきた[Goodare 2004]。国家と教会の協力のもとおこなわれたのが,1590年代からの魔女迫害である。「魔女」をキルク・セッションが訴追し枢密院が判決をくだした迫害は,宗教改革と集権化の時代の影の部分である[Larner 1981; Goodare 2002]。一方この時代の貴族は,王の意を受け私闘を収束させる一方で,旧教会の財産を入手して裕福となり,変化に適応し比較的安定した所領経営をおこなった[K. Brown 1986, 2000]。

三王国戦争とスコットランド

17世紀はステュアート朝の三王国の時代である。C・ラッセル[Russell 1990]をはじめとするイングランド史家は,イングランドの「内戦」の原因を探るなかで,スコットランドの反乱に向き合い,しだいにこの「内戦」が「三王国戦争」の一部であったと認識していく。

ステュアート朝の三王国支配を招来した1603年の同君連合[Galloway 1986]は,ジェイムズ6世の血統だけでなく,1560年の宗教改革があってこそ可能となった。同君連合後のジェイムズによるスコットランド統治は,エディンバラの枢密院と連絡をとりながら進められた。彼は長老主義教会

を主教制教会へと改変する荒療治をおこなったが，老練な政治手腕により不満を発火点にいたらせないでおさめた[M. Lee 1980]。

スコットランド史においても，17世紀の革命の研究は，チャールズ治世初年を起点とする。まず1625年の廃棄法が，土地保有階級に衝撃を与えた。旧教会領を含め，すでに彼らの既得財産となっていた1540年以来の王家からの土地の授与を取り消すという内容であったからである。さらにイングランドとの共有の沿岸漁業権の設定，スコットランド輸出品に対する関税率の引上げにより，ロンドン宮廷はスコットランドの利害を守る意思はないものと受け止められた。プロテスタント信仰がローランドに定着するなかで，スコットランド人も入植していたアルスタ[J. R. Young & Kelly 2004]から信仰覚醒の運動が伝播し，長老派牧師による秘密集会が開かれたりしていた。そこへカトリックに近いと認識された祈禱書の使用が決定されたのである[Macinnes 1991]。

国王への異議申し立てに大義を与えたのは，宗教（長老主義）であった[Makey 1979；Coffey 1997]。1637年の祈禱書の反乱という最初の発火点から事態は急展開し，国民契約の成立[Morrill 1990]，主教戦争の開始，主教戦争の和平交渉と長期議会の召集，アイルランドの反乱，三王国戦争へといたった。

契約派（国民契約の大義を掲げるスコットランドの革命派）は，親政期の教訓から，自国の利益を守るため，従来の同君連合を連邦制へと再編しようとした。契約派のいう連邦制とは，スイスやネーデルラントの例を念頭に，連邦を形成する各政治体が代表を出し，軍事や外交政策を共有するための協議機関をつくるというものである。連邦を結ぶ絆は長老主義であった。このため契約派は，イングランドの議会派と1643年「厳粛な同盟と契約」を締結して軍を送り，両国の協議機関として「両王国委員会」が立てられた。しかし国内は王党派モントローズの反乱にみまわれ，また国制観，宗教観の異なる独立派との不和に悩んだ。契約派は1648年に国王と結んで出兵しイングランドの第2次内戦を引き起こすなど試行錯誤のすえ，国内も分裂した。すでにスコットランドで即位していたチャールズ1世の長子，チャールズ2世を奉じて，1651年にウスタでオリヴァ・クロムウェルと戦

ったが, 敗北して独立を失った[D. Stevenson 1973, 1977]。

スコットランドはイングランドと対戦しただけではない。契約派政権はアイルランドの反乱の仮借なき弾圧者であり, 一方アルスタにいたマクドナルド氏族は, 海を渡ってモントローズの反乱に加勢した[D. Stevenson 1981]。

この「三王国戦争」をスコットランドで指揮し革命期の政治を司ったのは, ほかならぬ議会である。契約派政権は1640～41年の議会改革で制限君主制を実現して, 議会のもとに軍事, 財政, 外交の委員会を機能させていた[J. R. Young 1996]。例えば外交の委員会をとおして, 契約派政権は三十年戦争を背景に, 主教戦争期に契約派を背後で支援したスウェーデンとネーデルラントを相手に「厳粛な同盟と契約」の締結交渉をおこなった[S. Murdoch 2001]。対イングランド政策の試行錯誤も, 議会の審議と承認の結果である。

ウスタの敗戦後, イングランド共和国政府がスコットランドを支配した。この支配は, 軍事力を基盤としたものの, 一概に抑圧的であったとはいえない。イングランドと共通の社会構造をもたらすために世襲裁判所を廃し, 農民の封建的義務や隷属を無効とする一方で, 長老主義教会とプロテスタント諸派を認め, イングランドと海外植民地を含む自由貿易圏を実現して, 共和国議会に30名のスコットランド代表の議席を用意した。リチャード・クロムウェル期にイングランドは混乱したが, 将軍マンクの指揮下にスコットランドは安定的に統治されていた[Dow 1979]。

国制の確立と合同への道

王制復古体制は, 革命期の立法をすべて撤廃し主教制を再建することによって, 始まった。反体制派となった長老派の秘密集会がとくに西南部でさかんに開かれ, 弾圧を招くと, その報復に大主教の暗殺事件や軍事衝突が起きた。ただし議会が国政に枢要な役割をはたすべき, という革命期の考えは生き延びて, 実権を保持したローダーデイルに抵抗する党派が議会で形成されていたとの指摘[MacIntosh 2007]や, 人びとのあいだに実際的な政治感覚が芽生え穏健な主教派と長老派の距離も縮まったとの見方[C.

Jackson 2003] もある。王の侍医, サー・ロバート・シボルドは医学校を設立し, さらに薬草の研究のためエディンバラに王立植物園の基礎を築くなど, 「改良」への試みも始められた。

1689年2月イングランド議会が「権利の宣言」を発した直後に, 臨時議会(コンヴェンション)が召集されるべく, 選挙がおこなわれた。長老主義に立つ革命派が議会の多数派を形成し, 革命の道筋を決した。この革命議会は1640～41年の議会改革を先例とし, 委員会制度を再び整備する方向で動き, 決着を急いだウィリアムは譲歩した。その結果1688～90年の革命は「国王ジェイムズ7世は王位を没収された」との契約王制の色彩の濃い「権利の要求」を発し, 長老主義的教会統治を確立させた[Mann 2003]。しかしスコットランドは大きく分裂していた。ハイランドや東北部には神授王権の論理に基づくジェイムズ支持が根強く, 革命戦争は流血をともない, ウィリアムの政府の黙認のもとハイランド氏族が虐殺されたグレンコーの虐殺事件へと繋がった。

1707年の合同(ユニオン)をめぐる議論は, 今も熱い[Whatley 1994/2001]。議会合同は, 対等の交渉のすえ合意したという形式をとりながら, ウェストミンスタの庶民院には, 従前のイングランド・ウェールズの513議席に加えて, スコットランドには45議席が, 貴族院には16議席が用意されたにすぎない。これは事実上の併合である。引き換えにスコットランドはイングランドと自由貿易圏を形成して海外植民地に参入できるようになった。加えてモルト税軽減や, ダリエン計画(パナマ地峡への植民計画)の損失補塡などの「相当金」授受といった経済的優遇を得た。制度面においては, 法定教会としての長老主義教会とその監督下にある教育の自律が保証され, 裁判制度や私権に関する法体系も維持された。

この合同を優れた政治的識見の成果とみた伝統的解釈に対し, スマウトは経済的な閉塞状態からの回復が期待されていたと, 経済的要因を強調した[Smout 1963]。これに反論したのはW・ファガソンで, 交渉は1702年にいったん挫折しており, 経済ではなく, 賄賂や脅迫, 官職の約束などの政治的操作が功を奏したとみた[Ferguson 1977]。一方, 1707年の思想史的背景については, J・ロバートソンらの研究がある[Robertson 1995]。近

年，議員の投票行動がコンピュータ解析されるようになった。このデータを使ってC・A・ワトリは，合同推進派の核は長老主義者からなり，革命体制を守り困窮から脱出する途として，原則に立った投票行動をしたととらえた[Whatley 2006]。A・マキネスは，ヨーロッパの国際関係と大西洋世界を視野に入れイングランドの意図を重視しながら1707年を論じ[Macinnes 2007b]，K・バウイは合同論議のなかに，近代的公共圏の成立をみようとした[Bowie 2007]。識字[Houston 1985]と本の流通[Mann 2000]について優れた業績があらわれているからこそ，バウイは，1707年の時点での公共圏の成立を論ずることができた。社会史の分野では，救貧法をめぐる状況をR・ミチソン[Mitchison 2000]が明らかにし，緒についたばかりの女性史研究では，中近世を対象とする論文集が刊行されている[Ewan & Meikle 1999]。

3 │ 連合王国のなかのスコットランド

啓蒙の世紀

1707年から1832年の時期は，社会経済的変化の進行にともない，政治の変革が迫られた移行期である[Devine & Young 1999; Allan 2002]。18世紀前半は，しかしながら前世紀の政治課題を未消化のまま持ち越していた。というのも，プロテスタンティズムと革命の原則を堅持する立場(ホウィグ)対，神授王権を掲げ世襲君主制の遵守を主張する立場(ジャコバイト)との緊張関係が続いたのである。名誉革命はオランダと結んでの国王交替であったので，ジャコバイトがフランスと結んで復位を企てたのも理のあることであった。また議会の合同(ユニオン)が亡命王家の復活阻止というホウィグの政治目的を包み込んでいたために，反乱側は合同に不満をもつ人びとも吸収した。1715～16年の反乱でマー伯ジョン・アースキンは1万の兵を集め，45～46年には「チャールズ王子」の率いる反乱軍がイングランドのダービーまで南下した。しかし，亡命王家はカトリック信仰に固執し，またイングランドのジャコバイトは連携せず，反乱は1746年に軍事制圧された[Macinnes 2007a]。

政治理念や合同の是非をめぐる対立が軍事決着を迎えて緊張が解けると，それまで潜在していた「改良」の試みが花開いた。こうした新しい動きは，その源流が王制復古期にあったと想定されている点からもうかがえるように，政治的忠誠の枠組を超えて地下水脈になっていたのである。例えば『政治経済学』を著した亡命知識人ジェイムズ・ステュアートや農業改良に尽力するジャコバイトの地主がいた。17世紀から18世紀にかけて，あるべき国のかたちと繁栄の双方が，求められつづけたのである。

ところで1712年に聖職推挙権が復活し，法的に地主の意向にそう牧師が職を得る土台が整った。消費を享受する商業社会へと移行したことにより，下からの共同の意思決定を重視する長老主義や厳格な教義に対し，距離をおく穏健派[Sher 1985]が，1752年以来教会内で優勢となった。その結果知的活動に教会の批判を意識する必要がなくなり，都市の上層には，知識人をはじめ貴族や聖職者が集い活発な議論のかわされる場が開かれた。スコットランド啓蒙の時代(18世紀後半〜1830年頃)，アダム・スミスやデイヴィド・ヒューム，社会学の源流ジョン・ミラなど知の巨人が輩出した[R. Campbell & Skinner 1982；Hont & Ignatief 1983]。スコットランド啓蒙については，日本でもスミス研究をはじめとして高水準の研究が蓄積されている[内田 1971；Mizuta & Sugiyama 1993；田中秀夫 1996；Sakamoto & Tanaka 2003]。

政治の実権は，1720年代から61年までのあいだ，第2代アーガイル公ジョン・キャンブルと，弟のアーチボルド(アイラ伯，第3代アーガイル公)とが握った。1784年からは小ピットと結んだ初代メルヴィル子爵ヘンリ・ダンダス，そして息子のロバートが1827年まで取り仕切った。彼らは恩顧関係の人脈を議員，自治都市，教会や大学にまででめぐらせて統御し，その政治力で合同の絆を強化しながらスコットランドの自律性も維持した。例えばダンダスはインド統治にも手腕を発揮し，上流階級の子弟は，彼の人脈で植民地に職を得ることができた。彼ら実力者は銀行を設立するといった先見の明をもち，知識人を迎えて貴族的な啓蒙の空間を支えたが，工業化の進展でしだいに彼らの統御のおよばない方向へと，時代は動いていったのである[Fry 1992]。

まずスコットランドの人口をみてみよう。1755年に126万5000, 1801年に160万8000, 1831年に236万4000である。人口増の原因として, オートミールの普及など生活条件の向上が指摘されている。都市化も進んだ。とくにグラスゴーと周辺部の増加が激しく, 1751年から1801年にかけてグラスゴーの人口は, 3万2000から8万4000に膨れ上がった。人口増の背景には, 地主の主導のもとに, 農業が生存を目的とする農業から市場を目的とする農業に転換したことがあげられる。栽培種の多様化や農法の改善, 耕地の区画と拡大といった農業改良は, 環境を人間のために合理的に整序するという啓蒙の精神の発露である。農業改良の結果ローランド農村は, 地主－借地農経営者－農場労働者の三層構造へと転換し, 余剰人口は都市に流入した。しかし合理化の流れが, ハイランドでは異なった経緯をたどった。土地は小作農(クロフタ)に細分化されて保有されていた。本来農耕に不利な土地に人口が増大して限界点に達すると, 地主が一挙に立退きを強制したのである(ハイランド清掃(クリアランス))[Devine 2006]。

　工業化を可能にした原資は, 地主階級の財力, ハイランド産の牛取引, 砂糖やタバコ貿易の利益と, 亜麻工業の隆盛からきた。さらに1695年のスコットランド銀行に続いて18世紀も銀行の創設があいつぎ, 資金を有効に流した。1770年代に最初の綿工場がミドロジアンとビュート島に建てられた。この1770年代をスコットランドの「離陸」の時とする見方がある。1800年頃動力が水力から蒸気力に変化すると, 労働力を得やすい都市部に綿工場は集中し, 39年に存在した192の工場のうち98がグラスゴー周辺に集積した。工業化と都市化が連鎖する巨大な変化の結果, ナポレオン戦争後には社会矛盾が労働争議の頻発というかたちであらわれた。1820年の「急進派戦争」ではゼネストの呼びかけに呼応した労働者が, 軍隊と小競り合いとなった。結局弾圧されたものの, 恩顧関係で人を操る政治体制はもはや限界にきていた[Devine 1975;Devine & Mitchison 1988;Whatley 1997, 2000]。

繁栄から新たな模索へ

　スコットランドにおける選挙法改正(1832年)と翌年の自治体改革によっ

て，中産階級が国政と地域の統治に発言権を得た。彼らを中核にした19世紀スコットランドの都市社会は自由主義の旗のもと，自律性を保ち，合同(ユニオン)に異議を唱えなかった。その背景に重工業の発展による繁栄と帝国の存在[Devine 2003]があった。しかし20世紀になると経済力に陰りがみえた。選挙権拡大により大衆政治へと移行し国家が領域を広げると，在地の市民社会の自律性は失われていった。さらに世界大戦と福祉社会の到来が流れを加速させたのである[W. Fraser & Morris 1990；T. Dickson & Treble 1992；Devine & Finlay 1996]。

13世紀末エドワード1世のスコットランド征服に抗して戦った英雄，ウィリアム・ウォリスを記念する碑が，1869年に一般の募金で完成した。20世紀末にウォリスはナショナリストの英雄であるが，19世紀にはウォリスは対等な合同を祝う象徴だったのであり，スコティシュネスの主張が合同の枠におさまっていたことを示す[Morton 1999]。また1843年には，聖職推挙権を否定する福音派が，トマス・チャーマーズを中心に法定教会を脱し自由教会を結成した(教会分裂)[S. Brown & Fry 1993]。長老主義を確認するこの運動も，中産階級によって担われ，信仰の覚醒により，政治変革なしで独自の帰属意識を継続強化する役割をはたした。ところで教会分裂により，法定教会が担った救貧と教育はその手を離れ，院外救済を広く認めるスコットランド新救貧法が1844年に，初等教育法も72年に成立した[Paterson 2003]。その一方で諸教会は，社会改良家チャーマーズの理想を継いで貧窮の人びとに手を伸ばし，伝道のほか，労働者の共同体形成による自助自立を促した。

こうした19世紀半ばの安定と自律を支えたのが，経済的繁栄であった。1822年，グラスゴーとエディンバラが運河で結ばれ，26年にスコットランド最初の鉄道がエディンバラ-ダルキース間で開通した。西部の主要工業拠点を結ぶ鉄道と運河のネットワークによって，鉄工業，石炭，造船，鉄鋼が連鎖的に発展した。例えば鉄工業は技術革新によりコスト削減に成功して，1825年から40年にかけて鉄の生産は20倍となった。さらにダンディーではインドから原材料を輸入しジュート工業が栄えた。しかし人件費を安く抑え，原料と市場を海外に頼っていた。そのため継続的な成長には不

利となった[Devine et al. 2005]。西部の重工業の繁栄は1830年代よりアイルランドから移民を呼び込み，51年にはグラスゴー住民の18%がアイルランド生まれとなった。移民はカトリックのアイルランド人が多数を占め，以後スコットランド社会は，微妙なかたちで新旧教の対立を含み込んだ[Devine 1991]。

1846～47年のアイルランドをおそったジャガイモ飢饉と同時期に，ハイランドの収穫も大きな被害を受けていた。ただし1847年に民間団体として「中央救援委員会」が結成されて，ローランドに避難した人びとには現金が給付されて大量餓死が回避され，長期的にもローランドや海外への移住がはかられて安定をみたのである。しかし1880年代には肉価格の下落により再び地主の地代値上げと立退き圧力が高まったので，小作農(クロフタ)の一部が実力行使にでた。1886年の小作農法制定にいたる運動の展開に，ローランド都市の急進派も連帯した[J. Hunter 1976]。創られた伝統の典型であるキルト[Hobsbawm & Ranger 1983]などのハイランドの文物が，スコットランド全体の表象とされたこともかさなって，ハイランドとローランドの対立感情は，19世紀にようやく融解したのである。

20世紀への世紀転換期は，スコットランドにも転換点となった。自由党は1832年以来圧倒的優位を保ち，首相にスコットランド貴族ローズベリやスコットランド出身のキャンブル゠バナマンを輩出した。しかし1920年代労働党がその優位を奪った。スコットランド人では1888年にスコットランド労働党を結成したケア・ハーディや，のちの首相マクドナルドらが労働党の源流をなしたのである[Hutchison 1986, 2001]。さらに1897年スコットランド労働組合会議が結成され，20世紀の本格的な労働運動の時代を準備した[Knox 1999]。スコットランド女性の参政権運動は，1867年のエディンバラに始まり，息の長い戦いが続けられた[女性史については，E. Gordon & Breitenbach 1990]。

戦間期の経済は，第一次世界大戦の終戦により供給がだぶつき，ポンド高がとどめとなって1923年以降重工業を中心に深刻な不況に陥った。1932年のイングランドの失業率は22.1%であるのに対し，スコットランドでは27.7%に達した。先が見えないと思われたスコットランドから，1921年か

ら31年までのあいだに44万6000人が流出した。この人口流出によって、将来の熟練労働者と消費者を失ったという見方もできよう。一方救貧給付に頼る人びとは1935年に43万7000人におよび、乳児死亡率の上昇や家庭崩壊などの悲劇も起きた。新聞論調では「スコットランドの没落」が声高に語られた[Finlay 2004]。

　この戦間期に、ヒュー・マクダーミッドを中心とする文芸復興が起こった。苦境のなかで「スコットランド人とは何か」を自問した運動である。マクダーミッドを含み、ジョン・マコーミクをリーダーとして、最初のナショナリスト政党(National Party of Scotland, NPS)が1928年に設立された。他のナショナリスト諸政党とNPSが再編されて、スコットランド国民党(SNP)が1934年に成立した。同党では1942年から独立をめざす路線が定着するが、45年の一時期を除いてウェストミンスタにおける議席獲得はかなわなかった[J. Brand 1978]。

　第二次世界大戦を指揮したチャーチルは、挙国一致内閣のスコットランド担当相に労働党議員のトム・ジョンストンを任命した。スコットランドの行政を統括するこの役職は、1885年に発足し、1926年に国務相として内閣の一員となっていた[Torrance 2006]。ジョンストンは戦時の緊急性を訴えて、行政による産業への介入を進め、企業誘致、国民保健の先行的実施、ハイランドの水力発電計画をおこなった。続く福祉国家の時代、1950年代末までの好況も幸いして労働者階級の生活水準は向上し完全雇用も実現した。しかし重工業を中心とする伝統産業は競争力を失い、帝国という市場も喪失したうえ、2度の大戦と産業の国有化は、必要とされていた産業の構造転換を阻害した。1960年以降、他の先進国が復興しスコットランドの競争力の低下が明らかになると、伝統産業は立ち行かなくなり、新産業の育成も進まなかった。

ポストコロニアルのスコットランド

　SNPは1967年に、労働党の地盤、ハミルトン選挙区の補欠選挙で勝利して以来、隆盛を続けた。ウィルソン労働党政権は、流れを自党に引き戻そうと1974年の2回目の総選挙で、自治議会(アセンブリ)の創設を公約に掲げ勝利した。

しかし与党労働党に自治権(ホーム・ルール)付与への根強い反対があり，スコットランド法は骨抜きになった。1979年の住民投票では法が有効になるために有権者の40％以上の賛成が必要という条項を満たすことはできず，自治の試みは失敗した。

自治運動がここで終わらなかったのは，スコットランドとイングランドの社会構造が異なり，そのため投票行動が乖離したためである。すなわちスコットランドは，1980年代までに25万人以上の労働者階級出身者がホワイトカラーへ上昇を遂げていた。福祉国家ゆえに大学進学率が上昇し，また教師，ソーシャルワーカー，公務員の雇用が増えた。福祉国家の恩恵に浴したスコットランドの有権者がサッチャ主義を支持する根拠は乏しかった。さらに1970年に労働人口のうちの組合加盟率は40％だったのが，81年には48％以上に上昇し，労働党の安定した支持基盤を形づくって，同党はスコットランド72議席中83年総選挙で41，87年に50議席を得た［Hassan 2004］。しかし全国的には1987年の時点で政権交代の可能性はなく，スコットランドは支持しない政府に支配されつづけた。

サッチャ政権のポンド高と高金利政策は，弱体化していた伝統産業に壊滅的な打撃を与え，1985年には失業率15.6％を記録した。この廃墟のなかから，外資の導入によって電子工業が立ち上がった。1990年代には金融保険業，旅行業が勃興して，98年の失業率は5.9％となった［C. Lee 1995］。

1980年代のスコットランドに，小説や詩，学術の領域で逸材が輩出した。第1節で述べた歴史研究の進展はその一局面にすぎない。1979年の政治的挫折ののち「スコットランド人とは何か」の問いに，歴史的・文学的・社会文化的な考察が渇望されており，その問いかけに応える才能を出版業と読者層が支えたのである［Nairn 1977；McCrone 1992］。

強力な反対にもかかわらず，コミュニティ・チャージ(176頁参照)が1989年にスコットランドに先行導入されたことにより，スコットランドを守る政治制度が存在しないという事実が再び耳目を集めた。これに応えるかたちでエディンバラの市民運動が，労働党と自由民主党を傘下に1989年にスコットランド国制会議(スコティシュ・コンスティテューショナル・コンヴェンション)を編成し，自治案を作成させた。労働党のブレア党首はこの自治案を公約として1997年総選挙を戦い，政権復帰を

はたした。住民投票を背景に「スコットランド法」は順調に成立し，1999年5月スコットランド内政全般にわたる一次立法権と課税変更権をもつ自治議会がドナルド・デュワーを首班として出発した［木畑 1991；B. Taylor 1999；Hazell 2000；富田 2007］。

富田理恵

4│ウェールズ

ウェールズ史問題

　古代・中世のウェールズ(Wales, Cymru)については，必要な限り第2章と第3章でふれた。中世文学を語る場合に欠かせない『アーサ王と円卓の騎士』は，アングロ＝サクソンやノルマン朝，アンジュ朝の支配に屈することなきブリット人が，ウェールズに踏みとどまるばかりか，むしろヨーロッパ中を縦横無尽に駆けめぐる，インスピレーション豊かな物語である。このブリット人が古代のギリシアに敗退したトロイアのBrutusの末裔であるという伝承も，根強いものがある。そもそもBritish (Brutisc) という語は，中世・近世にはWelshという意味であった［*OED*；P. Morgan 2000］。13世紀にルウェリン・アプ・グリフィズがウェールズを一円統治するウェールズ大公となったが，1282年にエドワード1世はこれを破って征服し，1301年には王太子（のちのエドワード2世）をウェールズ公(Prince of Wales)とした。それ以来，ウェールズ公とは即イングランド王国ないし連合王国の王位継承権第1位の王太子である［永井 1991；B. Harvey 2001］。

　ウェールズはテューダ朝の故地であるが，第4章でもふれたとおり(82, 91頁参照)，イングランド王ヘンリ8世は1536年，43年にこれを併合した。スコットランドやアイルランドと同じく「ケルト周縁」と呼ばれることがあるが，ウェールズは歴史的に王国であったことも議会をもったこともなく，またエディンバラやダブリンにあたる首都もなかったという事実は際立つ。

　中世にウェールズの守護聖人デイヴィド(Dewi)を祀る修道院が巡礼地となった。16世紀の宗教改革以来，ウェールズ語の聖書が普及して，聖デイ

ヴィドとウェールズ語聖書がウェールズ人のアイデンティティの源になっていたが,その教会は1914年までイングランド国教会のもと,キャンタベリ大主教管区にあった(57頁参照)。1920年には国教(体制教会)制度は廃止されたので Church of Wales は存在しない。司法・行政においても独自性は曖昧で,England and Wales として一括して扱われてきた。近現代の歴史叙述でも統計でも,「イングランド」といいながら,じつはウェールズも含めて想定されるか,ときにはただ看過されるという処遇は珍しくない。17世紀の「三王国戦争」において,ウェールズはどのような役割をはたしたのだろう。近代の宗教と文化と鉱工業の重要な一端を担うウェールズであるが,19世紀後半まで大学もなかった。かくして,20世紀初めの福祉政策と戦時内閣のリーダーシップを執ったロイド゠ジョージが,ウェールズ人として,また連合王国の statesman としていだいた矜持たるや,強靭なものがあった[ODNB;高橋直樹 1985]。

地理と文化

　ウェールズは山がちで,だからこそ古代・中世にわたって自然の障壁によって侵略から守られていたのだが,同時にウェールズ人にとっても南北を往還するのは容易でなかった。むしろイングランドにあってウェールズに接するチェスタ,シュローズベリ,ヘリフォード,(海峡をはさんで)ブリストルといった都市が,ウェールズの各部分と外の世界を繋ぐ機能を担ったのである。近代の鉄道時代をへても南北の違いは維持され,牧歌的な北・中部と,鉱工業の中心である南東ウェールズとで景観が異なる。

　ウェールズのうちでもとくに美しい,スノードン山地,ブレコン山地,ペンブルックシャ海岸は国立公園となっている[⇒National Parks uk]。またほぼ現在のイングランドとウェールズの境にそって,8世紀に築かれたとされる「オッファの防塁」(Offa's Dyke)があり,自然歩道となっている。1895年創立の公益団体「史跡と景勝地のためのナショナル・トラスト」は,ウェールズにも数々の資産を所管している[⇒National Trust uk]。国立博物館はカーディフに1907年に設立された[⇒National Museum of Wales]。

　1801年の国勢調査(センサス)において,ウェールズで人口1万に達する都市はスウ

ウェールズ

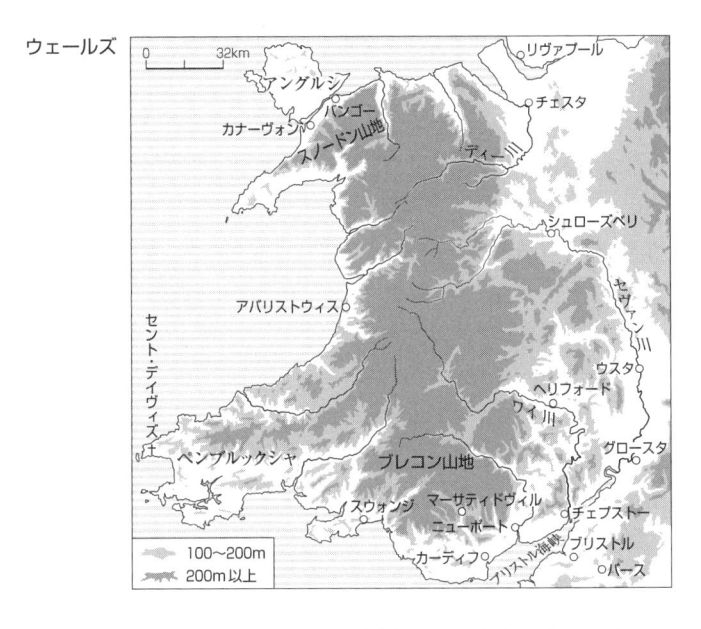

地図中の地名:
リヴァプール、アングルシ、バンゴー、カナーヴォン、スノードン山地、チェスタ、ディー川、シュローズベリ、アバリストウィス、セヴァン川、ウスタ、ヘリフォード、ウィ川、セント・デイヴィッズ、ペンブルックシャ、ブレコン山地、グロスタ、スウォンジ、マーサティドヴィル、ニューポート、チェプストー、カーディフ、ブリストル海峡、ブリストル、バス

凡例: 100～200m／200m以上

ォンジだけで，カーディフの人口が1万に届くのは，ようやく1841年であった [B. Mitchell & Deane 1971]。この「石炭の首都」という別名をもつカーディフは近現代史の所産である [Daunton 1977]。19～20世紀に工業化された南東部は，労働者共同体と階級文化の中心とみなされ，活気ある労働運動と合唱の文化を担ってきた。映画『わが谷は緑なりき』(1941年)はその一端を伝えているし，ウェールズ国立歌劇団をはじめとして，ウェールズ人歌手の活躍はよく知られている [⇒Welsh National Opera]。

　南北の違いはあっても，ウェールズ人のあいだでは相対的に非国教徒 (dissenter, nonconformist) の伝統が強く，教育熱心で，真面目な努力家が輩出している。J・ライランズ，R・オウエン，ロイド゠ジョージといったウェールズ生まれでイギリスやさらに広い世界で活躍した人びとは，そうした地域文化の賜物とみることもできる [ODNB]。さらに特筆すべきは Barry Grammar School である。このカーディフ郊外の平凡な中等学校に通う，とくに豊かでない家庭の少年たちから，J・ハバカク，K・トマス，M・ドーントンといった現代の歴史学を代表する学者がつぎつぎに巣立っ

た。彼らの仕事は、ウェールズ性よりも普遍性を志向しているようにみえる[⇒Making history (interviews Daunton)]。

ウェールズ語(Welsh, Cymraeg)は日常語および教会の言語として使用されたので、1801年の国勢調査で話者は人口の80％、1901年に50％、2001年には21％であった。BBCラジオおよびテレビはウェールズ語放送をおこない、学校教育においてウェールズ語は必修である。専門的に大学院でウェールズ史に取り組むには、英語ばかりでなくウェールズ語も必要である。1997年から労働党政権のもとで権限委譲(デヴォルーション)が進み、99年に史上はじめてウェールズの議会(assembly, senedd)がカーディフに創立され、内政全般を執行している[⇒Welsh Assembly]。

ウェールズ史研究の広がり

このように、いくつもの論点を有しながらも、ウェールズ史の研究者は限定され、とりわけ日本における専門研究者は乏しい。ラッセル・デイヴィスが従来の研究史を批判して述べるとおり、「ウェールズ即イングランドの植民地」という観点、そして「労働者階級とそのコミュニティがいかにして形成されたか」といった問題意識が強く存続し、それ以外の方面の研究はあまり展開しなかった[R. Davies 2005]。日本語で読める専門論文・著書のテーマもまた、(1)13世紀を頂点とする中世政治・文化史[永井 1991]、(2)18〜20世紀の社会経済史・労働史[梶本 2000；松村高夫 2005；久木 2006；山崎 2008]、あるいは(3)自然景観[森野聡子・和弥 2007]に集中していて、とくに(2)の集積が著しい。

これからの研究を展望すると、(1)については、自らウェールズ人であり、王立歴史学会(RHS)会長であったリース・デイヴィスが、中世ブリテン諸島のネーションおよびアイデンティティを論じた会長講演[R. R. Davies 1994-97]で問題を総括し、広い地平におきなおしている。(2)、(3)をはじめとする近現代史では、これまたウェールズ人であり、ウェールズ大学教授であるボウエンの唱える「ローカルにしてグローバルな観点」からの研究が希望をいだかせる[Bowen 2010]。また宗教史についていえば、宗教改革以来の敬虔な信仰とウェールズ性、18世紀前半のバンゴー論争における

国教会の国権主義,そして非国教徒の伝統あってこそ,先にも記した20世紀の国教廃止へと繋がったわけである。専門誌 Journal of Welsh Ecclesiastical History は1993年に Journal of Welsh Religious History と改称した。教会の歴史,教義と宗派の系譜にとどまることなく,政治社会や文化との関連を照射する宗教の歴史が,イングランドとの関係および大西洋世界の広がりも組み込んで展開することが求められる。

広い観点からウェールズ史を学ぶためには The Oxford history of Wales の6巻が標準的な通史であるが,まだ全巻は完結していない[K. Morgan 1981；G. Williams 1987；G. Jenkins 1993；R. R. Davies 2000]。専門誌として Welsh History Review が1960年に創刊されて,イングランド史の EHR,アイルランド史の IHS,スコットランド史の SHR に相当する位置を占める。

アバリストウィスにあるウェールズ国立図書館は納本図書館(13頁参照)として恵まれた条件にある。ここで A bibliography of Wales を逐年刊行しているが,さらに積極的にディジタル・アーカイヴを構築中である[⇒ National Library of Wales]。この企画はウェールズ関連のあらゆる専門誌のバックナンバーをディジタル化し,やがて手稿文書についても包括的なデータベースを構築する予定で進行している。

近藤和彦

第9章 アイルランド

1 │ アイルランド近現代史研究というテーマ

アイルランド近現代史は，西洋史でも魅力的な研究分野である。というのは，この国がヨーロッパの西端にあって一風変わった文化を維持してきたからというだけではない。近現代のアイルランドは多くの苦難を経験したため共感をいだきやすい。また苦難はイギリスによってもたらされ，他方でアイルランドもイギリスの歴史に少なからず影響したにもかかわらず，イギリス史研究ではアイルランドに相応の注意がはらわれてこなかったようにもみえる。アイルランド史を深く追求することで「イギリス史」を書き換えることができるのかもしれない。要するに研究の意義を見出しやすいのである。

だが，ここには落し穴がある。イギリスとの関係にばかり注意が向けられると，アイルランドをヨーロッパの一部として見る視角が欠落しがちになる。ヨーロッパとの繋がりは想像されるより強い[O'Connor 2001; O'Connor & Lyons 2006; Litvack & Graham 2006]。そして何より，個々の研究の意義が，「被害者アイルランドの正義」にどれほどそくしているのか，という基準で判断されかねない。完全に価値自由な研究はありえないが，まずは論理と証拠を極限まで追求すべきなのであり，安易に正邪の価値観を持ち出すことは避けなくてはならない。

筆者のみるところ，日本のアイルランド近現代史研究は方向感覚を失った状況にある。20世紀後半であれば，アイルランド史を，民族独立闘争の理想型とみなす，あるいは自発的な近代化の失敗の典型例としてみる研究の枠組が生きていた[勝田 1998, 2000]。だが現在では，内外の実証研究の進展によってナショナリズムは相対化されており，またアイルランドの

「前近代性」には疑問符がつく。なぜアイルランド史を研究するのか，再考が必要である。

以上を前置きとして，ここでは15世紀半ばから20世紀半ばまでのアイルランド島の歴史を政治史を中心に概観しつつ，研究史上の主な問題点を紹介して，最後に展望を加える。

概説としてベケットの *The making of modern Ireland* とフォスタの *Modern Ireland* が優れており［J. C. Beckett 1981；R. Foster 1989］，初学者には前者がよい。*New Gill history of Ireland* のシリーズは最新の通史だが，専門研究には Oxford の *A New history of Ireland*［NHI］全9巻の水準が出発点となる。学術雑誌で最初にあたるべきは *Irish Historical Studies*［IHS］であり，書評欄もチェックが必要である。史学史は *The making of modern Irish history* がよくまとまっており［Boyce & O'Day 1996］，*Palgrave advances in Irish history*［McAuliffe et al. 2009］もある。歴史事典は *Oxford companion* がよく［Connolly 2002］，人名事典なら *Dictionary of Irish biography* が有用である。年表は *A chronol-ogy of Irish history since 1500* が詳しい［Doherty & Hickey 1990］。新聞史料ガイドは *Newsplan* が網羅的であり［O'Toole & Smyth 1998］，手稿文書ガイドは National Register of Archives［NRA］に加えてSources（オンライン共同。第2部 A-5）が有用である。注目すべきウェブサイトは［⇒ Irish History Online］である。

2 | アイルランド王国期

テューダ朝期

ヘンリ8世が即位した1509年に，イングランド王権は名目上はアイルランド全島に支配権を主張できた。しかし王権が実質的におよぶ地域はダブリン周辺(Pale)や主要都市のみであり，島の大部分は多数の半独立した地方権力の支配下にあった。各地方権力を率いたのは，先住のゲール人の諸氏族長および，イングランド系(Anglo-Irish)の領主たちであった。ゲール氏族は60以上もあり，独自の階層秩序をなしていた。イングランド系の領主たちは，12〜13世紀の入植者(いわゆるアングロ=ノルマン)の子孫だった

が，ゲール世界との関係を強めつつ，自立した軍閥と化していた。その最大勢力がキルデア伯家であり，王権の名代(deputy)としてペイルを統治する一方で各地方権力と人的関係を築いて，実質的なアイルランド王にも似た地位を保持していた[Carey 2002]。ただし，16世紀初めには恒常的な戦争状態といえるほどに各地で紛争が頻発し，ゲール氏族がイングランド系の領地をおそうこともあった。このため，イングランドに安定した支配を確立したテューダ王権にとってアイルランドの平定がつぎの課題となった。ここにアイルランドにおけるテューダ朝の統治改革が始まる。その一ステップとして，1541年にアイルランドは王国とされ，国王はイングランド王がかねた[Bradshaw 1979]。

統治改革は，イングランド系領主が国王へあらためて臣従する一方，ゲール氏族長は領土をいったん国王に譲渡したうえで授封されるというかたちで進んだ。氏族長は爵位も与えられたが，引き換えに土地制度などでイングランド法(コモンロー)を受け入れ，同時に英語やイングランド風の服装も広められた。他方，統治改革を受け入れない者もいた。1534年のキルデア家が反乱を起こし，その後も各地で反乱が続いたため，統治改革はアイルランドの再征服ともなった。反乱は各個撃破され，連合して抵抗しようとする動きはゲール人のあいだには生まれなかった。各氏族は基本的には独立した存在だったのである。一部の氏族は王権の拡大に協力し，また多くは土地の譲渡と授封は自らの勢力基盤を固めると考えた。統治改革への抵抗の最終段階が九年戦争(1594～1603年)である。戦争の指導者アルスタのオニールは「このアイルランド島をわれわれが治める」という大義を唱え，スペインの援助を受けつつ蜂起した。この呼びかけにマンスタ氏族の一部も呼応する動きをみせた。ここにゲール人の原初的ナショナリズムをみることもできるが，ヨーロッパ的スケールでみれば，スペインに対するネーデルラントの反乱と同じように，ルネサンス君主に対する地方の反抗の一例としてみることもできる[H. Morgan 1993]。ただしテューダ朝期の政治史は，ゲール側の史料が非常に少ないというハンディを負っている。

いずれにせよ，それ以前は，本質的にはヨーロッパ最西部に位置する入植地もしくは辺境にすぎなかったアイルランド島は，九年戦争の終結とそ

の後の反乱指導者の逃亡(flight of the earls)により，史上はじめて単一の政治権力の支配に服することとなり，西ヨーロッパの他地域と政治的に同じコースを歩み始めた。ただし，こうした変化は主に統治権力に関してのものであり，本格的な社会変化はステュアート朝期のことである。

　統治改革期のイングランド系は自らを本来は国王に忠実な存在とし，二心をいだいているとみなされたゲール人と区別した。このため，統治改革は宗教改革をともなったにもかかわらず，ゲール人とイングランド系によるカトリック連合は成立しなかった。ところが宗教改革はアイルランドでは失敗する。イングランド系は自ら議会で統一法と至上法を制定し，修道院も閉鎖したとはいえ，カトリック信仰は変えなかった。またゲール氏族をみると，当時は，まだ国王の支配が貫徹しておらず宗教改革の波はおよばなかった。じつは宗教改革熱は16世紀末までは弱かった。王権からみればカトリックを改宗させるよりもプロテスタントを新たに送り込むほうが容易であり，到来したプロテスタントからすれば，特権階級としての立場を守るためには改宗が進まないほうが好都合だったのである。だが，そうしているあいだに対抗宗教改革の勢力が根づいていた[Yates 2006]。

　テューダ朝が全島に実質的支配を拡大していく過程をどう解釈するのか。大きく2つの立場がある。第一は，これをブリテン諸島全域におけるイングランド王権の支配の拡大の一環として，イングランドと島内の「イングランド地域」がゲール地域に対しておこなったものとみる。この時期には「アイルランド」なるものは政治的実体としては存在しなかったということになる[S. Ellis 1986-87, 1998]。第二の立場は，統治改革が再征服となったことについて，王権の当初からの意図だったのではなく，改革策の失敗と宮廷周辺の短期的な政治状況の産物とみる[C. Brady 1994]。なおテューダ朝期の最新の概説書として *Contested island* がある[Connolly 2007]。

ステュアート朝期(名誉革命まで)

　九年戦争の結果，イングランド王権そのものに挑戦しうるゲール人の政治勢力は消滅したが，新しくカトリックが政治勢力として登場する。宗派の分断は16世紀にはまだ不明瞭であり，17世紀に本格化するのである。カ

トリック勢力の主体はイングランド系であり，彼らは世紀前半には全土の3割を所有し，議会でも議席の4割近くを占めた(ゲール系はほぼゼロ)。ただし，国王はアルスタ植民などでプロテスタント勢力を拡大し，王権の支持基盤を強化しようとしていた。こうしてプロテスタントの新イングランド系(New English)が中央の行政官としてのみならず地方の入植者としても到来するにつれ，在来のイングランド系はいまや旧イングランド系(Old English)と呼ばれるようになり，自身の地位と財産の将来に深刻な不安をいだき始めた[A. Clarke 1966]。加えて信仰の問題もあった。ブリテン島，とくにイングランド議会で反カトリック姿勢が強まるにつれ，彼らは信仰の自由を国王大権に頼るほかなくなった。とくにチャールズ1世は信仰自由化を約束(graces)しており，その実現を期待してカトリックは革命期にも国王へ忠誠をつくした。

革命すなわち「三王国戦争」は，チャールズのスコットランド統治とアイルランド統治の失敗に端を発する。王はスコットランド討伐の資金をアイルランドで調達しようとしたが，ダブリン議会は，総督(副王として王権を代理行使)に反抗した。1641年秋にはアルスタのゲール系貴族が反乱を始めた。反乱指導者は，自衛と国王のイングランド議会からの保護を題目としたが，真の目的は，アルスタ社会を植民以前の状態に戻すことにあった。反乱が始まると指導者の意に反して多くのプロテスタントが殺された。これが「カトリックによる虐殺」として喧伝され，イングランドで反カトリック感情を強く刺激しただけでなく，チャールズの求心力を失わせることとなった[Ohlmeyer 1993；Perceval-Maxwell 1994；Macinnes & Ohlmeyer 2002]。

旧イングランド系は選択を迫られたが，新イングランド系の総督の行政府が露骨な反カトリック姿勢を示していたため，反乱に合流した。ゲール人とは人種的・文化的違いがあり，またそれまでの征服・被征服の過去もあったにもかかわらず，全島でカトリックとしてまとまる動きがはじめて成立したのである。彼らはキルケニにカトリック同盟を組織し，フランスや教皇庁とも連絡しつつ国王と交渉を始め，信仰自由化に加えてイングランド議会に対するアイルランド議会の地位向上(1494年のポイニングズ法撤

廃)を要求した。議会の地位はその後もアイルランドの国制上の大問題となる。しかし，国王は同盟の要求を容れる意志はなく，総督行政府の軍をイングランドに転用するためにカトリックとの休戦を手早く実現することしか念頭になかった。このため両者の交渉は行き詰まり，同盟は，小さな譲歩と引き換えに講和を結ぼうとする一派と強硬派とに分裂して空転した[Ó Siochrú 1999]。なお新イングランド系も，イングランドでの国王と議会の対立を受けて分裂したが，王党派が主流となった。

　革命期アイルランドの悲劇は，新イングランド系も旧イングランド系もゲール人も，互いに対立しながらも国王を頼みにしていたところで，イングランド議会がその国王を廃したことにあった。オリヴァ・クロムウェル率いる共和議会軍がアイルランドに侵攻してきたとき，諸勢力は国王の総督のもとに連合した。だがこのときでさえ足並みがそろわずに各個撃破された。彼らが降伏の条件として享受できたのは略奪の禁止にすぎず，土地は没収された。その結果，カトリック所有地は全土の約60％(1641年)から8～9％(1660年)に激減した。旧土地所有者の一部はトーリと呼ばれるアウトローとなった。また都市も，かつては旧イングランド系の牙城だったが，プロテスタントの手中に移った。このようにカトリックは反乱と暴虐の罪により改宗ではなく処罰に値するとされたのであり，ここに宗教改革の最後の機会が失われた。同時に，「カトリック」としてともに過酷な扱いを受けたため，ゲール人と旧イングランド系の違いはめだたぬものとなった。「ゲール」の再登場は19世紀のこととなる。土地所有に加えて人口構成も激変した。新旧イングランド系とスコットランド系が人口に占める比率は世紀初めの2％から，1690年代の長老派の大量流入もあって世紀末には27％に増えた。この17世紀における大規模な土地所有と人口の変化が，近代アイルランド島の複雑な歴史の大前提をなす。

　1640年代のアイルランド，イングランド，スコットランドの政治動向は，相互に関連させてはじめて理解できるとする考えは常識化しつつあり，有用な研究サーヴェイもある[Morrill 1999]。別の立場は，16世紀末からクロムウェル期までのアイルランドを，イングランドによる西への海外膨張の影響を色濃く受けた地域として，環大西洋史の枠組のなかでみる[Canny

1988, 2001]。

　共和国期は当初軍政が敷かれ，その後はアイルランド護国卿たるクロムウェルの総督が統治した[Barnard 2000]。この時期には三王国の合同議会がロンドンで開かれたが，アイルランドの利害は顧みられず，独自議会の復活を望む声が高まった。王制復古の際には，アイルランドでプロテスタントの一団がクーデタを起こし，一種の議会を開いて独自にチャールズ2世を国王として招いていた[A. Clarke 1999]。彼らは独立した立法権を求めていたが，いざ王制復古がなると正規の議会は1666年以降89年まで開かれず，この問題は後退した。当時もっとも重要な政治問題となったのは土地の所有権であり，一方のカトリックは革命前から国王へ忠誠でありつづけたことへの見返り（没収地の返還）を期待していたが，他方のプロテスタントは，共和国に仕えたものの王制復古の立役者でもあり，共和国期に得た土地と地位を譲るつもりはなかった。両者の思惑は両立しえず，この問題は名誉革命まで解決されなかった。

　名誉革命期はアイルランドにとって激動の時期となった。ジェイムズ2世の親カトリック統治に呼応して，アイルランドでもカトリックの復権が始まり，プロテスタントは逃亡し，あるいは都市で自衛組織をつくった。ジェイムズはイングランドからフランスに脱出したのちにアイルランド南部に上陸し，軍を率いて一気にダブリンまで進撃した。ジェイムズにとっては，じつはそこからすぐにスコットランドに渡ってジャコバイトと合流し，ウィリアム3世軍と決戦するほうが上策だった。しかし，当時のアイルランドはヨーロッパ次元での戦略的意味をもっていた。フランスのルイ14世からすると，アイルランドに第二戦線をつくることで仇敵ウィリアムの戦力を分散させることができたのであり，だからこそ渋るジェイムズに兵を与えてアイルランドに送り出し，さらにはすぐに決戦をおこなう冒険策ではなく長期戦を勧めたのである。

　ジェイムズ2世はダブリンに議会を召集した。議員の大多数がカトリックであり，信仰の自由に加えて，共和制期のカトリック没収地の返還を定め，さらにアイルランド議会の独立した立法権を定めた。このため，この議会は後年「愛国議会」と呼ばれる。議会に陣取ったカトリックの構想で

は，アイルランドはイングランドから自立しつつフランスに庇護をあおぐステュアート朝王国となるはずだった。だがこれは現実性がなかった。ジェイムズが議会の要求に応じたのは軍資金(課税)を認めさせるためであり，彼にとってアイルランドは，イングランド王位奪回のための踏み台にすぎなかった。

1690年のボイン川の戦いは2人の王ジェイムズ2世とウィリアム3世が対峙した戦いとしてよく知られるが，戦争はその後も続いた。フランスからの再度の援軍が期待でき，また主戦場の大陸でウィリアムが敗れる可能性もあったからである。結局，カトリックはオークリムで大敗し，リムリックに籠城したのちに講和に応じた。講和条約ではカトリック兵士は大陸へ渡ることが許され(彼らは wild geese と呼ばれた)，また残る者の実質的な信仰の自由と，「正当な」財産の保全も認められた[J. Simms 1969]。この条件は軍を早く大陸に戻したかったウィリアムの意にはそったが，アイルランドのプロテスタントにとっては寛大すぎた。フランスからのジャコバイトの反攻の脅威を直接的に感じていたからである。このため，プロテスタント支配体制として再出発した名誉革命後のアイルランド王国の議会は，講和条約を批准しながらも尊重せず，別にカトリック処罰法を定めてカトリックの信仰を迫害し，政治権利と教育の機会を奪い，土地所有を制限した。こうしてできた国制を土台に18世紀のナショナリズムが展開されることとなる。

復古王制期については，アイルランド島の枠組を超える射程をもった議論に乏しいが，王制復古を，クロムウェル期に実現したプロテスタント支配体制を覆さなかったことで重要な転回点とする議論がある。この立場からすると名誉革命は，ジェイムズ2世期の逸脱(カトリック化)からの軌道復帰にすぎない[Connolly 1992]。他方，名誉革命について，中心(イングランド)による周縁(アイルランドとスコットランド)への支配を強化したとして，イングランドの帝国支配の原型とみる議論もある[Hayton 2004；cf. McGrath 2000]。

名誉革命体制期

　名誉革命直後のアイルランドは人口希薄な社会であり、また支配体制強化のためにプロテスタントの入植が奨励されたことやイングランド王の常備軍の駐留地とされたことに示されるように、ヨーロッパの西部辺境としての性格をとどめていた。名誉革命体制期のアイルランドは最後の数年を除いて平和であり、ジャコバイトの乱にも同調しなかった。ただしジャコバイト主義的な言説は広くみられ[Ó Ciardha 2001]、これを警戒したプロテスタント支配層によって、とくにフランスとイングランドの戦争時にカトリック処罰法が定められていく。とはいえ行政府は、多岐にわたる処罰法のすべてを厳密に施行する力をもたず、信仰が迫害されたとしても短期的な現象であった。18世紀半ばになると処罰法の目的は富(土地)と政治権力のプロテスタントによる独占の維持として再定義され、さらに1770年代からイギリスの国際戦略上の必要(兵士の確保とアイルランドの政情安定化)を受けて段階的に撤廃されていく。なおこうした法による宗派差別(国教会体制)は同時代のヨーロッパに広くみられたもので、アイルランドの特殊性は少数派が多数派を圧迫した点にある[Connolly 1992]。

　カトリックのほかに、非国教徒(ディセンタ)(大半が長老派)が人口の10％を占めたが、人数(国教徒とほぼ同数)と組織力によって、またイングランドとスコットランドの長老派との結びつきもあって、彼らも国教会体制に対する潜在的な脅威とみなされた。このため彼らの全国・地方政治と公職への参与は制限された(審査法・自治体法)。しかしこれらの措置はイングランドに約30年遅れており、まもなく実質的に緩和されたし、正式の制限撤廃はイングランドに先んじた。こうした不徹底は、本質的に入植者であったプロテスタント諸派の立場を反映している[Barnard 2003]。

　ジョージ1世・2世期、とくに平時には、支配階級たる国教徒の貴族層は、国制・国政の安定を背景に、家門の強化を主な関心事として、全国政治よりも地方政治を、議会よりも巡回裁判(アサイズ)(69頁参照)を重視した。だが、七年戦争後、アイルランドおよび北大西洋の政治世界は大きく変わる。アイルランドでは、アメリカ独立戦争期に国土防衛のための義勇軍(Volunteers)運動が高揚し、これが中層以下のプロテスタントの政治化をも

たらしつつ，イギリスに対する通商および政治主権上の要求を掲げるにいたった。当時アイルランド王国と北米の13植民地の国制は，どちらもイギリスの議会王制のミニチュア版として国王（を代理する総督）とそれぞれの議会をもちつつも，イギリス議会の立法権にも服していたという大枠で共通していた。この立法権の二重構造を排除する際に，一方の北米植民地はアメリカ合衆国（共和国）となってイギリスの王と議会の両方と絆を断ったが，他方のアイルランドはイギリス議会の立法権を排除しつつも王との絆は保った。グラタン議会体制（1782〜1800年）がそれである［勝田 2002；富田・金井 2002］。ここにアイルランドは形式上は主権国家と呼びうる存在となった。政治化と主権獲得により，この時期にはプロテスタントの「国民」意識が高揚するが，その性格は陰影に富む。イギリスからの入植者の子孫としての意識は弱まる一方で，王室への忠誠心と姉妹国イギリスへの好意の示威もさかんにおこなわれた。他方で独自の国民文化のルーツを求めて過去への関心が強まり，ゲール文化を「自らの」起源として再評価する動きもあった［Leerssen 1996］。当時ヨーロッパにみられた「先住民ケルト」への関心のアイルランド版といえる。

　18世紀アイルランドは，イングランド型の地主支配に基づく互酬社会なのか，あるいは大陸の旧体制（アンシャン・レジーム）と共通性が強いのか，それとも植民地だったのか。アンシャン・レジームの一類型とする議論が波紋を投げかけてきたが［Connolly 1992］，これに対し，議会が機能していた点で大陸諸国とは異なるとの反論がある［Hayton 2004］。植民地性を強調する議論のうちには，ジャコバイト主義を継承したカトリックの政治意識に，プロテスタントのものとは別のナショナリズムの流れを見出そうとするものもある［Morley 2002；cf. D. Dickson 2004］。ほかに政治史の必須文献として *Fall and rise* があり［T. Bartlett 1992］，通史としては *New foundations: Ireland*［D. Dickson 2000］および *Divided kingdom* がある［Connolly 2008］。J・ケリの精力的な研究も注目される［Kelly 2007 など］。

　かつて18世紀アイルランド経済史研究の関心は，「工業化の不在」とその点でのイギリスの抑圧的政策（規制）の役割にあった。とくに繊維工業への規制が産業革命との関連から注目された。だがじつは，イギリスはアイ

ルランド経済を従属化させようとする一貫した意図はもたず, 諸規制は短期的な政治状況の産物であり, 規制の結果も, むしろ他の産業の活性化をもたらした。18世紀の経済は高度に商業化されており, 農業生産は順調に拡大を続け, 亜麻織物をはじめ工業も発展し, 機械工業の登場という意味での産業革命すら経験するなど,「正常に」機能していた[Cullen 1987a]。また首都ダブリンはブリテン諸島第二の人口を誇るまでに急成長した。

グラタン議会が「主権」を得たため, 国政上の中心争点は議会改革となった。だが改革論者はカトリックへの参政権付与をめぐって分裂した。これは名誉革命体制を揺るがす大問題であり, その後も半世紀間, 国制・国政上の難問となった。1790年代にはいるとフランス革命の影響もあって, 改革の気運は再び高揚した。再登場した改革論者は急進性を強めていたが, とくに政治結社ユナイテッド・アイリッシュメンは積極的な公論喚起キャンペーンを展開して, アイルランド政治からイギリスの影響力を排除するために「腐敗した」議会を改革し, さらにそこにはカトリックも含める必要があると唱えた。彼らは倫理的な情熱もいだいており, 一人前の市民は政治参加の権利をもつべきだが, また逆に政治参加がより良き市民をつくるとも考えていた。言い換えれば, 政治主権獲得のみならず国民(ネーション)の創出をも構想していたのであり, ここに本来の意味でのナショナリズムの出発点がある。

ユナイテッド・アイリッシュメンは弾圧を受けるが, 秘密結社へ変貌し, 軍事蜂起による共和国の建国を目的とする地下革命運動を開始した。彼らは1790年代のヨーロッパ各地に登場した反体制組織のうちもっとも急進的かつ強力であり, さらには19世紀前半のヨーロッパにみられた秘密結社を基本組織とする革命運動の先駆をなした。つまり全ヨーロッパ的な意義をもったのである[D. Dickson et al. 1993 ; N. Curtin 1994]。実際, 1790年代後半のアイルランドは1世紀振りにヨーロッパ次元での戦略的な意味を与えられた。拡張主義に転じた革命フランスにとっても, アイルランドは対イギリス第二戦線を形成するに好都合な場所だったのである[M. Elliot 1982 ; Gough & Dickson 1990]。総裁政府は, ユナイテッド・アイリッシュメンの誘いに応じ1796年に大部隊を派遣したが, 悪天候により本隊は上陸

をはたせず帰投した。翌年にも遠征が計画されたが挫折する。1798年に3度目の遠征軍が編成された。しかし指揮官に指名されたナポレオン・ボナパルトは計画を時期尚早として退け，エジプトへ向かった。数日後にアイルランドで反乱が始まった。総裁政府が急ぎ送った遠征軍は小部隊ながら一時的にコナハトを占領したが，反乱の大勢には影響しなかった。

　1798年5月に始まった反乱は，多くは小規模な戦闘だったが18州で蜂起をみた。政府軍は反乱をイギリスからの増援なしに鎮圧したのであり，反乱は実質的には独立戦争というより内戦であった。じつは1790年代を通じ，行政府は民兵や郷土義勇軍などを創設して物理的強制力を大幅に増強し，勃発前から「反乱」の弾圧を始めていた[T. Bartlett 1996；cf. Cullen 2000]。このためユナイテッド・アイリッシュメンの全国組織は分断されていた。ただし地方には根強く浸透しており，最大の反乱をみたウェクスフォードは数カ月間「共和国」を維持した[Cullen 1987b]。全土では反乱軍に投じた者が3万～5万人，死者が2万～3万人と推算され，ブリテン諸島史上最大級の流血となった。死者の大多数は反乱軍側のものだが，反乱後の報復・懲罰で命を落とした者も少なくなく，この傷が癒えるまでには数十年の年月を要することとなる[T. Bartlett et al. 2003]。

　イギリスにとっても，アイルランド社会の改革（イギリス化）が課題となったが，そのためには両国の関係強化が大前提であった。反乱勃発直後から，ロンドン政府首脳は議会合同による連合王国の形成を考え始めていた。名誉革命体制下のブリテン諸島では議会がもっとも重要な政治機関であり，議会合同は両国の関係強化の根本的な手段であった。またほかの利点も期待できた。グラタン議会体制は政治国民の信頼を失っていたが，しかし議会を改革してカトリックの参加も認めると，アイルランドは遠からずカトリック国となりイギリスとの絆は弱まりかねない。だが合同議会であればカトリックは少数派にとどまるし，加えて長年の懸案事だったアイルランド議会の地位の問題も「解決」できる[Keogh & Whelan 2001；M. Brown et al. 2003]。フランス革命・ナポレオン戦争期にヨーロッパの国境線は大きく変わるが，以上の構想に基づく連合王国の形成はそのブリテン諸島版である。

3 | 連合王国から南北分離・独立へ

19世紀前半

連合王国は合同法（Act of Union）が1800年に両国の議会を通過するかたちで成立したが，実質的にアイルランド議会の吸収合併を意味したため，行政府は利権をちらつかせてダブリンの反対派の議員に圧力をかけていた。1801年1月1日，連合王国の発足とともにアイルランド王国は260年の，ダブリン議会は約500年におよぶ歴史を閉じた。アイルランド選出庶民院議員は300人から100人に減らされ，イギリス（558人）と比べると人口比において不公正だった。他方で64人が州選挙区代表であり，この点ではイギリスより「民主的」だった。このためもあって19世紀前半のアイルランドで議会改革運動は高揚しなかった。

アイルランドは，公式には「国王陛下の連合王国のうちアイルランドと呼ばれる部分」となった。だが合同法は，議会と国教会の合同を除くと両国の統治機構や社会構造を変えることはなく，旧王国の法はそれぞれ存続し，ダブリンには総督の行政府が残った。何より，カトリック差別（実質的にはアイルランド差別）が残り，議員資格が与えられなかった。このことは連合王国の将来に重大な意味をもつこととなる。18世紀後半に処罰法撤廃を後押ししたイギリスはカトリックから味方とみられたが，連合王国にあっては差別撤廃の妨害者とみなされた。このため，イングランド＋スコットランドが Great Britain を生んだのとは違い，グレートブリテン＋アイルランドが Greater Britain を生むことはなく，連合王国は真に統合された国家とはならなかった［B. Jenkins 1988］。

18世紀末以降のアイルランドは高度に政治化された社会であり，ユナイテッド・アイリッシュメンだけでなく，1820年代と40年代にオコンネルによって展開された政治運動も，ヨーロッパの民衆政治の革新をなした。各地を遊説して民衆を煽動・動員しつつ政治集会を開き，その結果を新聞などで報道させることによって，人数と言論の力に基づく公共的な政治空間を議会の外につくりだして政府に圧力をかけたのである［O'Ferrall 1985; Geoghegan 2008］。19世紀後半には政治化はいっそう進み，総督の任を2

度務めたイギリス貴族によって，アイルランド農民の政治的水準は，アメリカの政治文化の影響もあって社会状況と比べ100年進んでいると指摘された。

　19世紀初めの30年間，最重要の政治問題はカトリック差別の問題だったが，オコンネルの運動が1829年に差別撤廃をかちとった。運動に参加したカトリック民衆の観念には，反プロテスタント，反イギリスといったナショナリズムの要素も指摘できるが，オコンネル自身はというと，連合王国の国制にカトリックが完全に参与するために差別撤廃を求めていた。彼は，アイルランドがイギリスと同等の扱いを受けるならば連合王国の解体（合同法の撤廃〈リピール〉）は必要ないと明言していた。だが，アイルランド社会が差別撤廃以降も改革を要していたにもかかわらず，連合王国議会はその必要に対応しきれなかった。このためオコンネルは，この国制の試みは失敗だったと考えて1840年代にリピール運動に乗り出した。ただし，一種の自治議会をつくること以上の未来図はなかった。オコンネルはイギリスとの完全分離（共和制への移行）は考えていなかったが，すでにカトリック差別が撤廃された以上，破産したグラタン議会体制への復帰もありえなかった。とするとダブリンの新議会はいずれはカトリックの議会となるはずだったが，イギリスの政治家と公論は，急進主義者も含めて，カトリック国と同君連合をなすことには断固反対であった。アイルランドのプロテスタントも，少なからぬ者がカトリック差別撤廃には賛成していたが，オコンネルに動員されたカトリック民衆の熱狂と聖職者の政治参加をみて不安を覚えていた。このためリピール反対派が形成された。これはとくにアルスタで強固であった。結局，オコンネルの大衆動員戦術は，政府の弾圧姿勢もあり，リピールでは不成功に終わった［MacDonagh 1988, 1989］。

　同じ頃，トマス・デイヴィスら青年アイルランド派によって革新的な運動が始まっていた［Molony 1995］。運動の機関紙『ネーション』の発行部数は毎週1万部，当時世界で最高水準であり，リピール運動の高揚に貢献した。青年アイルランド派は，ここで「アイルランド国民」のゲール期からの歴史や文化（おもに文学）を紹介・捏造した。こうした動きは18世紀末からプロテスタント知識人のあいだにみられ，大学のアイルランド語講座

や各種団体が設立されつつあったが，青年アイルランド派はいわば伝道者として，民俗的世界に生きていた民衆に対して[Donnelly & Miller 1998]，国民意識を吹き込もうと試みたのである。彼らは，とくに言語を，国民の記憶の運び手でありかつ魂に活力を与えるものとして，領土より尊重すべきとした。ただし彼らの「文学」は英語で表現された(『ネーション』も英語紙)。彼らの考えでは国民とは諸個人に先立って存在する社会的実体であり，ヒトは国民共同体に生まれることによって人間となるとされた。こうしたロマン主義的な超越論は現実性に欠ける面もあった。彼らは国民を宗派の壁を超越したものと想定したが，じつはこの問題はアイルランドのナショナリズムにとって永遠の課題ともいえた。ユナイテッド・アイリッシュメンがこの問題に取り組んだときには法的差別の撤廃が焦点だった。だが差別撤廃後も宗派対立はやまず，生活領域にもおよんでいた。青年アイルランド派は，信仰を公的領域から閉め出して個人の内面の問題とすることで対処しようとした。これはしかしプロテスタント優位の既存の社会体制の維持を意味し，カトリックにとっては受け入れがたい考えであった。

　この時期には，主に学校教育を通じた「イギリス化」が始まっており，青年アイルランド派の運動はそのことに対する危惧も一因としていた。アイルランドは公教育でブリテン諸島の先進地域だったが，主な動機はカトリックの改宗であった。18世紀にはプロテスタント系の学校が公認の初等教育を独占した一方で，カトリック児童は生垣学校(ヘッジスクール)と呼ばれる私塾で学ぶことを黙認されていた。19世紀にはいると教育機会を公認されたカトリックの教育熱が高揚するが，1831年，政府は教育局を設け，全宗派の児童の混合教育学校を設立していく。政府の監督による全国初等教育の開始であり，イギリスに約40年先行していた。教育局のつくった教科書は連合王国と帝国で広く用いられた。ただし，アイルランドは地理的存在としてしか記述されていなかった。いずれにせよ，宗教教育上の対立もあって，教育局の監督する学校の大半は宗派別に運営されることとなり[Akenson 1970]，初等教育はその後もさまざまな政治局面に登場する難題となる。

　オコンネルの運動を支えた大量の農村民は，18世紀後半から19世紀前半に出現した。この時期に人口は4倍に急増していた。その原因として，か

つては栄養的に優れたジャガイモの普及が原因とされたが，現在では複数の要因があげられている[Ó Gráda 1989]。18世紀後半以降の農村では一揆が頻発した。ホワイトボイズと総称される農民集団が秘密結社をつくって夜間に活動し，「真夜中の立法者」と呼ばれるほどに勢力をもった[Beames 1983;S. Clark & Donnelly 1983;Philpin 1987]。なお秘密結社については，政治結社も多く結成され，ヨーロッパでも例外的なほどの発達をみた地域となった[T. Williams 1973]。ただし一揆や秘密結社に女性の参加はなかった[O'Dowd 2005]。

急増していた人口が突然減少に転ずるのは，19世紀半ばの大飢饉とその後の人口流出による。大飢饉の死者は100万人強(人口の約12％)とされるが，被害は西部に集中しており，必ずしも全国的現象ではなかった[Ó Gráda 1999, 2006]。大飢饉の原因については慎重な議論を要するが，救恤(きゅうじゅつ)が焦点のひとつとなっている。連合王国政府は最盛期には1日300万人に食糧を無償供与できたが，これを中断して公共事業と新救貧法を柱とする救恤体制に切り替えたのは大失敗であった[Donnelly 2001]。

移民はじつは大飢饉の前から始まっていた。大半がアメリカに向かったが，イギリスに渡った者も多い[MacRaild 2006]。大飢饉後に移民のペースはあがり，19世紀末にはアイルランドで生まれた人間の約4割が国を去ることとなった。大飢饉時の移民は家族移民が多かったが，19世紀の移民の主役は単身の若者であった。ただし経済的・政治的抑圧から逃れようとした難民だったのではなく，行き先の事情(プル要因)に応じてさまざまなタイプの人間が移民していった[Bielenberg 2000;Fitzgerald & Lambkin 2008]。

連合王国期のアイルランド経済について，旧来の通説では，かつての経済規制は撤廃されていたものの，保護関税も失ったために脱工業化を経験し，これが余剰人口の移民の一因となったとされた。これは一種の自由貿易帝国主義論だったが，じつは保護関税撤廃の影響は小さく[F. Geary 1995]，19世紀アイルランド島経済は，帝国市場へのアクセス，教育，社会保障，治安などの要素も考えると連合王国形成によってむしろ実利を得ていた。たしかに，19世紀のヨーロッパ各地で都市が発達した一方でアイ

ルランドの都市化は進まなかった。だがベルファストは世紀後半に大工業都市へと変貌し、ベルファストの機械亜麻工業は、アイルランドのみならずイギリスの手織り亜麻工業をも滅ぼした。アイルランド島は工業化を経験したのである[Cullen 1987a]。

19世紀後半

　青年アイルランド派は1848年に小蜂起を試みて失敗したが遺産も残した。スティーヴンズらのちのフィーニアン(IRB)の主メンバーは『ネーション』から強い影響を受けており、蜂起にも加わっていた[Ramón 2007]。またアメリカのアイルランド移民の政治結社が、蜂起から強烈な刺激を受けて活動を強めた。これ以降、本国のナショナリズムをアメリカ移民が支援する関係(環大西洋ナショナリズム)が始まる。その背後にはアメリカにおいてカトリック移民が受けた差別があった。IRB は彼らが後押しするかたちでアイルランドに秘密結社として発足したのであり、アメリカからの資金援助を頼りにし、また1867年のダブリン蜂起もアメリカからきた指導者のもとで敢行するなど、双頭の組織として活動していく[高神 2005; B. Jenkins 2006]。IRB は青年アイルランド派とは違って名望家に敬意をはらわなかった点で大衆的だったが、人民の政治教化を構想してはおらず、また地下運動にとどまった。とはいえ、武力による共和国建国を目的とする強固な組織がアイルランド社会に根づいたのであり、自治主義的ナショナリズムとは一線を画する運動として19世紀後半から20世紀初めの政治史で見逃しえない存在となる[McGarry & McConnel 2009]。

　ただし、ヴィクトリア中期のカトリック大衆を全体としてみれば、主な政治的関心は連合王国内で実利を得ることにあり、分離独立や自治の獲得によって国制上の地位を変更することにはなかった。大飢饉の衝撃により、アイルランドに自治能力があるのかどうかさえ疑われていた。また実際、実利は改革のかたちで与えられ始めていた。グラッドストンが国教会制度を廃止し、国家と教会の公式の絆を断ったが、これは同時代のヨーロッパ、そして現在の連合王国と比較しても国制上画期的な措置であった(アイルランドの聖職貴族は貴族院を去った)。また土地法が制定され、土地財産の

不可侵性の原則に風穴を開けた。これらの措置はアイルランドをイギリスとは違う原則で統治することを認めたものであり，また同時にアイルランド人口の多数派の考えにそくしたものでもあった。言い換えれば，非公式なかたちでの自治を与えるのに近い性格の改革だったのである。

じつはグラッドストンの意図は，こうした改革（譲歩）によってアイルランドを連合王国体制に強く結びつけることにあった。この戦略はしばらく有効に機能した。たしかに，公式の自治を求める声もあがってはいた。自治運動を始めたバットは，アイルランドのかかえる諸問題の解決のためには適切な制度（自治議会）をつくっていっそうの改革を進める必要があると考えた。バットは反イギリス感情はもたず，両国のあいだに最良の関係を見出す手段としても自治（じつは連邦制）を考えていた[Bull 2004]。ただしバットの運動はダブリンの外には影響力をもたず，大衆基盤もなく，議会でも彼の一派は無力であった。この一方で，地主や聖職者らのプロテスタント保守派は，自由党政権下の連合王国政府が改革に性急すぎると考え，一時は自治議会（とくにアイルランド貴族院）をつくって抵抗することを構想した。しかし自治アイルランドにあっては，自分たちの特権的地位がいっそう急速に失われる可能性のほうが大きいため，結局自治反対派にまわった。また，当時イギリスでもっともアイルランドに同情的な政治家であっても自治を認める用意はなかった。ところが，世紀末にはアイルランドはもちろんイギリスの政治家の多くも自治を不可避と考えるにいたる。その流れをつくりだしたのが，パーネルによるナショナリズムの高揚とグラッドストンの自治主義への方針転換である。

パーネルは土地同盟を率いて「土地戦争」を指導したことで全国的な声望を得た。土地戦争は前例のない規模で展開された大衆運動だったが，地主の抑圧に対する借地農の「正義の」戦いというより，土地同盟とIRBによる反地主主義（プロテスタント地主をよそ者で土地の簒奪者とみなす）的煽動と組織化の産物としての性格が強い[Bull 1996；Lane & Newby 2009]。当時は不作と海外農作物との競争による価格下落の同時発生による農業危機の時期だったとはいえ，それ以前の20年間以上も農村は好況に潤っており，不況は心理的な要素も強かったのである。

パーネルは土地法の制定を受けて土地戦争を終結させると, 直後に国民同盟を設立して大衆のエネルギーを自治に方向転換させた。パーネルはカリスマ的信望の点ではオコンネルに一歩譲ったが, 彼の自治運動は借地農の反地主主義, IRB流の行動主義, そして議会主義を統合しており, リピール運動よりも裾野が広かった[Bew 1991; A. O'Day 1998a]。パーネルはプロテスタントだったが, カトリック教会とも良好な関係を結んでいた。19世紀のアイルランドでは人口が減った一方で聖職者の絶対数は増えつづけたので, カトリック教会はもっとも強力な社会機関となり, ナショナリストのみならず政府にとっても教会を取り込むことが重要な政治的課題となっていた。議会でパーネルは, 土地戦争期から得ていたアメリカ移民の援助資金を用いて議員の忠誠心を確保し, ここにアイルランド選出議員ははじめて政党としてまとまった。さらに自由党と公式に連合し, 行動の自由と引き換えに自治への後押しを得た。ついにイギリス側が自治に賛成したのである。

ただしグラッドストンにとって自治とは, アイルランド行政府がダブリン議会ではなく依然としてロンドンの議会に責任を負うと構想されたように, 連合王国の枠組の修正にすぎず, 完全分離を防ぐための自由主義的改革の延長ともいえた[Biagini 2007]。他方パーネルは, 彼やバットとは違ってリベラリストではなくナショナリストとして自治を求めており, グラッドストンの自治構想に不満も表明した。ただし, パーネル一派は「民族の再興」を唱えたものの, 彼らの「自治」の内容には曖昧さが残った[Boyce 1995]。じつはパーネル個人の政治観念は18世紀のプロテスタント・クレオールの延長線上にあり, 首都ロンドンに対する周縁の抵抗の論理として, 北米植民地の独立運動との共通性も指摘できる[Claydon 1991]。パーネルは, 社会観においても地主の名望家社会を理想としていた。つまり, 文化的アイデンティティに根ざす, のちのゲール主義のナショナリストたちとは違っていた。

第1次自治法案は1886年に庶民院で否決された。だがこれ以前には, オコンネルのもとであれ自治の構想が法案上程にこぎつけたことさえなかったのである。そして, 同法案への賛否で自由党が分裂し, またのちに

自治反対派(ユニオニスト)が保守党と合流するといったように，自治問題は連合王国の政治を揺るがす大問題となっていく。実際1869〜1914年に，連合王国議会でもっとも多くの時間が割かれたのはアイルランドの自治問題と農地問題であった。パーネルは1890年に不倫スキャンダルで失脚するが，アイルランド選出議員の大部分は自由党との連合を維持した。その連合によって政権を奪回した自由党は，第2次自治法案を提出し今度は庶民院を通過させるが，貴族院で否決される。その後は，自由党が自治への関心を弱め，また保守党が「自治封じ込め」のスローガンのもとで導入した建設的ユニオニズムの諸改革(農地改革と地方自治体改革が柱)と全般的な経済の好況もあり，政治国民は現状に満足していったようにみえる［Maume 1999］。第3次自治法案の上程は約20年後のこととなる。

1898年の地方自治体改革は，人民の政治参加を大幅に拡大したことで，地方政治の次元での「自治」に通ずる措置となった。農地改革は，実質的な土地の二重所有を定めたのち，さらに借地農による農地購入への補助金制度を導入して，1922年の自由国成立までには地主制をほぼ消滅させることに成功した［高橋純一 1997］。これは16〜17世紀にゲールの土地制度が崩壊して以来の土地制度上の大変革であり，アイルランドはヨーロッパで最初にいわゆる地主階層を消滅させた国となった。

アイルランド近現代史研究で日本人がオリジナルな貢献ができるのは主に19〜20世紀史だが，とくに自治問題は史料に恵まれている。その反作用であるユニオニズムも，イギリスの「帝国意識」の問題と結びつけることで成果が期待される。ただし，3度の自治問題高揚期を単純に比較してみても無意味であり［cf. A. O'Day 1998b］，南北分裂や北アイルランド問題の直接の原因をパーネル期に見出すことは難しい。アイルランドの政治構造は19〜20世紀転換期に大きく変化するのである［Boyce & O'Day 2004］。

世紀転換期から独立へ

19世紀政治史をひとまとめに把握するのは難しいが，共通するモチーフは，大枠としての連合王国体制の修正・変更の試みである［A. Jackson 2003］。ただしリピール運動も自治運動も，国王や帝国との繋がりまで断

つ意図はなかった。帝国は，イギリスを主人とする連合王国になじめなかったアイルランド人，とりわけカトリックにとっての避難所でもあった [T. Bartlett 2001；Kenny 2004]。しかし19～20世紀転換期にこの構図が変わり始める。一種の知的ルネサンス状況が生まれてアイルランド人の思考様式を変革していくのだが，それを担った組織・運動は主なものだけでもゲール同盟，シン・フェイン，文芸復興運動，労働運動など多様であり，また互いに食違いもあった。重要なことは，「古来からのアイルランド民族の一体性」の理念に基づいてゲールとアイリッシュを同一視し，そのうえでアイルランド社会の諸問題について，イギリス文明の処方ではなく対抗文化たるアイルランド式の解決法で臨もうとする発想が登場したことである。このため文化の（再）ゲール化が唱えられることとなるが [Garvin 1987；J. Hutchinson 1987；T. McMahon 2008]，こうした試みは，人口減少に悩む小国の懸命の国運浮揚策であった一方で，同時代のヨーロッパの政治的・知的動向と同調してもおり，ピアースのように，暴力による破壊と再生を退屈なブルジョワ文化に対置して神聖視する傾向もみられた。

　ゲール化は，「創られた伝統」の側面もあったが，原理主義的で極端な試みだった（イエイツら反対する知識人もいた）。ゲール体育協会は，「伝統」スポーツの普及に努める一方，メンバーに「輸入スポーツ」の観戦さえも禁じようとした。ゲール同盟（会長ハイド）は，知識人の民俗学的関心や，かけ声に終わった青年アイルランド派の運動を超えて，アイルランド語を実際の話語として復活させようとした。そのために各地で言語教室を主宰し，新聞を発行し，アイルランド語を国立3大学の入学必須科目とさせることに成功した。こうした動きの結果，連合王国議会でアイルランド語で発言しようとする議員もあらわれ，1921年以降の半世紀間に自由国・共和国で閣僚・公務員の任にあった者の半数以上は，ゲール同盟に在籍した経験をもつこととなった。

　ただし，ハイドは政治から距離をおいていたため，ゲール化が直接に政治的な意味をもったのは，シン・フェイン運動と結びついてのことである。この運動は，思想面では諸潮流の混合であり，当初は青年アイルランド派的な「開かれた」国民の観念をもち，その後ゲール主義に傾斜していくが，

アイルランド社会の未来図とそのための行動プログラムを明確に示した点に，最大の強みがあった。指導者グリフィスがめざしたのは，連合王国内での自治にとどまらぬオーストリア゠ハンガリー二重帝国型の同君連合であり，このためにはアイルランドが文化的のみならず経済的にも自立することが必要だったが，彼はハイドとは違って農村に郷愁を感じることはなく，工業に将来を託して，労働運動を批判しつつ産業保護を唱えた。とくに重要なのが，政治的自立のために彼が唱えた戦術であり，アイルランド選出議員は連合王国議会より退き，また市民は連合王国下の官公庁を無視しつつ，その一方で，独自に議会と政府を組織してその正当性をイギリスに認めさせるというボイコット戦術が提唱された。

　ここに，議会法で自治を得ようとするパーネル以来の自治主義や，IRB流の行動主義とは別のかたちのナショナリズムの路線が登場したのだが，じつは当時ナショナリズムの本流はまだ自治主義だった[Wheately 2005]。1910年の総選挙で自由党は絶対多数を得られず，アイルランド選出議員と連立したため，第3次自治法案提出への道が開かれた。1914年，自治法案はついに議会を通過した。同法は依然としてアイルランドの連合王国からの分離（二重王国化もしくは自治国化）までは定めていなかった。しかしアルスタのユニオニストは，自治アイルランドにあっては少数派のプロテスタントの宗教的・市民的自由は脅かされ，またベルファスト近辺の工業も衰退するとして，この法案に断固反対していた。これは第1次自治法案以来続く反対論だったが，今回はユニオニズムは保守党の支持を受けつつ武装ポピュリズムの性格を帯び，内戦を辞さない姿勢さえみせた[T. Bowman 2007]。この圧力の結果，自治法案は第一次世界大戦終了まで施行を待つとの条件を付され，問題の先送りがはかられた。この間ユニオニストの強力なアルスタ自衛軍に対抗して，ナショナリストもアイルランド自衛軍で武装した。ここにユニオニズムは自治への反対からアルスタの除外へと矮小化されたが[J. Smith 2006]，同時に自治問題の平和的解決の可能性も小さくなっていった。

　自治主義者は第一次世界大戦によって困難な立場に立たされた。連合王国が戦争状態にある以上，反イギリス的な姿勢はとりにくくなっていた。

彼らは戦争を支持しつつ、南北の自衛軍が国土を侵略から守るべきとの見解も示した。ここには、戦争努力を通じて南北の感情的対立を昇華できるとの目算もあった。だがこうした姿勢をみせたことによって、自治主義はアイルランドのナショナリズムの主な体現者としての地位を失い、いわば連合王国内での権限委譲（デヴォリューション）の問題へと色あせてしまった。この一方で、大戦の影響もあって、暴力を政治目的達成のための正当な手段とみなす考えが広まった。こうした観念を現実に支えたのがIRBであり、ナショナリズムの指導者の多くはIRBに所属経験があった。IRBはアイルランド自衛軍形成にかかわり、その後ゲール同盟にも浸透しただけでなく、1916年のイースタ蜂起にも中心的な役割をはたすこととなった。

イースタ蜂起は、アメリカ移民の政治結社の後押しを受けて、公式敵国のドイツからの支援をあてにして計画・敢行された。支援はこなかったが、1803年や48年、67年の蜂起とは違って大規模な戦闘を引き起こした。カトリックが主役だった点でも前例とは違い、また共和国が宣言されたがカトリック教会から指弾されることもなかった[Townshend 2005]。蜂起への大衆の反応は当初冷淡だったが、政府の対応がまずく、年内に世論は大きく変わった。1918年の総選挙では、アルスタでユニオニストが勝利し、また南ではシン・フェインがカトリック教会の支持を受けつつ下部組織を劇的に拡大しており、蜂起の主役とイメージされたこともあって自治主義者に対して地滑り的勝利を得た。ここに自治主義のルートは閉ざされ、ナショナリズムの表舞台がロンドンからダブリンに移動した。

1919年1月、ダブリンにシン・フェインの「議会」が開かれ、アイルランド語で討議して、イースタ蜂起における「独立宣言」を批准し、「憲法」を制定した。続いて現実の独立をこのままボイコットを続けて達成するのか、それとも武力によってかちとるのかという問題が浮上したが、このディレンマは公式政府が解決した。同年に弾圧が始まり、シン・フェイン「政府」は地下組織へ変貌しつつ財政や地方政治、司法などの各分野で徐々に権力を掌握していった。二重権力状態が生じ、政府は警察を増強して弾圧姿勢を強め[Townshend 1975]、シン・フェインも、アメリカ移民からの巨額の資金援助に支えられてゲリラ戦で対抗した[Doorley 2005]。

主な軍事力はアイルランド自衛軍だったが，IRBの影響力が強かったためアイルランド共和軍(IRA)と改称し，統制を強めていった。この独立戦争は「戦争」のイメージとは異なる。だが，小規模ながら戦闘とテロが頻発し，当時のアイルランド社会では暴力が日常化していた[Hopkinson 2002]。

　世紀転換期から独立戦争までの激動の帰結は，南北の分離と南の実質的な(不完全な)独立であった。1920年のアイルランド統治法で，南北を分割したうえでの双方の自治が定められた。南北両アイルランドは連合王国内にとどまるとされたが，しかしイギリスは直接の統治(および責任ある地位)から手を引き，南北の対立は両者のあいだで調整させることとした。これにより北部6州は，「北アイルランド」として連合王国内の自治政体としての地位を得て，南よりも一足早く新体制を発足させた。南部26州は，この法を拒否して戦争を継続したが泥沼状態に陥り，イギリスとの和平交渉に応じた。その結果1922年に発足したアイルランド自由国は，連合王国からは離脱したが帝国内にとどまり，依然としてイギリス国王を君主にあおぐこととなった。この地位はじつはシン・フェイン運動の当初の理念にほぼそくしており，政治国民の過半数も支持していたが，世紀転換期以後の知的ルネサンスによる国民意識，ボイコット戦術の成功，そして独立戦争のコストを考えると不十分なものともいえた。このため全島の完全主権獲得をめざすデ・ヴァレラらシン・フェインの一部が，共和派としてIRAの一部を率いて自由国政府と内戦を始めてしまった[Hopkinson 1988; Kissane 2005]。内戦の傷跡は深く，1923年の停戦後もアイルランドの政治思考(および歴史学)に分裂をもたらすこととなる。その後の自由国は，南北統一を課題としつつ，イギリスとの経済戦争，さらには共和制移行(1949年)に向かっていく[J. Lee 1989; Fitzpatrick 1998; Doherty & Keogh 2003]。

　20世紀史は，あまりにも最近の事実を扱っているため分析の大きな枠組を提示するのは難しい。かつての「南」の現代史叙述には，独立は達成したものの南北は分割され，経済も停滞したという事実が影を落としていたが，近年ではこれらの事実は相対化されつつある[McGarry 2007]。南は繁栄と安定によって自信を深めてきたし，宗派対立に悩む北を吸収すると

したら、そのコストが懸念されるためである。北アイルランドについてみれば、自治から除外されたのではなく自治政体となったのであり、これを受けて「アルスタの誕生」も「北」の歴史叙述の主題とされてきた。ユニオニズムに関しては、連合王国期からの再評価があり[Boyce & O'Day 2001]、北アイルランド紛争の研究史については有用なサーヴェイがある[J. Whyte 1990]。

4 | アイルランド島史を超えて

アイルランド近現代史研究は20世紀末から質量とも飛躍的に向上しつづけているものの、ヨーロッパ諸国の歴史研究と比べると、文化史の領域では遅れがみられる。このことは、近世にゲール文化が破壊されたことと無縁ではない。ここでは、「アイルランド島の国民史」の枠を超える研究の方向性として、比較史、「ブリテン史」、地域史を紹介しておく。一国(社会)を理解するためには他一国との比較では不十分であり、3つを突き合わせてはじめてひとつを理解することができる。アイルランドを「イギリス」と対比するより、イングランドおよびスコットランドと比較するほうが実り多い。スコットランド史との比較研究ではシンポジウムが継続して開催されている[McIlvanney & Ryan 2005]。フランス史との比較[Maher et al. 2007]、アメリカ[Kenny 2003]およびオーストラリアとの関係史[L. Geary & McCarthy 2008]もある。

「ブリテン史」の研究群は、イングランド／スコットランド／アイルランド／ウェールズ(論者によっては英語圏全体)のそれぞれの歴史を大きく覆う歴史を構想する[Grant & Stringer 1995; G. Burgess 1999]。イングランド内部の歴史事象にみえるものであっても、じつはブリテン諸島全域の視点からみたほうがよく理解でき、アイルランドで生じたことがイングランド史の経緯に直接影響していたことが強調される。

地域史を考えるならば、まずはダブリンが注目される。ダブリンは、中世以来北海やビスケ湾とも結びつく重要都市であり、王国の首都として1700年の人口6万から急速に成長し、1800年には人口18万、大西洋世界を

代表する都市のひとつとなった。ところが19世紀には停滞し始め，ジョイスの描く陰鬱な世界へと変わっていく[Aalen & Whelan 1992；J. Hill 1997；Cosgrove 1998；J. Brady & Simms 2001；P. Clark & Gillespie 2001]。またアルスタは，もっともゲール的要素を残した地域からもっとも「イギリス的な」地域へ変わった。長老派の勢力と文化が確立された点でも特殊であり，18世紀末には共和主義的ナショナリズムの中心地となるが，19世紀末には一転してユニオニズムの牙城となった。近代アイルランドで最大の変化をみた地域である[Roebuck 1981；M. Elliott 2000]。その他，地域史研究にはGeography Publications による各州の history and society のシリーズがある[最新刊は Ó Tuathaigh 2009]。

勝田俊輔

第10章 議　会

1 │ 議会史というテーマ

議会史の全体像

13世紀半ばに誕生したイギリス(1707年までイングランド王国, 1800年までグレートブリテン王国, 1801年以降連合王国)の議会(Parliament)は, 徐々に国政の中心的機関として発展した。その歴史的経験からつくりあげられた代議制(代表制)の議会制度は, 現在では世界の多くの国で民主政治に不可欠のものとして採用されている。このため, イギリス史の研究では議会史に特別な重要性が与えられてきており, 本章では, イギリス史に重要なこの分野に関する諸問題を取り扱うことになる。

イギリスの議会は, 誕生以来数百年間にわたって基本的に国民の政治参加の機会を広げ, 多様な利害を平和的に調整する役割を担ってきた。ロンドン(ウェストミンスタ)の議会の歴史的役割に対するこのような高い価値評価が議会史研究の背後には存在し, 今なお議論の前提になっている。日本語による有用な入門的概説書[中村 1977]も, イギリス議会の歴史的過程には日本人が「学ぶべき点が多々ある」と述べている。本章も, そうした評価に対して批判的な論点にも注意をはらうものの, この前提から完全に自由にはなっていない。その結果, 本章では, 先行研究の蓄積の厚みにも規定されて, イギリスの議会といっても, ウェストミンスタの議会の庶民院をめぐる研究を中心的に取り扱い, 庶民院とは別個の院としての貴族院や, 他の地域の議会などについては, 章末で簡単に紹介しているのみである。また, 本章は時代的には中世から現代までを対象としているが, 時代ごとの議会の国政上の役割の大小と, それに対する歴史研究者の関心の強さとに影響されて, 「長い18世紀」についての記述が相対的に大きな比

率を占めている。

　以下で紹介するように，イギリス議会史上の諸問題をめぐる理解は近年大きく変化している。その変化の動向は，問題の細分化とともに実証の精度があがり，それだけ大きな物語が描きにくくなってきたという点を除けば，時代ごとに，また問題ごとに研究史の状況が異なり，一括するのは困難である。ただし，現代の議会制民主政治を到達点として議会がそれに向けて定向的に進化してきたといった，旧来のホウィグ史観に立つ歴史理解に対して，修正主義による実証的批判が優位を占めるようになってきているという整理は，多くの時代に共通かもしれない。しかし，18世紀は，ネイミア史学（240〜241頁参照）の影響で，修正主義の考え方が早くから通説化し，いまや逆にそれが批判される状況なので，この整理があてはまらない。新しい研究動向は，議会の後援で出版された一般向けの庶民院の通史[R. Smith & Moore 1996]にも反映されている。

　なお，イギリスの歴史においては，法（立法・司法）が極めて重要な位置を占めてきた。議会史との重なりが大きい法制史，また国制史[Maitland 1908]，政治学の議会研究の古典[Jennings 1969]や参考書[Wilding & Laundy 1971; Goehlert & Martin 1982]は，これまで必ずしも十分に利用されてこなかった面があるが，積極的に参照されるべきである。

史料と参考書

　議会史の史料についてはよい案内があるが[Bond 1971]，近世以降，通時代的に用いられるもっとも基本的な史料は，庶民院および貴族院が日々処理した案件を簡潔に記録した『日誌』(*Journals of the House of Commons, Journals of the House of Lords*)と，案件の審議中になされた議員の発言内容を記録した議事録である。議事録は，これを19世紀に刊行していた民間業者の名から『ハンサード』(*Hansard's parliamentary debates*)と呼んでいるが，19世紀半ばまでの議事録の記載は選択的で，内容の信頼性も低いので，parliamentary registerなどの類似名称の同時代出版物，parliamentary diaryなどと呼ばれる同時代の議会関係者が残した日記類をも参照する必要が大きい。なお，近世初期については史料の整備が遅れていたが，近年，イェ

ール大学議会史センターによる刊行事業(*Proceedings in Parliament*)が進むなど,その利用可能性は改善されつつある。また,議会の各院が意思決定のためにおこなう表決(division)について,個々の議員の参加の有無と立場とを記載した表決リストも基本的な議会史料であるが,散発的に残存する近世議会の表決リストを入手し利用することは必ずしも簡単ではない[Ditchfield et al. 1995]。ジョージ3世治下の庶民院については,近年そのデータを総覧することができるようになった[Ginter 1995]。

議会に提出された資料,議会の特別委員会が作成した調査報告書などを含む議会関係文書は,議会史に限らず広く歴史研究に極めて重要な史料であるが,膨大すぎて個々には紹介できない。19世紀議会文書の集成として著名な IUP の出版物(*Irish University Press series of British parliamentary papers*)など,この種の史料は,parliamentary papers とか sessional papers といった名称で文献検索が可能である。近年では電子データベース化が進み,膨大な史料本文から特定の名辞を瞬時に探し出すことも可能になりつつある。また,立法機関としての議会の活動の成果である議会制定法(act, statute)については,英米法の専門家による案内[田中英夫ほか 1980]に譲るが,議会の歴史的研究では,法律だけでなく,法律になりそこねた法案(bill)をも検討対象とすることがとくに重要である。

議会史研究者のもっとも基本的な参考書が議会史財団の *The House of Commons* [*HOC*] で,1386〜1421年,1509〜58年,1558〜1603年,1660〜90年,1690〜1715年,1715〜54年,1754〜90年,1790〜1820年,1820〜32年の部分が刊行されている。この企画の時期的な下限は1832年で,残されたいくつかの時期についても刊行準備が進められている。また,同財団には,1660〜1832年の部分の *The House of Lords* の刊行計画もある。この *HOC* のシリーズは,当該時期の庶民院を概観し,全選挙区の状況および全庶民院議員(Member of Parliament, MP)の伝記について豊かな情報を提供する。また,*HOC* は CD-ROM 化され,期間をとおしての一括検索も可能になっている。

その他,electoral facts とか election results と呼ばれる選挙結果のまとめも議会史研究の重要な参考書である[Dod 1972;Craig 1989]。編纂の経緯,

対象時期，詳細さなどは多様だが，有用な出版物が多い。通常は，各選挙区の個々の候補者の得票数が記されているが，各選挙区の数字を集計して党派ごとの総得票数などを長期間にわたって一覧できるようにしたものもある。なお，1872年に秘密投票制が採用されるまでは，個々の有権者がどの候補者を支持したかは公になっていた。18世紀初頭以降，19世紀半ばまでの投票記録(poll book)は，手書きあるいは印刷刊行された状態で相当数残っている[J. Gibson & Rogers 2008]。当選した庶民院議員については，1734〜1832年の全5034人の伝記的事項の分析を付したチェックリスト[Judd 1955]や，1832〜1979年の庶民院議員の小伝記辞典[Stenton & Lees 1976-81]などの議員リスト類が種々利用できる。

また学術専門誌として，*Parliamentary History* が貴重な情報源である。のちにも一部言及するが，同誌は通常号のほかに，特集号のかたちで議会史の専門書を刊行している。さらに，同誌との連携で議会史関連の史料編纂の取組 *Parliamentary History Record Series* もある。また，イギリスを含む各国の代議制諸機関の比較史的研究の専門誌 *Parliaments, Estates & Representation* も有用である。なお，近年のメディア状況は，インターネット上の議会のサイト[⇒ UK Parliament]，そしてテレビの議会専門チャンネルなど，議会研究に重要な新たな情報源を続々と提供しつつある。

2 │ 議会の形成

概　観

中世(さらには近世の17世紀半ばまで)の議会の本質は，助言などの役割によって国王の統治の必要に応えるための機関であった。それは，国王が通常よりも強い代表性を有する評議会(council)を望んだ際に臨時に召集されるもので[Sayles 1975]，ホウィグ史観に立つ国制史家スタッブズ(William Stubbs)が19世紀末に想定したような君主に対抗する存在ではなかった。以上のようなホウィグ史観の問題点を明確に自覚しつつ先行研究を総括して，今日の研究状況の出発点をなしたのは1980年代で，有力研究者の著作を集めた大部な著作[H. Richardson & Sayles 1981；Roskell 1981-83]や，中世議

会史上の諸問題に幅広く目を配る著作[R. G. Davies & Denton 1981]が刊行された。この時点で，議会成立の歴史的起源，都市代表参加の位置付け，二院制の形成，聖職議会(convocation)との関係，庶民院の課税同意権の獲得，立法手続きの整備など，中世議会史研究の大きな論点はほぼすべて確認されている。1980年代末には，中世議会史の通史[Butt 1989]も得られたが，これは新たな研究動向を反映するというよりは，伝統的な叙述スタイルをとっている。その後は，HOCの1386～1421年部分の刊行，それに対する書評[Harriss 1994]，さらには，前述のParliamentary History誌の特集号[Rawcliffe & Clark 1990; L. Clark 2004]などが，中世議会史の論点集約の場となっている。

なお，HOCは中世では1386～1421年のみが既刊であるが，1439～1509年については近い性格をもった刊行物[Wedgwood 1936]がある。また，中世議会の機関としての成立と定着を示す基本史料が，議会に出された請願などを記録したParliament rollsであるが，近年これが現代英語の対訳付きで編纂された。本企画は印刷物では16巻となる大規模なものであるが，CD-ROM版，インターネット版でも提供されている[Given-Wilson 2005]。

起源と性格

議会を意味する「パーラメント」の名をもつ集会は1230年代に遡りうるとされるが，今日の議会の起源は，一般に，50年代後半に激化した国王と諸侯の対立のなかで開かれた集会，とくに，諸侯，州代表の騎士とともに，都市代表も参加した65年の「シモン・ド・モンフォールの議会」に求められている。しかし，議会の誕生を考えるうえでは，封建諸侯＝貴族による王権抑制の試みと，当初は国王からの審問に答えるというかたちで始まった地域代表の国政への参与という，先行して存在した複数の歴史的潮流が合流した点が重要である[城戸 1970; 朝治 2003]。

地域代表をも含んだ議会は数多くの機能をもち[Sayles 1988]，広範な被治者との会合の場として国王にとっても有用でありえたことから，当初は他の形態の集会と併存しつつ定着して，徐々に特別な重要性をもつ機関に成長していった。14世紀半ば以降，州代表と都市代表とが地域共同体の

代表として庶民院を形成し，高位聖職者と世俗の爵位貴族からなる貴族院とは別個の存在として，独自の庶民院議長（Speaker）のもとで活動するようになることで，二院制が成立した。この過程には，個人や団体から提出される請願がどのように処理されるかという問題が密接にかかわっていた［Dodd 2007］。

　なお，イングランド議会史の研究にはイングランド一国史の弊に陥る危険があり，比較や対外関係の視点も重要である。もちろん，中世イングランド議会と他のヨーロッパ諸国の身分制議会の比較史では，共通点とともに，相違点も多く指摘されている［Myers 1975］。下級貴族である騎士と平民である都市民＝商人が，それぞれ州と都市という地域共同体を代表する存在として庶民院をともに形成し，一体となって権利を強めていったことや，1295年の「模範議会」には含まれた下級聖職者が，やはり14世紀に議会から分離して聖職議会を構成したことなどは［Denton & Dooley 1987］，イングランド議会に特徴的な点である。また，イングランド議会誕生の歴史的背景で国外にかかわる事柄として，フランス貴族でもあったプランタジネット朝の国王による外国人の重用が，国王への強い反発を貴族間に生み出して議会誕生の契機となったといった点も，重要であろう。

議会と中世社会

　中世末期の14世紀後半から15世紀には，議会，とくに庶民院は近世のそれに繋がる側面をはっきりとみせ始める。15世紀前半には，州選挙区における40シリング・フリーホルダー（年価値40シリング以上の土地財産をもつ者）への選挙権付与など，基本的には1832年の議会改革まで続く選挙制度が定められた。そこでは，騎士＝ジェントリ層が州だけでなく，所領周辺の都市選挙区からも議員に選出されたり，生涯で複数の（場合によっては遠隔の）選挙区から選出される庶民院議員もみられるといった，近世議会を思わせる状況も出現している［Roskell et al. 1992］。なお，この頃までには，庶民院は，地域共同体など社会の諸利害の意向を請願を通じて吸い上げ，「苦情の処理」（redress of the grievances）のための法律を，課税への同意を梃子にして貴族院と国王に認めさせることによって，立法権を事実上手中にし

図1　中世イングランドの選挙区配置
J. S. Roskell et al., eds, *The Commons 1386-1421*, vol.1, Allan Sutton, 1992, p.250 より作成。
州選挙区の名前は略記。都市選挙区は●で位置のみを示した(■はロンドン)。

ていた。こうした状況に注目して，近現代の政治のロビーイングという概念で，15世紀の議会を検討した論文もあらわれている[M. Davies 2004]。

こうして，中世末期の議会は，依然として複数ある中央機関のひとつではあるものの，請願を通じて利害の確保をはかる地域社会との関係において，その存在感を高めていった[W. Ormrod 1995]。ホウィグ史観では庶民院の国制史的・制度史的な発展に関心が集中し，その観点からすれば，例えば1376年のいわゆる「善良議会」などは低い評価を受けることになるが，議会の評価はより多面的になされるべきである[G. Holmes 1975]。

簡単にまとめると，中世末期には，州代表の騎士と都市代表の都市民が地域統治における役割を増すとともに，中世議会が立法上の権能を確立していった。ただし，議会の召集・解散の権能は依然として君主の手にあり，この時期に議会主権といった概念を持ち込むことはできないのである[McKenna 1979]。

3 │ 国政の中心へ

テューダ朝期

テューダ朝期の議会は，1530年代から宗教改革の重要施策が議会立法を通じて遂行されたこと[Lehmberg 1970]に示されるように，その役割を大きく増大させた。実際，イングランド国教会はこの後今日まで「議会制の国教会」と呼ぶべき存在になった[Parry & Taylor 2000]。また，同時期，ウェールズがイングランド王国に統合されてウェールズの州や都市の代表もイングランド議会に参加するようになり，さらにフランスのカレーからも一時2名の代表が選出されてきたが，これらの政策も議会立法に拠っていた。しかし，この役割増大にもかかわらず，テューダ朝期の議会を君主に対抗する機関とみることはやはりできず，議会は君主と支配階級の調和と同盟を体現するイベントであった[Loach 1991]。なお，1547年には，庶民院の議場がウェストミンスタ宮殿内に定められた。

エリザベス1世下の議会についても，君主に対抗する機関ではないとの結論は変わらない。女王治下の庶民院については，20世紀半ばにニールが，

これを当時の社会の反映として描き[J. Neale 1949]、さらに時代順に王権と議会の関係を叙述するなかで、王権とピューリタン的反対勢力の対抗という図式が強調され、17世紀の革命を展望する通説が打ち立てられた。しかし、1980年代以降は、これを批判する修正主義が有力である。この動向の代表的研究書[Elton 1986]では、庶民院の成長物語は語られず、エリザベス期議会の活動が財政、宗教などの分野ごとに検討される。この時期にめだつ都市選挙区の増加も、その選出議員の多くは、中央と繋がりのあった、またはそれを求めるジェントリであり、君主と支配階級の調和という前述の基本的枠組と矛盾するものではない。

ステュアート朝前期とイギリス革命

17世紀は、世紀半ばに革命が起こり、庶民院がはじめて国政の中心機関となった、議会史上重要な世紀である。名誉革命期を含む17世紀全般の議会については、研究史を踏まえた優れた概観[D. Smith 1999]が得られており、国王に対抗する議会ではなく、国家財政を支える議会が同世紀末までに成立する点を強調している。この点は、のちの時期の財政軍事国家論との関係でも重要である。

ステュアート朝前期の議会史の個別研究では、修正主義の代表的論者C・ラッセルの著作[Russell 1976]があり、庶民院に国王の政策に反対する力はなかったと主張している。これにより、庶民院の審議手続きの発達に注目してステュアート朝前期における庶民院の反国王勢力の成長を強調した古典説[Notestein 1924]は正面から否定された。もっとも、17世紀初頭に議会ないしは庶民院対王権の正面衝突はなく、国王と議会の協力が期待されたとしても、やはり当時の政界にはさまざまな利害の衝突、廷臣間の争いといった対立は存在していた[K. Sharpe 1978]。

また、17世紀については、庶民院議員選挙の本格的検討がなされているが、こうした研究動向自体、後世の選挙に基づく議会政治の展開を予感させる状況が生まれつつあったことの反映である。この問題をめぐっては、1640年代の革命以前から、庶民院に広く国民(people)を代表する性格を認める立場[Hirst 1975]と、当時はコンセンサスを重視して競争選挙を避け

る傾向が各選挙区で依然強かったとする立場[Kishlansky 1986]とがある。両者の見解は実際には相互補完的で，この庶民院の代表性をめぐる問題は，18世紀の研究でも引き続き議論の対象となっている。

　1640年から60年にかけてのイギリス革命期には，議会と王権が軍事的に衝突し，ランプ議会のもとで議会自体が一院制の共和制国家の統治機関となり，その後53年には軍事力によって解散されて，ベアボーン議会に席を譲るといった激変があった[Worden 1974；Woolrych 1982]。そのため，革命期を通常の議会史の文脈上に位置づけるのは容易ではなく，革命期の議会を通観した学術書も長らく得られていない。さらに，1653年に規定された護国卿体制下の議会[Little & Smith 2007]は，（ウェールズを含む）イングランド，スコットランド，アイルランドを統合し，のちの連合王国の体制を展望していた。また，議席配分の基準に担税能力を取り入れようとするなど，この議会はまさに革命的な一面をもっていた[Cannon 1973]。その一方，1640年代の革命の中心的な舞台となった長期議会の議員構成を検討してみると[Brunton & Pennington 1954]，国王派と反国王派の議員にめだった違いが認められないという点は，あらためて強調しておくべきであろう。

王制復古期と名誉革命

　1660年，王制の復活が，君主の召集によらない仮議会(convention)により決められたが，その後のステュアート朝後期には，世論が政治の表舞台にはっきりと登場してきた。これは，誕生直後の２つの政党（議会重視のホウィグ，王権と国教会重視のトーリ）のあいだの激しい対立や，政治ジャーナリズムの発展と結びついており，18世紀以降の議会政治を支える政治文化を準備することになった[Knights 2005]。

　王制復古期の庶民院は世論と結びつくことでその存在感を確実に増していたが，国王も議会停会権の行使によりこれに対抗した[A. Patterson 2008]。また，この時期の庶民院の王権への見方には伝統的な面もめだった。庶民院は自らの発言力の根拠が国民を代表する点にあるのを意識していたが，内乱期の記憶もあって，国民の直接的な政治参加には警戒的であ

った[J. Miller 1995]。このような新旧二面性は、名誉革命をへて19世紀前半まで続く議会寡頭(かとう)政治に特徴的である。

専制君主化する危険のあったジェイムズ2世を排除した名誉革命(1688～89年)により、国王、貴族院、庶民院(King, Lords and Commons)に体現される国家の3要素を一体化した議会、言い換えれば「議会における国王」(King in Parliament)の主権が確立した。宗教改革期から明確化してきた議会制定法の優位も、ここで完全に確認された。国王は法案への拒否権(veto)を有したが、それも1708年以降行使されない。王位継承順も議会制定法である権利章典(1689年)と王位継承法(1701年)で規定され、また財源の決定権を握った議会は、この後は国政の中心的機関となり、毎年定期的に開催された[J. Miller 1983]。

名誉革命後、議会は安定的に国政の主要舞台となり、政治史が議会政治史と実質的にかさなる状況が生じた。そのため、この時期に関しては議会政治史の優れた研究書が多数でている[G. Holmes 1967/1987]。

4 │「長い18世紀」の議会寡頭政治

国制史・政治史

17世紀末から19世紀半ばの「長い18世紀」には、議会が国政の中心的機関となっていたが、政治の直接的担い手は地主貴族と富裕な中流階級という国民のごく一部に限られていた。これは、議会寡頭政治(parliamentary oligarchy)と呼ばれている。この時期に関する議会史の研究は、政治家の伝記的研究に基礎づけられたネイミア史学の実証的成果を受け継ぎつつも、その限界を克服するために、1970年前後から、主に2つの課題に取り組んできた。ひとつは、ネイミア史学がウェストミンスタの議会とその議員の世界にほぼ限定していた考察対象を議会外へと拡大すること、いまひとつは、静的な構造に着目して安定性を強調したネイミア史学の本拠地というべき18世紀半ばを、その前後の変化の時代と結びつけて政党史の観点から動的に理解することであった。新しい研究動向は、当初、個別的な実証作業として始められて成果を蓄積し、1990年代には、狭く議会史のみならず

18世紀史の通説としてのネイミア史学を克服した[O'Gorman 1997]。ただし，旧説のネイミア史学についても，宮廷・与党 対 地方・野党の対立図式，「政治家」「宮廷・行政府党」「独立派」の庶民院議員3タイプ論[J. Owen 1974]など，その基本的な説明の枠組は現在でも一定程度の有効性を認められており，ネイミアの主著[Namier 1929]や，その影響下にでた個別政権の研究書は，現在でも有用である。なお，長い18世紀の議会政治を概観する場合[Jupp 2006]，1760年頃を境に大きく時期を二分するのが一般的であるが，両時期の違いは（例えば世論の成長の）程度の差として理解され，かつてのように両時期に「静」と「動」といった本質的違いがあると主張されるわけではない。

近年の研究では，ネイミア史学により相対的に軽視されていた議会中心の政治のあり方，議会と君主を繋ぐ首相など有力政治家の役割の重要性といった論点があらためて浮上してきた。これらの論点をめぐっては18世紀以来長年にわたり議論が続けられてきたが，議会を基盤とするホウィグ党政治家と国王ジョージ3世の対立に焦点があてられ，閣僚任免権の所在にかかわる両者の主張の理論的正当性を競い合う不毛な論争に陥りがちであった。しかし，より広範な世論に着目し，国王と議会政治家のいずれが正しかったかよりも，両者の対立の結果として，大きな政治的変化が生じた点こそが重要であると主張したブルーアが，議論を大きく前進させた[Brewer 1976]。現在では，君主の（徐々に衰えるとはいえ）依然として強大な政治的影響力や，それを腐敗として警戒するホウィグ党や急進主義的な改革派の存在は確認したうえで，18世紀前半のウォルポール以来の首相の地位の上昇，内閣制度の発達をはじめ，当時の議会政治を規定した王権以外の広範な要因の検討が進んでいる。その後ブルーアは議会史をさらに大きな国家史のなかに位置づける *The sinews of power* [Brewer 1989]を著すが，同著では国王はもはや議論の後景に退き，議会が財政軍事国家を維持するうえではたす役割が主題となっている。

議会寡頭政治下の国民と議会の関係をめぐっては実質的代表（virtual representation）の観念が重要である[A. Birch 1971]。選挙権付与や議席配分のうえで不利な扱いを受け，直接自らの代表を議会に送れない人びとも，

類似の利害をもつ有権者を代表する議員により「実質的に」代表されているとするこの考え方は, 18世紀議会の非民主的性格を示すものともいえる。しかし, 現在では, ラングフォードのように, 当時の議会には多様な利害が実際に代表されていたとの説[Langford 1991]が有力である。この場合の利害には, イギリスの海外発展を反映して, インドや西インド諸島, さらには独自の植民地議会を発展させた北アメリカ植民地などの関係者の利害も含まれる。多くの庶民院議員が時期により選挙区を移ったという事実[青木 1997]も, この実質的代表に資する面があった。

名誉革命後は定期的に開催されるようになった議会は, 国政上の役割を増大させた。近年急速に進んだ議会制定法と法案の統計的研究は, 長い18世紀の議会が国民生活に直結する立法活動を活発におこなっていたことを明らかにしている[Hoppit 1997]。その前提は, 公法案(public bill), 私法案(private bill)とも, 両院での3回の読会(本会議での法案審議)と国王の裁可をへて法律となるといった実務手続き面の整備であり[Lambert 1971], また, この時期には, 立法以外でも庶民院のいろいろな慣行が確立した[P. Thomas 1971]。

社会の諸利害と選挙

18世紀の庶民院議員の大多数は, 地主貴族(爵位貴族と有力ジェントリ)家の出身者が占めていた。この事実は, 狭義の議会史の範囲を越えて18世紀イギリス社会の地主貴族支配を示すものとして, また, イギリスと大陸諸国の支配階級の比較検討の材料として, 多くの文献に取り上げられている。ただし, ごく限られた名門家系が18世紀の政治エリートを構成した[Wasson 2000]との議論の一方的な強調は許されない。というのは, 18世紀の庶民院議員が多様な背景をもっていたという事実も, 当時の議会が社会の諸利害を実際に代表しえていたという前述の論点との関連でしばしば強調されているからである。

それでは, 多様な議員はどんな役割をはたしたのか。この点に関しては, 18世紀には, 囲い込み[重富 1999], 有料道路(ターンパイク)建設[武藤 1995], そして可航河川や運河の建設などにより地域社会の改良が進められ, 産業革命を準

備し，その展開を支えていたという事実が重要である。これらの事業は地域の有力者が中心になり個別の議会制定法を成立させるかたちで推進されたが，その成立過程では当然地元議員が関与したのである。

18世紀議会史研究の焦点のひとつは選挙への注目である。当時の選挙制度の特徴は，選挙区，とくにイングランドの都市選挙区の多様性であるが，オゴアマンが選挙関係の優れた概説書で，実態にそくした都市選挙区の分類法を提示している［O'Gorman 1989］。従来，選挙研究では有権者の社会的範囲の確定と有権者数の推計が重視されてきたが，現在では，投票記録も利用して有権者個々の投票行動に迫れるようになってきており，研究者は，当時の一般の有権者の投票行動が独立性をもっていたのか，地域の地主貴族の影響下にあったのかをめぐって論争を続けている。これは議会寡頭政治の理解の根幹にかかわる重要な論争であるが，かつて想定されていたよりも，有権者の独立性が主張される傾向にあるように思われる［R. Hall 2000］。また，選挙は，30万人程度と推定される有権者に限定して考えることができない。選挙権をもたない人びとも供応を受けたり騒擾を起こしたりすることで選挙に関与し，その動向に影響を与えた［Rogers 1989］。現在の研究動向は，18世紀議会が世論に対応したという面を重視する傾向にあるが，その場合の世論には非有権者も含まれる。ただ，18世紀には，選挙区が少数の有力者の支配下に陥り，投票をともなう競争選挙（contest）にいたらない場合が多かったことも，忘れてはならない。

なお，この選挙分野での近年の活発な議論は，議会に代表されるべき国民（nation）の形成をめぐる研究の展開と連関している。後者の動向を代表するのが，イギリスを統合するうえでそのプロテスタント的性格を重視する研究［Colley 1992］であり，議会史の研究を社会史や文化史と接合していく視点が重要である。

政党の成立

20世紀半ばまでにネイミア史学が，伝統的なホウィグ史観による18世紀二大政党制成立論を徹底的に批判したのち，1970年頃からはネオ・ホウィグとも呼ばれる研究者たちによって，あらためて18世紀の政党の重要性が

実証的に主張されるようになった。現在では，政党の存在自体と，その一定程度の連続性は当然視され，18世紀後半以降に二大政党制という政党政治のシステムが出現する点に議論の中心が移ってきている[B. Hill 1996]。

政党政治のシステムを構成する近代的政党の成立に関しては，政党に積極的な定義を与えた論客バークを擁してジョージ3世と激しく対立し，所属議員数でも他派を圧したロッキンガム派ホウィグ党がとくに重要で，研究も同派に集中している[O'Gorman 1975]。ホウィグ党は，以後フォックス，グレイの指導下に長い野党時代に耐え，1832年の議会改革を実現し，やがて自由党結成の中心となることから，18世紀末以降の政党政治史研究でも注目を集めている。長く首相を務めた小ピットは庶民院の多数党の支持に基づく首相という近代的首相観を確立したが，彼の率いたトーリ党は与党のため，政党独自の発展はめだたなかった。他方，ホウィグ党は全国的に選挙運動を展開する党の中央組織を1780年代後半に発達させ，フランス革命期の政界保守化によって衰退期を経験したのち，1830年に政権を奪回する。その際に世論や商工業利害と同党との連携を強めることに貢献した政治家として，名門貴族家の出身者ではなかったH・ブルームの役割が重視されている[W. Hay 2004]。

議会外勢力の成長

政党の成長は議会外(extraparliamentary)勢力の成長と並行しており，近年の研究では，長い18世紀を通じて議会外の動きが議会政治に強い影響をおよぼしたことが強調されている[Davison et al. 1992]。議会外勢力の影響力は18世紀前半でも軽視しえないが，とくに世紀後半以降，行財政改革や議会改革，非国教徒差別立法の撤廃，奴隷貿易の廃止などを求める全国組織や，商工業者のロビーイングをおこなう同業者団体がつくられるなど，議会外勢力の力は決定的に強まった。そして，世論の成長とともに，庶民院議員の政治活動に議会外から圧力をかけようとする動きがよりめだつようになり，議員は選出区の地域利害にかかわる法案成立への協力を強く求められることになった[Eastwood 1998]。なお，従来この問題をめぐっては，産業革命の影響を強調する経済史系の著作[Read 1964]が多かったが，近

年は社会的,あるいは文化的な問題へと関心が広がっている。

議会外勢力の成長の問題で,とくに議会史との関連が深いのは,議事報道(parliamentary reporting)の発達である。寡頭的な性格が強かった18世紀の半ばまで,新聞などによる議事報道は庶民院の特権を侵すものとして禁じられていた。しかし,ウィルクス事件(1763～74年)を機に1770年代初頭からこの禁止は実質的な意味を失い[P. Thomas 1959],その後,次節が対象とする19世紀を通じて,議会は世論を重視し議事報道に積極的に取り組む方向へと変化していった[McBath 1970]。議事報道についての研究は,こうした制度面からの検討を前提に,近年では,報道の正確さの検証を含め,その内容に踏み込んだものになってきており,階級意識の問題との関わりも指摘されている[Wahrman 1992b]。

急進主義と議会改革

18世紀末から強まった議会外からの圧力のなかでも,議会改革を求めた急進主義運動は,議会政治の根底にかかわる要求を提示していただけに,影響が大きかった。とくに,18世紀後半から19世紀の前半に,世論の改革要求に応えようとしない議会よりも,急進主義者が自ら組織する集会こそが真に国民を代表する機関であるとする「対立議会」の考え方を提起したことは[Parssinen 1973],議会が19世紀に議会寡頭政治から議会民主政治へと転回していく背景として軽視できない。

議会寡頭政治を終わらせた直接の契機は,1832年の議会改革(parliamentary reform),すなわち第1次選挙法改正であった。腐敗選挙区を廃止して新興産業都市に議席を配分する一方,全国一律の選挙資格を定めて有権者の範囲を中流階級へと拡大したこの改革については,膨大な研究の蓄積があり,1867年の第2次選挙法改正など後続の諸改革をあわせて扱った研究もある[横越 1960;Machin 2001]。しかし,1832年改革は,地主貴族中心の古い体質をもった議会が,議会外の世論を踏まえつつも,自らの判断で17世紀以来不変の選挙制度を大胆に改革しうることを示して,さらなる改革への政治的道筋をつけたという意味で,特別の重要性をもつものであった[Brock 1973;Cannon 1973]。

5 | 民主政治と議会

概　観

　本節が論じる19世紀半ば以降，議会政治の民主化が進行するが，それを，進歩に向かって改革がつぎつぎと実現されていく輝かしい過程として描くことはできない[Evans 2000]。改革立法が成立しても，そこに変化よりも継続性をみる傾向が強まり，選挙区のような地域レベルでの詳細な検討が進んで，単純化した議論は不可能になったからである。また，20世紀以降，議会自体の権能や役割に疑問が呈されるようになったという面もある。

　19世紀については，数量的方法による議会史研究もめだってくる。19世紀半ば頃までには，議会の諸制度がほぼ完成状態に達して安定する一方，有権者大衆が議会政治に参与することが制度的に認められるようになった。そのため，個々の事件を超えて，ある程度長期にわたる現象について，関連データの数量的処理によって議論を展開することが可能な状況が生じたのである。コンピュータを用いた研究は，1840年代の庶民院議員の出自と党派構成に関する古典的研究[Aydelotte 1954]を皮切りに，現在では，庶民院の表決，有権者の投票行動など，対象も多様化している[J. Phillips 1994]。

選挙制度改革

　19世紀半ば以降の一連の選挙制度改革の出発点をなすのは，1832年の第1次選挙法改正である。この改革は前述の議会外勢力の成長の結果であるが，その政策意図については，革命を避けるための穏健改革というホウィグ党の路線や，「謙譲」(deference)という社会原理の温存が強調されるなど，保守的な側面が重視される傾向にある。また，議員や閣僚の出自も19世紀を通じて徐々に変化し，中流階級，さらには労働者階級出身者が含まれるようになるものの，同世紀半ばまでは，18世紀的な地主貴族優位の体制が続いていた。

　選挙区では，議会改革による変化が，よりはっきりとみられた。複数の都市選挙区について1832年改革前後の選挙における個々の有権者の投票行

動を分析し、階級、宗教などの諸要素を検討すると、改革後に党派性がより鮮明になっているのである[J. Phillips 1992]。この事実は1832年に導入された有権者登録制とも関係すると考えられ、以後の政党組織の発達にも重大な意味をもつことになる。

その後、1867年の第2次選挙法改正が都市選挙区で選挙権を労働者階級にまで広げて有権者数を200万人台に乗せ、さらに84年の第3次選挙法改正が農村の労働者階級をも有権者に加えた。これらの改革をめぐる研究では、改革法案成立を可能にした政治家・政党の戦術という細部に注目が集まりがちであったが、3回の選挙法改正をへて1885年には選挙区の地理的区分が現行に近いものとなり、選挙地理学(electoral geography)の手法を用いた研究なども利用可能になった[Pelling 1967]ことを指摘しておきたい。

3回の選挙制度の大改革は、労働者階級にまで選挙権を拡大し、今も続く小選挙区制の原型を定めたが、現代の選挙制度は、19世紀後半から20世紀前半に実施されたその他の関連改革の成果でもある。このうち、秘密投票制の導入[Kinzer 1982]と、選挙での腐敗行為防止への本格的な取組[Hoppen 1996]は、いずれも19世紀末におこなわれた。他方、第一次世界大戦期以降に解決が持ち越された女性への参政権(選挙権と被選挙権)付与の問題は、議会史とともに女性史においても大きなテーマで、関連文献も多いが[E. Crawford 1999;河村・今井 2006]、とくに女性の政治参加という点では、次節でふれる地方議会のほうが中央の議会に先行し、19世紀に進んだことは注目される[Hollis 1987]。庶民院議員選挙で女性参政権が部分的に実現するのは、男性に普通選挙権が認められた1918年のことで、10年後の28年に男女とも普通選挙制となった。

大衆民主政治の到来

選挙制度改革をへて大衆民主政治が到来するなか、二大政党制の様相が強まり、グラッドストンの自由党、ディズレーリ、ソールズベリの保守党のうち、総選挙で勝利を得た党が政権を担当するという慣行が成立した。この過程で党の所属議員を束ねる院内幹事(whip)の役割が増大したが、陣笠議員(backbencher)の自律性も世紀末まで軽視しえなかった[T. Jenkins

1996]。19世紀後半にはまた，アイルランド自治(ホーム・ルール)実現をめざすアイルランド国民党が議会内で一定の勢力を確保し，議事妨害という手段を用いても自らの目標実現をはかろうとしたこともあって，議会の議事進行をスムーズにする諸手続きが整備された。

こうした議会・政党の変化とともに，庶民院議員の出自，社会的性格にも変化がみられ，議員はアマチュアの紳士（ジェントルマン）から専門家へと転換していった[Rush 2001]。なお，この転換に密接に関連して，1858年には1711年以来の庶民院議員の財産資格が撤廃され[Witmer 1943]，1912年から議員給与の支給も始まった。また宗教的信条による議員資格制限問題については，もともとプロテスタント非国教徒には議員への道が閉ざされておらず，1829年のカトリック教徒解放法，58年のユダヤ教徒救済法[Salbstein 1982]，66年以降の議会宣誓法(Parliamentary Oaths Act)の制定により，問題はほぼ解決された。

本節が扱う時期の議会史では，選挙にかかわる事項が非常に重要な意味をもつ。とくに第2次と第3次の選挙法改正のあいだの時期の政党組織と選挙制度の関連は密接不可分で，強力な選挙マシーンとしての全国自由党連盟を基盤としたジョーゼフ・チェンバレンの中央政界進出の問題などは，長く注目されてきた[Hanham 1978]。ただ，よくいわれるように，19世紀政治の研究では，選挙制度を表面的にとらえてはならず，制度の枠外におかれた民衆の政治文化まで含めて考える必要がある[Vernon 1993]。19世紀後半，リブ・ラブ(Lib-Lab)主義によって労働者階級の協力を確保しようとした自由党の戦略が結局は失敗に終わり，労働大衆の相当部分が保守党の支持層に組み込まれていく過程では，プリムローズ・リーグのような保守党系の大衆組織が，女性の参加という面を含めて社会的・文化的にはたした役割が大きかったのである[小関 2006]。

政党の重要性が高まる19世紀半ば以降，主要な議会政党の通史は豊富に得られ，政党史の著作の時期区分は議会史のそれとかさなる。18世紀後半から長く与党にあったトーリ党は，1830年にホウィグ党に政権を譲り，以後半世紀余りは野党期が多かった。同党は1830年代にピール党首下で現代に続く保守党へと脱皮することから，保守党史はしばしば1830年を出発点

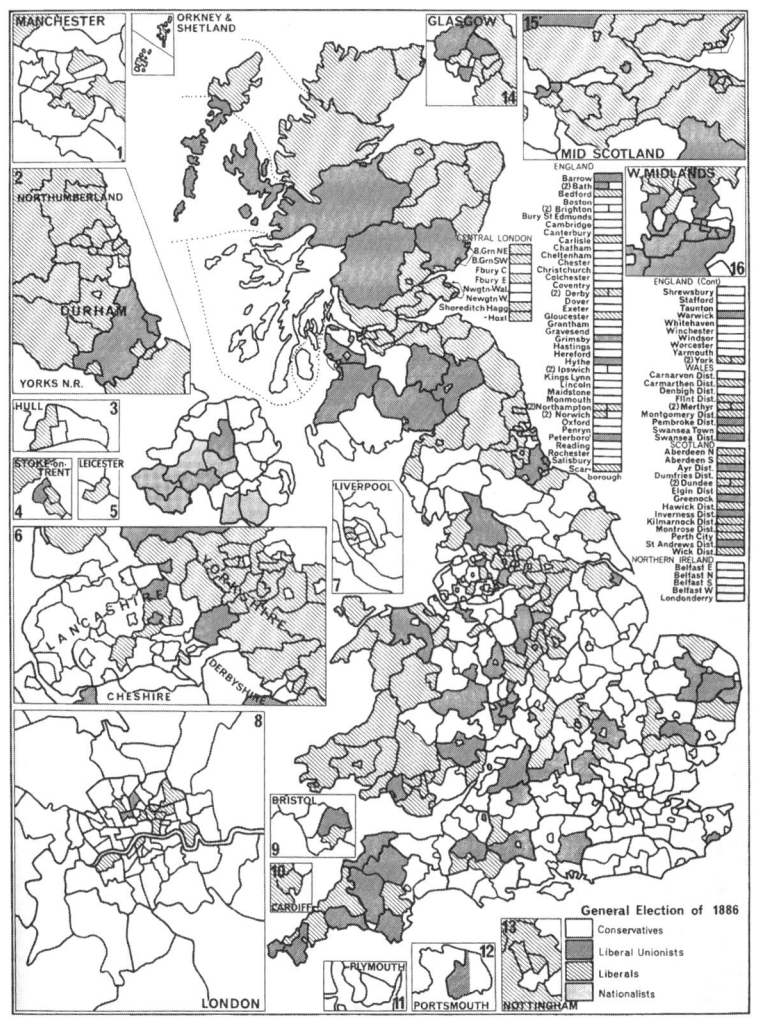

図2　1886年総選挙の結果　　選挙地理学の成果。選挙区ごとにどの党派が議席を得たかが示されている。白い(保守党の勝った)選挙区が, ロンドンに近い南東部にめだっている。

Michael Kinnear, *The British voter: An atlas and survey since 1885*, 2nd ed., Batsford, 1981, p.19.

とする。他方,自由党は,ホウィグ党,急進派,保守党から分離した旧ピール派が1850年代末に統合して誕生したのち,与党期が長かったが,86年にアイルランド自治問題を機に自由統一派が分離し,保守党優位の時代を招来してしまうことから,自由党史ではしばしば86年が区切りとなる。その後,1906年総選挙に大勝した自由党は,第一次世界大戦前の数年間,今日の福祉国家に繋がる重要な施策を展開したが,以後分裂し,二大政党のひとつから小政党に転落し,有為転変ののち,現在の第三党自由民主党（リベラル・デモクラッツ）の淵源のひとつとなった[Cook 2002]。自由党に代わり二大政党の一翼を占めるようになる労働党の通史は,労働党の前身の労働代表委員会が総選挙で6人の当選者を出した1900年から始めることが一般的である[Thorpe 2001]。

　20世紀初頭の議会史上の一大事件,1911年の議会法(Parliament Act)の制定は,庶民院を基盤とする自由党政権と貴族院多数派の保守党の抗争の結果であった[G. Phillips 1979]。世論を背景にした庶民院に敗れた貴族院は,それまで有していた法律制定に対する拒否権を失い,庶民院が望む法律の制定を最長で2年間(1948年の法律で1年間に短縮)引き延ばすことができるだけとなった。こうして,国民を代表する院としての庶民院の優位が法的に確定した。二大政党制はその後今日までおおむね維持されているが,2度の世界大戦では戦争遂行のために挙国内閣が組織され,また,世界恐慌期の1931年にも通常の政党政治の枠組の維持が困難となり,マクドナルド挙国内閣が組織された[Williamson 1992]。政党政治の重要性は,総選挙に際して各党が公約(manifesto)を発表して選挙戦を戦う[Craig 1975]ところにもみられる。

第二次世界大戦後の政治

　第二次世界大戦後の議会の変化,とくに20世紀末からの議会を含む国制改革の動きは大規模かつ急速で[Oliver 2003],その研究は歴史学よりは政治学の範疇（はんちゅう）に含まれよう。そうした研究のなかで,戦後の総選挙(60年間で17回)の多くを通観した分析[Denver 2007]は,戦後議会史に特徴的な,脱階級的になっていく有権者の投票動向,さらにその背後に存する相対的

に豊かな南部の形成といった社会史上の事実をもよく示してくれる。

議会政治の本質論により踏み込めば，20世紀，とりわけ第二次世界大戦以降，伝統的な議会政治のあり方に対してさまざまな疑問が提起されるようになり，議会の「落日」といった評価もある[Lenman 1992]。首相が議会の拘束からはずれて，アメリカ合衆国の大統領に近い強大な権限をもつにいたっているのではないか，また，庶民院選挙はここ1世紀余り小選挙区制をとってきたが，これは国民を正しく代表していないのではないかといった疑問である。後者については，比例代表制がひとつの解決策として第二次世界大戦以前から考えられてきた[Hart 1992]。また，20世紀後半になると，EC(ヨーロッパ共同体)加盟や北アイルランドの帰属といった重要な問題の決定にあたって，国民投票(referendum)で全国民，あるいは関係地域の住民の意思を確認するという手続きがとられるようになったが[Bogdanor 1981]，これもかつての議会主権の考え方からは大きく逸脱している。議会関係者と研究者の協力でまとめられ，1979年に刊行された20世紀庶民院の手続きなどの優れた概観[Walkland 1979]も，そうした議会をめぐる根本的な状況の変化を予感している。

6 | 貴族院と他の議会

貴族院

議会史の研究において，貴族院は庶民院と比して軽視されてきた。最初に述べた議会史財団の出版企画も，貴族院については今後である。しかし，1970年代頃から研究動向に変化がみられ，貴族院が注目を集めるようになってきた。現在では，貴族院，そして，高位聖職者(宗教改革後は26人の大主教・主教)とともにそれを構成してきた爵位貴族の重要性を主張する研究書や，一般向けの通史も多くみられる。本章冒頭でふれた庶民院の通史と対をなす貴族院史[R. Smith & Moore 1994]は，貴族院の「1000年の伝統」を誇り，アングロ゠サクソン期に遡る貴族の政治的役割から論じている。

事実，貴族院は前節でふれた1911年の議会法成立まで強い国政上の権限

をもっていた。中世[Powell & Wallis 1968], テューダ朝中期[Graves 1981], 1640年から1世紀半[C. Jones 1989], 19世紀[E. Smith 1992]と, 時代順に貴族院の重要性を強調する研究は数多い。しかし, 議会法により貴族院の庶民院に対する劣位が確定し, 20世紀末にはブレア労働党政権の手により世襲爵位貴族の大半を貴族院議員ではなくするという大改革が断行された。それを歴史的に位置づけるには, 一代貴族の導入など, それに先行する貴族院改革の検討[前田 1976]が必要である。

なお, 中世議会が司法を重要な機能として誕生し, その後も貴族院が, 法服貴族(lord of appeal)の導入などの制度上の工夫により, 最高司法機関としての役割を保ちつづけてきたことはよく知られる。2006年まで貴族院議長は司法官の最高位である大法官(Lord Chancellor)が務めてきた。しかし, 近世以降の議会史研究で, この面の検討は十分にはおこなわれてこなかったように思われ, 司法機関としての貴族院を検討したもの[Stevens 1978]は少数にとどまっている。

ウェストミンスタ以外の議会

以上イングランド王国, グレートブリテン王国, 連合王国の中央議会(parliament)についてみてきたが, 最後に, これまでの議論とかかわる範囲で, イギリス諸島内のその他の会議体(広義の議会)について簡単に紹介する。まず, 地方統治・地方自治の領域をみる[Dunbabin 1977; 岡田 2005]。

都市の自治に関しては, ロンドンのように, 中世以来選挙による会議体を維持してきた特権都市も存在したが, 1832年の議会改革以前の庶民院議員選挙のあり方と同様に, 都市ごとの違いが著しかった。この点, 1835年の都市自治体法が全国一律の基準で, 選挙制の市議会制度を整備したことは重要であり, この時期の議会選挙と市政選挙の投票行動は強い党派的同調性を示したことが確認されている[Salmon 2000]。議会史との関連でもうひとつ注目されてきた地方議会が, 1888年の地方統治法で設けられた選挙制の州議会(county council)である。この議会は, 従来治安判事と四季裁判所が有した地方統治の権能の多くを引き継いで伝統的な地主貴族支配を終わらせたもので, 当時の政界でも強い関心を呼んでいた。この州議会の

構成や機能の実態はもちろん州ごとに,また時期により異なるが,州議会開設の結果,州統治の伝統的要素が一夜にして崩壊したといったことはなかったと思われる[P. Gordon 1985-86]。以上のような選挙制の地方議会は,とくにウェストミンスタの議会と党派構成が異なった場合,中央政府の政策への抵抗の拠点となりえた。

連合王国を構成するイングランド以外の地域の諸議会に移る。1707年まで続いたエディンバラのスコットランド議会については,とくに1990年代から活発な研究状況が認められ,2巻本の通史[K. Brown & Tanner 2004; K. Brown & Mann 2005]が得られた。近世スコットランド議会については,イングランド議会の強さと対照的に弱体という評価がつきまとっていたが,実際には,16世紀から17世紀前半に都市代表の議員が都市のために重要な役割をはたしたとの主張がなされる[MacDonald 2007]など,近年の研究の進展で,その見方は急速に変わろうとしている。1707年のイングランドとの合同により姿を消すエディンバラの議会はスコットランドのアイデンティティといった観点からも重要である[J. R. Young 1998; Goodare 2000]が,その最終局面は,ウェストミンスタとエディンバラの複雑な政治的やりとりで決定されることになった[松園 1994]。

1800年に幕を閉じたダブリンのアイルランド議会は,中世に遡る長い歴史を有するが,1494年から1782年まではポイニングズ法により,立法自主権を奪われていた。研究は相対的に遅れており,その歴史を概観できる文献[Farrell 1973]も少ないが,そのなかで,18世紀に関しては議会を含む政治の研究が進んでいる。1692年から1800年のあいだのアイルランド議会については,上述の議会史財団による *HOC* に対応する6巻本[Johnston-Liik 2002]が完成し,庶民院議員の人名辞典や選挙区ごとの解説を提供してくれる。また,貴族についても,17～18世紀に関する研究書があるが[F. James 1995],この時期のアイルランド貴族はウェストミンスタの議会では庶民院議員となりえた。ダブリンの議会を消滅させた1800年の合同法については,本格的な研究論文集がある[M. Brown et al. 2003]。

なお,先にあげたグッダー論文[Goodare 2000]を含む論文集[Dickinson & Lynch 2000]は,アイルランド,ウェールズ,さらに18世紀の北アメリ

カ植民地や自治領(dominion)をも視野に入れて17世紀から20世紀末までのスコットランドを見通す構成になっており，今後の研究のよい糸口となろう。関連して，18世紀北アメリカ植民地にも一言言及すれば，各植民地には総督と代議制に基づく議会をともなう本国に類似した統治体制が成立し，そこに独立後のアメリカ合衆国の政治の起源がみられるのである[Bailyn 1968；Olson 1992]。

　20世紀にはいり，アイルランドの大半が当初自治領として，その後独立国として連合王国から分離した。第二次世界大戦後には，スコットランド，ウェールズ，さらに北アイルランドのような，ウェストミンスタの議会の権限下に残った「ケルト周縁」の地域への権限委譲(devolution)と自治議会の創設が大きな政治課題となった[Aughey 2001]。この分野の歴史学的な研究はいまだ十分ではない。まずは，1970年代末の失敗をへて，90年代末にそれぞれの議会(Scottish Parliament と National Assembly)を得たスコットランドとウェールズ，そして，1922年から72年まで独自の会議体をもち，その廃止後，90年代末に再び議会(Northern Ireland Assembly)が設けられた北アイルランドの相違点を確認する必要があるであろう。また，連合王国中，逆にイングランドだけに地域議会がない現状を問題視する意見がでてきていることも，注目される。

　なお，イギリスにとってのヨーロッパ議会(欧州議会)[児玉 2004]という問題についても，歴史的考察はまだ十分にはおこなわれていない。しかし，連合王国からは1979年以来 5 年ごとに直接選挙により数十人の議員(Member of European Parliament, MEP)がストラスブールのヨーロッパ議会に選出されており[McGiffen 2001]，その審議結果はイギリス議会にも大きな意味をもっている。両議会のあいだの微妙な関係は，ヨーロッパ議会の議員の座談会[Broad & Geiger 1997]からも感じ取ることができる。

青木　康

第11章 教　会

1 │ 閉ざされた宗教史研究　1980年代以前

　第二次世界大戦以前のイングランド文化と伝統を考察する際にプロテスタンティズムは——イングランド国教会やピューリタニズムがその代表であるが——不可欠な要素であった。戦前の公教育を受けた児童の多くは，イングランド国教会の公式教義39カ条 (Thirty-Nine Articles) を暗唱させられ，また各家庭にはフォックスの『殉教者の書』が置かれていた。作曲家ブリテンはオペラ『アルバート・ヘリング』(1947年初演)のなかで20世紀初頭サセクス州の市場町の人びとを風刺を交えて描いているが，そこでは「町でもっとも清らかな」五月祭の女王に与えられる賞品は，革装丁の『殉教者の書』なのである。またチャーチル首相が激賞した戦意高揚のためのプロパガンダ映画『ミニヴァ夫人』(1942年公開)は，爆撃を受けた教会堂で人びとに結束を訴える教区司祭の説教で締めくくられるが，それもイングランド国教会が国の基のシンボルになりえた時代だったことを如実に示している。

　ところが1980年代までのイングランド近現代史では，16世紀宗教改革研究と17世紀の「ピューリタン革命」(イギリス革命)研究を例外として，宗教への関心は歴史記述の中心的なものとはなりえなかった。イングランドにおいて宗教がはたした役割は，政治上の運動と結びついて顕在化しないと見逃されるか，あるいは一定の評価は受けても政治的ないし社会的な要因に還元されるのが常であった。とくに名誉革命(1688〜89年)以降は世俗化した啓蒙主義の時代とみなされて，歴史の推進力としての宗教の役割は終わったとされた。旧版『イギリス史研究入門』(1973年)において，18世紀以降の宗教に関しては，第6章本論でわずかに教会史研究への言及がある

ものの，それ以上，宗教関連の研究を取り上げていないのは，英米の歴史学界の主潮流をよく反映していた [青山ほか 1973]。

しかしながらその時期にも宗教史研究，とりわけその核となってきた教会にかかわる歴史研究の成果がなかったわけではない。むしろその逆であって，教義，神学論争，教会制度，教会政治，聖職者の伝記などを主として取り扱う歴史，すなわち教会史 (ecclesiastical history) は，近世史研究においては王制復古以降の時代に関しても長い伝統と膨大な蓄積がある。とくに，20世紀中葉のサイクスとベネットによる17世紀後半から18世紀にかけてのイングランド国教会研究は，その徹底した史料収集と考証において，現在でも参照されるべきものといえよう [Sykes 1926, 1934, 1950, 1955, 1957, 1959; Bennett 1957, 1975]。邦文文献では，岸田紀によるメソディズムの創始者ジョン・ウェズリ研究が刊行されて，ウェーバー・テーゼへの批判という文脈で評価された [岸田 1977]。またヴィクトリア期に関しては，イングリスやチャドウィクの研究は分野を超えて広く参照されていた [Inglis 1963; Chadwick 1966, 1970]。

さらにブリテン本国においては，宗教史研究の裾野の広さも大きな特徴のひとつだろう。テューダ期に教区簿冊の記録が義務化されたために，その多くが史料として残ることになったことは知られているが，これらはすでに19世紀において郷土史家による調査・複写がさかんになされ，その成果が州ごとの郷土史誌に発表されている。またイングランドにおける宗教的少数派の同胞史研究も，尚古家やアマチュア歴史家による家族史・郷土史の一環として盛んであり，例えば1885年に創設されたロンドン・ユグノー協会 (1986年にブリテンおよびアイルランド・ユグノー協会と改称) や1893年に創設されたイングランド・ユダヤ教徒歴史協会は活発に史料の刊行をおこなっている (Huguenot Society of London, Jewish Historical Society of England)。これらの刊行史料や研究は，初歩的な誤りもみられるが，その欠陥を差し引いても史料的価値は高い。20世紀後半になって，歴史家もこれらの研究蓄積を積極的に活用するようになった。とくに宗教改革に揺れるデヴォン州の教区を描いたイーモン・ダフィの *The voices of Morebath* は，刊行史料に依存することに警告を発しながらも郷土史の蓄積を十分に生かした好例

である[E. Duffy 2001]。

だが概して1980年代以前の宗教史研究・教会史研究は，戦後の世俗化した政治史中心の歴史叙述とは切り離されたものであった[Mews 1982; Goldie et al. 1990]。実際のイギリス社会においてもキリスト教的伝統は急速に薄れ，39カ条や主教制度(episcopacy)，ついには礼拝(service)とミサ(Mass)の区別さえもが一般常識ではなくなってきた。欧米で教会史のゲットー化が問われるようになったのも当然といえよう。さらに，豊かな史料を提供するはずの宗派ごとの同胞史研究も区画化(コンパートメント)が進む一方で，歴史の主潮流(メインストリーム)とは切り離された存在であった。

本章では1980年代後半から急速に進展しつつある近世・近代イングランド宗教史研究を中心に概観する。スコットランド，ウェールズ，アイルランドについては第8章と第9章で扱う。

2 | 広がる宗教史

アンシャン・レジーム論とナショナル・アイデンティティ論

近世史における宗教の再検討を広く学界で促した契機として，ジョナサン・クラークとリンダ・コリの著作をまずあげなくてはならない。クラークは1985年に発表した著書 *English society 1688-1832* において，1688年から1832年の期間のイングランドを「教会＝国家体制」に基づいた，ヨーロッパ大陸諸国のアンシャン・レジームに通じた社会ととらえて教会政治と宗派抗争の影響を丹念に論じ，英米の学界で大きな反響を呼んだ(クラークは2000年出版の改訂版では対象時期を1660年から1832年に拡大した)[J. Clark 1985/2000]。これより以後は，長い18世紀のイングランドを信教主義(コンフェッショナリズム)の国家として，非国教徒の研究も含めた国教会体制に関する研究の必要性がさかんに主張されるようになった。これに対して，コリの *Britons*(邦題『イギリス国民の誕生』)のテーマは，1707年からローマ・カトリックのフランスの脅威に対抗するかたちで，プロテスタンティズムは愛国的な防衛意識として機能し，ブリテン諸島の人びとをイギリスという国家に結びつけていく役割を担った，つまり近代イギリスのナショナル・アイデンティテ

ィは，プロテスタントの自覚を核にして誕生した，と主張している[Colley 1992]。コリの問題点のひとつは，プロテスタンティズムを外敵からイギリス人を規定するイデオロギーに単純化し，プロテスタンティズム内部の差異や抗争にはまったくふれなかったことであろう。彼女がいうプロテスタンティズムとは反ローマ・カトリック，つまり同時代人がいうところの反法王教感情(anti-popery)にほかならない。しかしコリの著作はその単純化ゆえに，近代国家形成の過程で，既存の政治体制が人びとの忠誠心をいかに取り込み「国民」化していくのか，その凝縮力のメカニズムにおける宗教の重要性を分野・領域を越えてアピールすることとなった。

クラークとコリの研究が，後続の研究者を伝統的な教会史の枠組から解き放つことに寄与したことは間違いなく，1990年代からは政治史・社会史・国際関係史との連関の追求，あるいは長期的展望もしくはブリテン諸島を超えた広域的地域のコンテクストのなかでの宗教的要素の再検討が試みられるようになった。1990年代前半の研究動向を知るうえで *The Church of England, c.1689–c.1833* は，格好の，かつ高水準の論文集である[Walsh et al. 1993]。またクレイドンとマクブライドが編集した *Protestantism and national identity* は，クラークとコリによる問題提起を受け止めて，ナショナル・アイデンティティ(ネーション意識，国民統合)における宗教の役割について多様な論考をおさめている[Claydon & McBride 1998]。この二著が提示する長い18世紀のイングランド社会は世俗化したといいきれるものではなく，国教会体制による国民掌握の力も衰えてはいない。なお，1990年代の研究動向紹介としてクラークによるコリのナショナル・アイデンティティ論の批判的検討も参考になろう[J. Clark 2000b]。

16世紀宗教改革から「ピューリタン革命」まで

近世イングランドはテューダ朝の宗教改革が大きな画期となって始まった。国王至上法・礼拝統一法・39カ条を三本柱とするイングランド国教会は，紆余曲折をへてこの時期に築かれた。したがって16世紀史における宗教史研究は天下の王道であり，特定の分野を超えて注目を集めた著作が多くある[目配りの広い単著としては Collinson 1982；MacCulloch 2001a；Heal

2003；P. Marshall 2003］。1970年代に始まったスケアリスブリックやヘイグ，ダフィら宗教改革期研究におけるいわゆる修正主義者の個別的仕事［Haigh 1982, 1987, 1993；Scarisbrick 1984；E. Duffy 1992］に関しては，邦文献でも紹介されている［山本信太郎 2006, 2009；その他に，岩井・指 2000］。とくに強調すべきは，1980年代以降の宗教改革史研究は一段と活発化し，16世紀像の地平を大きく広げる魅力的な研究があらわれていることだろう。

　この16世紀宗教改革史研究の躍進には，まず徹底した実証研究の深化がある。修正主義の影響を受けた歴史家たちは，中央の宗教政策決定過程（ハイポリティクス）だけではなくその執行および成果，つまりは地域社会における宗教改革の展開をいかに測定するかに関心を向けた。もともと宗教改革研究には地域重視の伝統はあったが，1980年代以降，従来の郷土史の利用をはるかに超えて，教区レベルの一次史料を駆使した共同体研究が数多く生まれている［例えば Haigh 1987；Hutton 1994；Kumin 1996；French 1997, 2000. 史料については C. Burgess 2002］。その最大の成果がダフィの *The stripping of the altars* および *The voices of Morebath* だろう［E. Duffy 1992, 2001］。中央の宗教政策に対する教区レベルの反応を緻密に検証することで，ダフィは伝統的信仰の持続力と変容を明らかにした。とくに後者は，一見，従順に国教会へ信従したかにみえるデヴォン州の一教区モアバスが中央からの指令にいかに困惑し鬱屈を募らせたかを跡付けて，ミクロな歴史からマクロな歴史を照射した好例である。しかし当然のことながらダフィのモアバス像がイングランドの地域の典型というわけではない。マーガレット・スパフォードの編集した *The world of rural dissenters, 1520–1725* は，ダフィとは逆の視座で，地域におけるロラード派以来の「プロテスタンティズム」の伝統を検討している［Spufford 1995］。また宗教改革期の共同体への関心は，ローマ・カトリック研究をも著しく進展させている［Haigh 1975, 1981；Questier 1996, 2006］。

　近年のヨーロッパ大陸諸国の研究交流の高まりは，イギリスの歴史家にとって未開拓だった文書館や図書館へのアクセスを促すこととなった。マカラックによるヘンリ 8 世のキャンタベリ大主教トマス・クランマの伝記に用いられた一次史料の所在は，スウェーデンのウプサラからポーランド

のクラクフまで広がっており，イングランドの宗教改革が大陸の宗教改革運動の展開のなかにあったことの，何よりの証左である[MacCulloch 1996]。またマカラックは *The Journal of Ecclesiastical History* の編集長という立場を生かして近年の研究成果を取り入れながら，ヨーロッパ全域を視野に入れた宗教改革論を著している[MacCulloch 2003]。近世をとおしてイングランド国教会には大陸諸国のカルヴァン派と密接な結びつきを重視する勢力が存在したが，カルヴァン派教会がもつトランスナショナルな側面を包括的に論じたものとしてはつぎの 2 冊があげられるだろう[Prestwich 1985；Benedict 2002]。前者は後述するナント王令廃止300周年と関連する企画であった。

宗教改革と文化の関連では，祝祭の変化を論じたクレシの *Bonfires and bells* およびハットンの *The rise and fall of merry England* が重要である[Cressy 1989；Hutton 1994]。プロテスタンティズムの浸透過程に関しては諸説あるが，エリザベス 1 世の治世期にはイングランドは文化的に大きく変容したという見解が主流である[Collinson 1988；P. Marshall 1997]。エリザベス治世期には，国際的に宗教対立が激化したが，その対立のなかでイングランドはヨーロッパのプロテスタント陣営に属するという帰属意識が育っていった。

しかし16世紀以降もイングランドのプロテスタント教会は，片やピューリタン諸宗派，もう一方はローマ・カトリック教会の影響を受けながら国教会の位置づけを模索しつづけた。17世紀前半のピューリタン諸宗派については *The Cambridge companion to Puritanism* によって概観が得られるが[Coffey & Lim 2008]，邦文文献でも多くの研究がある[岩井・指 2000；那須 2008]。この時期のアルミニウス主義の台頭に関しては，タイアクの研究があげられる[Tyacke 1973, 1987. タイアクの研究の影響に関してはFincham & Lake 2006]。またヨーロッパ大陸の諸教会との関係についてはアントニ・ミルトンの *Catholic and reformed* と W・B・パターソンの *King James VI and I and the reunion of Christendom* がある[Milton 1995；W. Patterson 1997]。

17世紀のアイルランドを含めたブリテン諸島における三王国戦争は，理

想のプロテスタント教会建設をめぐって，プロテスタント諸派のあいだで争われた宗教戦争であった。かつて「ピューリタン革命」と称されたこのブリテン諸島の内乱(civil war)は，ヨーロッパ大陸での三十年戦争に対応していた点も，イングランドの宗教と政治の展開を理解するうえで重要である。三王国戦争は，ヨーロッパ大陸でプロテスタント陣営とローマ・カトリック陣営の全面戦争が展開した時期とかさなっており，ブリテン諸島のプロテスタントたちの多くは，チャールズ1世のアルミニウス主義的教会改革とアイルランドの反乱に国際的なローマ・カトリック勢力との連関を見出した。このため，ブリテン諸島の内乱もより激化したといえよう［小泉 1996］。この時期の宗教的ネットワークをとおしての大陸の人びととの交流に関しては，三十年戦争の戦渦を逃れてイングランドで理想社会の建設を構想したプロテスタントたちのハートリブ・サークル［Turnbull 1947; Trevor-Roper 1967; Greengrass et al. 2004］が知られているが，三王国戦争の原因のひとつとなったアルミニウス主義とピューリタン諸派の抗争も，ネーデルラント連邦共和国における宗派抗争との連関で検討してこそより明確化するであろう［Tyacke 1987．またネーデルラントとの宗教的交流に関しては Sprunger 1982; Van den Berg 1994; Van den Berg et al. 1999］。さらにアメリカ植民地との交流に関しては，邦文でも岩井の研究があげられる［岩井 1995］。

王制復古期

1660年にイングランド議会は，チャールズ1世の遺児チャールズ（2世）を迎え入れて君主制と主教制に基づいた国教会を復活させ，ブリテン諸島の宗教争乱を終結させた。すでにヨーロッパ大陸においても1648年ウェストファリア講和条約において三十年戦争に終止符が打たれていたが，熱い宗教戦争の終結後もヨーロッパ世界をプロテスタント勢力圏とローマ・カトリック勢力圏に分けてみる，いわば冷戦体制的思考が影響力をもちつづけた。王制復古期の政治と宗教の展開には，このヨーロッパ規模の宗教的冷戦が大きな影を落としている。さらに内乱と共和期がもたらしたトラウマも重く，イングランド人たちは内乱の歴史が再び繰り返されることを

極めて恐れていた[T. Harris 2005]。

　イングランド国教会再建にあたっては、共和制期への反動でクラレンドン法典と呼ばれる一連の非国教徒(ディセンタ)抑圧法が制定された。しかしその一方で、宗教戦争の反省からイングランド国教会とかつてのピューリタン多数派であった長老派の双方に、長老派など特定のプロテスタント非国教徒がイングランド国教会に包括されることで、国教会体制を強化しようとする動きがあった。王制復古期の王党派は、イングランド国教会信徒に限らずピューリタンの側にもいたのである。概して長老派は、国教会体制の維持を重要視し、バプティストやクエーカのようなセクトには攻撃的であった[Spurr 1989, 1991;Goldie & Spurr 1994]。また王制復古期の教会再建の熱意はプロテスタント宗派を問わず、教区レベルにおいて人びとのモラルや敬神を覚醒させて、敬虔なキリスト教徒の国づくりをめざすモラル・リフォーム運動を興隆させた[E. Duffy 1977;Spurr 1991, 1993]。このモラル・リフォーム運動の興隆の国内的背景として、プロテスタント諸派が共有していた法王教への恐怖心[J. Miller 1973;Spurr 1991, 2000;McElligott 2006]と16世紀の宗教改革者の意志を継承し、イングランド内外の宗教改革をさらに押し進めようという責任感があった(長期の宗教改革運動)[Tyacke 1998;Gregory 2000]。

　しかし、反法王教感情とモラル・リフォーム運動を理解するためには、ヨーロッパ大陸における政治および宗教の展開と相互連関的に把握することが欠かせないだろう。モラル・リフォーム運動も含めた長期の宗教改革運動は、ウェストファリア講和条約以降ヨーロッパ各地のプロテスタント諸邦でみられた、いわば多中心的な運動であった[W. Ward 1992, 1999;西川 2002]。そのなかで17世紀後半から18世紀前半にかけてもっとも影響力をもつにいたったのは、中央ヨーロッパのルター派のあいだに広まった敬虔主義(ピエティスムス)であり、イングランドのモラル・リフォーム運動も、とくに名誉革命ののち、敬虔主義者たちと密接な連携をおこなうようになったことが明らかになっている[Brunner 1993;西川 2002, 2005]。

　また王制復古期イングランドの反法王教感情の高まりは、もっぱらフランスの脅威とさらにフランス王家と親密なチャールズ2世および王弟ジェ

イムズへの不信に直接に結びついていた。反法王教感情は，ローマ教皇を「悪魔」(Antichrist)とし，ローマ・カトリック諸勢力をプロテスタント諸勢力にとっての共通の敵とみなしている。しかし法王教という用語のニュアンスは極めて曖昧であり，プロテスタントの敵と他者に対して乱用された傾向がある。しかもプロテスタントの敵と他者が具体的に何を示すのかは時と場所によって異なるのと同様に，法王教も社会的・政治的・文化的文脈によって意味が変わりうるものであった。英蘭戦争の際には同じプロテスタントであるはずのネーデルラント連邦共和国を法王教として，イングランド国民の結束が求められた［Pincus 1996；McElligott 2006］。ただし第3次英蘭戦争の際には，チャールズ2世はフランス国王およびミュンスタ大司教と同盟を締結してネーデルラントを危機的状況に追い込んだが，ステュアート王家と法王教（この場合は主にフランス）の結びつきについてイングランドの人びとの不信を強めることになったのである。

名誉革命

　前述のように1980年代後半以降，宗教史に対する新たな関心が高まったが，その結果，歴史像がもっとも大きく変わりつつあるのが1688〜89年の名誉革命を頂点とした1680年代の研究であろう。

　従来の名誉革命の記述は主にイングランド国内の政治的展開を中心にしてなされ，ヨーロッパの政治・宗教状況のなかで位置づけようという試みはほとんどなされてこなかった。その結果として，1970年代には，名誉革命はイングランドにおける宮廷クーデタであったという見方すらされるようになり，当然のことながら第8章と第9章で論じられたようにブリテン諸島の三王国の体制をいかに大きく変革したものであったかという点が見逃されたのである。さらにはまた革命後のイングランド政治社会をヨーロッパ諸国との連関で見る視座も欠落していたといえよう。

　ただし1680年代をヨーロッパにおけるプロテスタンティズムの全般的危機とする見方が，以前からなかったわけではない［野沢協 1973；Lossky 1980］。1679年以降，フランス国王ルイ14世の宗教を利用した勢力拡張政策によって，ヨーロッパ諸国，とくにプロテスタント勢力は緊張感を強め

た。ヨーロッパ各地でのプロテスタント迫害のニュースはジェイムズ2世統治下イングランドにおいても広く伝播しており，プロテスタント諸派がローマ・カトリックへの危機感を募らせている状況下で，ジェイムズ2世は「血の巡回裁判」をおこない，親フランス政策およびローマ・カトリック教徒への宗教的寛容策を進めたのである。ジェイムズの寛容策はプロテスタント非国教徒に対しても適用されたが，ローマ・カトリックの復権を意図した陰謀ではないかというイングランド国民の疑惑を深めることとなった。1688年，ジェイムズに嫡男が誕生し，ローマ・カトリックの洗礼を受けたので，プロテスタント諸派の危機感はいっそう強まり，「法王教の脅威と専制支配」を取り除くべく聖俗有力者7名がネーデルラント連邦総督オラニエ公ウィレム3世と結託した。同時代人はこの一連の政治的展開を，ヨーロッパ規模の宗教対立に基づいた思考枠組のなかでとらえていたのである。しかしこのような見方が評価されるようになったのは1990年代になってからである[西川 2002;Claydon 2007;Goldie 2007;S. Taylor 2009]。

1988～89年の名誉革命300周年を機に出版された諸研究は，従来のイングランド中心的な名誉革命像に疑問を投げかけるようになった[Beddard 1991;Grell et al. 1991;Schwoerer 1992]。とくに1991年に出版された *The Anglo-Dutch moment* はブリテン諸島の三王国のみならずヨーロッパ大陸，アジア，アメリカにおける名誉革命の影響の再評価をおこない，名誉革命再検討を促す大きな契機となった[Israel 1991]。編者イズレイルは，ネーデルラントおよびウィリアム3世(オラニエ公ウィレム3世)に関する章のなかで，多様な版の存在する権利宣言をはじめとするウィリアム3世とその側近たちによる政治的・宗教的プロパガンダや遠征軍の規模の分析をおこない，ヨーロッパ規模の支援を得て革命が遂行されたことを明らかにし，さらにはウィリアム3世の最大の目的は，イングランドをフランスから遠ざけてヨーロッパ大陸における対フランス戦争に参戦させることにあったと主張した。イズレイルによると，名誉革命はネーデルラントの無敵艦隊(アルマダ)の侵攻であったのである。イズレイルの主張は，これまでブリテンの歴史家たちが用いなかったネーデルラントをはじめとするヨーロッパ大陸の文

書館史料の緻密な実証に基づいており，その成果はほぼ認められたといってよいだろう。現在ではイングランド外での展開を無視した名誉革命像の記述は難しい。近年の優れて包括的な名誉革命研究としては，例えばティム・ハリスの *Revolution* があげられる［T. Harris 2006］。

また名誉革命体制にとって，18世紀中葉にいたるまでジャコバイトの脅威がいかに深刻なものと感じられたかについてはあらためて繰り返すまでもない。1980年代に再燃したジャコバイトへの関心は，スチュアート家を正統王朝とみなす勢力の根強さを認識させ，名誉革命をブリテン諸島の三王国の連関のなかで把握する必要性を示唆した［Cruickshanks 1979; Cruickshanks & Black 1988; Monod 1989; Szechi 1994; Cruickshanks & Corp 1995］。さらに名誉革命を契機にフランスをはじめとするローマ・カトリック諸国に亡命したジャコバイトのネットワークに関する関心も高まっているが，ジャコバイトとアイルランド系移民を区別する重要性も指摘されている［Cullen 2010］。

名誉革命に関する宗教史としては，クレイドンがウィリアム3世のプロパガンダにおいて宗教的言説がはたした役割を，主にウィリアム3世に仕えた論客バーネット（革命後のソールズベリ主教）の著述を中心に分析し，革命が持ち合わせた強烈な宗教的色彩を指摘している［Claydon 1996］。また1680年代のヨーロッパ大陸のプロテスタント諸派とイングランド人の連帯意識に着目した研究もなされている。ロビン・グインによるユグノー亡命者の名誉革命体制への貢献の研究や，西川杉子による抑圧されたプロテスタントに対する救援活動とそのネットワークの研究があげられる［Gwynn 1985/2000, 2010；西川 2002, 2003, 2005, 2006a］。またジョン・マーシャルはロックやバーネット主教をヨーロッパ大陸の思想家たちとの交流のなかに位置づけた［J. Marshall 2006］。

名誉革命300周年記念と比べると規模は小さかったが，1985年10月前後にはイギリスやアイルランドにおいてもナント王令廃止300周年を記念する国際会議や展示会が開催された［T. Murdoch 1985］。とくにロンドンおよびダブリンでおこなわれたシンポジウムは亡命ユグノーの諸活動からブリテン諸島におけるヨーロッパ大陸的要素を明らかにして，これまで宗教

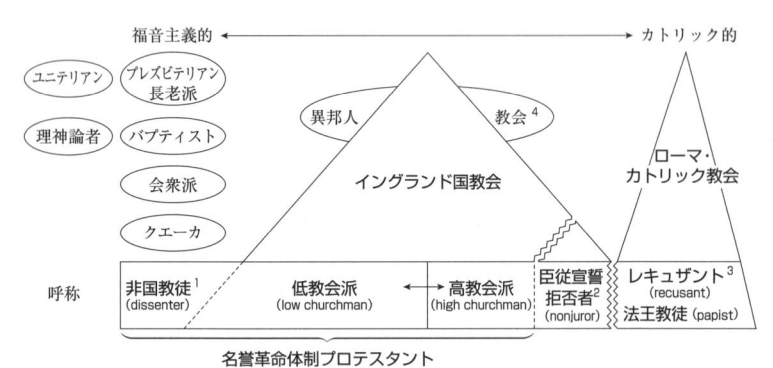

```
福音主義的 ←——————————————————→ カトリック的

(ユニテリアン)  (プレズビテリアン
                 長老派)
                          異邦人    教会⁴
(理神論者)   (バプティスト)
                         イングランド国教会      ローマ・
                                              カトリック教会
           (会衆派)

           (クエーカ)
```

呼称 | 非国教徒¹ | 低教会派 | 高教会派 | 臣従宣誓 | レキュザント³
     | (dissenter) | (low churchman) | (high churchman) | 拒否者² | (recusant)
                                                       | (nonjuror) | 法王教徒 (papist)

名誉革命体制プロテスタント

1 イングランド国教会への信奉を拒否したプロテスタント
2 名誉革命によって即位したウィリアム3世=メアリ2世への臣従宣誓を拒否したイングランド国教徒
3 16〜18世紀ローマ・カトリック教徒に対する歴史的呼称。法王教徒はその蔑称
4 ユグノー教会など,イングランド国教会とは異なる礼拝を許された異邦人プロテスタント教会
  (strangers churches)

17世紀末〜18世紀のイングランドにおける主な諸宗派

的少数派の同胞史研究の枠にとどまっていたユグノー研究をアカデミックな研究者が見直す契機となった[Caldicott et al. 1987 ; Scouloudi 1987]。2000年にはブリテンおよびアイルランド・ユグノー協会はブリテン諸島と北米植民地における多様な異邦人プロテスタント集団を対象としたシンポジウム「異邦人から市民へ」を開催し,論文集にまとめている[Vigne & Littleton 2001]。

またユグノー史家グインの示唆によって始められた非国教徒ロジャ・モリスの膨大な手記の調査研究は,名誉革命前後の刻々と変化するイングランド宗教事情を具体的に知るうえで貴重なデータを提供している。ゴールディの指揮下に集まった歴史家チームによるモリスの宗教観・歴史認識・大陸を含む世界観・情報網の分析は,宗教史の新たな広がりを象徴しているといえよう[Morrice/Goldie 2007]。

啓蒙の世紀

イングランドでは1689年に成立した寛容法によって,イングランド国教会の外に合法的な存在としてプロテスタント非国教徒の信仰と教育が認め

られ、不完全ではあるが政教未分離は原理的に否定された。ローマ・カトリックとユニテリアン（ソッツィーニ派、反三位一体派）は排除されたままであったが、それ以外の非国教徒は公的な諸活動にも参加し、プロテスタント体制を支持したのである（名誉革命体制内プロテスタント諸派については左図を参照）。体制教会としてのヘゲモニーが保証されたイングランド国教会は、画家ホーガースが「眠れる会衆」(1736年制作) において描いたように、停滞していったとされるがはたしてどうであろうか。

近年の宗教史研究はこのようなイングランド国教会像を修正しつつあり、国家との一体性を失ったイングランド国教会が市民社会のなかで権威を維持するためによりいっそうの努力をはらうようになった側面に注目している［プロテスタント体制と世俗秩序の関係については、近藤 2010］。1689年の寛容法が成立した際に聖職者ハンフリ・プリドーは、人びとは教会よりもエールハウス（パブ）に行くほうを気ままに選ぶだろうと嘆いたが、聖職者たちは人びとが教会に通うように積極的に説得しなくてはならなくなったのである。ジェレミ・グレゴリによると、聖職者の8～12%が生涯に少なくとも1冊の本は出版しており、また多くの著作に接する環境が整えられていた。キャンタベリ大主教セッカは約4700ポンドの年収の半分を聖職者たちとの晩餐につぎ込み、彼らの監督に努めていた。またイングランド国教会内寛容論支持派である広教会主義者（ラティテューディナリアン）ですら、教区民が聖餐を頻繁に拝領するように努めたのである。そして18世紀をとおして、教区民にとって司祭の説教は大きな楽しみでありつづけた。結果的にみれば、18世紀の聖職者たちは極めて精力的に司牧をおこなったことが明らかになっている［Gregory 2000；Gregory & Chamberlain 2003；Jacob 2007］。さらにイングランド国教会の経済状況を知るには *Princes and paupers in the English Church* に収録された諸論文が参考になる［R. O'Day & Heal 1981］。

グレゴリは聖職者たちの努力を「長期の宗教改革運動」の一環としてとらえているが、運動に参加したのは聖職者だけではなかった。名誉革命後のイングランドでは、聖職者以外の政治エリートのあいだでも、民衆を無知蒙昧から啓蒙し、よきプロテスタントとして教育する必要性があらためて提唱されるようになり、王制復古期に始まったモラル・リフォームを掲

げた多くの任意団体が結成された。そのなかでイングランド最大のキリスト教系任意団体に成長していったのが，イングランド国教会教区司祭トマス・ブレイの発案で，1699年にロンドンに拠点をおく聖俗エリートが中心となって設立されたキリスト教知識普及協会(Society for Promoting Christian Knowledge, SPCK)である。SPCKは，設立当初からドイツ中部ザクセン地方の都市ハレを拠点とした敬虔主義運動を模範とし，ハレと相互に協力しながらヨーロッパ規模のモラル・リフォーム運動の強化に努めた。1700年代には，レヴァント布教やインド布教，ロシア布教にハレと共同で着手したが，とくにインド布教に関しては1825年まで継続したのである[Brunner 1993；Walls 2001；西川 2002, 2005]。SPCKのメンバーはまた，主にイギリスの植民地への布教活動のために，海外福音伝道協会(Society of the Propagation of the Gospel in Foreign Parts, SPG)を1701年に設立した。

いわゆる名誉革命体制とほぼかさなる長い18世紀は，ヨーロッパ史では理性を信奉する啓蒙が時代の思潮となったことと結びつけて，「啓蒙の世紀」とも「理性の時代」とも呼ばれている。それではイングランドにおける啓蒙はどのように把握できるのか。これまで18世紀イングランド政治社会も(信教国家論を一部受け入れながらも)非常に合理化かつ世俗化した側面が強調されてきたが，啓蒙はあくまでもキリスト教社会を前提として展開したのであって，啓蒙と宗教の関係はたんに対立するものではなく相互に影響をおよぼしあった側面をみるべきであろう。ロイ・ポータは，イングランド啓蒙は体制側も共有した思潮であった点を強調するが[R. Porter 2000]，実際，教会の権威主義や教義的神学から脱して，人間理性と信仰の折合いをつけるべく思索をめぐらしたのは体制教会に属する聖職者が多かった。彼らはキリスト教信仰のなかの道徳的本質を強調したり，科学的知識を宗教の補助手段として用いて人びとの迷信を払拭することによって，体制教会の立場をより強化することができると考えていた。ヤングの*Religion and enlightenment in eighteenth-century England*は，国教会体制が停滞したどころか体制内で思想的活況がみられたことを指摘し，国教会体制の擁護をおこなったウィリアム・ローやグロースタ主教ウォーバートンらを評価している[B. Young 1998a]。さらに，聖職者以外の啓蒙の担い手を

みても，SPCKにみられるように体制側の政治エリートであり，かつイングランド国教会の信徒が多かった。

18世紀をとおしてイングランドにはローマ・カトリックを敵とみなす宗教的冷戦の思考的枠組が保持されたが，概して寛容思想の広がりは，ローマ・カトリックにもおよぶようになっていた[Haydon 1993]。むしろ政治エリートが脅威と感じ取ったのは，ひとつには宗教的熱情がもたらす狂信(ファナティシズム)と頑迷(ビゴトリ)であり，もう一方は啓蒙の前衛が生み出した理神論や無神論であった。狂信はピューリタン的な熱情に通じるものであるが，頑迷な不寛容の表れとして忌みきらわれるようになっていたのである。とくに18世紀中葉に起こったメソディスト運動に代表される信仰復興運動は多くの信奉者を惹きつけただけに，深刻な脅威と受け止められて，これに対抗すべく堅実な信仰の重要性が説かれたのであった。さらに理神論や無神論，ひいては反宗教は，民衆の蒙昧を助長し，時代的逆行になると考えられたのである。このような脅威に対抗するために，啓蒙主義者たちは「思慮と啓蒙思想と中道に基づいた敬神」を希求していたのである[B. Young 1998a；Sorkin 2002, 2008]。

信仰復興運動

名誉革命前後のモラル・リフォーム運動は，1714年のハノーヴァ朝成立後しだいに国教会の枠組のなかで制度化していき，そのダイナミズムを失っていった。しかし，1730年前後にイングランド国教会説教師ジョン・ウェズリによって始められたメソディスト運動は，ある点ではその後継とみなすことができるだろう。彼は工業化の進展のなかで勃興した産業都市や炭坑の労働者など，従来の国教会の組織では対応しきれない下層民のあいだで路傍説教や野外集会を繰り返し，信仰復興運動を盛り上げた。ウェズリは亡命ユグノーが多い環境で育ったことが知られているが，ハレの敬虔主義や，またハレの影響を受けたモラヴィア兄弟団とも深い交流があった[W. Ward 1992, 1999；Podmore 1998；B. Young 1998b]。ウェズリやその同志となったホイットフィールド，弟チャールズ・ウェズリがSPCKの配布するハレ敬虔主義の書物に親しんでいたことを重視する研究者もいる[K.

Stewart 2006]。18世紀後半に信仰復興運動は大きく発展を遂げ，国教会体制内外においてイングランドのプロテスタンティズムをめぐる議論を活発化させた。そのなかで躍進したメソディスト運動は，ウェズリの死後，1795年，イングランド国教会から分離してメソディスト教会を創立することになる。また非国教徒のユニテリアンも著しく勢力を伸長させた。ジョン・ウェズリと彼の影響に関しては，*The Cambridge companion to John Wesley* が参考になる[Maddox & Vickers 2010]。

アメリカ独立戦争とフランス革命はイングランド社会に大きな衝撃を与えた。メソディスト教会が引き起こした分裂ののちも，イングランド国教会は内部に幅広い思想的多様性をはらんだままその立場を維持していたが，危機意識から宗教的活力が高まり，中流・上流階層のいわゆる福音伝道主義者たちが慈善活動や宣教活動に積極的に従事するようになる[B. Hilton 1988；Bebbington 1989；Wolffe 2007]。奴隷制廃止論者として著名なウィリアム・ウィルバフォースもメンバーであったクラパム派（セクト）がその代表である。このような福音伝道主義に刺激を受けてキリスト教宣教協会(Church Mission Society)や聖書配布協会(British and Foreign Bible Society)が設立された[Batalden et. al 2004；Strong 2007]。宣教（ミッション）とイギリス帝国拡張の連係についてはアンドルー・ポータやコックスの研究がある[A. Porter 2004；Cox 2008]。

福音伝道主義の隆盛は，しかし，イングランド国教会内の宗派対立をより鮮明にし，再編させることとなった。個人的回心や内面的信仰を重視する福音伝道主義は低教会（ローチャーチ）と，またより自由主義の影響を受けた一派は広教会（ブロードチャーチ）と称された。そしてこれらに対抗して，オクスフォードの教会人を中心にイングランド国教会の権威・伝統の再建を目的とした高教会（ハイチャーチ）があらわれた。高教会派の運動はオクスフォード運動として知られるが，*Tracts for the Times* をさかんに刊行したのでトラクト運動とも呼ばれる[S. Skinner 2004]。福音伝道主義や非国教徒の勢力の増大や審査法の廃止を脅威と受け止めて始まったオクスフォード運動は，しかし，1845年指導者の1人ニューマンがローマ・カトリックに改宗したのを契機に衰退していった。低教会にせよ高教会にせよ，17世紀末から存在するイングランド国

教会内の宗派との共通性が強調されるが，例えば後者はローマ・カトリック教会と立場が近くアングロ・カトリックとも呼ばれるなど，近世の宗派との連続性は過度に強調しないほうがよいだろう。

　19世紀におけるキリスト教諸派の宗教的活力の高まりは，ヴィクトリア社会において世俗化が進行したという見方に修正を迫っている。カラム・ブラウンによるとブリテンにおいてキリスト教離れが起こるのは20世紀にはいってからのことである[C. Brown 2001/2009]。近現代における歴史の推進力としての宗教の再検討は，まだ始まったばかりといえるだろう。

西川杉子

第12章 帝　国

1｜帝国史というテーマ

　本章では，イギリス帝国史研究の動向と成果を，16世紀から21世紀初頭の現代まで，時代順に16～17世紀(長い16世紀)の帝国形成期，18世紀の帝国の再編期，19世紀の帝国発展期(パクス・ブリタニカ)，および20世紀の帝国解体・崩壊期に分けて考察する。その際に，(1)帝国の広がりと拡張に応じて公式帝国(formal empire)に編入された諸地域と本国との関係，(2)公式帝国を超えた非公式帝国(informal empire)と，さらに世界システムのなかでのイギリス帝国の位置と影響力について言及する。

　(1)の論点に関して，伝統的なイギリス帝国史研究が，北米13州，オーストラリア，カナダなどの白人定住植民地(自治領)，ジブラルタル，アデン，シンガポール，香港などの海軍基地や貿易拠点，英領インドやエジプトなどの軍事力により併合した従属植民地など，国際法によって植民地として認知され，地図上で赤くぬりつぶされた諸地域＝「公式帝国」を研究の範囲に取り込んできたことはいうまでもない。最新の内外の学術的講座・シリーズの構成には，その点が明確に示されている[OHBE 1998-99；秋田ほか 2004-09]。本章では，それらの帝国諸地域とイギリス本国が，政治・経済面，軍事・外交面，社会・文化面でいかなる関係を展開してきたのか，その関係により本国はいかなる影響を受けたのか，本国と帝国諸地域との相互作用に着目していきたい。

　(2)の論点について，1953年に2人の帝国史家，J・ギャラハとR・ロビンソンが「自由貿易帝国主義」(imperialism of free trade)論を提唱して以来[Gallagher & Robinson 1953；Louis 1976]，19世紀に自由貿易の拡張を通じてイギリス本国の圧倒的な経済・金融の影響下に組み込まれた非公式帝国

が帝国史の研究対象になった。後述するように(283～284頁参照)、非公式帝国の諸地域を研究範囲に組み込むことで、イギリス帝国史研究のカバーする領域は一挙に広がり[Fieldhouse 1984]、被支配地域の現地の事情に規定された帝国支配を重視する地域研究の成果との突合せが可能になった。

しかし、イギリスの影響力は、公式・非公式の両帝国をはるかに超えて地球的規模で全世界におよんだ。第4節で詳述するように、イギリスはヘゲモニー国家(hegemonic state)として、圧倒的な経済力と軍事力を背景に、帝国領域にとどまらず、ヨーロッパにおける勢力均衡の維持や、日本を含めた広範な非ヨーロッパ諸地域でその影響力を行使した[松田・秋田 2002;O'Brien & Clesse 2002]。20世紀後半の脱植民地化の時代になっても、ヘゲモニー国家としてのイギリスの影響力は依然として一定度の重みをもちつづけた点も考慮すると、グローバル・ヒストリとしてイギリス帝国の歴史を考察する必要がある[Akita 2002]。

2｜帝国の起源

アイルランドから大西洋世界へ

イギリス帝国の起源をどこに求めるかは、帝国の定義にもかかわる難しい問題で、すぐに答えを見出すことはできない。大航海時代末期の1588年、スペイン無敵艦隊(アルマダ)の撃破はヨーロッパ世界におけるイングランドの台頭の契機にはなったが、本格的な海外への進出と勢力拡張にはまだ程遠い状況にあった。イギリス帝国・海外への膨張の起源は、ブリテン島の西に隣接するアイルランド・アルスタ地域(現在の北アイルランド)へのイングランドとスコットランドからの入植・定住が本格化した17世紀前半に求めるのが妥当だろう[Canny 1998b]。アルスタ植民では、「17世紀の全般的危機」の不況下で新たな活路と土地を求めて、1641年までに約3万人がスコットランドから入植し、支配的な地位を占めたイングランドからの入植者との共存を通じて、現地のカトリック勢力に対抗する the British という意識とアイデンティティが育まれた[Hechter 1975;Ohlmeyer 1998]。

こうしたブリテン島からアイルランドを経由した西方への勢力拡張は、

大西洋世界のアメリカ大陸，西インド諸島への進出に繋がった。1607年にはヴァージニア会社によりジェイムズタウンが建設された。1620年にはピルグリム・ファーザーズと呼ばれたピューリタンたちが北米に渡り，ニューイングランドと呼ばれた諸植民地の基盤を形成した[V. Anderson 1998]。1655年のオリヴァ・クロムウェルによるジャマイカへの艦隊派遣と占領は，イングランド国家が大西洋を越えた植民地化に軍事力を本格的に行使した最初の事例である。1660年の王制復古以降，大西洋世界への進出は本格化し，バルバドス島は砂糖生産で発展した。その発展が，食糧・木材資源の供給地として北米諸植民地の存続を支えることになった。さらに，1672年に設立された王立アフリカ会社は，西インド諸島における労働力を確保するために西アフリカ沿岸地域（ガンビア，ゴールドコースト）で奴隷貿易に従事し，のちの18世紀に本格的に形成される大西洋をまたぐ植民地間貿易網が形成された[Beckles 1998；Hair & Law 1998]。同時期の大西洋世界への海外膨張の思想史的背景については優れた研究がある[Armitage 2000]。

アジアとの交易

アジアとヨーロッパを繋ぐ遠隔地交易でも，16〜17世紀に新たな発展がみられた。1600年に結成されたイギリス東インド会社（EIC）の活動がそれである。EICは，レヴァント会社（1592年結成）を引き継ぐかたちですぐにイングランド最大の特許会社となった。初期のEICの活動については，K・N・チャウドリの優れた研究がある[Chaudhuri 1965]。EICの業務は，ヨーロッパで需要が拡大した東インド物産（胡椒・香辛料・綿織物）の輸入が中心となったが，1602年に結成されたオランダ東インド会社（VOC）との競争に巻き込まれて苦戦をよぎなくされた。アジア物産の購入にあてる銀塊の輸出量を抑えるために，EICやVOCなどヨーロッパに本拠をおく独占貿易会社にとって，南アジア・東南アジア・東アジア諸地域を繋ぐ「アジア域内交易」（country trade）への参入が不可欠になった。16〜17世紀初頭まで世界有数の銀産出国であった日本との交易は特別の魅力があった[Flynn 2010]。

近世後期のアジア間交易に関して，近年海域アジア史研究の分野で急速

に研究が進んでおり[桃木 2008]，中国商人による中国生糸と日本銀の交易，VOCによるインド産生糸・絹・綿織物と日本銀・中国金の取引という新たな交易が注目されている。EICも，アユタヤ(シャム)・パタニ(マレー半島)・平戸(1613年)に商館を構えたが，いずれも実績をあげることはできずアンボイナ事件後の1623年に閉鎖された。その間1600年に豊後に漂着したオランダ船リーフデ号のイングランド人航海士ウィリアム・アダムズ(日本名：三浦按針)は，徳川家康に外交顧問として仕えて日英交流の先駆けとなった[加藤榮一 2000]。その後のEICの活動は，主要なアジア交易の本拠地を南アジアに移し，インド産綿織物のキャラコ・モスリンと中国からの茶の輸入に特化した[Chaudhuri 1978; P. J. Marshall 1998a]。イギリス革命の政治的変動を乗り切ったEICは，17世紀末にイングランド銀行や南海会社と並んで，イングランドの財政革命を支える有力な機関となった[P. Dickson 1967; 川北 1983]。

3│環大西洋世界と東インド

商業革命とイギリス帝国

18世紀のイギリス帝国は，当初，環大西洋世界を中心に形成された。その形成の原動力は，1660年の王制復古から1760年代のアメリカ独立革命期にいたる約1世紀間に起こったブリテン(イングランド)の貿易構造の変化にあった。ラルフ・デイヴィスが提唱し，日本で川北稔がその構造を明らかにした「イギリス商業革命」である[R. Davis 1967; 川北 1983]。

商業革命の特徴としては，(1)貿易量の飛躍的増大，(2)貿易相手地域の激変，すなわち非ヨーロッパ世界の比重が急激に上昇し，1770年代に「新世界」(南北アメリカ)とアジア諸地域向けが全ヨーロッパ向けを凌駕，(3)貿易商品構成の根本的変化，すなわち砂糖・タバコ・コーヒー・綿織物の輸入増大，再輸出の急成長，毛織物以外の雑多な工業製品の輸出の増加，といった点が指摘できる[川北 1983; J. Price 1998]。この時期の貿易拡大は，植民地物産の輸出入をイングランドの船舶にのみ限定する，1651年以来の航海法に規定される航海法体制と重商主義帝国に支えられていた[O'Brien

1998]。

　この貿易構造の激変を主導したのが，大西洋の三角貿易の発展である。それは，ブリテン・西アフリカ・西インド諸島を結ぶ三角貿易であり，西アフリカから西インド諸島への黒人奴隷の輸送(奴隷貿易)，奴隷制プランテーションでの砂糖・棉花生産，そのブリテンへの輸出が緊密に結びついていた。世界システム論的視点からの帝国経済史研究は，ウォーラーステインの研究をはじめとして数多い[Wallerstein 1980]。この三角貿易の要の位置を占め，帝国経済の核として，18世紀の環大西洋経済圏において決定的に重要な役割をはたしたのが，バルバドス，ジャマイカなどカリブ海に浮かぶ西インド諸島であった。そこでは不在地主制が発展し，有力なプランターの巨富がそっくり本国イングランドに移送され，現地での徹底した従属と低開発化と，本国での国内需要の創造が同時に進行した[E. Williams 1944；Mintz 1985；Sheridan 1998]。西インド諸島は，世界システムの周辺に位置し，中核のイングランドに食糧・原料を供給する垂直的な分業体制(世界経済)に組み込まれていたのである。

　本国に移送された西インド諸島の富は，本国の上流社会で奢侈的な生活をおこなう典型的な植民地ジェントルマンである「西インド諸島ジェントルマン」を生み出した[川北 1983]。彼らは，本国議会にも議員として選出され，帝国政策に一定の影響力を行使したといわれる[Namier 1930]。重商主義的な政策と圧力団体(西インド利害)との関係についてはさらなる研究が必要であるが，疑似ジェントルマンと公式帝国の形成に着目する川北の研究により，帝国社会史の新たな研究領域が切り開かれた。

北米植民地とアメリカ独立革命

　環大西洋経済圏でのイギリス重商主義帝国は，複数の三角貿易によって支えられていた。前述の西アフリカ，西インド諸島を結ぶ三角貿易と並んで重要であったのが，ブリテン・北米植民地・西インド諸島を繋ぐ北大西洋のもうひとつの三角貿易であった。北米大陸の植民地は，北部のニューイングランドや中部のニューヨーク・ペンシルヴェニアのように，世界システムの半周辺として，主要換金作物をもたない「無用な植民地」，造

船・海運業など本国産業と競合する「危険な植民地」と，南部のヴァージニア・メリーランドなどのタバコ植民地，南北カロライナやジョージアなど周辺地域の米・インディゴ生産の植民地から構成されていた。北中部では移民による自由労働が，南部では小規模プランターのもとでの白人年季奉公人制［川北 1990］，のちに黒人奴隷制の強制労働が展開した［Wallerstein 1980；川北 1983；池本 1987；和田 2000］。南部のタバコは，1707年以降，航海法体制の内部に取り込まれたスコットランドのグラスゴー商人によって，ヨーロッパ各国に再輸出される国際競争力をもつ商品であった。タバコ貿易は，委託代理商制を通じて本国の雑工業製品に対する購買力と市場を提供した［Hamilton 1932］。

　北部植民地でも，18世紀にはブリテンからの雑工業製品の輸入，茶・砂糖・綿製品などの植民地物産の再輸出を通じて，植民地人の生活習慣のイギリス化＝生活革命が広がった［Breen 1988］。以上のように，アメリカ植民地史をイギリス帝国の枠組でとらえ，生活史や文化史の次元で帝国の一体性を主張する新たな研究が近年有力になっている［Brewer & Porter 1993；川北 1998］。

　政治面でのアメリカ独立革命に関しては，その原因と帰結に関してアメリカ史の領域で従来から十分な議論が展開されてきた［有賀 1988；Ben-Atar 1999］。そこでも，新たな研究によれば，1760年代から13州植民地でみられた生活様式の「政治化」，すなわち1765～66年の印紙法，67年のタウンゼンド諸法に起因した本国イギリス商品のボイコット運動と，消費パターンの脱イギリス化，その典型としての紅茶の拒否が，アメリカ人のアイデンティティの確立にとって不可欠であった。

　1760年から世紀の転換期にかけて，環大西洋世界では，アメリカ独立革命，フランス革命，イギリス産業革命ばかりでなくヨーロッパ全域におよぶ一連の政治経済的変動の大波がみられ，パーマはそれを「民主主義革命の時代」と名づけた［Palmer 1959, 1964］。その後，B・ベイリンらにより大西洋世界の相互連関を強調する広域の「大西洋史」が提唱され注目されている［Bailyn 2005］。アメリカ独立革命は，植民地エリートである定住白人＝クレオールによる先駆的な「クレオール革命」であり，あとに続く

ラテンアメリカ諸国の独立の先例となったのである[川北 1997]。

東インド会社とアジア

イギリス重商主義帝国, 環大西洋経済圏の展開・発展は, イギリス東インド会社を中心とするアジア物産(ベンガルのキャラコ・モスリン, 中国の茶など)の輸入を通じた, 対アジア(東インド)貿易の拡大と緊密に結びついていた。

18世紀のイギリス東インド会社は, 国王の特許状を得た時代遅れの商業独占体ではなく, 特権的ではあったが本国の商業・財政革命を担う資本主義的な企業体であり, のちの多国籍企業の原型であったとみなすことも可能である。しかし, 東インド会社の独占は不完全であったために, 同社職員やインド在住のイギリス系商人(country trader)が新市場, アジア間交易に参入することができた[P. J. Marshall 1976]。イギリス系のアジア交易商人としては, のちのジャーディン・マセソン商会のようにスコットランド出身者が活躍した[B. Tomlinson 2001]。東インド会社やイギリス系のアジア交易商人は, インド現地では土着の商業資本, 銀行家, 大貿易商と取引し, 彼らから借金することもあった。両者とも現地バザールのアジア商人との仲介・協力関係があってはじめて, 利潤を得ることができた[三木 2002]。

18世紀中葉において, イギリスのインドに対する政治的支配権が漸進的に確立される過程で, さまざまな利権を悪用して巨富を蓄える東インド会社の社員や軍人があらわれた。彼らは「ネイボップ」と呼ばれ, 当初蔑視の対象となった。彼らは不在化せずに現地で短期間の蓄財に専念し, 1770年頃, インドからの私的な資産移送は年間約50万ポンドに達した。アジア間交易でもっとも重要であったのが, 中国・広東(カントン)の茶貿易と連動した対中貿易であり, 広東で振り出されたイギリス向け送金手形は, ネイボップがインド現地で獲得した富を本国にひそかに持ち帰る重要な手段になった[P. J. Marshall 1976]。ネイボップのなかには, 初代ベンガル総督 W・ヘースティングスのように, 議会での弾劾(だんがい)裁判にかけられる者もあったが[P. J. Marshall 1965], 本国での所領や爵位の獲得を通じて社会的評価は好転

し，疑似ジェントルマンとして認知された[川北　1983]。

　東インド会社がしだいにインド統治機関に転化し，商業活動と徴税・本国送金業務が不可分となってその一体性が増大するにつれて，不適切な行為がめだつようになった。1773年には「ノースの規制法」が，84年には「ピットのインド法」が制定され，本国政府による東インド会社への監督・介入が強化された。1784年にピット首相は，密輸の防止と関税収入の増収のために，本国の茶関税の大幅な引下げを含め関税改革を実施した。このため広東からの中国茶の輸入は激増し，対中貿易は赤字に転落した。その赤字を相殺し本国からの銀の流出を阻止するために，東インド会社はベンガル地方でのアヘン専売・独占権を活用して，イギリス系のアジア交易商人を介在させたインド産アヘンの対中国向け密輸を始めた。イギリス・インド・中国を結ぶ「アジアの三角貿易」の形成である[Bowen 1998, 2006]。18世紀末から，ロンドンへの送金業務が英印関係の最優先事項になった。公的債務(年金・給与の支払い，資材購入)を履行し，株主への配当金を払うために，東インド会社は年間300万～400万ポンドを必要とし，個人的送金(50万～150万ポンド)や海運料，保険・金融サービスのような「見えざる輸入」(invisible import)を決済するために，さらに一定額の資金確保が必要であった。そのためには，インド産品の本国とアジア諸地域(東南アジア・中国)向け輸出の拡大が不可欠であった。

　東インド会社特許状は，20年ごとに更新されていたが，1813年には会社のインド貿易独占権が廃止され，33年には残された特権であった中国貿易独占権が撤廃された。従来，これらの措置は，綿製品市場の開拓をめざした新興の本国綿工業資本，その圧力団体であるマンチェスタ商業会議所による反対運動と政治的圧力の結果であると理解されてきた。しかし，ナポレオン戦争中の1813年の貿易自由化は，イギリスへのインド産品の流入を促す戦時措置であり，東インド会社の支配領域を越えて成長した通商利害を有するロンドン商人の利害を反映していた[A. Webster 1990]。また，1833年の中国貿易独占権廃止も，29年の経済不況で打撃を受けたインド現地の経営代理商(agency house)が，ロンドンへの送金を確保するために，インド綿製品やアヘンの輸出市場の拡大をめざして対中貿易の開放を強く要

求したことから実現した。このように, 東インド会社の貿易独占権撤廃には, マンチェスタの綿工業者たちが行使した政治的圧力よりも, ロンドン・シティの金融・サービス利害と, インド在住のイギリス系アジア交易商人に代表されるイギリス商業資本の利害が貫徹されていた[Bowen 1998, 2006]。

重商主義帝国論

18世紀末のイギリス産業革命は, 本節の冒頭で言及した「イギリス商業革命」の展開を歴史的前提として可能になった。エリック・ウィリアムズは1944年に, 大西洋三角貿易の不可欠な環節であった奴隷貿易の綿布需要こそが, マンチェスタの綿工業が急成長する契機になったと主張し, イギリス産業革命の起源を奴隷貿易に求める議論を提起した[E. Williams 1944]。このウィリアムズ・テーゼの有効性をめぐって, 当時から賛否両論がある[Solow & Engerman 1987]。この論争は, 大西洋奴隷貿易の規模とそのインパクトをめぐる P・カーティンらの研究とも密接に結びついている[P. Curtin 1969; D. Richardson 1998]。西インド諸島の奴隷制プランテーションが, 本国に雑工業製品市場, 原綿などの原材料, 基礎食品としての砂糖を供給し, 工業化の資金の一部を提供しながら, 本国上流社会のジェントルマン的な性格を温存する安全弁として機能したことは確かである[川北 1983]。イギリス産業革命が, 西アフリカにも再輸出されたアジア物産である東インド産綿布の「輸入代替工業化」であったことを考慮すると, 従属論, 世界システム論的な関係史研究の先駆的業績として, ウィリアムズの研究は依然として高く評価できる。同様な観点から近年の J・イニコリの研究[Inikori 2002]も注目に値する。

18世紀イギリス帝国に関するもうひとつの重要な学説として, V・ハーローが提起した時期区分, ハーロー・テーゼがある。アメリカ独立革命期を契機として, イギリス帝国は, 環大西洋世界を中心とする重商主義・保護主義的な第1次帝国から, 東インド(アジア)を中心とする自由貿易主体の第2次帝国に移行したという解釈がそれである[Harlow 1952, 1964]。イギリス産業革命の起源と展開の時期区分ともかさなるために, ハーローの

見解は広く受け入れられてきた。

　この通説に対してP・J・マーシャルは，2つの帝国のあいだの断絶・変化を過度に強調せず，18世紀後半から19世紀初頭は，新旧両帝国が共存していた点を強調する[P. J. Marshall 1998b, 2005/2007]。航海法体制は1849年まで存続したが，その運用は柔軟になされて帝国外の諸地域との貿易が増大した。また，イギリスのアジア地域への関与は増大し，1786年に貿易拠点としてペナン島を獲得した。インド財政は，平時において本国歳入の3分の1に相当する年1800万ポンドに拡大し，中国との貿易は年500万ポンドの本国向け送金手段を提供し，東インド会社軍の将校などの役職は，本国の中産層の人びとに社会的上昇の機会を与えた。こうして東インド会社支配下のインドは，財政・軍事・経済・社会の諸側面において帝国内部で重要な位置を占めるようになったのである[P. J. Marshall 1976；川北 1983]。

　近年，C・ベイリは1780〜1830年という時期に着目し，フランスとの対外戦争と戦後の国際秩序再建を通じて，革命や奴隷・農民反乱の脅威に対抗して，イギリス帝国全域で新たに一連の独裁制，権威主義的支配体制の構築が模索されたことを強調する。このヨーロッパの新保守主義は，アジアのイスラーム世界(オスマン帝国・ムガル帝国・東南アジア諸地域)における「プロト資本主義の危機」とも連動し，イギリス帝国の拡大を促した[Bayly 1989, 2004]。19世紀の最初の30年間の画期性を強調するこのベイリーの主張は，グローバル・ヒストリとしてイギリス帝国史研究を位置づける試みとして，依然として西洋中心主義的であるとはいえ示唆的である。

4 │ 自由貿易帝国と「パクス・ブリタニカ」

旧植民地体制の解体

　世界的規模でのフランス革命・ナポレオン戦争の展開は，19世紀前半における重商主義的な旧植民地体制の解体，帝国体制の再編を促す大きな要因になった。

　フランス革命中の1798年，仏領サン・ドマングで起こった黒人革命，黒

人国家ハイチの事実上の独立(正式の独立は1804年)は, 西インド諸島やラテンアメリカ諸地域のクレオールに大きな衝撃を与えた[E. Williams 1970; 浜 2003]。イギリスのクエーカ教徒や国教会内部の改革派であるクラパム派(セクト)は, 宗教的・人道的観点から奴隷制度, 奴隷貿易に反対していた。フランス革命前の1787年に, そうした福音主義の指導者で庶民院議員であったウィリアム・ウィルバフォースらが, 反奴隷制協会を設立した。英領西インド諸島産の砂糖は, フランス産などと比べると割高で国際競争力がなく, 産業革命以降, 本国労働者の朝食として定着した砂糖入り紅茶は, 安価な砂糖の大量輸入を必要とした。経済的理由からも重商主義的な保護を受けた砂糖植民地は本国経済にとって重荷になりつつあった。そうした状況の変化のなかで, 1807年にまず奴隷貿易が廃止され, 33年にはイギリス帝国内部で奴隷制度そのものが廃止された。しかし, イギリス帝国以外のアメリカ合衆国南部やブラジル・キューバの奴隷制は世紀後半まで存続し, イギリスを中心とする自由貿易体制のもとで, 安価な砂糖や原綿の生産を支えつづけた[J. Ward 1998]。

前述のように, ほぼ同じ頃1813年と33年に東インド会社の貿易独占権が撤廃され, 東インド方面においても, アヘンをはじめとするアジア間交易の伸びとともに, インド在住のイギリス系アジア交易商人の圧力で, 重商主義的規制は撤廃された。

イギリス本国の貿易政策の転換は, トーリのもとで1820年代から漸進的に進められてきた。航海法体制も, 1794年のジェイ条約により西インド諸島貿易においてアメリカ船にイギリス船と同等の権利を与えることで, 帝国外地域との結びつきの重要性が確認され, 柔軟な運用がなされた。1846年には, コブデンやブライトらマンチェスタ派と穀物法反対同盟の政治的圧力に直面しつつ, トーリの首相ピールにより穀物法が撤廃された。続いて1849年には, 航海法が最終的に撤廃されて自由貿易体制への移行が定着した。ここに「旧き腐敗」(old corruption)のひとつであった旧植民地体制は最終的に解体されたのである[Schuyler 1945]。

自由貿易帝国主義とアジア世界

 本章の冒頭でも述べたように,19世紀中葉のイギリス帝国の解釈をめぐって,自由貿易帝国主義論が提起されてから,世紀後半の帝国像・帝国政策の解釈は大きく変化した。

 自由貿易帝国主義論の主要な論点は,つぎの4点に集約できる。(1)時間的二分法の否定,すなわち世紀中葉における公式帝国の拡大を主張する連続説,(2)空間的二分法の否定,すなわち非公式帝国論,(3)経済的帝国主義論批判,すなわち非経済的な戦略的要因の重視,(4)ヨーロッパ中心主義史観批判,すなわち周辺・協調理論,「現地の危機」論[Gallagher & Robinson 1953;平田 2000]。そこでは,イギリス本国のマンチェスタ綿業資本を中心とする工業・製造業利害とイギリスの海外膨張,自由貿易政策との関連性が中心に議論され,世紀中葉の政策は「可能ならば非公式支配による貿易を,必要ならば公式支配による貿易を」と定式化された。

 この解釈の妥当性をめぐり,1950年代から論争がある。最大の論争点は,非公式帝国論の適用可能性であり,とくに19世紀後半のイギリス・ラテンアメリカ関係が問題になった。D・C・M・プラットは,砲艦外交を通じたイギリスの非公式帝国の存在を否定し,ブラジル・アルゼンチンなどラテンアメリカ主要国の自立性と,実業界とイギリス政府の両利害の乖離を強調した[Platt 1968;毛利 1978]。その後,多方面での史料公開に応じて論点は,鉄道建設を主体とする海外投資と債務危機,個別企業の経営史,さらにイギリス金融利害と現地政府の経済・金融政策との関係の研究に広がっている[R. Miller 1993]。

 自由貿易帝国主義論の射程は,公式帝国の核であった英領インドもカバーしている。インドの場合は,本国産業資本の意向を受けて,自由放任的な綿製品輸入関税率の引下げと,逆に原綿栽培促進のための国家干渉政策が同時に遂行された。その政策の実態と背景については,A・シルヴァやP・ハーネッティによる実証的研究がある[Silver 1966;Harnetty 1972]。実際には,政策当局は,インドの財政状況が許す限り本国綿業資本の要求を受け入れたが,最終的には財政均衡主義が優先された[Moore 1966]。その背景には,現地インド政庁の恒常的な財政難と,インド大反乱以降本格

的に着手された鉄道建設，そのためのインド向け資本輸出の増大があった。当時のインド財政の歳出の最大の費目は，鉄道利払い・軍事費・インド公債利子・文官給与や年金・行政費・備品購入費など，植民地統治の過程で必要とされた諸経費と利払いからなる本国費であり，19世紀後半に歳出の約3割を占めた[Vakil 1924]。後述するように，イギリスの経済利害の重心は，産業から金融・サービスに移行していたのである。

ラテンアメリカ地域と並んで，典型的な非公式帝国をなしたのが，19世紀後半の東アジア諸地域，中国と幕末・明治初期の日本であった。アヘン戦争，第2次アヘン戦争（アロー戦争）の敗北により，中国・清朝政府は自由貿易を強制された。不平等条約のもとで，開港場には租界が設置され（開港場体制），とくに上海には共同租界が開設されて，中国内陸部と外部世界を繋ぐ国際港湾都市として独自の発展を遂げた[Bickers 1999; Osterhammel 1999]。中国史の側からの研究は，海関史研究[岡本 1999]や中国商人（買弁）研究[本野 2004]のほか，『中国歴史研究入門』[礪波ほか 2006]で紹介された諸研究を参照すべきである。

幕末・明治初期の日本も，イギリスの非公式帝国に編入された。イギリスを中心とした世界市場，自由貿易帝国主義と幕末開港については，日本近代史研究の側からも論じられているが[芝原 1981; 石井寛治・関口 1982]，分析の枠組は欧米各国の個別資本主義からのウェスタン・インパクトと日本の開港を論じる伝統的な一国史的な枠に終始している。同時期の中国と対比した研究[加藤祐三 1985; Beasley 1989]や，東アジアで活動したスコットランド系商社ジャーディン・マセソン商会を論じた優れた実証研究[石井寛治 1984; 石井摩耶子 1998]がある。幕末・明治時代前半に日本に駐在したイギリス外交官には，『大君の都』（岩波文庫，1962年）を著したオールコック(1859～65年公使)，日本アジア協会(Asiatic Society of Japan)会長を務めたハリー・パークス(1865～83年公使)，『一外交官の見た明治維新』（岩波文庫，1960年）や詳細な日記を遺した親日派のアーネスト・サトウ(1862～83年通訳，1895～1900年公使)など，東アジア情勢に通じ，のちの日本研究の発展に貢献した人物がめだつ。明治初期には，多方面で近代化を達成するため多くの「お雇い外国人」が雇用されたが，鉄道技師の

E・モレル，法律顧問F・ピゴットなど，その多くはイギリス人であった。とくに，実学教育の面では，灯台設計のH・ブラントンや工部大学校を設立し工学教育に尽力したH・ダイアなど，スコットランド出身者も多かった[三好 1983]。

　以上は，19世紀後半のウェスタン・インパクトと東アジアの対応という側面であるが，アジア世界では，19～20世紀の世紀転換期に，対欧米貿易の拡大と並んで，英領インド，東南アジア（海峡植民地を含む），中国（香港を含む）および日本を繋ぐ地域間貿易が発展した。杉原薫の唱える「アジア間貿易」論がそれである[杉原 1996]。この地域間貿易は，英領インドの棉花生産，日本とインドの近代的機械紡績業，中国の手織綿布生産という連鎖が中心の綿業基軸体制に支えられていた。前述のインド棉も，欧米向け輸出は重要であったが，世紀転換期になると，生産の37％が国内消費，23％は日本向けに輸出され，アジア内部での消費のほうが増大した。イギリスにより「強制された自由貿易」体制のもとで，1913年のアジア間貿易額は対欧米貿易総額の約8割の約1億6730万ポンドであったが，その成長率は欧米向け貿易を上回り，1883～1913年の30年間に年平均5.5％に達した[杉原 1996]。東アジアにおける地域間貿易の担い手は，上海や香港・広東・福建を本拠とする中国人商人（華僑）であった[古田 2000；籠谷 2000]。アジア経済史研究の進展により，広域の東アジア地域とイギリス帝国との関係史を考察する必要がある。

ジェントルマン資本主義の帝国

　1970年代から，被支配地域の現地の事情からイギリスの海外膨張を説明する「周辺理論」により，帝国史研究の対象地域は一挙に広がったものの，本国の経済的要因は軽視されるようになった[Robinson 1972]。こうした動向を批判して，新たに本国ロンドン・シティの金融・サービス部門の経済利害に海外膨張の起動因を求め，長らく低迷した帝国史研究を活性化させたのが，「ジェントルマン資本主義」(gentlemanly capitalism)論である[Cain & Hopkins 1993/2002]。これにより産業革命の歴史的意義が相対化され，土地貴族層による農業資本主義と，シティの金融・サービス部門の優位性

が強調される。

この問題提起の妥当性をめぐり,一連の論争が展開されている[Dumett 1999; Akita 2002; 竹内 2003]。ケインとホプキンズは,カナダやオーストラリアなど白人定住植民地(自治領)諸国の重要性にあらためて注意を促すだけでなく,世紀転換期の中国・オスマン帝国・南アメリカ諸国におけるシティ金融力を通じた「見えざる帝国」(invisible empire/informal empire)の重要性を強調する点で,先行したギャラハとロビンソンの議論との共通性が見出される。

だが,帝国経済史研究における金融利害の重要性については,世紀転換期の「多角的決済機構」に関するS・B・ソウルの先行研究がある[Saul 1960]。ポンドを基軸通貨とする多角的決済機構は,対欧米諸国とのあいだでの膨大な赤字(20世紀初頭で約9500万ポンド)を,英領インドからの巨額の黒字(約6000万ポンド)と,オーストラリア・東アジア諸国・オスマン帝国からの黒字で埋め合わせることで均衡が維持され,とくにインドからの黒字は決定的に重要であった。この国際収支をめぐる「インドの安全弁」は,本国からの消費財(綿製品)の大量輸出を通じて,インドが欧米諸国やアジア間貿易で稼いだ貿易収益を吸い上げる「強要された貿易黒字」と,前述の本国費による財政的収奪を前提にしてはじめて有効に機能した。英領インドはポンド体制の最大の安定要因となり,対インド経済政策も,ルピーの切上げ(1ルピー=1シリング4ペンス)と1899年の金為替本位制導入により,シティの金融・サービス利害の優位が貫徹された[吉岡 1975; B. Tomlinson 1979]。

多角的決済機構の成立は,本国の帝国経済政策の規定的要因にもなった。世紀転換期に自治領を巻き込んで展開されたジョーゼフ・チェンバレンの関税改革論争とその挫折がそれである。チェンバレンは,帝国特恵関税(保護関税)の導入による自由貿易政策の転換,カナダを中心とする自治領との連携・協力関係の強化を意図したが,国際収支の黒字を支えた多角的決済機構には,イギリス本国が開放的な自由輸入体制を維持すること(自由貿易の逆説)とインド利害の尊重が不可欠であった。したがって,世界経済におけるイギリスの位置,帝国の経済構造が,本国の政策論争や社会帝

国主義の行方にも大きな影響を与えた[E. Green 1995; Cain 1999; 桑原 1999]。

ヘゲモニー国家イギリス

19世紀イギリスの影響力は，公式・非公式帝国だけにとどまらなかった。それは地球的規模で広がるヘゲモニー国家であった[O'Brien & Clesse 2002]。ヘゲモニー国家は，国際関係の基本的枠組と「ゲームのルール」を決定する実力を備え，経済・安全保障(政治外交)・文化の各側面で圧倒的影響力を行使するとともに，国際政治経済秩序を維持するために国際公共財(international public goods)を提供した[O'Brien 2002]。それには，自由貿易体制，国際決済制度としての国際金本位制，安全保障としての海軍力(ネイヴィ)と公海航行の自由，円滑な取引や外交関係を支える国際法，情報交換のための海底電信網の整備などが含まれた。これら国際公共財は，一定の代価を払えばだれもが利用可能で，経済面での相互依存体制，19世紀におけるグローバル化を推し進める主要な手段として機能した[Hopkins 2002]。

ヘゲモニー国家イギリスの特異性は，英領インドのような広大な公式帝国を保有した点にある。19～20世紀の世紀転換期の南アフリカ(ボーア)戦争は，典型的な帝国主義戦争であり，その是非をめぐり内外で論争を引き起こした[Hobson 1902; I. Smith 1996; Cain 2002]。だが，イギリスは，オーストラリアやカナダなど自治領からの軍事的支援とアメリカの外交的後援を得て，2つのボーア系共和国を併合し南部アフリカで公式帝国を拡張した[Robinson & Gallagher 1961/1981]。

南ア戦争後のヘゲモニー国家イギリスの影響力をもっとも巧みに利用して台頭したのが，東アジアの日本である。1902年の日英同盟でイギリスのジュニア・パートナー(従属的同盟国)になった日本は，軍事・外交面でイギリスの間接的支援を受けて1904～05年の日露戦争で勝利を得た[Nish 1966]。それに加えて，財政面で逼迫(ひっぱく)した苦境におかれた日本政府は，日銀副総裁高橋是清(これきよ)を1904年ロンドンに派遣し，ユダヤ系マーチャント・バンカーの協力を得て，ロンドン金融市場で有利な条件で外債発行に成功した[Suzuki 1994]。この日本の外債発行は，有利な海外投資先を必要とし

たロンドン・シティの金融利害にとっても、収益を増やす絶好の機会になった。シティの金融・サービス部門を基盤とする新興工業国との経済的相互依存関係の構築は、ヘゲモニー国家の世界的規模での影響力と役割を象徴していた。

　ヘゲモニー国家イギリスの影響力は、政治経済面だけでなく文化・イデオロギー面にもおよんだ。その典型が、キリスト教ミッション(海外伝道協会)の活動と文化帝国主義である。18世紀末から19世紀初頭に設立された非国教会系を中心とする多くの伝道協会が、キリスト教布教を中心とした「文明化の使命」(civilizing mission)を掲げて、帝国の境界にとらわれず世界各地で宣教活動を展開した[A. Porter 2004]。イギリス政府との関係は微妙であったが、各伝道協会は活動の一環として、英語教育や医療活動にも力をそそぎ、非ヨーロッパ世界の現地社会において民衆の生活にまで影響をおよぼすこともあった。その意味で、ミッションの活動は、ヘゲモニー国家イギリスのソフトパワーを代表していたともいえる。英語教育を受けた現地人エリート層は、その背後にあった西洋的価値観(議会制民主主義、自由主義的な個人主義など)を受け入れ、公式・非公式両帝国を超えて親英的な協力者階層(collaborators)として働いた[Graham 1969 ; Robinson 1972]。協力者階層との協調を通じて影響力を行使することが、20世紀の帝国支配の行方と、イギリスの世界的な影響力の存続を左右することになった。

5｜脱植民地化

帝国からドミニオン、コモンウェルスへ

　20世紀の帝国史の基調は、公式帝国の変容・解体(脱植民地化)の進展と世界的規模でのイギリスの影響力の後退である。

　帝国構造の変容・再編は、19世紀末からの自治領における植民地ナショナリズムの台頭とドミニオン概念の誕生から始まった。1887年のヴィクトリア女王即位50周年記念式典と同時に開催された植民地会議は、王室の祝祭行事と連動して定例化し(1897年、1902年)、関税改革・帝国連合運動とも絡み合いながら[桑原 1999]、通商・政治・防衛問題で本国政府と自治

領間で協議がおこなわれた。1907年からは名称も帝国会議(Imperial Conference)と改称され，自治領は本国と対等のドミニオンと位置づけられた[Kendle 1967；Darwin 1999；木村 2000]。

　帝国再編の契機となったのは，第一次世界大戦の勃発と帝国の戦争協力であった。総力戦に発展した第一次世界大戦は，本国では，社会帝国主義政策の成果として[Semmel 1960]，労働者階級を含む国民の団結と愛国心の高揚を，帝国内部では，ドミニオンからの約98万の兵員動員と，従属植民地からの戦時動員および戦費調達が実現した[木畑 1987；Holland 1999]。とくに19世紀から「帝国拡張の先兵」であったインド軍は，中東地域を中心に約110万が海外に派兵されて，オスマン帝国解体とイギリス帝国支配拡大の手段として利用された[Balfour-Paul 1999；秋田 2003]。

　帝国の戦時協力の代償として，ドミニオン諸国は戦後のヴェルサイユ講和会議への参加を認められ，オーストラリア，ニュージーランドと南アフリカ連邦は，新たに創設された国際連盟から旧ドイツ領植民地を委任統治領として任された[等松 2007]。委任統治領の実態は植民地と変わりなく，1920年代初頭にイギリス公式帝国の版図は史上最大となった。ドミニオンは1926年のバルフォア報告，31年のウェストミンスタ憲章により国制面でも本国と対等の地位を獲得して，帝国＝コモンウェルス体制に移行した[W. Hancock 1937]。戦後の英領インドも，1919年インド統治法により貿易面では事実上の関税自主権を獲得した[B. Tomlinson 1979]。政治的な自治要求(スワラージ)はガンディーを中心とする非暴力不服従運動として続くが[J. Brown 1999]，経済面で英領インドはしだいに自立性を高めていった。こうした植民地ナショナリズムの高揚が1920年代の帝国の特徴であった。

　ところで帝国構造の変容は，19世紀後半からのアイルランド自治問題(ホーム・ルール)とも密接に関係していた。1914年9月のアイルランド自治法は第一次世界大戦のため凍結されたが，戦後の独立戦争，北アイルランド(アルスタ)分離と帝国内のドミニオンとしてのアイルランド自由国の成立は，英領インドやエジプトでの民族運動と本国政府の政策に影響を与えた。1932年に成立したデ・ヴァレラ政権の自立政策は，のちのコモンウェルス原理変更の先駆けとなった[D. McMahon 1999]。従来，アイルランド問題は帝国と切り

離して論じられるが，国内に取り込まれた帝国植民地問題として扱う必要がある［木畑 1987］。

ヘゲモニー国家から構造的権力へ

両大戦間期，とくに1930年代の国際秩序とイギリス帝国の役割に関しては，近年のアジア経済史とイギリス帝国経済史研究の成果を反映して急速な見直しが進んでいる。

従来の理解では，転換点として1929〜33年の世界恐慌への対応，すなわち32年オタワ帝国経済会議により導入された帝国特恵体制（オタワ体制）と，前年31年9月にイギリスが離脱した国際金本位制に代わり導入されたスターリング（ポンド通貨）圏，この両者を通じた自由貿易体制からの離脱とブロック経済体制の構築が重視された［W. Hancock 1940, 1942; Drummond 1974］。

だが，帝国特恵体制は，本国産業利害の期待に反して工業製品輸出は伸びず，逆に，自治領・植民地から本国への第1次産品輸出が急激に増大した。本国イギリスは世界最大の輸入国になり，帝国諸地域はその輸出収益で本国に対する累積債務の返済が可能になったため，シティに対する債務不履行は回避された［Cain & Hopkins 1993/2002］。当時，本国経済利害にとってもっとも重要であったのは海外投資にともなう債権の確実な回収であり，英領インドでは，貿易黒字の確保とルピー通貨・為替相場の高値安定が不可欠であった［秋田・籠谷 2001］。したがって，1933〜34年の日印会商では，オタワ体制の域外国日本へのインド棉花輸出が優先された［籠谷 2000］。インド政庁の歳入関税は保護関税として機能し，それは工業化を望むインド人ナショナリストにとっても好都合なので歓迎された［B. Tomlinson 1979］。

金融利害を通じたイギリスの世界的規模での影響力強化は，帝国各地域での中央銀行設立とイングランド銀行の関与［Cain 1996］，アルゼンチンとのロカ・ランシマン協定などでみられた。さらにその政策は，スターリング圏外の中国でも，1935年11月の幣制改革への積極的関与を通じて試行された。イギリス政府は，1935〜36年にF・リース＝ロスを日本と中国に

派遣し,幣制改革への支援と中国のスターリング圏への包摂,日英協調外交の実現をめざした。中国の幣制改革は,国民政府の主体性とアメリカ政府の銀購入により成功し,改革後の中国法幣は,英ポンドと米ドルの双方にリンクするかたちで安定的に推移し[野沢豊 1981],結果的に,基軸通貨ポンドに対する「通貨切下げ圏」が出現した[杉原 2001]。

　こうした新たな研究の展開により,1930年代の東アジアにおいて,スターリング圏が非帝国地域の日本と中国を同時に包摂して拡大したことが明らかになった。戦間期のイギリスは,シティの金融・サービス利害を基盤として依然として隠然たる影響力を行使できた構造的権力(structural power)として,国際政治経済秩序の維持に不可欠な存在であった[秋田 2003]。

脱植民地化と「パクス・アメリカーナ」

　帝国支配の終焉,脱植民地化を加速化したのが第二次世界大戦である。イギリスは,アメリカへの軍事的・経済的依存(総額270億ドルの支援)と帝国諸地域の戦争協力により,勝利をおさめることができた[Louis 1977]。戦後1947年のインド・パキスタン分離独立は,アジアにおける脱植民地化,政治的ナショナリズムを刺激したが,その背後には印パ両国のスターリング残高の蓄積[B. Tomlinson 1985]とインド軍への統制力喪失があった。戦後のドル不足のもとで,米ドルの稼ぎ手として英領マラヤや西アフリカ(ナイジェリア・ゴールドコースト)の第１次産品輸出と,スターリング圏の経済的価値があらためて重視された[Krozewski 2001]。植民地の経済開発が課題となり,1950年発足のコロンボ・プランのような経済開発援助計画が打ち出された。1940年代後半の冷戦勃発は,アメリカ政府の植民地主義批判を鈍らせ,イギリスやフランスの植民地帝国は共産主義勢力の浸透を阻止する防波堤の役割を期待された。英米両国の協調を通じて脱植民地化の過程を管理する「脱植民地化の帝国主義」(imperialism of decolonization)政策がとられた[Louis & Robinson 1994]。

　戦後の帝国支配への決定的打撃は,1956年のスエズ戦争の挫折によりもたらされた。アメリカの外交的圧力,国際連合をはじめとする国際社会からの批判[Louis 2006],ポンド通貨価値下落の金融危機[Kunz 1991]が,

英仏の時代錯誤的侵略を破綻させた。冷戦の論理(アメリカ)と脱植民地化の論理(イギリス)が交錯し，新たなヘゲモニー国家アメリカの世界戦略，パクス・アメリカーナが貫徹されたといえる。1960年以降，あいついでアフリカ植民地が独立し，脱植民地化の流れは加速化された。1967年11月のポンド切下げは，海外の軍事基地の大幅削減をよぎなくさせ，ウィルソン労働党政権は，68年1月にアデンからの即時撤退，71年までに「スエズ以東」から撤退することを表明した[Dockrill 2002]。1960～70年代の外交政策研究は，「30年ルール」に基づく政府文書の公開が進むなかで急速に進んでおり，今後も優れた実証研究が発表されるであろう。

　1982年のフォークランド戦争は，南大西洋の忘れられた植民地をめぐり国民の好戦的愛国心(ジンゴイズム)を再燃させた[木畑 1987]。保守党のサッチャは戦勝の余勢で香港の現状維持をはかろうとしたが，中国政府の強硬な反対を受けて，1984年中英共同声明により97年6月末の香港返還に同意した[谷垣 2007]。だが現在でも，ジブラルタルやインド洋のディエゴガルシアなど未解決の植民地問題が残されている。同時に，脱植民地化が進展する過程で，旧植民地から大量の非ヨーロッパ系移民がイギリス臣民として本国に流入し定住した。移民の同化と多文化政策をめぐり現在でも論争が続いている[Layton-Henry 1992]。

オリエンタリズムとポストコロニアル研究

　近年，帝国の社会史・文化史研究の領域でマンチェスタ大学出版局から一連の研究叢書 *Studies in imperialism* が刊行されている。総編集者であるJ・マッケンジの大衆文化や宣伝・世論操作に関する研究[J. MacKenzie 1984, 1986]をはじめとして，移民，博覧会，軍隊，愛国心，教育，音楽など多彩な帝国関連の研究が取り上げられており，すでに50冊を超えた。実証的な帝国研究の広がりが理解できる。他方，ポストコロニアル，ポストモダニズム研究の領域では，E・サイードのオリエンタリズム研究[Said 1978, 1993]以来，文化人類学や文学批評，社会学などの隣接諸科学の研究者により，数多くのテクスト・表象の言説分析(discourse analysis)に関する研究が出版されつづけている[Washbrook 1999]。C・ホールらの「新帝国

史」研究もその部類に属する[C. Hall 2000]。サイードのオリエンタリズム論に対して，マッケンジは実証的な批判[J. MacKenzie 1995]を，D・キャナダインは，本国と自治領の白人，さらに英領インド・委任統治領の現地人エリート層の帝国認識・表象を分析し，オーナメンタリズム概念を提起した[Cannadine 2001]。リンダ・コリのイギリス国民意識(ブリトン)形成史の研究も含めて[Colley 1992]，ナショナル・アイデンティティの研究も数多い。そのなかでも，自治領(ドミニオン)にみられた Britishness とその変容をテーマとした国際会議 The British World の成果をまとめた論集[Bridge & Fedorowich 2003 ; Buckner & Francis 2005 ; Darien-Smith et al. 2007]や，さらに，サッカー・ラグビー・クリケットなどの近代競技スポーツの国際的普及と帝国との関連を問うスポーツ史[Stoddart & Sandiford 1998]は，現代イギリスの国際的影響力をソフト面から再考するうえでも有益である。

　最後に，20～21世紀の転換期を前に出版されたイギリス帝国史研究に関する講座 *The Oxford history of the British empire*[OHBE 1998-99]の第5巻が，英語圏における包括的な研究史の紹介にあてられており，代表的な英語文献の検索に関しては有益である[Winks 1999]。

秋田　茂

第Ⅱ部

第Ⅱ部には，第Ⅰ部の文章で［　　］のなかに簡約に示された文献・リソースについて，その書誌データなどをA，Bに分けて明らかにする。［　　］内に細ゴチック体で示された文献・リソースはA群に，明朝体で示されたものはB群におく。本文中に言及する場合は明朝体のまま示しているので，念のためA，B両群を見ていただいたほうがよいかもしれない。なお，A群にあげられた講座・シリーズのうち，特定の巻をB群に示す場合もある。

　こうした情報は詳しく記していると際限がないので，実際的な観点から，下記の方式により，文献・リソースを探しあてるのに必要な情報を示す。そもそも第Ⅰ部の［　　］では，編者と著者を区別することなく，また編著者が3名以上の場合は列挙することなく第1著作者のみをあげている。第Ⅱ部では，もちろん編者はその旨明記するが，editorとcompilerの区別をすることなく一律にed.（複数の場合はeds）と表記する。また，ある刊行物にいくつか版がある場合，特別の意味をもつ版は／で仕切って刊行年を並べるが，それ以外は略す。版元の移動した場合もすべて示すわけではない。出版地は省く。こうした方式は伝統方式に比べて略式すぎると考える専門家もいるかもしれないが，実際にはこれだけで Webcat Plus や各大学の OPAC，そして Google などの検索には十分なのである。もちろん版による異同の比較点検が研究テーマになる場合もあり，本書の表記法はそうした研究を阻害するものではない。

　ここで本書の英語表記について付言する。学術的イギリス語は，語頭に大文字，引用符として" "を優先し，略語にピリオドを付した旧方式から，そうした表記を可能な限り避ける方式への移行期にある（とりわけCUPの出版物が先進的な傾向を示す）。本書は「中道」をとり，折衷的であるが，固有名詞以外の語頭は小文字，引用符は' 'を優先し，略語のピリオドは省く方式をとる。ほぼ *Oxford companion to British history* [Cannon 1997/2002]に従うこの方式は，日本の出版物のなかでは相対的

に先進的かもしれない。

　論文の書式(style)については，各大学，各専門誌，各出版社がローカル・ルールを定めている場合が多く，執筆する場合はそれに従わねばならない。*The Chicago manual of style* はイギリスでは採用されていないので，注意が必要である。

　なお，ウェブページ(サイト)の表記については，従来 URL(http:// や www. で始まるアドレス)を示す習慣があるが，これは http://www.l.u-tokyo.ac.jp/~ajc2006/publication.html のようにときに長く煩瑣であり，またしばしば移動・変更する。これでは具合が悪いので，凡例にも記したとおり，本書はむしろ[　]内に検索のキーワードを示す。Google など優秀な検索エンジンを利用する限り，この方式のほうが合理的で速やかであろう。[　]内に限らず，本文中の固有名詞やフレーズ(日本語，欧語)をそのまま検索すると，有益な情報が得られることもある。いずれの場合も，利用に際してつねにウェブページのアドレスに注意し，制作者を意識しながら読むべきなのは，本や論文を読むときと本質的に変わらない。

A レファレンス・専門誌 史料・リソース

　A群では和文・欧文の参考図書をはじめとする学術リソースを分類して示し，必要な場合にそれぞれ簡単な説明を加える（和文・欧文とも ABC 順）。さまざまな形状で利用可能な史料やデータベース，ウェブサイトなども含む。タイトルから容易に性格が想像されるものと，例えば *RHS, no.2: Handbook of British chronology* のように，題目から想像される「年表」とは似ても似つかぬ，しかし極めて有用な歴史的人事異動リストという場合もある。ディジタルあるいはオンラインのリソースは発展途上のものが少なくないが，積極的に利用すべきだろう。

1｜通史・講座・シリーズ

秋田茂・木村和男・佐々木雄太・北川勝彦・木畑洋一編 2004-09.『イギリス帝国と20世紀』全5巻，ミネルヴァ書房

青山吉信編 1991.『世界歴史大系　イギリス史　1』山川出版社

荒松雄ほか編 1969-74.『岩波講座世界歴史』全31巻，岩波書店

細谷千博，イアン・ニッシュ監修 2000-02.『日英交流史 1600〜2000』全5巻，東京大学出版会〔Chihiro Hosoya & Ian Nish, gen. eds, 2000-02. *History of Anglo-Japanese relations*, 5 vols, Palgrave Macmillan〕

今井宏編 1990.『世界歴史大系　イギリス史　2』山川出版社

樺山紘一ほか編 1997-2000.『岩波講座世界歴史』全28巻，岩波書店

川北稔・木畑洋一編 2000.『イギリスの歴史』有斐閣

村岡健次・木畑洋一編 1991/2004.『世界歴史大系　イギリス史　3』山川出版社

中村英勝 1977.『イギリス議会史』（新版），有斐閣

佐々木雄太・木畑洋一編 2005.『イギリス外交史』有斐閣

The agrarian history of England and Wales 1967-2000. H. P. R. Finberg/Joan Thirsk, gen. eds, 8 vol in 11, CUP

　v. 1, i: *Prehistory*, Stuart Piggott, ed., 1981

　v. 1, ii: *A.D. 43-1042*, H. P. R. Finberg, ed., 1972

　v. 2: *1042-1350*, H. E. Hallam, ed., 1988

　v. 3: *1348-1500*, Edward Miller, ed., 1991

v. 4: *1500–1640*, Joan Thirsk, ed., 1967

　　v. 5, i: *Regional farming systems*, Joan Thirsk, ed., 1984

　　v. 5, ii: *Agrarian change*, Joan Thirsk, ed., 1985

　　v. 6: *1750–1850*, G. E. Mingay, ed., 1989

　　v. 7, i-ii: *1850–1914*, E. J. T. Collins, ed., 2000

　　v. 8: *1914–39*, Edith H. Whetham, ed., 1978

The Cambridge economic history of Europe 1941–89. M. M. Postan, D. C. Coleman & H. J. Habakkuk, eds, 8 vols, CUP

The Cambridge economic history of modern Britain 2004. Roderick Floud & Paul Johnson, eds, 3 vols, CUP〔各巻の詳細はB群に示す〕

The Cambridge history of Christianity 2005–09. 9 vols, CUP

The Cambridge social history of Britain 1990. F. M. L. Thompson, ed., 3 vols, CUP

The Cambridge urban history of Britain 2000. Peter Clark, gen. ed., 3 vols, CUP〔各巻はB群，Palliser 2000; Clark 2000; Daunton 2000を参照〕

New Edinburgh history of Scotland 2004– . Roger A. Mason, series ed., 10 vols, Edinburgh UP〔本書 p.182〕

New Gill history of Ireland 2005–09. 6 vols, Gill & Macmillan〔本書 p.205〕

New history of Scotland 1981–84. 8 vols, Edinburgh UP〔本書 p.182〕

NHI: *A new history of Ireland* 1976–2005. T. W. Moody et al., eds, 9 vols, OUP〔本書 pp.8, 205〕

OHBE: *The Oxford history of the British empire* 1998–99. W. Roger Louis, gen. ed., 5 vols, OUP〔本書 pp.7–8〕

　　vol. 1: *The origins of empire*, Nicholas Canny, ed., 1998

　　vol. 2: *The eighteenth century*, P. J. Marshall, ed., 1998

　　vol. 3: *The nineteenth century*, Andrew Porter. ed., 1999

　　vol. 4: *The twentieth century*, Judith M. Brown & W. Roger Louis, eds, 1999

　　vol. 5: *Historiography*, Robin W. Winks, ed., 1999

OHE: *The Oxford history of England* 1934–65. George Clark, gen. ed., 15 vols, OUP

The Oxford illustrated history of prehistoric Europe 1994. Barry Cunliffe, ed., OUP

Pevsner, Nikolaus, gen. ed. 1952–74. *The buildings of England*; *The buildings of Scotland*; *The buildings of Wales*; *The buildings of Ireland*, Penguin〔このシリーズは，*Pevsner architectural guides*(Yale UP)として改定・継続中〕

SOHBI: *The short Oxford history of the British Isles* 2000–08. Paul Langford, gen. ed., 11 vols, OUP〔『オックスフォード・ブリテン諸島の歴史』全12巻（鶴島博和日本語版監修）慶應義塾大学出版会，2009– ，本書 p.8〕

　　The Roman era: the British Isles: 55 BC–AD 410, Peter Salway, ed., 2002

　　After Rome, Thomas Charles-Edwards, ed., 2003

　　From the Vikings to the Normans, Wendy Davies, ed., 2003

　　The twelfth and thirteenth centuries 1066–c.1280, Barbara Harvey, ed., 2001

　　The fourteenth and fifteenth centuries, Ralph Griffiths, ed., 2003

The sixteenth century 1485-1603, Patrick Collinson, ed., 2001
The seventeenth century, Jenny Wormald, ed., 2008
The eighteenth century 1688-1815, Paul Langford, ed., 2002
The nineteenth century: the British Isles 1815-1901, Colin Matthew, ed., 2000
The British Isles 1901-1951, Keith Robbins, ed., 2002
The British Isles since 1945, Kathleen Burk, ed., 2003
VCH: *Victoria county history of England* 1901-〔出版社は歴史的に変遷したが，現在は IHR である〕

2｜辞典・研究入門・便覧・地図

青山吉信ほか編 1973.『イギリス史研究入門』山川出版社
『英米法辞典』1991.（田中英夫編）東京大学出版会
『イギリス哲学・思想事典』2007. 研究社
『岩波キリスト教辞典』2002.（大貫隆ほか編）岩波書店
『岩波西洋人名辞典』1991. 増補版，岩波書店
『岩波哲学・思想事典』1998.（廣松渉ほか編）岩波書店
Jenkins, A. P. 2001.「イギリスの文書史料探索法」（後藤はる美訳）『史学雑誌』110-2〔アーキヴィストとして経験ゆたかなジェンキンズによる，実践的な史料案内〕
河村貞枝・今井けい編 2006.『イギリス近現代女性史研究入門』青木書店
『近世日英交流地誌地図年表 1576〜1800』2006.（島田孝右・島田ゆり子）雄松堂
『キリスト教用語辞典』1969.（小林珍雄）改訂7版，東京堂
近藤和彦 1982.「18世紀マンチェスタ社会史――史料をどう捜すか」『史学雑誌』91-12〔18世紀イギリスの公・私史料論〕
『日本外交史辞典』1992.（外務省外交史料館編）山川出版社
『日本国語大辞典』2000-02. 第2版，全15巻，小学館〔オンライン供用〕
『日本史広辞典』1997.（石井進ほか編）山川出版社
西川正雄編 1984.『ドイツ史研究入門』東京大学出版会
『来日西洋人名事典』1995.（武内博編）日外アソシエーツ
『歴史学事典』1994-2009.（尾形勇ほか編）全16巻，弘文堂
『政治学事典』2000.（猪口孝ほか編）弘文堂
『スコットランド文化事典』2006.（木村正俊・中尾正史編）原書房
『対外関係史辞典』2009.（田中健夫・石井正敏編）吉川弘文館
『対外関係史総合年表』1999.（田中健夫ほか編）吉川弘文館
高山博・池上俊一編 2005.『西洋中世学入門』東京大学出版会
田中英夫ほか 1980.『外国法の調べ方――法令集・判例集を中心に』東京大学出版会
『洋学史事典』1984.（日蘭学会編）雄松堂

Alumni Cantabrigiensis: a biographical list of all known students, graduates and holders of office at the University of Cambridge from the earliest times to 1900 1922–54. J. A. Venn, ed., 10 vols, CUP〔本書 p.11〕

Alumni Oxoniensis: the members of the University of Oxford, 1500–1900 1888–92. Joseph Foster, ed., 8 vols, OUP〔本書 p.11〕

Baylen, Joseph O. & Norbert J. Gossman, eds 1979–88. *Biographical dictionary of modern British radicals*, 3 vols, Harvester

Bellamy, Joyce M. & John Saville, gen. eds 1972–2000. *The dictionary of Labour biography (DLB)*, 10 vols, Macmillan〔本書 p.19〕

Bond, Maurice F. 1971. *Guide to the records of Parliament*, HMSO

Bosworth, Joseph & T. Northcote Toller 1898, 1921. *An Anglo-Saxon dictionary, based on the manuscript collections of the late Joseph Bosworth*, enlarged edn〔オンライン供用。⇒ Germanic Lexicon Project, Bosworth & Toller〕

Bremer, Francis J. & Tom Webster, eds 2006. *Puritans and puritanism in Europe and America: a comprehensive encyclopedia*, ABC-CLIO

Butler, David & Gareth Butler, eds 2000. *Twentieth century British political facts 1900–2000*, 8th edn, Macmillan

Cameron, Kenneth 1969. *English place-names*, paperback edn, Methuen

Cameron, Nigel M. de S., et al., eds 1993. *Dictionary of Scottish church history and theology*, T & T Clark

Cannon, John, ed. 1988. *Blackwell dictionary of historians*, Blackwell

———, ed. 1997/2002. *The Oxford companion to British history*, OUP〔もっとも有用なイギリス史の事典の1つ〕

Coffey, John & C. H. Lim, eds 2008. *The Cambridge companion to puritanism*, CUP

Conaghan, Joanne 2008. *The new Oxford companion to law*, OUP

Connolly, S. J., ed. 2002. *The Oxford companion to Irish history*, 2nd edn, OUP

Cook, Chris, ed. 1999/2005. *The Longman companion to Britain in the nineteenth century, 1815–1914*, Longman/Routledge

——— & John Stevenson, eds 1983/2001. *The Longman handbook of modern British history 1714–2001*, 4th edn, Longman

Cox, Michael, ed. 1999. *Exploring Scottish history: with a directory of resource centres for Scottish local and national history in Scotland*, 2nd new edn, The Chartered Institiute of Library and Information Professionals in Scotland〔史料一般の案内〕

Craig, F. W. S., ed. 1975. *British general election manifestos 1900–1974*, Macmillan

——— 1989. *British parliamentary election results 1832–1885*, Dartmouth

Cross, F. L. & E. A. Livingstone, eds 2005. *The Oxford dictionary of the Christian church*, 4th rev. edn, OUP

Currie, C. R. J. & C. P. Lewis, eds 1997. *A guide to English country histories*, Sutton

Dickinson, Harry T., ed. 2002. *A companion to eighteenth-century Britain*, Blackwell

Dictionary of Irish biography: from the earliest times to the year 2002 2009. 9 vols, CUP〔本書

p.205。オンライン供用〕

Dod, Charles R. 1972. *Electoral facts from 1832 to 1853 impartially stated: constituting a complete political gazetteer*, Harvester

Doherty, J. E. & D. J. Hickey 1990. *A chronology of Irish history since 1500*, Savage 〔本書 p.205〕

Donnachie, Ian & George R. Hewitt 2001. *Collins dictionary: Scottish history*, Harper Collins

Drabble, Margaret, ed. 2000. *The Oxford companion to English literature*, OUP

Duffy, Sean, ed. 1997. *Atlas of Irish history*, Gill & Macmillan

Fasti ecclesiae Scoticanae: the succession of ministers in the Church of Scotland from the Reformation 1915– . Hew Scott (vols.1–9), D. F. Macdonald (vol.10), F. A. J. Macdonald (vol.11), eds, 11 vols, various publishers 〔スコットランド教会人名録〕

Flinn, Michael, ed. 1977. *Scottish population history: from the seventeenth century to the 1930s*, CUP

Foster, Janet & Julia Sheppard 1989. *British archives: a guide to archive resources in the United Kingdom*, 2nd edn, Macmillan 〔全国文書館の案内〕

Gardiner, Juliet 2000. *The Penguin dictionary of British history*, Penguin 〔有用なイギリス史事典〕

Gibson, A. J. S. & T. C. Smout 1994. *Prices, food and wages in Scotland, 1550–1780*, CUP

Ginter, Donald E. 1995. *Voting records of the British House of Commons, 1761–1820*, Hambledon

Goehlert, Robert U. & Fenton S. Martin 1982. *The Parliament of Great Britain: a bibliography*, D. C. Heath

Gooder, E. A. 1978. *Latin for local history*, 2nd edn, Longman 〔本書 p.27〕

Gregory, Jeremy & John Stevenson, eds 2000/2007. *The Longman companion to Britain in the eighteenth century, 1688–1820*, Longman/Routledge

Halsbury's laws of England 1905– . 56 vols– 〔現行法・判例の釈義. 逐次更新〕

Halsey, A. H., ed. 1972. *Trends in British society since 1900: a guide to the changing social structure of Britain*, Macmillan

Hassan, Gerry & Peter Lynch 2001. *The almanac of Scottish politics*, Politico's

Hibbert, Christopher 1988. *The encyclopaedia of Oxford*, Macmillan 〔オクスフォードの地誌・歴史の百科事典〕

Hill, David 1981. *An atlas of Anglo-Saxon England*, Blackwell

HOC: *The House of Commons*, 1964– . The History of Parliament Trust 〔議会史財団による議員・選挙区の事典。議会史・政治史・地域史の基本的レファレンス。CD-ROM 版 (1998)もある。本書 p.232〕

　The Commons 1386–1421, J. S. Roskell et al., eds, 4 vols, Allan Sutton, 1992

　The Commons 1509–1558, S. T. Bindoff, ed., 3 vols, Secker & Warburg, 1982

　The Commons 1558–1603, P. W. Hasler, ed., 3 vols, HMSO, 1981

　The Commons 1660–1690, B. D. Henning, ed., 3 vols, Secker & Warburg, 1983

　The Commons 1690–1715, David Hayton et al., eds, 5 vols, CUP, 2002

　The Commons 1715–1754, Romney Sedgwick, ed., 2 vols, HMSO, 1970

  The Commons 1754–1790, Lewis Namier & John Brooke, eds, 3vols, HMSO, 1964
  The Commons 1790–1820, R. G. Thorne, ed., 5 vols, Secker & Warburg, 1986
  The Commons 1820–1832, David Fisher, ed., 7 vols, CUP, 2009
Holdsworth, William 1952–72. *A history of English law*, 7th edn, 17 vols, Methuen〔イギリス法制史の大全〕
Humphery-Smith, Cecil R., ed. 2003. *The Phillimore atlas and index of parish registers*, 3rd rev. edn, Phillimore
Jeremy, David J., gen. ed. 1984–86. *Dictionary of business biography (DBB)*, 5 vols & supplement, Butterworths〔旧 *DNB* を補完すべく編纂された実業家伝記事典〕
Johnston-Liik, Edith Mary, ed. 2002. *History of the Irish Parliament 1692–1800: Commons, constituencies and statutes*, 6 vols, Ulster Historical Foundation〔本書 p.253〕
Jones, Barri & David Mattingly, eds 1990. *An atlas of Roman Britain*, Blackwell
Judd, Gerrit P. 1955. *Members of Parliament, 1734–1832*, Yale UP
Keeble, N. H., ed. 2001. *The Cambridge companion to writing of the English Revolution*, CUP
Langton, John & R. J. Morris, eds 1986. *Atlas of industrializing Britain 1780–1914*, Methuen〔『イギリス産業革命地図——近代化と工業化の変遷 1780-1914』（米川伸一・原剛訳）原書房，1989〕
Loades, David, ed. 2003. *Readers guide to British history*, 2 vols, Fitzroy Dearborn
London Topographical Society publications〔ロンドンの多くの歴史地図を覆刻しているが，とりわけ下記のものは有用である〕
  The A to Z of Elizabethan London, intro. by John Fisher, 1979
  The A to Z of Restoration London (1676), intro. by Ralph Hyde, 1992
  The A to Z of Georgian London, intro. by Ralph Hyde, 1982
  The A to Z of Regency London, intro. by Paul Laxton, 1985
  The A to Z of Victorian London, intro. by Ralph Hyde, 1987
  Charles Booth's descriptive map of London poverty (1889), intro. by David Reeder, 1984
  Devastated London: The bombed City as seen from a barrage balloon, intro. by Cecil Brown & Ralph Hyde, 1990
Lynch, Michael, ed. 2001. *The Oxford companion to Scottish history*, OUP
McKim, Donald K. 1996. *Dictionary of theological terms*, Westminster John Knox Press〔『キリスト教神学用語辞典』（高柳俊一・熊沢義宣・古屋安雄監修）日本キリスト教団出版部，2002〕
McNeill, P. G. B. & H. L. MacQueen, eds 2000. *Atlas of Scottish history to 1707*, rev. edn, The Scottish Medievalists
Maddox, Randy L. & Jason E. Vickers, eds 2010. *The Cambridge companion to John Wesley*, CUP
MARHO 1984. *Visions of history*, Pantheon〔『歴史家たち』（近藤和彦・野村達朗編訳）名古屋大学出版会，1990〕
Martin, C. T., ed. 1892/1997. *The record interpreter*, reprint edn, Clearfield〔本書 p.27〕
Mason, Oliver 1972. *The gazetteer of England: England's cities, towns, villages and hamlets*, 2

vols, David and Charles

Merriam-Webster's geographical dictionary 1997. Merriam-Webster

MHRA 2008. *MHRA style guide: a handbook for authors, editors and writers of theses*, MHRA. 〔定評のあった旧 *style book* を改訂したもので,「校正必携」をかねる。MHRA のサイトから無料で PDF (95ページ) をダウンロードすることもできる〕

Mitchell, B. R. 1988. *British historical statistics*, CUP〔『イギリス歴史統計』(中村壽男訳) 原書房, 1995〕

――― & Phyllis Deane, eds 1971. *Abstract of British historical statistics*, CUP

Mitchell, Sally, ed. 1988. *Victorian Britain: an encyclopedia*, Garland

Muir's historical atlas: medieval and modern 1969. G. Philip

Newman, Garland, ed. 1997. *Britain in the Hanoverian age 1714–1837: an encyclopedia*, Garland

O'Day, Rosemary 1995/2010. *The Longman companion to the Tudor age*, Longman/Routledge

ODNB: *The Oxford dictionary of national biography* 1882/2004– . OUP〔オンライン供用〕

OED: *The Oxford English dictionary* 1884/1933– . OUP〔オンライン供用〕

O'Toole, James & Sara Smyth, eds 1998. *Newsplan: report of the newsplan project in Ireland*, rev. edn, Irish Academic Press〔本書 p.205〕

Paul, James Balfour, ed. 1904–14. *The Scots peerage*, 9 vols, D. Douglas

Pevsner, Nikolaus 1973. *London: the cities of London and Westminster*, 3rd edn, Penguin

Pope, Rex, ed. 1989. *Atlas of British social and economic history since c.1700*, Routledge〔『イギリス社会経済史地図』(米川伸一・原剛訳) 原書房, 1991〕

Rees, William, ed. 1972. *An historical atlas of Wales from early to modern times*, Faber & Faber

RHS guides & handbooks 1938–

    no.1: *Guide to English commercial statistics, 1696–1782*, G. N. Clark & B. M. Franks, eds, 1938

    no.2: *Handbook of British chronology*, E. B. Fryde et al., eds, 3rd edn, 1986

    no.3: *Medieval libraries of Great Britain: a list of surviving books*, N. R. Ker, ed., 2nd edn, 1964

    no.4: *A handbook of dates for students of British history*, C. R. Cheney, ed./ rev. by Michael Jones, CUP, 1945/2000

    no.5: *Guide to the national and provincial directories of England and Wales, excluding London, published before 1856*, Jane E. Norton, ed., 1950/1984

    no.6: *Handbook of oriental history*, C. H. Philips, ed., 1951

    no.7: *Texts and calendars: an analytical guide to serial publications*, E. L. C. Mullins, ed., 1958/1978

    no.8: *Anglo-Saxon charters: an annotated list and bibliography*, P. H. Sawyer, ed., 1968

    no.9: *A centenary guide to the publications of the RHS 1868–1968 and of the former Camden Society 1838–1897*, Alexander Taylor Milne, ed., 1968

    no.10: *Guide to the local administrative units of England, vol. 1: southern England*, Frederic A. Youngs, ed., 1979/1981 no.11: *Guide to bishops' registers of England and Wales: a survey from the middle ages to the abolition of episcopacy in 1646*, David Michael Smith, ed., 1981

no.12: *Texts and calendars II: an analytical guide to serial publications, 1957–1982*, E. L. C. Mullins, ed., 1983

no.13: *Handbook of medieval exchange*, Peter Spufford et al., eds, 1986

no.14: *Scottish texts and calendars: an analytical guide to serial publications*, David Stevenson & Wendy B. Stevenson, eds, 1987

no.15: *Medieval libraries of Great Britain: a list of surviving books*, N. R. Ker & Andrew G. Watson, eds, 1987

no.16: *A handlist of British diplomatic representatives, 1509–1688*, Gary M. Bell, ed., 1990

no.17: *Guide to the local administrative units of England, vol 2: northern England*, Frederic A. Youngs, ed., 1991

no.18: *Historians' guide to early British maps: a guide to the location of pre-1900 maps of the British Isles preserved in the UK and Ireland*, Helen Wallis & Anita McConnell, eds, 1994

no.19: *A guide to the papers of British cabinet ministers: 1900–1964*, Cameron Hazlehurst et al., eds, 1996/1997

RHS texts & calendars〔*RHS guides & handbooks*, nos 7, 12, 14を参照〕

Rigby, S. H., ed. 2003. *A companion to Britain in the later middle ages*, Blackwell

Scottish National Dictionary Association 1999. *Concise Scots dictionary*, new edn, Polygon at Edinburgh UP〔スコットランド語辞書〕

Scottish Record Office 1996. *Guide to the National Archives of Scotland*, HMSO

Simpson, Grant G. 1998. *Scottish handwriting, 1150–1650: an introduction to the reading of documents*, new edn, Tuckwell〔手稿史料の読み方〕

Stafford, Pauline, ed. 2009. *A companion to the early middle ages*, Blackwell

Stenton, Michael & Stephen Lees, eds 1976–81. *Who's who of British Members of Parliament: a biographical dictionary of the House of Commons*, Harvester

Thane, Pat 2001. *Cassell's companion to twentieth-century Britain*, Cassell

Todd, Malcolm, ed. 2004. *A companion to Roman Britain*, Blackwell

Tyas, Shaun 1995. *Style book for medieval studies*, Paul Watkins〔本書 p.27〕

Uglow, Jennifer S., ed. 2005. *The Palgrave Macmillan dictionary of women's biography* (*DWB*), 4th edn, Palgrave Macmillan

Walker, D. W. 1980. *The Oxford companion to law*, OUP〔本書 p.22〕

Weinreb, Ben & Christopher Hibbert, eds 2008. *The London encyclopaedia*, 3rd edn, Macmillan〔ロンドンの地誌・歴史の百科事典〕

Who's Who〔存命中のイギリス人の，いわゆる『名士録』。逐年刊。旧版もおおいに利用価値がある。A-5を参照〕

Wilding, Norman & Philip Laundy 1971. *An encyclopaedia of Parliament completely revised fourth edition*, Cassell

Williams, Chris, ed. 2004. *A companion to nineteenth-century Britain*, Blackwell
Withycombe, E. G. 1977. *The Oxford dictionary of English Christian names*, 3rd edn, OUP
Wroughton, John 1997/2005. *The Longman companion to the Stuart age 1603-1714*, Longman/ Routledge
Zupko, Ronald E. 1985. *A dictionary of weights and measures for the British Isles: the middle ages to the twentieth century*, American Philosophical Society

3 | 専門誌

とりわけ重要でよく参照される専門誌は *EHR, HJ, P&P* などと略号で記されることが多い。第Ⅰ部の本文〔　〕内および第Ⅱ部B群の書誌でもこの略号を用いる。なお多数の州別・地域史協会の雑誌や刊行物（本書 p.15）については，*RHS guides & handbooks*, nos 7, 12, 14に目次一覧がある。

『エール（アイルランド研究）』1968-
『イギリス史研究』1968-85.〔全38号〕
『歴史学研究』1933-
『西洋史学』1948-
『西洋史研究』1932-
『社会経済史学』1931-
『史学雑誌』1889-
『史林』1916-
『思想』1921-

Agricultural History Review 1953-
AHR: American Historical Review 1895-〔アメリカ合衆国におけるヨーロッパ史研究の代表的専門誌。本書 p.15〕
ANS: Anglo-Norman Studies 1979-
Ars Quatuor Coronatorum 1886-〔イギリスのフリーメイソン研究の専門誌〕
Business History 1958-
Church History 1932-〔アメリカにおけるキリスト教史研究の専門誌〕
EconHR: The Economic History Review 1927-〔経済史研究の代表的専門誌。本書 p.18〕
EHR: English Historical Review 1886-〔イギリスにおけるアカデミズム歴史学の代表的専門誌。本書 p.15〕
Eighteenth-century Ireland 1986-〔アイルランド近代史で研究のもっとも盛んな時代の専門誌〕
Eighteenth Century Studies 1967-〔アメリカにおける18世紀研究の専門誌〕
Éire-Ireland 1956-
History 1916-〔歴史教育とアカデミズム歴史学の結合をはかる専門誌〕

History and Theory 1961- 〔歴史哲学の専門誌〕

History Ireland 1993- 〔アイルランド史についての電子雑誌〕

History of Education 1972-

The History Workshop Journal 1995- 〔*History Workshop*（1976-94）の後継誌〕

HJ: The Historical Journal 1958- 〔*Cambridge Historical Journal*（1923-57）の後継誌。イギリスにおける近現代史の代表的専門誌〕

HR: Historical Research 1986- 〔*Bulletin of the Institute of Historical Research* 1923-85 の後継誌。IHR の紀要から発展した代表的専門誌〕

IHS: Irish Historical Studies 1938- 〔アイルランド史の代表的専門誌。本書 p.205〕

The Innes Review 1950- 〔スコットランド・カトリック歴史協会が編集刊行〕

Irish Economic and Social History 1974-

JBS: Journal of British Studies 1961- 〔アメリカにおけるイギリス研究の代表的専門誌〕

Jewish Historical Studies: Transactions of the Jewish Historical Society of England 1895- 〔イギリスにおけるユダヤ教史研究の専門誌〕

JMH: The Journal of Modern History 1929- 〔アメリカにおける近現代史の代表的専門誌〕

Journal of Ecclesiastical History 1950- 〔イギリスにおけるキリスト教史研究の専門誌〕

The Journal of Imperial and Commonwealth History 1972- 〔帝国・英連邦史の代表的専門誌〕

Journal of Medieval History 1975-

Journal of Scottish Historical Studies 1980- 〔スコットランド経済社会史学会が編集刊行〕

Journal of the Friends Historical Society 1903- 〔クェーカ教徒歴史協会が編集刊行〕

Journal of the History of Ideas 1940- 〔思想史の代表的専門誌〕

Journal of the Presbyterian Historical Society of England 1914-

JWCI: Journal of the Warburg & Courtauld Institutes 1937- 〔美術史・図像研究の専門誌〕

Labour History Review 1990- 〔*Bulletin of the Society for the Study of Labour History*（1960-89）の後継誌。労働史の専門誌〕

The London Journal 1975- 〔首都史の専門誌〕

Manchester Region History Review 1987-

The Midland History 1971- 〔イングランド中部地域史の専門誌〕

The Northern History 1966- 〔イングランド北部地域史の専門誌〕

Notes & Queries 1849- 〔*A medium of inter-communication for literary men, artists, antiquaries, genealogists, etc.* という副題をもつ，尚古家・考証家・博物学者の情報誌。本書 p.15。南方熊楠もしばしば寄稿していた。現在はディジタル・アーカイヴ化されている〕

P&P: Past & Present 1952- 〔戦後歴史学の代表的専門誌。本書 p.18〕

Parliamentary History 1982- 〔本書 p.233〕

Parliaments, Estates & Representation 1981- 〔本書 p.233〕

Proceedings of the Huguenot Society of Great Britain and Ireland 1886- 〔イギリスにおけるユグノー研究の専門誌〕

Records of the Scottish Church History Society 1923- 〔スコットランドにおけるプロテスタント諸派の歴史を扱う専門誌〕

Recusant History 1957– 〔*Biographical Studies*（1951-57）の後継誌〕
Scottish Historical Review 1903– 〔スコットランド史の代表的専門誌。本書 pp.181-182〕
Sixteenth Century Journal 1970–
Social History 1976–
Speculum 1926– 〔アメリカにおけるヨーロッパ中世史の代表的専門誌〕
Studies in Church History 1964–
TRHS: Transactions of the Royal Historical Society 1875– 〔元来は RHS の紀要であるが，重要な論文特集号も編まれる。本書 p.15〕
Urban History 1974– 〔都市史の代表的専門誌〕
Victorian Studies 1957– 〔アメリカにおける19世紀イギリス研究の専門誌〕
Welsh History Review 1960– 〔ウェールズ史の代表的専門誌〕

4 | 刊行史料

　刊行史料としてあげるものには，法律集や議会議事録のように実務的な刊行物から，時論的な出版，そして近代の尚古家や郷土史協会による編纂・出版，現代の研究者によるテーマ性の明らかな学術出版，教材まで含まれる。それぞれ研究の素材として重要であるが，テクストは編纂者による取捨選択の産物であることに留意しながら利用する必要がある。そもそも編纂前の「原史料」もまた，当事者の意思と選択によって制作され，歴史と幸運によって今に伝わるものなのだから，その文脈を再構築しつつ分析しなくてはならないという点で，本質的には共通しているが。

　なお，以下では便宜のため，§（15世紀以前）と§（16世紀以後）に分けるが，長期的に16世紀以後を主体とするシリーズで，古代・中世の重要な史料を含む場合もあり，相互に参照する必要がある。

浜林正夫ほか編 1972. 『原典イギリス経済史』御茶の水書房
歴史学研究会編 2006– . 『世界史史料』全10巻，岩波書店
高橋和之編 2007. 『世界憲法集』岩波文庫

§ 15世紀以前

ASC: *Anglo-Saxon chronicle* 1996. M. J. Swanton, ed. and trans., Dent

ASCt: *Anglo-Saxon charters* 1956. A. J. Robertson, ed. and trans., 2nd edn, CUP

Attenborough, F. L., ed. 1922. *The laws of the earliest English kings*, CUP

Bede/Bertram Colgrave & R. A. B. Mynors, eds 1969. *Bede's ecclesiastical history of the English people*, OUP 〔『イギリス教会史』（長友栄三郎訳）創文社, 1965, 本書 p.33〕

Bieler, Ludwig, ed. and trans. 1979. *The patrician texts in the book of Armagh*, Dublin Institute for Advanced Studies

Bracton, Henry de/G. E. Woodbine & S. E. Thorne, eds and trans. 1968–77. *Bracton on the laws and customs of England*, Belkbap Press of Harvard UP

Fordun, John/W. F. Skene, ed. 1871-72. *John of Fordun's chronicle of the Scottish nation*, Edmonston & Douglas〔facsim. reprint by Llanerch, 1993〕

Gildas/M. Witterbottom, ed. and trans. 1978. *The ruin of Britain and other documents*, Phillimore〔本書 p.33〕

Given-Wilson, Chris, gen. ed. 2005. *The Parliament rolls of medieval England 1275-1504*, 16 vols, Boydell〔CD-ROM edn, Scholary Digital Editions, 2005. 本書 p.27, 234〕

Glanvill, Ranulf de/G. D. G. Hall, ed. and trans. 1994. *The treatise on the laws and customs of the realm of England commonly called Glanvill*, reprint edn, OUP

Oschinsky, Dorothea, ed. and trans. 1971. *Walter of Henley and other treatises on estate management and accounting*, OUP

Privy council of England, proceedings and ordinances, 10 Richard II-33 Henry VII, (1386-1542), Harris Nicolas, ed., 7 vols〔Record Commission, 1834-37〕

Robertson, A. J., ed. and trans. 1925. *The laws of the kings of England from Edmund to Henry I*, CUP

§ 16世紀以後

Acts and ordinances of the Interregnum, 1642-1660 1911. C. H. Firth & R. S. Rait, eds, 3 vols, HMSO

The acts of the Parliaments of Scotland 1814-75. T. Thomson & C. Innes, eds, 12 vols, HMSO〔スコットランド議会制定法〕

Acts of the privy council of England, colonial series (1613-1680) 1908-12/1966. W. L. Grant & James Munro, eds, 6 vols, HMSO/Kraus Reprint

Acts of the privy council of England, new series (1542-1631) 1890-1964/1974. J. R. Dasent, ed., 45 vols, HMSO/Kraus Reprint

Bland, A. E., et al., eds 1914. *English economic history: select documents*, Bell

Calendar of state papers〔TNA（PRO）に所蔵する各種国務文書の要項。チェックリスト兼国内所蔵リストは『イギリス史研究』2〜3号に掲載。British History Online（State Papers Online 1509-1714）にてディジタル化が進行している〕

Cambridge texts in the history of political thought 1988- . CUP〔古典古代から中世思想、ホッブズ、ロック、ヒューム、ベンサム、ミルなどは当然ながら、オランダ、フランス、イタリアやローマ教会、社会主義の関係にも配慮した、校註テクスト叢書〕

Churchill, Winston 1948. *The second world war*, Cassell〔『第二次世界大戦』全4巻（佐藤亮一訳）河出文庫, 2001〕

Cobbett's parliamentary history of England, 36 vols〔中世から1803年までの種々の議会討議記録を William Cobbett が集成し刊行したもの。18世紀の討議記録としては有益。*Hansard* の前身。オンライン供用〕

Donaldson, Gordon, ed. 1970. *Scottish historical documents*, Neil Wilson

Douglas, D. C., gen. ed. 1956-81. *English historical documents*, 12 vols, Eyre & Spottiswood〔イングランド政治史・国制史の標準的な史料集〕

Elton, G. R., ed. 1982. *The Tudor constitution: documents and commentary*, 2nd edn, CUP〔エルトンの定評ある国制史史料集〕

The English reports〔1866年までの判決記録。MoML: Trials と相互補完すべき史料〕

The English satirical print 1600–1832 1986. Michael Duffy, series ed., 7 vols, Chadwyck-Healey〔極めて有用な政治漫画の集成。以下の7巻からなる〕

　The common people and politics 1750–1790s, John Brewer, ed.

　Caricatures and the constitution 1760–1832, H. T. Dickinson, ed.

　The Englishman and the foreigner, Michael Duffy, ed.

　Walpole and the Robinocracy, Paul Langford, ed.

　Religion in the popular prints 1600–1832, John Miller, ed.

　Crime and the law in English satirical prints 1600–1832, J. A. Sharpe, ed.

　The American Revolution, Peter D. G. Thomas, ed.

Hansard's parliamentary debates〔Hansard は Cobbett のもとで *Parliamentary debates*; *Parliamentary history* を印刷刊行していた業者の名。1802年に刊行の始まった Cobbett, *Parliamentary debates* を第1巻から遡及的に *Hansard's parliamentary debates* と呼ぶこともある。1889年以降は議会の公式議事録である。オンライン供用。本書 p.231〕

Holmes, Geoffrey & W. A. Speck, eds 1967. *The divided society: party conflict in England, 1694–1716*, Edward Arnold

Hoppit, Julian, ed. 1997. *Failed legislation, 1660–1800: extracted from the Commons and Lords journals*, Hambledon

The Irish statutes〔1310～1800年のアイルランドの制定法大全〕

Irish University Press series of British parliamentary papers 1968–71〔本書 p.232〕

The journals of the House of Commons〔16世紀以降の庶民院議事手続きの記録。本書 p.231〕

The journals of the House of Lords〔16世紀以降の貴族院議事手続きの記録。本書 p.231〕

Kelly, James 2009. *Proceedings of the Irish House of Lords 1771–1800*, Irish Manuscripts Commission

Kenyon, J. P., ed. 1986. *The Stuart constitution 1603–1688: documents and commentary*, 2nd edn, CUP

Keynes, J. M. 1972. *Essays in persuasion, collected writings*, 9, Macmillan〔『ケインズ全集 9 説得論集』(宮崎義一訳) 東洋経済新報社, 1981〕

List & Index Society〔これは組織名であり,また刊行物のタイトルでもある。旧 PRO における公文書の要項・索引をテーマ別に編集し,すでに数百卷を刊行。いずれ TNA ないし NRA のウェブ・カタログに統合されるであろう〕

Morrice, Roger/Mark Goldie, gen. ed. 2007. *The entring book of Roger Morrice 1677–1691*, 6 vols, Boydell

Parliamentary history record series, 1998– . Parliamentary History Yearbook Trust〔本書 p.233〕

The parliamentary register of Ireland: history of the proceedings and debates of the House of Commons of Ireland 1999. 17 vols, Thoemmes Press & Edition Synapse

Privy council registers preserved in the Public Record Office (1637–1645) 1967–68. 12 vols, reproduced in facsimile, HMSO

Proceedings in Parliament 1987– . Yale Center for Parliamentary History〔本書 p.232〕

The register of the privy council of Scotland 1877–1933. H. M. General Register House〔1690～1708年(廃止時)の史料は未編集である〕

> *The register of the privy council of Scotland*, 1st ser. (1545–1625), John Hill Burton, ed., 14 vols, 1877–98
>
> *The register of the privy council of Scotland*, 2nd ser. (1625–60), David Masson, ed., 8 vols, 1899–1908
>
> *The register of the privy council of Scotland*, 3rd ser. (1660–89), P. Hume Brown, ed., 14 vols, 1908–33

The statutes at large from the Magna Carta...〔18世紀以来用いられた民間の制定法大全。いくつもの版がある。現在進行中の SLD(A–5)によって凌駕されるであろう〕

The statutes of the realm〔19世紀初めに刊行された公式の制定法大全。複数の版がある。SLDによって凌駕されるであろう〕

Tawney, R. H. & Eileen Power, eds 1924. *Tudor economic documents: being select documents illustrating the economic and social history of Tudor England*, 3 vols, Longmans

Thatcher, Margaret 1993. *The Downing Street years*, Harper Collins〔『サッチャー回顧録――ダウニング街の日々』上・下（石塚雅彦訳）日本経済新聞社，1996〕

Williams, E. N., ed. 1960. *The eighteenth century constitution 1688–1815: documents and commentary*, CUP

Woodhouse, A. S. P., ed. 1938. *Puritanism and liberty: being the army debates (1647–9) from the Clarke manuscripts*, Dent〔ピューリタン革命における「パトニ論争」の議事録。民主主義をめぐる重要な記録〕

5｜ウェブサイト・ディジタル史料・リソース

各大学の図書館サイトに有用な情報が紹介されているだろう。国会図書館や官公庁，駐日大使館のサイト，研究者の個人サイトも含めて活用すべきである。以下にあげるサイトは，イギリス史研究にあたって汎用性が高く，学術的に有用なものである。各ページ・リンクを探ることにより，さらに特定テーマへ掘り下げていくことができる。

紙媒体の出版もあるリソースについては，イタリックで示す。各名称をキーワードとしてグーグル検索すればヒットする。紛らわしい場合には念のため〔⇒　〕として検索のヒントを示す。国コード（uk, ie）を補うことによって速やかにヒットすることもある。有料のリソースで大学図書館が契約していない場合は利用できない。なお，これらの多くは現在成長途上で，版元や名前，範囲や形状，アクセス権についても変化するかもしれない。検索にあたって，聡明に工夫してみてほしい。

§ 総合・検索

BBIH: The Bibliography of British & Irish History〔RHS と Royal Irish Academy の協同による

研究文献の包括的な書誌データベース。著者名・タイトルばかりでなく任意のキーワードで，雑誌や編著書のなかの論文も検索でき，極めて有用。2009年までRHS bibliographyとして無料で運用されていたが，2010年に改編されると同時に有料となった。COPAC, NRA, *ODNB* にもリンクする〕

British History Online〔IHR と History of Parliament Trust が協力して制作，保守しているサイト。イギリス史のあらゆる分野の刊行史料や統計・地図・レファレンスなどについて，オンラインで利用できるようにしようという企画である〕

COPAC〔イギリスの統合文献所蔵カタログ検索サイトで，Manchester 大学に基盤をもつ。日本の Webcat Plus にあたるが，大学以外の研究・専門図書館も統合している〕

H-Albion: The H-Net Discussion Network for British & Irish History〔ブリテン諸島史の問題，教育方法，研究史をめぐるディスカッション・サイト。H-Net とは Michigan 州立大学にサーヴァをおく人文社会科学オンラインの国際ネットワークで，関連して H-Empire, H-Memory, H-Slavery などもある〕

Irish History Online〔名は British History Online, Scottish History Online に似ているが，むしろ BBIH に対応するアイルランド史文献検索データベース。本書 p.205〕

NRA: The National Register of Archives〔イギリスの全国文書史料登録［A-2 近藤 1982］のオンライン・データベース。固有名詞から(索引化された)すべての文書記録を検索することができる。アメリカなど海外の文書館が保有する文書も含むので，先端的研究のためにはこの検索が不可欠である〕

Scottish History Online〔スコットランド史の史料や統計・地図・レファレンスなどを総合的にオンラインで利用できるようにしようという企画〕

Sources〔National Library of Ireland による史料および研究論文のオンライン索引。NRA のアイルランド版。本書 p.205〕

Webcat Plus〔国立情報学研究所(NII)が運用する，日本の大学の統合文献所蔵カタログ検索サイト。イギリスの COPAC にあたる〕

§ 図書館・文書館・大学

Archon Directory〔全国の文書館(図書館・公益団体・企業の文書部も含む)および NRA で索引化された海外文書館の利用案内。リンクが充実。［A-2 Foster & Sheppard 1989］を凌駕する〕

BL: The British Library〔本書 pp.12-13 に記したような経緯で1973年に独立した国立図書館・文書館。India Office records を含む。関連ページも充実している〕

BM: The British Museum〔本書 pp.12-13 に記したような経緯で1753年に創設された国立博物館。関連ページも充実している〕

Bod: The Bodleian Library〔オクスフォード大学の総合図書館・文書館。本書 p.12〕

CUL: Cambridge University Library〔ケインブリッジ大学の総合図書館・文書館。本書 p.12〕

IHR: The Institute of Historical Research〔ロンドン大学歴史学研究所(本書 p.12)のホームページ。セミナー・研究集会などの近着情報に加えて，BOPCRIS や British History

Online などのリソース，大学教員や学位論文（進行中も含む）のリスト，インタヴュー，BBIH や COPAC など検索サイトへのリンクも示される。イギリス史研究者は必見〔⇒ IHR London〕〕
NAS: The National Archives of Scotland〔1707年の合同後もスコットランドの公文書はエディンバラで所管したので，イギリス最初の公文書館はエディンバラに設立された。本書 p.13〕
National Archives of Ireland〔アイルランド共和国の国立文書館〕
National Library of Ireland〔アイルランド共和国の国立図書館。Sources にリンク〕
National Library of Wales〔本書 p.203にも記したとおり，ウェールズの納本図書館・国立文書館をかねる〕
NLS: National Library of Scotland〔スコットランドの納本図書館〕
Parliamentary Archives〔UK 議会の文書館。旧 House of Lords Record Office（本書 p.13）が実態に合わせて2006年に改称された〕
PRONI: Public Record Office of Northern Ireland〔北アイルランドの公文書館〕
TNA: The National Archives, Kew〔1838年に創設された PRO が，関連機構を統合して国立文書館となったもの（凡例および p.13）。ホームページが充実し，教育的なページ，家族史の支援ページもある。研究者には TNA のカタログ・史料要項のオンライン供用，ディジタル史料・リソースへのリンクがもっとも有益だろう。なおイギリスの公文書は，それぞれの歴史的経緯により，TNA だけでなく，BL や Parliamentary Archives, NAS，州文書館，大学図書館なども所蔵する。また逆に，TNA が所蔵するのは公文書だけでなく，私的な史料も含む〕
Trinity College Library, Dublin〔トリニティ大学の総合図書館。アイルランドの納本図書館〕
Universities Ireland: The Universities of Ireland〔アイルランドの全大学の連合体〕
Universities UK: The Universities of the UK〔UK の全大学の連合体。各大学へのリンク・案内もある。本書 pp.11-12〕

§ 官庁・公共機関など

BBC: The British Broadcasting Corporation〔時事ニュースばかりでなく，その歴史的背景についても的確な情報ページを提供する。関連機関や各政党にもリンクが張られている〕
British Monarchy〔UK 王室（the royal household）の公式サイト。王権の歴史のページもある。王室文書は TNA でなく Windsor Castle が所管する私文書である〕
COFE: The Church of England〔国教会のホームページ。現機構，歴史，史料，また ecumenical 関連のページ，CEC (Conference of European Churches), WCC (World Council of Churches) へのリンクもある〕
Democracy Live〔BBC のサイトの1つ。UK の貴庶両院ばかりでなく，スコットランド，ウェールズ，北アイルランドの代表議会，ヨーロッパ議会の審議のライヴ中継，録画をみることができる〕
Dublin Government〔ダブリン市，アイルランド共和国，ヨーロッパ議会へのポータルサイ

ト〕

FCO: Foreign & Commonwealth Office〔UK 外務省のホームページ。国際条約データベース UKTO にリンクする〕

General Register Office for Scotland〔スコットランド人口動態の統計が得られる〕

Ireland in Japan〔駐日アイルランド大使館のホームページ。日本語・英語のページがあり，旅行・留学案内から，ビジネス情報まで含む。アイルランド国家および歴史についてのページもある〕

Number 10〔UK 首相官邸(10 Downing Street)のホームページ。政権としての情報発信ばかりでなく，歴史的背景についても有益なページを提供する〕

Supreme Court: The Supreme Court, UK〔2009年に貴族院から独立した UK の最高裁〕

UK Government〔行政府の統合サイト。各省庁へのリンクがあるばかりでなく，UK system of government のページに国制の基本(The British constitution)が簡明に示されている〕

UK in Japan〔駐日英国大使館のホームページ。日本語・英語のページがあり，英国 Q&A，旅行・英語学校・留学案内から，ビジネス情報まで含む〕

UK Parliament〔議会の貴庶両院のホームページ。本書 p.233。各議員および，会期中の議事についての動画を含む情報，bills & legislation など制定法の正文データベースや議事録(*Hansard*)，そして research papers, standard notes といった議会実務記録にもアクセスできる。歴史的制定法のデータベース SLD も参照。Parliamentary Archives は貴族院内にある議会文書館〕

§ レファレンス・統計・地図など

Dictionary of Irish biography〔ODNB に対応するアイルランド史伝記事典。本書 p.205〕

DSL: *Dictionary of the Scots Language*〔2つの歴史的スコットランド語辞典を統合したデータベース〕

ODNB: *The Oxford dictionary of national biography*〔本書 p.24 に記したとおり，あらゆる歴史研究の基礎となる国民伝記事典。マルクス，ガンディーなども含み，存命者は除かれる。遺産・歴史的評価とともに史料・研究文献・肖像も示される。ちなみに，マルクスの遺産は250ポンド（E. J. Hobsbawm 執筆)，ガンディーの遺産は「最小限の衣服，眼鏡，ペン，紡ぎ車のほかにほとんど無」(Judith Brown 執筆) とある。*Who's Who* を参照〕

OED: *The Oxford English dictionary on historical principles*〔本書 p.24 に記したとおり，英語の歴史的用法についてのもっとも包括的な辞典〕

Ordnance Survey〔政府の地図制作は18世紀に軍事的必要から始まった。今日の国立地図機構のホームページから各種実測地図をダウンロードできる。本書 p.9〕

UKDA: UK Data Archive〔社会科学・経済学・人文学における現行および歴史的データを供用する。Economic & Social Data Service の一端を担う〕

UK National Statistics〔政府統計局(ONS)の統計データベース〕

Wellesley Index: *The Wellesley index to Victorian periodicals*〔19世紀の雑誌記事の総索引であ

るが，匿名・筆名著者の同定にも威力を発揮する。British Periodicals 1680s-1930s を参照〕
- *Who's Who*〔存命中のイギリス人約3万人の，いわゆる『名士録』。19世紀の貴族名鑑の流れを汲み，誕生日，親子関係，学歴，婚姻歴，住所，著書，趣味などプライヴァシーも含む情報が，本人の承諾により公にされる。毎年更新。*ODNB* と違って，財産や歴史的評価，史料・研究文献・肖像は示されない〕

§ 史料(15世紀以前)

- Bayeux tapestry: The Bayeux tapestry digital edition 2003. Martin K. Foys, ed., CD-ROM edn, Scholarly Digital Editions〔本書 p.27〕
- Domesday book: Alecto digital Domesday book, 2002/Phillimore Domesday Explore, 2000〔Alecto 版はオリジナルの Domesday book 画像がついている。ハイレゾリューションでは書記の一筆まで確認できる。検索，翻訳も充実。Phillimore 版は，データベース機能が充実し，検索結果を地図に表示できる。画像は19世紀のコピーで，Little Book がない。本書 pp.27, 53〕
- Hull Domesday database〔Hull 大学の John Palmer たちが始めた Domesday book のデータベース。Phillimore 版の CD-ROM のベースとなった〕
- Kemble〔British Academy Anglo-Saxon charters のシリーズのホームページ。PASE (Prosopography of Anglo-Saxon England) や Electronic Sawyer や Virginia 大学の Old English Website にリンク〕
- Monastic Matrix〔400～1600年の女子修道院研究のためのデータベース。数多くの史料閲覧可能。例えば，*Monasticon Anglicanum*, William Dugdale, 6 vols, Longman, 1817-30 のファクシミリも PDF 化されている。文献一覧も充実〕

§ 史料(16世紀以後)

- 18th Century Journals〔BL, Bod, CUL および University of Texas, Austin の18世紀定期刊行物コレクションの電子アーカイヴ。ECCO と補完関係にある〕
- 19th Century UK Periodicals〔19世紀定期刊行物のアーカイヴ。*The Punch* などよく知られた雑誌から女性向け，子ども向け雑誌まで含む〕
- *The Annual Register*〔1758年，バークの創刊した総合月刊誌のアーカイヴ〕
- BOPCRIS: British Official Publications Collaborative Reader Information Service〔Southampton 大学で始まった包括的なディジタル・アーカイヴ構想で，ビラ・小冊子から18～20世紀議会の出版物 *Parliamentary papers, Hansard's parliamentary debates* まで，テクスト・図像・地図を含めてすべてアクセス可能にする企画〔⇒ bopcris soton〕。構築途上だが，イギリス国内の図書館では無料で利用できる。現在，日本からはアクセスできない〕
- British Literary Manuscripts Online〔中世後半～1900年，英文学者の手稿の画像データベース〕
- British Newspapers 1600-1900〔BL の所蔵する Burney Collection (17～18世紀新聞集成) と Colindale 19世紀新聞コレクションを統合した電子アーカイヴ。*The Guardian/The*

Observer や *The Times* などと併用すべきだろう〕

British Periodicals 1680s-1930s〔*Edinburgh Review, Nineteenth Century, Quarterly Review, Westminster Review* なども含む重要誌コレクション。*Wellesley Index* とも連結〕

The Builder〔1842年創刊。建築専門誌のアーカイヴ。建築史研究に必須〕

ECCO: Eighteenth Century Collections Online〔1701～1800年の英語出版物を，定期刊行物・版画などを除き，可能な限りディジタル・アーカイヴ化する企画〕

The Economist〔1843年創刊の週刊誌のアーカイヴ。進歩主義の立場を堅持。初期の編集長にバジョットがいた〕

EEBO: Early English Books Online〔15世紀～1700年の英語出版物を，定期刊行物・版画などを除き，可能な限りディジタル・アーカイヴ化する企画。ECCO と EEBO の貫通検索も可能である〕

The Gentleman's Magazine〔1731年創刊の総合月刊誌のアーカイヴ〕

The Guardian/The Observer〔それぞれ1820年／1791年創刊の両新聞が合同したので，合わせてアーカイヴ化したもの〕

Hansard 1803-2005〔*Hansard's parliamentary debates* およびその前身から構成される議会議事録のアーカイヴ。BOPCRIS が日本からアクセスできない現状では，貴重な無料のデータベース〔⇒ hansard.millbank〕〕

HCPP: House of Commons Parliamentary Papers〔18世紀以降の議会（庶民院）刊行文書すなわち「青書」のアーカイヴ。全文検索できるので，18～20世紀のイギリス史ばかりでなく世界史の史料として強力である。貴庶両院の議事録，さらに21世紀の記録へも拡大する模様。BOPCRIS も参照〕

The Illustrated London News〔1842年創刊の挿絵週刊誌のアーカイヴ〕

Irish Newspaper Archives〔主に19世紀以降の新聞が対象。現時点で20点余りの新聞をカヴァー〕

MoML: The Making of Modern Law, Trials 1600-1926〔英米法の訴訟関係出版の集成。タイバン処刑囚の「最後の告白」などセンセーショナルな冊子も含む。*The English reports* と相互補完すべき史料〕

MoMW: The Making of the Modern World〔1450年～1850年の経済社会に関係する出版物を包括するコレクション。英語に限定されない。元来はロンドン大学 Goldsmiths Library, ハーヴァード大学 Kress Library の広義の経済学史・社会哲学にかかわる稀覯本を統合したマイクロフィルム集成であった。ディジタル・アーカイヴになり利便性は革命的に高まった〕

Old Bailey Online: Proceedings of the Old Bailey, 1674-1913〔ロンドン刑事裁判所における19万7745件の刑事訴訟記録のオンライン化〕

RPS: Records of the Parliaments of Scotland〔1275～1707年のスコットランド議会史料のデータベース〕

SCROL: Scottish Census Results Online〔スコットランド国勢調査結果のデータベース〕

SLD: The UK Statute Law Database〔歴史的制定法（法律）のデータベース。UK Parliament も参照〕

State Papers Online 1509-1714〔近世史の国務文書の集成で，TNA の SP シリーズに限ることなく，BL その他の文書も統合して国務文書の原状を回復しようとする壮大な史料アーカイヴの構想。全 *Calendar of state papers* もまもなく併呑される〕

The Times〔1785年創刊の新聞をオンライン・データベースとしたもの。*Hansard, ODNB* などと合わせて用いることにより威力を発揮する〕

UKTO: UK Treaties Online〔国際条約正文のデータベース〕

B 研究文献

B群では研究文献を、欧文・和文の区別なく、また章に分けることなく、編著者名のABC順に並べる。こうした理由は、複数の章にかかわる著者・文献が多いからであり、また歴史家の名に留意しながら研究を進め、国際的に活躍する日本人研究者の仕事にも親しんでほしい、といった希望もあるからである。

じつは各章の執筆者には編者から、あまり特殊なテーマの研究文献を列挙することは避けるように要請した。したがって、読者の関心にぴたりあてはまる特定文献が直接にはあがっていない場合がある。その場合にも、明示されているレファレンスや研究書、そして専門誌から、当該の文献に行き着けるように配慮した。なお、A-5 に示した BBIH、COPAC、そして Google でキーワード検索すると、速やかに当該の研究文献に行き当たることが多い。ぜひ利用すべきであろう。

本書は第Ⅰ部と第Ⅱ部、そして複数の章を照らし合わせ、索引を活用することによって最大の効果を発揮するだろう。その意味でも、第1章総説の最後(p.25)にも記したとおり、本書には「有用な知的資源」が満載されているが、「開拓していくのは、あなた」なのである。

Aalen, F. H. A. & Kevin Whelan, eds 1992. *Dublin: city and county: from prehistory to present: studies in honour of J. H. Andrews*, Geography Publications

Addison, Paul 1975. *The road to 1945: British politics and the second world war*, Jonathan Cape

AJC 1995- 〔日英歴史家会議(Anglo-Japanese Conference of Historians, 1994-)の記録は、

　　木畑洋一 1995.「第1回日英歴史学会議について」『史学雑誌』104-6

　　近藤和彦 1999.「第2回日英歴史家会議について」『史学雑誌』108-2

　　Kondo, Kazuhiko, ed. 2003. *State and empire in British history: proceedings of the 4th AJC* [Tokyo]

　　Bates, David & Kazuhiko Kondo, eds 2006. *Migration and identity in British history: proceedings of the 5th AJC* [Tokyo]

　　Kondo, Kazuhiko & Miles Taylor eds 2010. *British history 1600-2000: expansion in perspective: proceedings of the 6th AJC*, IHR

　　ウェブサイトは [⇒ AJC 日英歴史家会議]〕

Akenson, Donald H. 1970. *The Irish education experiment: the national system of education in the nineteenth century*, Routledge & Kegan Paul and University of Toronto Press

Akita, Shigeru, ed. 2002. *Gentlemanly capitalism, imperialism and global history*, Palgrave Macmillan

秋田茂 2003.『イギリス帝国とアジア国際秩序――ヘゲモニー国家から帝国的な構造的権力へ』名古屋大学出版会
―――・籠谷直人編 2001.『1930年代アジアのアジア国際秩序』渓水社
Albu, Emily 2001. *The Normans in their histories: propaganda, myth and subversion*, Boydell
Allan, David 2002. *Scotland in the eighteenth century: union and enlightenment*, Longman
Allen, Martin 2001. 'The volume of the English currency, 1158-1470', *EconHR*, 2nd ser., 54
Amussen, S. D. 1988. *An ordered society: gender and class in early modern England*, Blackwell
Anderson, Benedict 1983/1991. *Imagined communities: reflections on the origin and spread of nationalism*, Verso〔『定本 想像の共同体――ナショナリズムの起源と流行』(白石隆・白石さや訳) 書籍工房早山, 2007〕
Anderson, Bruce 1991. *John Major: the making of the prime minister*, Fourth Estate〔『栄光への挑戦――英国首相ジョン・メージャー伝』(吉田純子訳) 経済界, 1992〕
Anderson, M. S. 1998. *The origins of the modern European states system 1494-1618*, Longman
Anderson, Perry 1964. 'Origins of the present crisis', *New Left Review*, 23〔「現代イギリスの危機の諸起源」ペリー・アンダスン, ロビン・ブラックバーン編『ニュー・レフトの思想』(佐藤昇訳) 河出書房新社, 1968〕
――― 1975. *Lineages of the absolutist state*, New Left Books
Anderson, Virginia DeJohn 1998. 'New England in the seventeenth century', in Nicholas Canny, ed., *OHBE, vol. 1*, OUP
Andrews, Kenneth R. 1984. *Trade, plunder and settlement: maritime enterprise and the genesis of the British empire 1480-1630*, CUP
――― 1991. *Ships, money and politics: seafaring and naval enterprise in the reign of Charles I*, CUP
Annan, Noel 1999. *The dons: mentors, eccentrics and geniuses*, Harper Collins〔『大学のドンたち』(中野康司訳) みすず書房, 2002〕
青木康 1997.『議員が選挙区を選ぶ――18世紀イギリスの議会政治』山川出版社
――― 2003. 'To be a member of the leading gentry: the Suffolk voluntary subscriptions of 1782', *HR*, 76
青山吉信 1978.『イギリス封建王制の成立過程』東京大学出版会
新井由紀夫 2005.『ジェントリから見た中世後期イギリス社会』刀水書房
有賀貞 1988.『アメリカ革命』東京大学出版会
Armitage, David 2000. *The ideological origins of the British empire*, CUP〔『帝国の誕生――ブリテン帝国のイデオロギー的起源』(平田雅博ほか訳) 日本経済評論社, 2005〕
――― & M. J. Braddick, eds 2002. *The British Atlantic world, 1500-1800*, Palgrave
朝治啓三 2003.『シモン・ド・モンフォールの乱』京都大学学術出版会
Ash, Marinell 1980. *The strange death of Scottish history*, Ramsay Head
Ashton, Robert 1994. *Counter revolution: the second civil war and its origins, 1646-8*, Yale UP
Ashworth, William J. 2003. *Customs and excise: trade, production, and consumption in England, 1640-1845*, OUP

Aston, T. H. 1983. 'The origins of the manor in England with a postscript', in T. H. Aston et al., eds, *Social relations and ideas*, CUP

―――, gen. ed. 1984― . *The history of the university of Oxford*, OUP

Aughey, Arthur 2001. *Nationalism, devolution and the challenge to the United Kingdom state*, Pluto

Aydelotte, W. O. 1954. 'The House of Commons in the 1840's', *History*, 39

Bacon, Robert & Walter Eltis 1976/1996. *Britain's economic problems revisited*, Macmillan

Bagehot, Walter 1867. *The English constitution*, Chapman & Hall〔「イギリス憲政論」(小松春雄訳)『バジョット』中央公論社, 1970〕

Bailey, Mark 2008. 'The concept of the margin in the medieval English economy', *EconHR*, 42

Bailyn, Bernard 1968. *The origins of American politics*, Knopf〔『アメリカ政治の起源』(田中和か子訳) 東京大学出版会, 1975〕

――― 2005. *Atlantic history: concept and contours*, Harvard UP〔『アトランティック・ヒストリー』(和田光弘・森丈夫訳) 名古屋大学出版会, 2007〕

Baker, J. H. 1971. *An introduction to English legal history*, Butterworths〔『イングランド法制史概説』(小山貞夫訳) 創文社, 1975〕

Balfour, Michael 1979. *Propaganda in war, 1939-1945: organisations, policies, and publics in Britain and Germany*, Routledge

Balfour-Paul, Glen 1999. 'Britain's informal empire in the Middle East', in Judith M. Brown & W. Roger Louis, eds, *OHBE, vol. 4*, OUP

Barker, Hannah 2000. *Newspapers, politics and English society, 1695-1855*, Longman

Barlow, Frank 1979. *The English church 1066-1154*, Longman

Barnard, Toby C. 2000. *Cromwellian Ireland: English government and reform in Ireland 1649-1660*, 2nd edn, OUP

――― 2003. *A new anatomy of Ireland: the Irish protestants, 1649-1770*, Yale UP

――― 2004. *The kingdom of Ireland, 1641-1760*, Palgrave Macmillan

Barrell, A. D. M. 2000. *Medieval Scotland*, Cambridge medieval text book, CUP

Barrow, G. W. S. 1980. *The Anglo-Norman era in Scottish history*, OUP

――― 1981. *Kingship and unity*, Edinburgh UP

――― 1992. *Scotland and its neighbours in the middle ages*, Hambledon

Barry, Jonathan & Christopher Brooks, eds 1994. *The middling sort of people: culture, society and politics in England, 1550-1800*, Macmillan〔『イギリスのミドリング・ソート――中流層をとおして見た近世社会』(山本正訳) 昭和堂, 1998〕

Bartlett, Robert 1994. *The making of Europe*, Penguin

――― 2000. *England under the Norman and Angevin kings 1075-1225*, OUP

Bartlett, Thomas 1992. *The fall and rise of the Irish nation: the catholic question 1690-1830*, Barnes & Noble Books

――― 1996. 'Defence, counter-insurgency and rebellion', in Thomas Bartlett & Keith Jeffery, eds, *A military history of Ireland*, CUP

――― 2001. 'Britishness, Irishness and the act of union', in Dáire Keogh & Kevin Whelan, eds,

Acts of union: the causes, contexts, and consequences of the act of union, Four Courts Press
―――, et al. 2003. *1798: a bicentenary perspective*, Four Courts Press
Baskerville, Stephen 1993. *Not peace but a sword: the political theology of the English Revolution*, Routledge
Bassett, Steven 1989. *The origins of Anglo-Saxon kingdoms*, Leicester UP
Batalden, Stephen, et al., eds 2004. *Sowing the word: the cultural impact of the British and Foreign Bible Society 1804−2004*, Sheffield Phoenix
Bates, David 1982. *Normandy before 1066*, Longman
――― & Anne Curry, eds 1994. *England and Normandy in the middle ages*, Hambledon
Bateson, J. D. 1997. *Coinage in Scotland*, Spink
Baumgart, Winfried 1999. *The Crimean war 1853−1856*, Arnold
Bayly, C. A. 1989. *Imperial meridian: the British empire and the world 1780−1830*, Longman
――― 2004. *The birth of the modern world 1780−1914: global connections and comparisons*, Blackwell
Beames, Michael 1983. *Peasants and power: the Whiteboy movements and their control in pre-famine Ireland*, Harvester & St Martin's
Beasley, W. G. 1989. 'The foreign threat and the opening of the ports', in M. B. Jansen, ed., *The Cambridge history of Japan, vol. 5: the nineteenth century*, CUP
Beattie, J. M. 1986. *Crime and the courts in England, 1660−1800*, Princeton UP
Bebbington, David W. 1989. *Evangelicalism in modern Britain: a history from the 1730s to the 1980s*, Unwin Hyman/Routledge
Beckett, Ian 2003. *The Victorians at war*, Hambledon & London
Beckett, J. C. 1981. *The making of modern Ireland 1603−1923*, new edn, Faber & Faber
Beckett, J. V. 1986. *The aristocracy in England, 1660−1914*, Blackwell
Beckles, H. McD. 1998. 'The "hub of empire": the Caribbean and Britain in the seventeenth century', in Nicholas Canny, ed., *OHBE, vol. 1*, OUP
Beddard, Robert 1988. *Kingdom without a king: journal of the provisional government in the Revolution of 1688*, Phaidon
―――, ed. 1991. *The revolution of 1688*, OUP
Beier, A. L. 1985. *Masterless men: the vagrancy problem in England 1560−1640*, Methuen〔『浮浪者たちの世界――シェイクスピア時代の貧民問題』（佐藤清隆訳）同文舘，1997〕
Beloff, Max 1996. *Britain and European union: dialogue of the deaf*, Macmillan
Ben-Amos, Ilana Krausman 1994. *Adolescence and youth in early modern England*, Yale UP
Ben-Atar, Doron 1999. 'The American Revolution', in Robin W. Winks, ed., *OHBE, vol. 5*, OUP
Benedict, Philip 2002. *Christ's churches purely reformed: a social history of Calvinism*, Yale UP
Bennett, G. V. 1957. *White Kennett, 1660−1728, bishop of Peterborough*, SPCK
――― 1975. *The Tory crisis in church and state, 1688−1730: career of Francis Atterbury, bishop of Rochester*, OUP
――― & J. D. Walsh, eds 1966. *Essays in modern English church history in memory of Norman*

Sykes, Adam & Charles Black

Benson, John 1994. *The rise of consumer society in Britain, 1880–1980*, Longman

Bentley, Michael 1977. *The liberal mind, 1914–29*, CUP

Beresford, M. W. 1954. *The lost villages of England*, Lutterworth

———— & J. K. S. St Joseph 1958. *Medieval England: an aerial survey*, CUP

Berg, Maxine 1985. *The age of manufactures: industry, innovation, and work in Britain, 1700–1820*, Blackwell

———— 2005. *Luxury and pleasure in eighteenth-century Britain*, OUP

———— & Pat Hudson 1992. 'Rehabilitating the industrial revolution', *EconHR*, 2nd ser., 45

Bermingham, Ann & John Brewer, eds 1995. *The consumption of culture, 1600–1800: image, object, text*, Routledge

Bernard, G. W., ed. 1992. *The Tudor nobility*, MUP

———— 2005. *The king's Reformation: Henry VIII and the remaking of the English church*, Yale UP

Bew, Paul 1991. *Charles Stewart Parnell*, new edn, Gill & Macmillan

———— 2007. *Ireland: the politics of enmity 1789–2006*, OUP

Biagini, Eugenio F. 1992. *Liberty, retrenchment and reform: popular liberalism in the age of Gladstone, 1860–1880*, CUP

———— 2007. *British democracy and Irish nationalism 1876–1906*, CUP

Bickers, Robert 1999. *Britain in China: community, culture and colonialism 1900–1949*, OUP

Bielenberg, Andy, ed. 2000. *The Irish diaspora*, Pearson Education

Bill, Jan 2008. 'Viking ships and the sea', in S. Brink, ed., *The Viking world*, Routledge

Birch, Anthony H. 1971. *Representation*, Pall Mall〔『代表』(河合秀和訳) 福村出版, 1972〕

Birch, Debra & Joyce Horn 1996. *The history laboratory: the Institute of Historical Research 1921–96*, University of London

Bjørn, Claus, et al., eds 1994. *Nations, nationalism and patriotism in the European past*, Cardiff Academic Press

Black, Jeremy 2008. *Eighteenth-century Britain, 1688–1783*, 2nd edn, Palgrave

Black, R. D. Collison 1976. 'Smith's contribution in historical perspective', in T. Wilson & A. S. Skinner, eds, *The market and the state: essays in honour of Adam Smith*, OUP

Blackburn, Mark, ed. 1986. *Anglo-Saxon monetary history*, Leicester UP

Blair, John, ed. 1988. *Minster and parish churches*, OUP

———— 1992. 'The making of the English parish', *Medieval History*, 2

———— 2000. *The Anglo-Saxon age*, Very short introductions, OUP

———— 2005. *The church in Anglo-Saxon society*, OUP

————, ed. 2007. *Waterways and canal-building in medieval England*, OUP

———— & Nigel Ramsay, eds 1991. *English medieval industries*, Hambledon

———— & Richard Sharpe, eds 1992. *Pastoral care before the parish*, Leicester UP

Blake, Richard 2008. *Evangelicals in the royal navy, 1775–1815: blue lights and psalm-singers*, Boydell

Blake, Robert 1985. *The Conservative Party from Peel to Thatcher*, rev. edn, Fontana

Blanning, T. C. W. & David Cannadine, eds 1996. *History and biography: essays in honour of Derek Beales*, CUP

Boardman, Steve & Michael Lynch 2000. 'The state of late medieval and early modern Scottish history', in Terry Brotherstone & David Ditchburn, eds, *Freedom and authority: Scotland, c.1050-c.1650*, Tuckwell

Bogdanor, Vernon 1981. *The people and the party system: the referendum and electoral reform in British politics*, CUP

Bonney, Richard 1991. *The European dynastic states 1494-1660*, OUP

Booth, Alan 1989. *British economic policy, 1931-49: was there a Keynesian revolution?*, Harvester Wheatsheaf

―― & Melvyn Pack 1985. *Employment, capital, and economic policy, Great Britain, 1918-1939*, Blackwell

Borsay, Peter 1989. *The English urban renaissance: culture and society in the provincial town 1660-1770*, OUP

―― 2000. *The image of Georgian Bath, 1700-2000: towns, heritage, and history*, OUP

Boulton, Jeremy 1987. *Neighbourhood and society: a London suburb in the seventeenth century*, CUP

Bourne, J. M. 1986. *Patronage and society in nineteenth-century England*, Edward Arnold

Bowen, Huw V. 1998. 'British India, 1765-1813: the metropolitan context', in P. J. Marshall, ed., *OHBE, vol. 2*, OUP

―― 2006. *The business of empire: the East India Company and imperial Britain, 1756-1833*, CUP

―― 2010. 'Asia and British economic development: general questions, local dimensions, 1750-1820', in *British history 1600-2000: expansion in perspective*, IHR

Bowie, Karin 2007. *Scottish public opinion and the Anglo-Scottish union, 1699-1707*, Royal Historical Society & Boydell

Bowman, A. K. 1994. *Life and letters on the Roman frontier*, British Museum Press

Bowman, Timothy 2007. *Carson's army: the Ulster volunteer force, 1910-22*, MUP

Boyce, D. George 1995. *Nationalism in Ireland*, 3rd edn, Routledge

―― & Alan O'Day, eds 1996. *The making of modern Irish history: revisionism and the revisionistic controversy*, Routledge

―― & Alan O'Day, eds 2001. *Defenders of the union: a survey of British and Irish unionism since 1801*, Routledge

―― & Alan O'Day, eds 2004. *Ireland in transition, 1867-1921*, Routledge

―― & Roger Swift, eds 2004. *Problems and perspectives in Irish history since 1800: essays in honour of Patrick Buckland*, Four Courts Press

Boyer, George R. 1990. *An economic history of the English poor law, 1750-1850*, CUP

Braddick, Michael J. 1996. *The nerves of state: taxation and the financing of the English state,*

1558–1714, MUP

────── 2000. *State formation in early modern England c.1550–1700*, CUP

Bradshaw, Brendan 1979. *The Irish constitutional revolution of the sixteenth century*, CUP

────── & John Morrill, eds 1996. *The British problem, c.1534–1707: state formation in the Atlantic archipelago*, Macmillan

Brady, Ciaran 1994. *The chief governors: the rise and fall of reform government in Tudor Ireland, 1536–1588*, CUP

Brady, Joseph & Anngret Simms 2001. *Dublin through space and time (c.900–1900)*, Four Courts Press

Brand, Jack 1978. *The national movement in Scotland*, Routledge & Kegan Paul

Brand, Paul 1992. *The making of the common law*, Hambledon

Breen, T. H. 1988. '"Baubles of Britain": the American and consumer revolutions of the eighteenth century', *P&P*, 119

Breeze, D. J. 1996. *Roman Scotland*, Batsford

Brenner, Robert 1993. *Merchants and revolution: commercial change, political conflict, and London's overseas traders, 1550–1653*, CUP

Brewer, John 1976. *Party ideology and popular politics at the accession of George III*, CUP

────── 1989. *The sinews of power: war, money, and the English state, 1688–1783*, Unwin Hyman 〔『財政＝軍事国家の衝撃——戦争・カネ・イギリス国家 1688〜1783』（大久保桂子訳）名古屋大学出版会，2000〕

────── 1997. *The pleasures of the imagination: English culture in the eighteenth century*, Harper Collins

────── 2006.『スキャンダルと公共圏』（近藤和彦編，坂下史・大橋里見訳）山川出版社

────── & Roy Porter, eds 1993. *Consumption and the world of goods*, Routledge

────── & Susan Staves 1995. *Early modern conceptions of property*, Routledge

────── & John Styles 1980. *An ungovernable people: the English and their law in the seventeenth and eighteenth centuries*, Hutchinson

Bridbury, A. R. 1955. *England and the salt trade in the later middle ages*, OUP

────── 1982. *Medieval English clothmaking*, Heinemann Educational

Bridge, Carl & Kent Fedorowich, eds 2003. *The British world: diaspora, culture and identity*, Frank Cass

Briggs, Asa 1968. *Victorian cities*, Penguin

────── & John Saville, eds 1960. *Essays in labour history*, Macmillan

Britnell, R. H., ed. 1997. *Pragmatic literacy, east and west 1200–1330*, Boydell

────── 2004. *Britain and Ireland 1050–1530*, OUP

────── & B. M. S. Campbell, eds 1995. *The commercialisation of English society 1000–1500*, CUP

Brittan, Samuel 1988. *A restatement of economic liberalism*, Macmillan

Brivati, Brian 2007. *The end of decline: Blair and Brown in power*, Politico's

―――― & Tim Bale, eds 1997. *New Labour in power: precedents and prospects*, Routledge

Broad, Roger & Tim Geiger, eds 1997. 'The British experience of the European parliament', *Contemporary British History*, 11

Brock, Michael 1973. *The great reform act*, Hutchinson

Brooke, Christopher, gen. ed. 1988-2004. *A history of the University of Cambridge*, 4 vols, CUP

Brooks, Christopher & Michael Lobban, eds 1997. *Communities and courts in Britain 1150-1900*, Hambledon

Brooks, Nicholas & Graeme Whittington 1977. 'Planning and growth in the medieval Scottish burgh', *Transactions of the Institute of British Geographers*, new ser., 2

Broun, Dauvit 1994. 'The origins of Scottish identity', in Claus Bjørn et al., eds, *Nations, nationalism and patriotism in the European past*, Cardiff Academic Press

―――― 1998. *Image and identity: the making and re-making of Scotland through the ages*, John Donald

―――― 1999. *The Irish identity of the kingdom of the Scots*, Boydell

―――― 2007. *Scottish independence and the idea of Britain*, Edinburgh UP

Brown, Cullum G. 2001/2009. *The death of Christian Britain: understanding secularisation 1800-2000*, Routledge

Brown, Judith M. 1999. 'India', in Judith M. Brown & W. Roger Louis, eds, *OHBE, vol. 4*, OUP

―――― & W. Roger Louis, eds 1999. *OHBE, vol. 4: the twentieth century*, OUP

Brown, Keith M. 1986. *Bloodfeud in Scotland 1573-1625: violence, justice and politics in an early modern society*, John Donald

―――― 1992. *Kingdom or province? Scotland and the regal union, 1603-1715*, Macmillan

―――― 2000. *Noble society in Scotland: wealth, family and culture from Reformation to Revolution*, Edinburgh UP

―――― & Alastair J. Mann, eds 2005. *The history of the Scottish parliament, vol. 2: Parliament and politics in Scotland, 1567-1707*, Edinburgh UP

―――― & Roland J. Tanner, eds 2004. *The history of the Scottish parliament, vol. 1: Parliament and politics in Scotland, 1235-1560*, Edinburgh UP

Brown, Michael, et al., eds 2003. *The Irish act of union, 1800: bicentennial essays*, Irish Academic Press

Brown, Stewart J. & Michael Fry, eds 1993. *Scotland in the age of the disruption*, Edinburgh UP

―――― & Timothy Tackett, eds 2006. *Enlightenment, reawakening and revolution 1660-1815*, The Cambridge history of Christianity, CUP

Brundage, Anthony 2002. *The English poor laws, 1700-1930*, Palgrave

Brunner, Daniel L. 1993. *Halle pirtists in England: Anthony William Boehm and the Society for Promoting Christian Knowledge*, Vandenhoeck & Ruprecht Gm

Brunton, Douglas & D. H. Pennington 1954. *Members of the Long Parliament*, Allen & Unwin

Buchanan, J. M., et al. 1978. *The consequences of Mr. Keynes: an analysis of the misuse of economic theory for political profiteering, with proposals for constitutional disciplines*, Institute of Economic Affairs〔『ケインズ財政の破綻』（水野正一・亀井敬之訳）日本経済新聞社，1979〕

Buckner, Phillip & R. Douglas Francis, eds 2005. *Rediscovering the British world*, University of Calgary Press

Bull, Philip 1996. *Land, politics and nationalism: a study of the Irish land question*, Gill & MacMillan

―― 2004. 'Isaac Butt, British liberalism and alternative nationalist tradition', in George D. Boyce & Roger Swift, eds, *Problems and perspectives in Irish history since 1800*, Four Courts Press

Burgess, Clive 2002. 'Pre-Reformation churchwardens' accounts and parish government: lessons from London and Bristol', *EHR*, 112

Burgess, Glenn 1996. *Absolute monarchy and the Stuart constitution*, Yale UP

――, ed. 1999. *The new British history: founding a modern state 1603-1715*, Tauris

Burk, Kathleen, ed. 2003. *SOHBI: the British Isles since 1945*, OUP

―― & Alec Cairncross 1992. *'Goodbye Great Britain': the 1976 IMF crisis*, Yale UP

Burke, Peter 2008. *What is cultural history?*, 2nd edn, Polity Press〔『文化史とは何か』増補改訂版（長谷川貴彦訳）法政大学出版局，2010〕

――, et al., eds 2000. *Civil histories: essays presented to Sir Keith Thomas*, OUP

Burns, Arthur & Joanna Innes, eds 2003. *Rethinking the age of reform: Britain 1780-1850*, CUP

Burns, J. H. 1996. *The true law of kingship: concepts of monarchy in early modern Scotland*, OUP

Burton, Janet 1994. *Monastic and religious orders in Britain 1000-1300*, CUP

Butler, David, et al. 1994. *Failure in British government: the politics of the poll tax*, OUP

Butt, R. A. 1989. *A history of parliament: the middle ages*, Constable

Butterfield, Herbert 1931. *The Whig interpretation of history*, Bell〔『ウィッグ史観批判――現代歴史学の反省』（越智武臣ほか訳）未来社，1967〕

Cabrera, Miguel A. 2004. *Postsocial history: an introduction*, OUP

Cain, P. J. 1996. 'Gentlemanly imperialism at work: the Bank of England, Canada and the sterling area, 1932-1936', *EconHR*, 2nd ser., 49

―― 1999. 'Economics and empire: the metropolitan context', in A. Porter, ed., *OHBE, vol. 3*, OUP

―― 2002. *Hobson and imperialism: radicalism, new liberalism, and finance, 1887-1938*, OUP

―― & A. G. Hopkins 1993/2002. *British imperialism: innovation and expansion, 1688-1914*, Longman [republished as *British imperialism 1688-2000*, Longman, 2002]〔『ジェントルマン資本主義の帝国』全2巻（竹内幸雄・秋田茂・木畑洋一・旦祐介訳）名古屋大学出版会，1997〕

Cairncross, Alec 1985. *Years of recovery: British economic policy 1945-51*, Methuen

―― & Barry Eichengreen 1983. *Sterling in decline: the devaluations of 1931, 1949 and 1967*, Blackwell

Caldicott, C. E. J., et al., eds 1987. *The Huguenots and Ireland: anatomy of an emigration*,

Glendale
Cameron, James K., ed. 1972. *The first book of discipline*, Saint Andrew Press
Campbell, James 1986. *Essays in Anglo-Saxon history*, Hambledon
Campbell, R. H. & A. S. Skinner, eds 1982. *The origins and nature of the Scottish enlightenment*, John Donald
Cannadine, David 2000. *The class in Britain*, Penguin〔『イギリスの階級社会』(平田雅博・吉田正広訳) 日本経済評論社, 2008〕
——— 2001. *Ornamentalism: how the British saw their empire*, Allen Lane〔『虚飾の帝国——オリエンタリズムからオーナメンタリズムへ』(平田雅博・細川道久訳) 日本経済評論社, 2004〕
Cannon, John 1973. *Parliamentary reform, 1640−1832*, CUP
Canny, Nicholas 1988. *Kingdom and colony: Ireland in the Atlantic world, 1560−1800*, Johns Hopkins UP
———, ed. 1998a. *OHBE, vol. 1: the origins of empire*, OUP
——— 1998b. 'The origins of empire: an introduction', in Nicholas Canny, ed., *OHBE, vol. 1*, OUP
——— 2001. *Making Ireland British 1580−1650*, OUP
Carey, Vincent P. 2002. *Surviving the Tudors: the 'wizard' earl of Kildare and English rule in Ireland, 1537−1586*, Four Courts Press
Carlton, Charles 1995. *Charles I: the personal monarch*, 2nd edn, Routledge
Carnevali, Francesca & Julie-Marie Strange, eds 2007. *Twentieth-century Britain: economic, social, and cultural change, with a foreword by Paul Johnson*, 2nd edn, Longman
Carpenter, Christine 1997. *The wars of the roses: politics and the constitution in England, c.1437−1509*, CUP
Carpenter, David A. 1990. *The minority of Henry III*, Methuen
——— 1996. *The reign of Henry III*, Hambledon
——— 2003. *The struggle for mastery: Britain 1066−1284*, OUP
Carr, E. H. 1961/1987. *What is history?*, Macmillan/Penguin〔『歴史とは何か』(清水幾太郎訳) 岩波新書, 1962〕
Carson, R. A. G. 1971. *Mints, dies and currency: essays dedicated to the memory of Albert Baldwin*, Methuen
Chadwick, Owen 1966, 1970. *The Victorian church*, 2 parts, A. & C. Black
Charles-Edwards, T. M. 2000. *The early Christian Ireland*, CUP
——— 2004. 'The making of nations in Britain and Ireland in the early middle ages', in Ralph Evans, ed., *Lordship and learning*, Boydell
Chaudhuri, K. N. 1965. *The English East India Company: the study of an early joint-stock company, 1600−1640*, Frank Cass
——— 1978. *The trading world of Asia and the English East India Company, 1660−1760*, CUP
Checkland, Olive & Sydney Checkland 1984. *Industry and ethos: Scotland 1832−1914*, Edward Arnold

Chester, Norman 1981. *The English administrative system 1780–1870*, OUP
Chibnall, Majorie 1999. *The debate on the Norman conquest*, MUP
Chrimes, S. B. 1972. *Henry VII*, Methuen
Christie, Ian R. 1984. *Stress and stability in late eighteenth-century Britain: reflections on the British avoidance of revolution*, OUP
中央大学人文科学研究所編 2001. 『ケルト復興』中央大学出版部
Church, S. D. 1999. *The household knights of King John*, CUP
―――― 2008. 「自らに語る――1154年から1216年におけるイングランドの王国記録とアンジュー朝諸王」鶴島博和・春田直紀編『日英中世史料論』日本経済評論社
Clanchy, M. T. 1993. *From memory to written record: England 1066–1307*, Blackwell
Clancy, T. O. 2002. 'Scottish saints and national identities in the early middle ages', in Alan Thacker & Richard Sharpe, eds, *Local saints and local churches in the early medieval west*, OUP
Clark, Anna 1995. *The struggle for the breeches: gender and the making of the British working class*, University of California Press
Clark, J. C. D. 1985/2000a. *English society, 1660–1832: religion, ideology and politics during the ancien regime*, CUP
―――― 2000b. 'Protestantism, nationalism, and national identity, 1660–1832', *HJ*, 43
Clark, Linda, ed. 2004. 'Parchment and people: Parliament in the middle ages', *Parliamentary History*, 23:1 (特集号)
Clark, Peter 2000a. *British clubs and societies 1580–1800: the origins of an associational world*, OUP
――――, ed. 2000b. *The Cambridge urban history of Britain, vol. 2: 1540–1840*, CUP
―――― & Raymond Gillespie, eds 2001. *Two capitals: London and Dublin 1500–1840*, OUP
―――― & David Souden, eds 1987. *Migration and society in early modern England*, Hutchinson
Clark, Samuel & J. S. Donnelly (Jr), eds 1983. *Irish peasants: violence and political unrest 1780–1914*, MUP
Clarke, Aidan 1966. *The old English in Ireland, 1625–42*, MacGibbon & Kee
―――― 1999. *Prelude to Restoration Ireland: the end of the Commonwealth, 1659–1660*, CUP
Clarke, Howard B. 1985. 'Domesday satellites', in P. H. Sawyer, ed., *Domesday book*, Baltimore
Clarke, Peter 2003. *The Cripps version: the life of Sir Stafford Cripps 1889–1952*, Penguin
―――― 2004. *Hope and glory: Britain 1900–2000*, 2nd edn, Penguin〔『イギリス現代史 1900～2000』(西沢保ほか訳) 名古屋大学出版会, 2004〕
―――― & Clive Trebilcock, eds 1997. *Understanding decline: perceptions and realities of British economic performance*, CUP
Clarke, P. A. 1994. *The English nobility under Edward the confessor*, OUP
Clarkson, L. A. 1985. *Proto-industrialization: the first phase of industrialization?*, Macmillan〔『プロト工業化――工業化の第一局面？』(鈴木健夫訳) 早稲田大学出版部, 1993〕
Claydon, Tony 1991. 'The political thought of Charles Stuart Parnell', in D. George Boyce & Alan O'Day, eds, *Parnell in perspective*, Routledge

―――― 1996. *William III and the godly revolution*, CUP
―――― 2007. *Europe and the making of England 1660‒1760*, CUP
―――― & Ian McBride, eds 1998. *Protestantism and national identity: Britain and Ireland, c.1650‒c.1850*, CUP
Clegg, H. A. 1985. *A history of British trade unions, vol. 2: 1911‒33*, OUP
Cockett, Richard 1995. *Thinking the unthinkable: think-tanks and the economic counter-revolution 1931‒1983*, Fontana
Coffey, John 1997. *Politics, religion and the British revolutions: the mind of Samuel Rutherford*, CUP
―――― 2006. *John Goodwin and the puritan revolution: religion and intellectual change in seventeenth-century England*, Boydell
Cogswell, Thomas 1989. *The blessed revolution: English politics and the coming of war, 1621‒1624*, CUP
Cohen, Emmeline W. 1941. *The growth of the British civil service 1780‒1939*, George Allen & Unwin
Colley, Linda 1982. *In defiance of oligarchy: the Tory party, 1714‒60*, CUP
―――― 1992. *Britons: forging the nation, 1707‒1837*, Yale UP〔『イギリス国民の誕生』（川北稔訳）名古屋大学出版会，2000〕
Collini, Stefan 1979. *Liberalism and sociology: L. T. Hobhouse and political argument in England, 1880‒1914*, CUP
Collins, E. J. T., ed. 2000. *The agrarian history of England and Wales, vol. 7: 1850‒1914, parts 1 & 2*, CUP
Collinson, Patrick 1982. *The religion of protestants: the church in English society 1559‒1625*, OUP
―――― 1988. *The birthpangs of protestant England: religious and cultural change in the sixteenth and seventeenth centuries*, Palgrave Macmillan
――――, ed. 2002. *SOHBI: the sixteenth century 1485‒1603*, OUP
Colville, John 1985. *The fringes of power: Downing Street diaries, 1939‒51*, Hodder & Stoughton〔『ダウニング街日記――首相チャーチルのかたわらで』（都築忠七ほか訳）平凡社，1990‒91〕
Condon, M. M. 1979. 'Ruling elites in the reign of Henry VII', in Charles Ross, ed., *Patronage, pedigree, and power in later medieval England*, Alan Sutton
Connolly, S. J. 1992. *Religion, law and power: the making of protestant Ireland 1660‒1760*, OUP
―――― 2007. *Contested island: Ireland 1460‒1630*, OUP
―――― 2008. *Divided kingdom: Ireland 1630‒1800*, OUP
Contamine, Philippe 1994. 'The Norman 'nation' and the French 'nation' in the fourteenth and fifteenth centuries', in David Bates & Anne Curry, eds, *England and Normandy in the middle ages*, Hambledon
Conway, Stephen 2000. *The British Isles and the war of American independence*, OUP
Cook, Chris 1975. *The age of alignment: electoral politics in Britain, 1922‒1929*, Macmillan

———— 2002. *A short history of the Liberal Party 1900-2001*, Palgrave

Cookson, J. E. 1997. *The British armed nation, 1793-1815*, OUP

Cool, H. E. M. 2006. *Eating and drinking in Roman Britain*, CUP

Cooper of Culross (Lord), Thomas MacKay 1952. *The dark age of Scottish legal history, 1350-1650*, Jacson

Cordery, Simon 2003. *British friendly societies, 1750-1914*, Palgrave Macmillan

Corfield, Penelope J. 1982. *The impact of English towns, 1700-1800*, OUP〔『イギリス都市の衝撃』（坂巻清・松塚俊三訳）三嶺書房, 1989〕

———— 1997.「ロンドン／都市史／新しい歴史学」（インタヴュー聞き手：近藤和彦）『思想』873

———— 2007. *Time and the shape of history*, Yale UP

Corrigan, Philip & Derek Sayer 1985. *The great arch: English state formation as cultural revolution*, Blackwell

Corry, Bernard, ed. 1996. *Unemployment and the economists*, Edward Elgar

Cosgrove, Art, ed. 1998. *Dublin through ages*, College Press

Coss, P. R. 1991. *Lordship, knighthood and locality: a study in English society c.1180-c.1280*, CUP
———— 2003. *The origins of the English gentry*, CUP

Covington, Sarah 2003. *The trail of martyrdom: persecution and resistance in sixteenth-century England*, University of Notre Dame Press

Cowan, Brian 2005. *The social life of coffee: the emergence of the British coffeehouse*, Yale UP

Coward, Barry 2003. *The Stuart age: England 1603-1714*, 3rd edn, Longman

Cox, Jeffrey 2008. *The British missionary enterprise since 1700*, Routledge

Crafts, N. F. R. 1985. *British economic growth during the industrial revolution*, OUP

———— & C. K. Harley 1992. 'Output growth and the British industrial revolution: a restatement of the Crafts-Harley view', *EconHR*, 2nd ser., 45

Craig, John 2002. *Reformation, politics and polemics: the growth of protestantism in East Anglian market towns, 1500-1610*, Ashgate

Crawford, B. E. 1987. *Scandinavian Scotland*, Leicester UP

Crawford, Elizabeth 1999. *The women's suffrage movement: a reference guide 1866-1928*, UCL Press

Cressy, David 1989. *Bonfires and bells: national memory and the protestant calendar in Elizabethan and Stuart England*, University of California Press

———— 1997. *Birth, marriage and death: ritual, religion, and the life-cycle in Tudor and Stuart England*, OUP

———— 2006. *England on the edge: crisis and revolution 1640-1642*, OUP

Crick, Julia 2008. 'Edgar, Albion and Insular Dominion', in Donald G. Scragg, ed., *Edgar king of the English, 959-975: new interpretations*, Boydell & Brewer

Cronin, James 1991. *The politics of state expansion: war, state, and society in twentieth-century Britain*, Routledge

Cronin, Mike, et al., eds 2009. *The Gaelic athletic association, 1884–2009*, Irish Academic Press
Crossick, Geoffrey, ed. 1977. *The lower middle class in Britain, 1870–1914*, Croom Helm〔『イギリス下層中産階級の社会史』（島浩ほか訳）法律文化社，1990〕
Crouch, David 1992. *The image of aristocracy in Britain, 1000–1300*, Routledge
Cruickshanks, Eveline 1979. *Political untouchables: the Tories and the '45*, Holmes & Meier
─── 2007. *Glorious Revolution*, Palgrave Macmillan
─── & Jeremy Black 1988. *Jacobite challenge*, John Donald
─── & Edward Corp 1995. *The Jacobite court in exile and the Jacobites*, Hambledon
Cubitt, Catherine 2005. 'The clergy in Anglo-Saxon England', *HR*, 78
Cullen, Louis M. 1987a. *An economic history of Ireland since 1660*, 2nd edn, Batsford
─── 1987b. 'The 1798 rebellion in Wexford: United Irishman organisation, membership, leadership', in Kevin Whelan, ed., *Wexford: history and society*, Geography Publications
─── 2000. 'The politics of crisis and rebellion, 1792–1798', in Jim Smyth, ed., *Revolution, counter-revolution and union: Ireland in the 1790s*, CUP
─── 2010. 'The eighteenth-century Jacobite network', *Odysseus*（『東京大学大学院総合文化研究科紀要』），別冊 1
─── & T. C. Smout, eds 1977. *Comparative aspects of Scottish and Irish economic and social history, 1600–1900*, John Donald
Cunningham, Hugh & Johanna Innes, eds 1998. *Charity, philanthropy and reform: from the 1690s to 1850*, Macmillan
Curry, Anne 2003. *The hundred years' war, 1337–1453*, Palgrave Macmillan
Curtin, N. J. 1994. *The United Irishmen: popular politics in Ulster and Dublin 1791–1798*, OUP
Curtin, Philip D. 1969. *The Atlantic slave trade: a census*, University of Wisconsin Press
Cust, Richard 1987. *The forced loan and the English politics 1626–1628*, OUP
Darien-Smith, Kate, et al., eds 2007. *Britishness abroad: transnational movements and imperial cultures*, Melbourne UP
Dark, Ken 1994. *Civitas to kingdom*, Leicester UP
─── & Petra Dark 1997. *The landscape of Roman Britain*, Sutton
Darwin, John 1999. 'A third British empire? The dominion idea in imperial politics', in Judith M. Brown & W. Roger Louis, eds, *OHBE, vol. 4*, OUP
Daunton, Martin J. 1977. *Coal metropolis: Cardiff 1870–1914*, Leicester UP
─── 1995. *Progress and poverty: an economic and social history of Britain, 1700–1850*, OUP
───, ed. 1996. *Charity, self-interest and welfare in the English past*, UCL Press
───, ed. 2000. *The Cambridge urban history of Britain, vol. 3: 1840–1950*, CUP
─── 2001. *Trusting Leviathan: the politics and taxation in Britain 1799–1914*, CUP
─── 2002. *Just taxes: the politics of taxation in Britain, 1914–1979*, CUP
─── 2007. *Wealth and welfare: an economic and social history of Britain 1851–1951*, OUP
Davidoff, Leonore & Catherine Hall 2002. *Family fortunes: men and women of the English middle class 1780–1850*, rev. edn, Routledge

Davies, Adrian 2000. *The quakers in English society 1655–1725*, OUP

Davies, Hugh 2002. *Roads in Roman Britain*, Tempus

Davies, Matthew 2004. 'Lobbying parliament: the London companies in the fifteenth century', *Parliamentary History*, 23:1

Davies, Norman 1999. *The Isles: a history*, Macmillan〔『アイルズ──西の島の歴史』（別宮貞徳訳）共同通信社，2006〕

Davies, Russell 2005. *Hope and heartbreak: a social history of Wales, 1776–1871*, University of Wales Press

Davies, R. G. (Richard G.) & J. H. Denton, eds 1981. *The English parliament in the middle ages: a tribute to J. S. Roskell*, MUP

Davies, R. R. (Rees R.) 1987. *Conquest, coexistence, and change*, OUP

—— 1990. *Domination and conquest: the experience of Ireland, Scotland and Wales 1100–1300*, CUP

—— 1994–97. 'The peoples of Britain and Ireland, 1100–1400 (1–4)', *TRHS*, 6th ser., 4–7

—— 2000. *The age of conquest: Wales 1063–1415*, OUP

—— 2002. *The first English empire*, OUP

——, et al., eds 1984. *Welsh society and nationhood*, University of Wales Press

Davies, Wendy 1982. *Wales in the early middle ages*, Leicester UP

Davis, Ralph 1967. *A commercial revolution: English overseas trade in the seventeenth and eighteenth centuries*, Historical Association

Davis, R. H. C. 1976. *The Normans and their myth*, Thames & Hudson〔『ノルマン人──その文明学的考察』（柴田忠作訳）刀水書房，1981〕

Davison, Lee, et al., eds 1992. *Stilling the grumbling hive: the response to social and economic problems in England, 1689–1750*, Sutton

Dawson, J. E. A. 2002. *The politics of religion in the age of Mary, queen of Scots: the earl of Argyll and the struggle for Britain and Ireland*, CUP

—— 2007. *Scotland re-formed, 1488–1587*, Edinburgh UP

De Krey, G. S. 2007. *Restoration and revolution in Britain: a political history of the era of Charles II and the Glorious Revolution*, Palgrave Macmillan

de Vries, Jan 1984. *European urbanization, 1500–1800*, Methuen

Dean, David 1996. *Law-making and society in late Elizabethan England: the parliament of England, 1584–1601*, CUP

Deane, Phyllis 1989. *The state and the economic system*, OUP〔『経済認識の歩み──国家と経済システム』（中矢俊博ほか訳）名古屋大学出版会，1995〕

—— & W. A. Cole 1962. *British economic growth, 1688–1959: trends and structure*, CUP

Dellheim, Charles 1982. *The face of the past: the preservation of the medieval inheritance in Victorian England*, CUP

Denham, Andrew & Mark Garnett 2001. *Keith Joseph*, Acumen

Denton, Jeffrey H. & John P. Dooley 1987. *Representatives of the lower clergy in parliament 1295–*

1340, Boydell

Denver, David 2007. *Elections and voters in Britain*, Palgrave

Devine, T. M. 1975. *The tobacco lords: a study of the tobacco merchants of Glasgow and their trading activities, c.1740–90*, John Donald

―――, ed. 1991. *Irish immigrants and Scottish society in the nineteenth and twentieth centuries*, John Donald

――― 1999. *The Scottish nation, 1700–2000*, Allen Lane

――― 2003. *Scotland's empire: 1600–1815*, Allen Lane

――― 2006. *Clearance and improvement: land, power and people in Scotland, 1700–1900*, John Donald

――― & R. J. Finlay, eds 1996. *Scotland in the twentieth century*, Edinburgh UP

――― & Rosalind Mitchison, eds 1988. *People and society in Scotland, vol. 1: 1760–1830*, John Donald

――― & J. R. Young, eds 1999. *Eighteenth-century Scotland: new perspectives*, Tuckwell

―――, et al., eds 2005. *The transformation of Scotland: the economy since 1700*, Edinburgh UP

Dickinson, Harry T. 1977. *Liberty and property: political ideology in eighteenth-century Britain*, Weidenfeld & Nicolson〔『自由と所有――英国の自由な国制はいかにして創出されたか』(中澤信彦ほか訳) ナカニシヤ出版, 2006〕

――― 1995. *The politics of the people in eighteenth-century Britain*, Macmillan

――― & Michael Lynch, eds 2000. *The challenge to Westminster: sovereignty, devolution and independence*, Tuckwell

Dickson, David 2000. *New foundations: Ireland, 1660–1800*, 2nd edn, Irish Academic Press

――― 2004. 'Jacobitism in eighteenth-century Ireland: a Munster perspective', *Éire-Ireland*, 39

―――, et al., eds 1993. *The United Irishmen: republicanism, radicalism and rebellion*, Lilliput

Dickson, P. G. M. 1967. *The financial revolution in England: a study in the development of public credit, 1688–1756*, Macmillan

Dickson, Tony & James H. Treble, eds 1992. *People and society in Scotland, vol. 3: 1914–1990*, John Donald

Digby, Anne & Charles Feinstein, eds 1989. *New directions in economic and social history*, Palgrave Macmillan〔『社会史と経済史――英国史の軌跡と新方位』(松村高夫ほか訳) 北海道大学出版会, 2007〕

Ditchfield, G. M. 1998. *The evangelical revival*, UCL Press

―――, et al., eds 1995. *British parliamentary lists, 1660–1800*: a register, Hambledon

Dobson, Mary J. 1997. *Contours of death and disease in early modern England*, CUP

Dockrill, Saki 2002. *Britain's retreat from east of Suez: the choice between Europe and the world?*, Palgrave Macmillan

Dodd, Gwilym 2007. *Justice and grace: private petitioning and the English parliament in the late middle ages*, OUP

Doherty, Gabriel & Dermot Keogh, eds 2003. *De Valera's Irelands*, Mercier

Dolley, R. H. M. 1958. *Some reflections on hildebrand type a of Æthelræd II*, Antikvitetsakademien Stockholm

Donaldson, Gordon 1965. *James V to James VII: the Edinburgh history of Scotland, vol. 3*, Oliver & Boyd〔『スコットランド絶対王政の展開——十六・七世紀スコットランド政治社会史』（飯島啓二訳）未来社，1972〕

Donnelly (Jr), James S. 2001. *The great Irish potato famine*, Sutton

―――― & Kerby A. Miller, eds 1998. *Irish popular culture 1650–1850*, Irish Academic Press

Donoughue, Bernard 1987. *Prime minister: the conduct of policy under Wilson and Callaghan*, Cape

Doorley, Michael 2005. *Irish-American Diaspora nationalism: the Friends of Irish Freedom, 1916–1935*, Four Courts Press

Doran, Susan 1998. *England and Europe in the sixteenth century*, Palgrave Macmillan

―――― & Thomas Freeman, eds 2003. *The myth of Elizabeth*, Palgrave Macmillan

―――― & Glenn Richardson, eds 2005. *Tudor England and its neighbours*, Palgrave Macmillan

Dow, F. D. 1979. *Cromwellian Scotland, 1651–1660*, John Donald

Dozier, Robert R. 1983. *For king, constitution, and country: the English loyalists and the French Revolution*, University Press of Kentucky

Drummond, Ian M. 1974. *Imperial economic policy, 1917–1939: studies in expansion and protection*, Allen & Unwin

Du Boulay, F. R. H. 1966. *The lordship of Canterbury*, Nelson

Duffy, Eamon 1977. 'Primitive Christianity revived: religious renewal in Augustan England', *Studies in Church History*, 14

―――― 1992. *The stripping of the altars: traditional religion in England 1400–1580*, Yale UP

―――― 2001. *The voices of Morebath: reformation and rebellion in an English village*, Yale UP

Duffy, Sean 1987. *Ireland in the middle ages*, Macmillan

Dumett, Raymond E., ed. 1999. *Gentlemanly capitalism and British imperialism: the new debate on empire*, Longman

Dumville, D. N. 1977. 'Sub-Roman Britain', *History*, 62

―――― 1985. 'Late seventh- or eighth-century evidence for the British transmission of Pelagius', *Cambridge Medieval Celtic Studies*, 10

Dunbabin, J. P. D. 1977. 'British local government reform: the nineteenth century and after', *EHR*, 92

Dunlop, D. M. 1957. 'The British Isles according to medieval Arabic authors', *Islamic Quarterly*, 4

Durston, Christopher 2001. *Cromwell's major-generals: godly government during the English Revolution*, MUP

Dyer, Alan 1991. *Decline and growth in English towns 1400–1640*, Macmillan〔『イギリス都市の盛衰——1400〜1640年』（酒田利夫訳）早稲田大学出版部，1998〕

Dyer, Christopher 1989. *Standards of living in the later middle ages*, CUP

―――― 2002. *Making a living in the middle ages: the people of Britain 850–1520*, Yale UP

Dyos, H. J., ed. 1968. *The study of urban history*, Edward Arnold

Eastwood, David 1997. *Government and community in the English provinces, 1700–1870*, Macmillan

——— 1998. 'Parliament and locality: representation and responsibility in late-Hanoverian England', *Parliamentary History*, 17:1

Elliott, J. H. & H. G. Koenigsberger, eds 1970. *The diversity of history: essays in honour of Sir Herbert Butterfield*, Routledge & Kegan Paul

Elliott, Marianne 1982. *Partners in revolution: the United Irishmen and France*, Yale UP

——— 2000. *The catholics of Ulster: a history*, Allen Lane

Ellis, Joyce M. 2001. *The Georgian town, 1680–1840*, Palgrave〔『長い18世紀のイギリス都市 1680～1840』(松塚俊三ほか訳) 法政大学出版局, 2008〕

Ellis, Steven G. 1986–87. 'Nationalist historiography and the English and Gaelic worlds in the late middle ages', *IHS*, 25

——— 1995. *Tudor frontiers and the noble power: the making of the British state*, OUP

——— 1998. *Ireland in the age of the Tudors 1447–1603: English expansion and the end of Gaelic rule*, Longman

Elton, Geoffrey R. 1953. *Tudor revolution in government: administrative change in the reign of Henry*, CUP

——— 1986. *The parliament of England 1559–1581*, CUP

Emsley, Clive 1979. *British society and the French wars, 1793–1815*, Macmillan

——— 1996. *Crime and society in England 1750–1900*, 2nd edn, Longman

Englander, David 1998. *Poverty and poor law reform in Britain: from Chadwick to Booth, 1834–1914*, Longman

——— & Rosemary O'Day, eds 1995. *Retrieved riches: social investigation in Britain 1840–1914*, Scolar Press

English, Richard & Michael Kenny, eds 2000. *Rethinking British decline*, Palgrave Macmillan〔『経済衰退の歴史学——イギリス衰退論争の諸相』(川北稔訳) ミネルヴァ書房, 2008〕

Erickson, Charlotte 1994. *Leaving England: essays on British emigration in the nineteenth century*, Cornell UP

Estabrook, Carl B. 1998. *Urbane and rustic England: cultural ties and social spheres in the provinces, 1660–1780*, MUP

Etchingham, Colmán 1999. *Church organisation in Ireland, A.D. 650 to 1000*, Laigin

Evans, Eric J. 2000. *Parliamentary reform in Britain, c.1770–1918*, Longman

——— 2001. *The forging of the modern state: early industrial Britain 1783–1870*, 3rd edn, Palgrave

Everitt, Alan 1967. 'The merketing of agricultural produce', in Joan Thirsk, ed., *The agrarian history of England and Wales, vol. 4: 1500–1640*, CUP

——— 1985. *Landscape and community in England*, Hambledon

Ewan, Elizabeth & Maureen M. Meikle, eds 1999. *Women in Scotland c.1100–c.1750*, Tuckwell

Faith, Rosamond 1997. *The English peasantry and the growth of lordship*, Leicester UP

Farnie, Douglas 1979. *The English cotton industry and the world market, 1815–1896*, OUP

Farrell, Brian, ed. 1973. *The Irish parliamentary tradition*, Gill & Macmillan

Feinstein, C. H. 1998. 'Pessimism perpetuated: real wages and the standard of living in Britain during and after the industrial revolution', *Journal of Economic History*, 58

Ferguson, William 1968. *Scotland: 1689 to the present: the Edinburgh history of Scotland, vol. 4*, Oliver & Boyd〔『近代スコットランドの成立──十八〜二十世紀スコットランド政治社会史』（飯島啓二訳）未来社，1987〕

────── 1977. *Scotland's relations with England: a survey to 1707*, John Donald

Fieldhouse, David K. 1984. 'Can Humpty-Dumpty be put together again?: *imperial* history in the 1980s', *Journal of Imperial and Commonwealth History*, 12

Fielding, Steven, et al. 1995. *'England arise!': the Labour Party and popular politics in 1940s Britain*, MUP

Fincham, Kenneth & Peter Lake, eds 2006. *Religious politics in post-Reformation England*, Boydell

Finlay, R. J. 2004. *Modern Scotland: 1914–2000*, Profile Books

Finn, Margot C. 2003. *The character of credit: personal debt in English culture, 1740–1914*, CUP

Fitzgerald, Patrick & Brian Lambkin, eds 2008. *Migration in Irish history 1607–2007*, Palgrave Macmillan

Fitzpatrick, David 1998. *The two Irelands: 1912–1939*, OUP

Flanagan, Marie-Therese 1989. *Irish society, Anglo-Norman settlers, Angevin kingship*, OUP

────── 2008.「聖人と学者，それとも遅れた野蛮人」（田中美穂訳）『関西大学西洋史論叢』11

Fleming, Robin 1987. 'Domesday book and the tenurial revolution', *ANS*, 9

────── 1991. *Kings and Lords in conquest England*, CUP

Fletcher, Anthony 1986. *Reform in the provinces: the government of Stuart England*, Yale UP

────── 1995. *Gender, sex and subordination in England 1500–1800*, Yale UP

Floud, Roderick & Paul Johnson, eds 2004a. *The Cambridge economic history of modern Britain, vol. 1: industrialisation, 1700–1860*, CUP

──────, & Paul Johnson, eds 2004b. *The Cambridge economic history of modern Britain, vol. 2: economic maturity, 1860–1939*, CUP

──────, & Paul Johnson, eds 2004c. *The Cambridge economic history of modern Britain, vol. 3: structural change and growth, 1939–2000*, CUP

──────, et al. 1990. *Height, health and history: nutritional status in the United Kingdom, 1750–1980*, CUP

Flynn, Dennis 2010.『グローバル化と銀』（秋田茂・西村雄志編訳）山川出版社

Forte, Angelo, et al. 2005. *Viking empires*, CUP

Foster, R. F. 1989. *Modern Ireland 1600–1972*, Penguin

Foster, S. M. 1996. *Picts, Gael, and Scots*, Batsford

Frame, Robin 1990. *The political developement of the British Isles 1100–1400*, OUP

Fraser, Derek & Anthony Sutcliffe 1983. *The pursuit of urban history*, Edward Arnold

Fraser, W. H. & R. J. Morris, eds 1990. *People and society in Scotland, vol. 2: 1830–1914*, John Donald

Freeden, Michael 1978. *The new liberalism: an ideology of social reform*, OUP

French, Katherine L. 1997. *The parish in English life, 1400–1640*, MUP

——— 2000. *The people of the parish: community life in a late medieval English diocese*, University of Pennsylvania Press

Fry, Michael 1992. *The Dundas despotism*, Edinburgh UP

藤本太美子 2000.「11〜13世紀ノルマンディとイングランドにおける burgagium」『史学雑誌』109-8

福澤諭吉 1901.『福翁自伝』岩波書店

Furner, Mary & Barry Supple, eds 1990. *The state and economic knowledge*, CUP

古田和子 2000.『上海ネットワークと近代東アジア』東京大学出版会

Galbraith, V. H. 1961. *The making of Domesday book*, OUP

——— 1974. *Domesday book*, OUP

Gallagher, John (Anil Seal, ed.) 1982. *The decline, revival and fall of the British empire: the Ford lectures and other essay*, CUP

——— & Ronald Robinson 1953. 'The imperialism of free trade', *EconHR*, 2nd ser., 6〔「自由貿易帝国主義」G・ネーデル，P・カーティス編，川上肇ほか訳『帝国主義と植民地主義』御茶の水書房，1983〕

Galloway, Bruce R. 1986. *The union of England and Scotland 1603–1608*, John Donald

Gamble, Andrew 1981/1985. *Britain in decline*, Macmillan〔『イギリス衰退100年史』（都築忠七・小笠原欣幸訳）みすず書房，1987〕

——— 1988. *The free economy and the strong state: the politics of Thatcherism*, Macmillan〔『自由経済と強い国家――サッチャリズムの政治学』（小笠原欣幸訳）みすず書房，1990〕

Gardiner, John 2002. *The Victorians: an age in retrospect*, Hambledon & London

Garside, W. R. 1990. *British unemployment 1919–39*, CUP

Garvin, Tom 1987. *Nationalist revolutionaries in Ireland 1858–1928*, OUP

Geary, Frank 1995. 'The act of union, British-Irish trade and pre-famine deindustrialisation', *EconHR*, 2nd ser., 48

Geary, Laurence M. & Andrew McCarthy, eds 2008. *Ireland, Australia and New Zealand: history, politics and culture*, Irish Academic Press

Gee, Austin 2003. *The British volunteer movement, 1794–1814*, OUP

Gem, Richard 1987. 'Canterbury and the cushion capital: a commentary on passage from Goscelin's *De Miraculis Sancti Augustini*', in Neil Stratford, ed., *Romanesque and Gothic*, Boydell

Gentles, Ian 1992. *The new model army in England, Ireland and Scotland, 1645–1653*, Blackwell

Geoghegan, Patrick M. 1999. *The Irish act of union: a study in high politics, 1798–1801*, Gill & Macmillan

——— 2008. *King Dan: the rise of Daniel O'Connell 1775–1829*, Gill & Macmillan

George, Stephen 1994. *An awkward partner: Britain in the European community*, 2nd edn, OUP
Gibson, Jeremy & Colin Rogers 2008. *Poll books 1696–1872: a directory to holdings in Great Britain*, 4th edn, The Family History Partnership
Gibson, William 2001. *The Church of England 1688–1832: unity and accord*, Routledge
Gilbert, Bentley 1966. *The evolution of national insurance in Great Britain: the origins of the welfare state*, Michael Joseph
――― 1970. *British social policy 1914–1939*, Batsford
Gilchrist, Roberta 1995. *Contemplation and action*, Leicester UP
Gillingham, John 2000. *The English in the twelfth century*, Boydell
――― & R. A. Griffiths 1984. *Medieval Britain*, Very short introductions, OUP
Given-Wilson, Chris 1987. *The English nobility in the later middle ages*, Routledge & Kegan Paul
Gleadle, Kathryn 2001. *British women in the nineteenth century*, Palgrave
Goldie, Mark 2007. 'Roger Morrice and the puritan Whigs: the entring book of Roger Morrice 1677–1691', in Mark Goldie, ed., *The entring book of Roger Morrice , vol. 1: 1677–1691*, Boydell
――― & John Spurr 1994. 'Politics and the Restoration parish: Edward Fowler and the struggle for St Giles Cripplegate', *EHR*, 103
―――, et al., eds 1990. *The politics of religion in Restoration England*, Blackwell
Goldman, Lawrence 2002. *Science, reform, and politics in Victorian Britain: the Social Science Association 1857–1886*, CUP
Goodare, Julian 2000. 'Scotland's parliament in its British context, 1603–1707', in Harry T. Dickinson & Michael Lynch, eds, *The challenge to Westminster: sovereignty, devolution and independence*, Tuckwell
―――, ed. 2002. *The Scottish witch-hunt in context*, MUP
――― 2004. *The government of Scotland 1560–1625*, OUP
Goodsall, Robert 1956. 'Oyster fisheries on the north Kent coast', *Archaeologia Cantiana*, 80
Gordon, Eleanor & Esther Breitenbach, eds 1990. *The world is ill-divided: women's work in Scotland in the nineteenth and early twentieth centuries*, Edinburgh UP
Gordon, P. 1985–86. '"A county parliament": the first Northamptonshire county council', *Northamptonshire Past and Present*, 7
Gorsky, Martin 1999. *Patterns of philanthropy: charity and society in nineteenth-century Bristol*, Royal Historical Society
――― 2008. 'The British national health service 1948–2008: a review of the historiography', *Social History of Medicine*, 21
Gosden, P. H. J. H. 1973. *Self-help: voluntary associations in the nineteenth century*, Batsford
後藤春美 2005.『アヘンとイギリス帝国――国際規制の高まり 1906～43年』山川出版社
――― 2006.『上海をめぐる日英関係 1925～1932年――日英同盟後の協調と対抗』東京大学出版会
Gough, Hugh & David Dickson, eds 1990. *Ireland and the French Revolution*, Irish Academic Press
Gowland, David & Arthur Turner 2000. *Reluctant Europeans: Britain and European integration*

1945–1998, Longman

Graham, Richard 1969. 'Sepoys and imperialists: the techniques of British power in nineteenth-century Brazil', *Inter-American Economic Affairs*, 23

Graham-Campbell, James 2001. 'The dual economy of the Danelaw', *British Numismatic Journal*, 71

―――, et al., eds 2001. *Vikings and the Danelaw*, Oxbow

Grant, Alexander 1984. *Independence and nationhood: Scotland 1306–1469*, Edward Arnold

――― 1987. 'Crown and nobility in late medieval Britain', in Roger A. Mason, ed., *Scotland and England 1286–1815*, John Donald

――― & Keith J. Stringer, eds 1995. *Uniting the kingdom?: the making of British history*, Routledge

Graves, Michael A. R. 1981. *The House of Lords in the parliaments of Edward VI and Mary I*, CUP

Gray, Robert 1981. *The aristocracy of labour in nineteenth-century Britain, c. 1850–1900*, Macmillan

Green, E. H. H. 1995. *The crisis of conservatism: the politics, economics and ideology of the British Conservative Party, 1880–1914*, Routledge

Green, Judith 1986. *The government of England under Henry I*, CUP

――― 1990. *English sheriffs to 1154*, HMSO

Greengrass, Mark, et al., eds 2004. *Samuel Hartlib and universal reformation: studies in intellectual communication*, CUP

Greep, S. J., ed. 1993. *Roman towns*, York Council for British Archaeology

Gregory, Jeremy 2000. Restoration, *Reformation, and reform, 1660–1828: archbishops of Canterbury and their diocese*, OUP

―――, ed. 2005. 'John Wesley: tercentenary essays', *Bulletin of the John Rylands University Library of Manchester*, 85:2–3（特集号）

――― & Jeffrey S. Chamberlain 2003. *The national church in local perspective: the Church of England and the regions, 1660–1800*, Boydell

Grell, Ole Peter, et al., eds 1991. *From persecution to toleration: Glorious Revolution and religion in England*, OUP

Griffiths, Paul, et al., eds 1996. *The experience of authority in early modern England*, Macmillan

Griffiths, Ralph, ed. 2003. *SOHBI: the fourteenth and fifteenth centuries*, OUP

Gunn, Simon & R. J. Morris, eds 2001. *Identities in space: contested terrains in the western city since 1850*, Ashgate

Gunn, S. J. 1995. *Early Tudor government, 1485–1558*, Palgrave Macmillan

――― & P. G. Lindley, eds 1991. *Cardinal Wolsey: church, state, and art*, CUP

Guth, Delloyd J. & John W. McKenna, eds 1982. *Tudor rule and revolution: essays for G. R. Elton and his American friends*, CUP

Gwynn, Robin 1985/2000. *Huguenot heritage: the history and contribution of the Huguenots in Britain*, Routledge & Kegan Paul/Sussex Academic Press

―――― 2010. 'International Huguenot networks in the 1680s and 1690s', *Odysseus*（『東京大学大学院総合文化研究科紀要』），別冊 1

Habakkuk, John 1994. *Marriage, debt and the estates system: English landownership, 1650–1950*, OUP

Habermas, Jürgen 1962.〔『公共性の構造転換――市民社会の一カテゴリーについての探究』（細谷貞雄・山田正行訳）第 2 版，未来社，1994〕

Hadley, D. M. 2000. *The northern Danelaw*, Leicester UP

―――― 2006. *The Vikings in England*, MUP

Hagger, Mark 2007. 'A pipe roll for 25 Henry I', *EHR*, 122

Haigh, Christopher 1975. *Reformation and resistance in Tudor Lancashire*, CUP

―――― 1981. 'The continuity of catholicism in the English Reformation', *P&P*, 93

―――― 1982. 'The recent historiography of the English Reformation', *HJ*, 25

―――― 1987. *The English Reformation revised*, CUP

―――― 1993. *English Reformations: religion, politics, and society under the Tudors*, OUP

Hair, P. E. H. & R. Law 1998. 'The English in western Africa to 1700', in Nicholas Canny, ed., *OHBE, vol. 1*, OUP

Hall, Catherine, ed. 2000. *Cultures of empire: colonizers in Britain and the empire in the nineteenth and twentieth centuries: a reader*, MUP

Hall, Richard 2000. 'Voting communities in the West Riding of Yorkshire in the early eighteenth century', *Parliaments, Estates & Representation*, 20

Halstead, John P. 1983. *The second British empire: trade, philanthropy, and good government, 1820–1890*, Greenwood

浜忠雄 2003.『カリブからの問い――ハイチ革命と近代世界』岩波書店

浜井祐三子 2004.『イギリスにおけるマイノリティの表象――人種・多文化主義とメディア』三元社

Hamilton, Henry 1932. *The industrial revolution in Scotland*, Cass

Hamlin, Christopher 1998. *Public health and social justice in the age of Chadwick: Britain, 1800–1854*, CUP

Hancock, David 1995. *Citizens of the world: London merchants and the integration of the British Atlantic community, 1735–1785*, CUP

Hancock, William Keith 1937. *Survey of British Commonwealth affairs, vol. 1: problems of nationality, 1918–1936*, OUP

―――― 1940, 1942. *Survey of British Commonwealth affairs, vol. 2: problems of economic policy, 1918–1939, pts 1 & 2*, OUP

Hanham, H. J. 1978. *Elections and party management: politics in the time of Disraeli and Gladstone*, Harvester

Hannah, Leslie 1976/1983. *The rise of the corporate economy*, Methuen〔『大企業経済の興隆』（湯沢威・後藤伸訳）東洋経済新報社，1987〕

Hans, Nicholas 1951. *New trends in education in the eighteenth century*, Routledge & Kegan Paul

原聖 2007.『ケルトの水脈』講談社

Harden, D. B., ed. 1956. *Dark-age Britain*, Methuen

Harling, Philip 1996. *The waning of 'old corruption': the politics of economical reform in Britain, 1779–1846*, OUP

――― & Peter Mandler 1993. 'From "fiscal-military" state to laissez-faire state, 1760–1850', *JBS*, 32

Harlow, Vincent T. 1952, 1964. *The founding of the second British empire, 1763–93*, 2 vols, Longmans

Harnetty, Peter 1972. *Imperialism and free trade: Lancashire and India in the mid-nineteenth century*, University of British Colombia Press

Harris, Bernard 2004. *The origins of the British welfare state: social welfare in England and Wales, 1800–1945*, Palgrave Macmillan

Harris, Bob 2002. *Politics and the nation: Britain in the mid-eighteenth century*, OUP

Harris, Jose 1977/1997. *William Beveridge: a biography*, OUP〔『福祉国家の父ベヴァリッジ――その生涯と社会福祉政策』上（柏野健三訳）西日本法規出版, 2003〕

――― 1993/1994. *Private lives, public spirit: Britain 1870–1914*, OUP/Penguin

Harris, Tim 1993. *Politics under the later Stuarts: party conflict in a divided society 1660–1715*, Longman

――― 2005. *Restoration: Charles II and his kingdoms, 1660–1685*, Allen Lane

――― 2006. *Revolution: the great crisis of the British monarchy, 1685–1720*, Allen Lane

Harriss, G. L. 1994. 'The medieval parliament', *Parliamentary History*, 13:2

――― 2005. *Shaping the nation: England, 1360–1461*, OUP

Harrison, Brian 1971. *Drink and the Victorians: the temperance question in England, 1815–1872*, Faber & Faber

――― 1982. *Peaceable kingdom: stability and change in modern Britain*, OUP

Harrison, Royden 2000. *The life and times of Sidney and Beatrice Webb: 1858–1905, the formative years*, Palgrave Macmillan〔『ウエッブ夫妻の生涯と時代 1858〜1905年――生誕から共同事業の形成まで』（大前眞訳）ミネルヴァ書房, 2005〕

Hart, Jennifer 1992. *Proportional representation: critics of the British electoral system 1820–1945*, OUP

Harte, Negley 1986. *The University of London 1836–1986*, Athlone

――― & John North 2004. *The world of UCL, 1828–2004*, UCL

Hartley, B. R. & R. L. Fitts 1988. *The Brigantes*, Sutton

Hartley, T. E. 1992. *Elizabeth's parliaments: queen, Lords and Commons*, MUP

Hartwell, R. M., ed. 1967. *The causes of the industrial revolution in England*, Methuen

Harvey, Barbara 1995. *Living and dying in England 1100–1540: the Ford lectures*, OUP

――― 2001. *SOHBI: the twelfth and thirteenth centuries 1066–c.1280*, OUP

Harvey, P. D. A. 1973. 'The English inflation of 1180–1220', *P&P*, 61 [also in R. H. Hilton, *Peasants knights and heretics*, CUP, 1976]

―――― 1993a. 'Rectitudines singularum personarum and gerefa', *EHR*, 108

―――― 1993b. *Maps in Tudor England*, Public Record Office

Harvie, Christopher 1981. *'No gods and precious few heroes': Scotland 1914–1980*, Edward Arnold

Haskell, Thomas L. 1985. 'Capitalism and the origins of the humanitarian sensibility, parts 1 & 2', *AHR*, 90

Hassan, Gerry, ed. 2004. *The Scottish Labour Party: history, institutions and ideas*, Edinburgh UP

Hatcher, John 1977. *Plague, population and the English economy, 1348–1530*, Macmillan [reprinted in Michael Anderson, ed., *British population history: from the black death to the present day*, CUP, 1996]

服部正治・西沢保編 1999. 『イギリス100年の政治経済学』ミネルヴァ書房

Hay, Douglas & Nicholas Rogers 1997. *Eighteenth-century English society: shuttles and swords*, OUP

――――, et al. 1975. *Albion's fatal tree: crime and society in eighteenth-century England*, Allen Lane

Hay, William A. 2004. *The Whig revival, 1808–1830*, Palgrave

林田敏子 2002. 『イギリス近代警察の誕生――ヴィクトリア朝ボビーの社会史』昭和堂

Haydon, Colin 1993. *Anti-catholicism in eighteen-century England*, MUP

Hayton, David W. 2004. *Ruling Ireland, 1685–1742: politics, politicians and parties*, Boydell

――――, et al., eds 2002. *The Commons, 1690–1715*, 5 vols, CUP

Hazell, Robert, ed. 2000. *The state and the nations: the first year of devolution in the United Kingdom*, Imprint Academic

Heal, Felicity 1980. *Of prelates and princes: a study of the economic and social position of the Tudor episcopate*, CUP

―――― 2003. *Reformation in Britain and Ireland*, OUP

―――― & Clive Holmes 1994. *The gentry in England and Wales, 1500–1700*, Macmillan

Hechter, Michael 1975. *Internal colonialism: the Celtic fringe in British national development*, Routledge & Kegan Paul

Heclo, Hugh & Aaron Wildavsky 1981. *The private government of public money: community and policy inside British politics*, 2nd edn, Macmillan

Helmholz, R. H. 1987. *Canon law and the law of England*, Hambledon

Hempton, David 1996. *Religion and political culture in Britain and Ireland: from the Glorious Revolution to the decline of empire*, CUP

Hennessy, Peter 1989. *Whitehall*, Free Press

―――― & Anthony Seldon, eds 1987. *Ruling performance: British governments from Attlee to Thatcher*, Blackwell

Herbert, Máire 1999. 'Sea-divided Gaels?: *constructing* relationships between Irish and Scots c.800–1169', in B. Smith, ed., *Britain and Ireland 900–1300*, CUP

Herrup, Cynthia B. 1987. *The common peace: participation and the criminal law in seventeenth-century England*, CUP

Hibbard, Caroline 1983. *Charles I and the popish plot*, University of the North Carolina Press
Hicks, M. A. 1995. *Bastard feudalism*, Longman
Higham, Nicholas 1992. *Rome, Britain and the Anglo-Saxons*, Seaby
Hill, Brian 1996. *The early parties and politics in Britain, 1688-1832*, Macmillan
Hill, Christopher 1954. 'The norman's yoke', in John Saville, ed., *Democracy and the labour movement*, Lawrence & Wishart〔『ノルマンの軛』（紀藤信義訳）未來社，1960〕
——— 1972. *The world turned upside down: radical ideas during the English Revolution*, Maurice Temple Smith
Hill, David & Alexander R. Rumble, eds 1996. *The defence of Wessex*, MUP
Hill, Jacqueline 1997. *From patriots to unionists: Dublin civic politics and Irish protestant patriotism, 1660-1840*, OUP
Hilton, Boyd 1977. *Corn, cash, commerce: the economic policies of the Tory governments 1815-1830*, OUP
——— 1988. *The age of atonement: the influence of evangelicalism on social and economic thought, 1795-1865*, OUP
——— 2006. *A mad, bad, and dangerous people?: England, 1783-1846*, OUP
Hilton, R. H. 1966. *A medieval society*, Weidenfeld & Nicolson
———, ed. 1976. *Peasants, knights and heretics*, CUP
Hindle, Steve 2000. *The state and social change in early modern England, 1550-1640*, Palgrave
——— 2004. *On the parish: the micro-politics of poor relief in rural England c.1550-1750*, OUP
Hines, John 1984. *The Scandinavian character of Anglian England in the pre-Viking period*, B.A.R.
平田雅博 2000.『イギリス帝国と世界システム』晃洋書房
Hirst, Derek 1975. *The representative of the people?: voters and voting in England under the early Stuarts*, CUP
久木尚志 2006.『ウェールズ労働史研究——ペンリン争議における階級・共同体・エスニシティ』彩流社
Hitchcock, Tim 1997. *English sexualities, 1700-1800*, Macmillan
Hobsbawm, Eric 1968. *Industry and empire: an economic history of Britain since 1750*, Weidenfeld & Nicolson〔『産業と帝国』（浜林正夫ほか訳）未來社，1984〕
——— 1994. *Age of extremes: the short twentieth century, 1914-1991*, Michael Joseph〔『20世紀の歴史——極端な時代』（河合秀和訳）三省堂，1996〕
——— 2002. *Interesting times: a twentieth-century life*, Allen Lane〔『わが20世紀・面白い時代』（河合秀和訳）三省堂，2004〕
——— & Terrence Ranger, eds 1983. *The invention of tradition*, CUP〔『創られた伝統』（前川啓治・梶原景昭ほか訳）紀伊國屋書店，1992〕
Hobson, J. A. 1902. *Imperialism: a study*, George Allen & Unwin〔『帝国主義論』上・下（矢内原忠雄訳）岩波文庫，1951〕
Hogan, Daire & W. N. Osborough, eds 1991. *Brehons, serjeants and attorneys*, Irish Academic Press with the Irish Legal History Society

Holland, Robert 1999. 'The British empire and the great war, 1914-1918', in Judith M. Brown & W. Roger Louis, eds, *OHBE, vol. 4*, OUP

Hollis, Patricia 1987. *Ladies elect: women in English local government 1865-1914*, OUP

Holman, Katherine 2001. 'Defining the Danelaw', in James Graham-Campbell et al., eds, *Vikings and the Danelaw*, Oxbow

Holmes, Geoffrey 1967/1987. *British politics in the age of Anne*, Macmillan (rev. edn by Hambledon)

―― 1993. *The making of a great power: late Stuart and early Georgian Britain, 1660-1722*, Longman

―― & Daniel Szechi 1993. *The age of oligarchy: pre-industrial Britain, 1722-1783*, Longman

Holmes, George 1975. *The good parliament*, OUP

Holt, J. C. 1982-85. 'Feudal society and the family in early medieval England (1-4)', *TRHS*, 5th ser., 32-35

――, ed. 1987. *Domesday studies*, Boydell

―― 1993.『中世イギリスの法と社会――J=C=ホウルト歴史学論集』（城戸毅監訳）刀水書房

Hont, Istvan & Michael Ignatieff, eds 1983. *Wealth and virtue: the shaping of political economy in the Scottish enlightenment*, CUP〔『富と徳――スコットランド啓蒙における経済学の形成』（水田洋・杉山忠平監訳）未来社, 1990〕

Hooke, Della 1990. *Worcestershire Anglo-Saxon charter bounds*, Boydell

―― 1998. *The landscape of Anglo-Saxon England*, Leicester UP

Hopkins, A. G. 2002. 'The history of globalization—and the globalization of history?', in A. G. Hopkins, ed., *Globalization in world history*, Pimlico

Hopkinson, Michael 1988. *Green against green: the Irish civil war*, Gill & Macmillan

―― 2002. *The Irish war of independence*, Gill & Macmillan

Hoppen, K. Theodore 1996. 'Road to democracy: electioneering and corruption in nineteenth-century England and Ireland', *History*, 81

―― 1998. *The mid-Victorian generation 1846-1886*, OUP

Hoppit, Julian 1987. *Risk and failure in English business, 1700-1800*, CUP

――, ed. 1997. → A-4(310頁)を参照

―― 2000. *A land of liberty?: England, 1689-1727*, OUP

Horn, Pamela 2004. *The rise and fall of the Victorian servant*, new edn, Sutton〔『ヴィクトリアン・サーヴァント――階下の世界』（子安雅博訳）英宝社, 2005〕

Horrox, Rosemary & W. M. Ormrod 2006. *A social history of England*, CUP

Hoskins, W. G. 1959/1972. *Local history in England*, Longman

―― 1977. *The making of the English landscape*, reprint edn, Hodder & Stoughton

細谷雄一編 2009.『イギリスとヨーロッパ』勁草書房

Houston, R. A. 1985. *Scottish literacy and the Scottish identity: illiteracy and society in Scotland and northern England 1600-1800*, CUP

―――― & W. W. J. Knox, eds 2001. *The new Penguin history of Scotland: from the earliest times to the present day*, Allen Lane

Howard, Michael 1972. *The continental commitment: the dilemma of British defence policy in the era of the two world wars: the Ford lectures*, Temple Smith

Howell, David 1976. *British social democracy: a study in development and decay*, Croom Helm

Howson, Susan 1993. *British monetary policy, 1945–51*, OUP

―――― & Donald Winch 1977. *The economic advisory council*, CUP

Hudson, B. T. 1999. 'The changing ecomony of Irish Sea province', in Brendan Smith, ed., *Britain and Ireland 900–1300*, CUP

Hudson, Pat 1992. *The industrial revolution*, Arnold〔『産業革命』（大倉正雄訳）未来社, 1999〕

Hughes, Ann 1998. *The causes of the English civil war*, 2nd edn, Palgrave Macmillan

Hughes, Kathleen 1966. *The church in early Irish society*, Methuen

Humphreys, Robert 1995. *Sin, organized charity and the poor law in Victorian England*, Macmillan

Humphries, Jane 2004. 'Standard of living, quality of life', in Chris Williams, ed., *A companion to nineteenth-century Britain*, Blackwell

Hunt, Margaret R. 1996. *The middling sort: commerce, gender, and the family in England, 1680–1780*, University of California Press

Hunt, William 1983. *The puritan moment: the coming of revolution in an English county*, Harvard UP

Hunter, James 1976. *The making of the crofting community*, John Donald

Hunter, Michael 1981. *Science and society in Restoration England*, CUP〔『イギリス科学革命――王政復古期の科学と社会』（大野誠訳）南窓社, 1999〕

Hutchinson, Gillian 1994. *Medieval ships and shipping*, Leicester UP

Hutchinson, John 1987. *The dynamics of cultural nationalism*, Allen & Unwin

Hutchison, I. G. C. 1986. *A political history of Scotland 1832–1924: parties, elections and issues*, John Donald

―――― 2001. *Scottish politics in the twentieth century*, Palgrave

Hutton, Ronald 1985. *The Restoration: a political and religious history of England and Wales 1658–1667*, OUP

―――― 1994. *The rise and fall of merry England: ritual year, 1400–1700*, OUP

―――― 2000. *The British republic 1649–1660*, Palgrave Macmillan

―――― 2004. *Debates in Stuart history*, Palgrave Macmillan

飯島啓二 1976.『ノックスとスコットランド宗教改革』日本基督教団出版局

池本幸三 1987.『近代奴隷制社会の史的展開――チェサピーク湾ヴァージニア植民地を中心として』ミネルヴァ書房

井内太郎 2006.『16世紀イングランド行財政史研究』広島大学出版会

Inglis, K. S. 1963. *Churches and the working classes in Victorian England*, Routledge & Kegan Paul

Ingram, Martin 1987. *Church courts, sex and marriage in England, 1570–1640*, CUP

Inikori, Joseph E. 2002. *Africans and the industrial revolution in England: a study in international trade and economic development*, CUP

Innes, Joanna 2009. *Inferior politics: social problems and social policies in eighteenth-century Britain*, OUP

石井寛治 1984.『近代日本とイギリス資本──ジャーディン=マセソン商会を中心に』東京大学出版会

─── ・関口尚志編 1982.『世界市場と幕末開港』東京大学出版会

石井摩耶子 1998.『近代中国とイギリス資本──19世紀後半のジャーディン=マセソン商会を中心に』東京大学出版会

磯前順一, ハリー・D・ハルトゥーニアン編 2008.『マルクス主義という経験──1930〜40年代日本の歴史学』青木書店

Israel, Jonathan I., ed. 1991. *The Anglo-Dutch moment: essays on the Glorious Revolution and its world impact*, CUP

岩井淳 1995.『千年王国と夢みる革命──17世紀英米のピューリタン』講談社

岩井淳・指昭博編 2000.『イギリス史の新潮流──修正主義の近世史』彩流社

岩間俊彦 2008.『イギリス・ミドルクラスの世界──ハリファクス,1780〜1850』ミネルヴァ書房

Iwazumi, Kino 1996. 'The union of 1707 in Scottish historiography: ca.1800–1914', Unpublished M. Phil thesis, St Andrews University

Jackson, Alvin 1999. *Ireland, 1798–1998: politics and war*, Blackwell

─── 2003. *Home rule: an Irish history, 1800–2000*, Weidenfeld & Nicolson

Jackson, Clare 2003. *Restoration Scotland, 1660–1690: royalist politics, religion and ideas*, Boydell

Jacob, W. M. 2007. *The clerical profession in the long eighteenth century, 1680–1840*, OUP

James, Edward 2001. *Britain in the first millennium*, Hodder Arnold

James, Francis G. 1995. *Lords of the ascendancy: the Irish House of Lords and its members, 1600–1800*, Irish Academic Press

James, Mervyn 1986. *Society, politics and culture: studies in early modern England*, CUP

James, Simon 1999. *The Atlantic Celts*, University of Wisconsin Press

Jardine, Lisa 1996. *Worldly goods: a new history of the Renaissance*, Macmillan

Jenkins, Brian 1988. *Era of emancipation: British government of Ireland 1812–1830*, McGill-Queen's UP

─── 2006. *Irish nationalism and the British state: from repeal to revolutionary nationalism*, McGill-Queen's UP

Jenkins, Geraint H. 1993. *The foundation of modern Wales, 1642–1780*, 2nd edn, OUP

Jenkins, T. A. 1996. *Parliament, party and politics in Victorian Britain*, MUP

Jennings, Ivor 1969. *Parliament*, CUP

Johnson, Christopher 1991. *The economy under Mrs. Thatcher, 1979–1990*, Penguin

Johnson, Paul 1993. 'Class law in Victorian Britain', *P&P*, 141

Jolliffe, J. E. A. 1926. 'Northumbrian institutions', *EHR*, 41

Jones, Clyve, ed. 1989. *A pillar of the constitution: the House of Lords in British politics, 1640–1784*, Hambledon

Jones, David R. 1988. *The origins of civic universities: Manchester, Leeds and Liverpool*, Routledge

Jones, G. R. 1979. 'Multiple estates and early settlement', in P. H. Sawyer, ed., *English medieval settlement*, Edward Arnold

Jones, H. S. 2000. *Victorian political thought*, Macmillan

Jones, J. G. (J. Gwynfor) 1994. *Early modern Wales c.1525–1640*, Palgrave Macmillan

Jones, J. R. (James Rees) 1961. *The first Whigs: the politics of the exclusion crisis*, OUP

―――, ed. 1992. *Liberty secured?: Britain before and after 1688*, Stanford UP

Jones, Norman 1993. *The birth of the Elizabethan age: England in the 1560's*, Blackwell

Jones, R. F. J., ed. 1991. *Britain in the Roman period: recent trends*, Collis

Jordan, W. K. 1970. *Edward VI: the threshold of power: the dominance of the duke of Northumberland*, Allen & Unwin

Joyce, Patrick 1991. *Visions of the people: industrial England and the question of class, 1848–1914*, CUP

――― 2003. *The rule of freedom: liberalism and the modern city*, Verso

Jupp, Peter 2006. *The governing of Britain, 1688–1848: the executive, parliament and the people*, Routledge

樺山紘一ほか編 1997-2006. 『20世紀の歴史家たち』全5巻, 刀水書房

籠谷直人 2000. 『アジア国際通商秩序と近代日本』名古屋大学出版会

梶本元信 2000. 『南ウェールズ交通史研究』日本経済評論社

Kaldor, Nicholas 1966. *Causes of the slow rate of economic growth of the United Kingdom*, CUP

金澤周作 2008. 『チャリティとイギリス近代』京都大学学術出版会

Kantorowicz, E. H. 1957. *The king's two bodies*, Princeton UP〔『王の二つの身体』上・下（小松公訳）ちくま学芸文庫, 2003〕

樫原朗 1973, 1980. 『イギリス社会保障の史的研究』Ⅰ・Ⅱ, 法律文化社

加藤榮一 2000. 「初期日英関係の一側面」木畑洋一, イアン・ニッシュ, 細谷千博, 田中孝彦編『日英交流史 1600〜2000（1 政治・外交Ⅰ）』東京大学出版会

加藤陽子 2009. 『それでも, 日本人は「戦争」を選んだ』朝日出版社

加藤祐三 1985. 『黒船前後の世界』岩波書店

勝田俊輔 1998. 「「共同体の記憶」と「修正主義の歴史学」――新しいアイルランド史像の構築に向けて」『史学雑誌』107-9

――― 2000. 「（書評）松尾太郎著『アイルランド農村の変容』」『史学雑誌』109-7

――― 2002. 「名誉革命体制とアイルランド」近藤編『長い18世紀のイギリス』

――― 2003. 'The Rockite movement in County Cork in the early 1820s', *IHS*, 131

――― 2009. 『真夜中の立法者キャプテン・ロック』山川出版社

Kavanagh, Dennis 1987. *Thatcherism and British politics: the end of consensus?*, OUP

川北稔 1983.『工業化の歴史的前提——帝国とジェントルマン』岩波書店
—— 1990.『民衆の大英帝国——近世イギリス社会とアメリカ移民』岩波書店
—— 1997.「環大西洋革命の時代」『岩波講座世界歴史 17 環大西洋革命——18世紀後半〜1830年代』岩波書店
—— 1998.「生活文化の「イギリス化」と「大英帝国」の成立——18世紀におけるイギリス帝国の変容」木畑洋一編『大英帝国と帝国意識——支配の深層を探る』ミネルヴァ書房
川本静子・松村昌家編 2006.『ヴィクトリア女王——ジェンダー・王権・表象』ミネルヴァ書房
川崎寿彦 1978.『鏡のマニエリスム——ルネッサンス想像力の側面』研究社出版
Keefe, Thomas K. 1983. *Feudal assessment and the political community under Henry II and his sons*, University of California Press
Keegan, William 1984. *Mrs Thatcher's economic experiment*, Penguin
Keen, Laurence 1989. 'Coastal salt production in Norman England', *ANS*, 14
Keene, Derek, et al., eds 2004. *St Paul's: the cathedral church of London 604–2004*, Yale UP
Keller, Ulrich 2001. *The ultimate spectacle: a visual history of the Crimean war*, Gordon & Breach
Kelly, James 2007. *Poynings' law and the making of law in Ireland 1660–1800: monitoring the constitution*, Four Courts Press
Kendle, John 1967. *The colonial and imperial conferences 1867–1911: a study of imperial organization*, Longmans
Kennedy, D. E. 2000. *The English Revolution*, Palgrave Macmillan
Kennedy, Thomas C. 2001. *British quakerism, 1860–1920: the transformation of a religious community*, OUP
Kenny, Kevin, ed. 2003. *New directions in Irish American history*, University of Wisconsin Press
——, ed. 2004. *Ireland and the British empire*, OUP
Kent, Joan R. 1986. *The English village constable 1580–1640*, OUP
Kenyon, J. P. 1972. *The popish plot*, Heinemann
—— 1975. *Revolution principles: the politics of party, 1689–1720: the Ford lectures*, CUP
—— 1993. *The history men*, 2nd edn, Weidenfeld & Nicolson〔『近代イギリスの歴史家たち』（今井宏・大久保桂子訳）ミネルヴァ書房, 1998〕
Keogh, Dáire & Kevin Whelan, eds 2001. *Acts of union: the causes, contexts, and consequences of the act of union*, Four Courts Press
Keynes, Simon 1980. *The diplomas of King Aethelred 'the unready'*, CUP
—— 1995. 'England c.700–c.900', in Rosamond McKitterick, ed., *The new Cambridge medieval history, vol. 2: c.700–c.900*, CUP
—— 2008. 'A conspectus of the charters of King Edgar, 957–975', in Donald G. Scragg, ed., *Edgar king of the English, 959–975: new interpretations*, Boydell & Brewer
—— & A. P. Smyth, eds 2006. *Anglo-Saxons*, Four Courts Press
木畑洋一 1987.『支配の代償——英帝国の崩壊と「帝国意識」』東京大学出版会

―――― 1991.「イギリス近代国家とスコットランド，ウェールズ」柴田三千雄ほか編『シリーズ世界史への問い 9　世界の構造化』岩波書店
―――― 1996.『帝国のたそがれ――冷戦下のイギリスとアジア』東京大学出版会
Kidd, Alan 1999. *State, society and the poor in nineteenth-century England*, Macmillan
Kidd, Colin 1993. *Subverting Scotland's past: Scottish Whig historians and the creation of an Anglo-British identity 1689–c.1830*, CUP
―――― 1999. *British identities before nationalism: ethnicity and nationhood in the Atlantic world, 1600–1800*, CUP
城戸毅 1970.「イギリスにおける代議制と議会制」『岩波講座世界歴史 11　中世 5』岩波書店
―――― 1980.『マグナ・カルタの世紀――中世イギリスの政治と国制 1199〜1307』東京大学出版会
―――― 1994.『中世イギリス財政史研究』東京大学出版会
―――― 2010.『百年戦争』刀水書房
君塚直隆 1998.『イギリス二大政党制への道――後継首相の決定と「長老政治家」』有斐閣
―――― 2006.『パクス・ブリタニカのイギリス外交――パーマストンと会議外交の時代』有斐閣
木村和男 2000.『イギリス帝国連邦運動と自治植民地』創文社
King, Edmund 2001. *Medieval England*, Illustrated edn, Tempus〔『中世のイギリス』（吉武憲司監訳）慶應義塾大学出版会，2006〕
King, Steven 2000. *Poverty and welfare in England, 1700–1850: a regional perspective*, MUP
Kinzer, Bruce L. 1982. *The ballot question in nineteenth-century English politics*, Garland
Kirk, James, ed. 1980. *The second book of discipline*, Saint Andrew Press
岸田紀 1977.『ジョン・ウェズリ研究』ミネルヴァ書房
Kishlansky, Mark A. 1986. *Parliamentary selection: social and political choice in early modern England*, CUP
Kissane, Bill 2005. *The politics of the Irish civil war*, OUP
北野かほる 1982.「イングランド初期議会における「請願」について」『法制史研究』32
Klein, Lawrence E. 2002. 'Politeness and the interpretation of the British eighteenth century', *HJ*, 45
Knight, Frances 1995. *The nineteenth-century church and English society*, CUP
Knights, Mark 2005. *Representation and misrepresentation in later Stuart Britain: partisanship and political culture*, OUP
Knox, W. W. 1999. *Industrial nation: work, culture and society in Scotland, 1800–present*, Edinburgh UP
小林昇 1976-89.『小林昇 経済学史著作集』全11巻，未来社
児玉昌己 2004.『欧州議会と欧州統合――EU における議会制民主主義の形成と展開』成文堂
古賀秀男 1994.『チャーティスト運動の構造』ミネルヴァ書房

小泉徹 1996.『宗教改革とその時代』山川出版社
近藤和彦 1976.「民衆運動・生活・意識」『思想』630
——— 1983.「ジョン・ライランヅと「プロテスタントの倫理と資本主義の精神」」『思想』714
——— 1991.「ネイミアの生涯と歴史学——デラシネのイギリス史」草光俊雄・近藤和彦・斉藤修・松村高夫責任編集『英国をみる——歴史と社会』リブロポート
——— 1993.『民のモラル——近世イギリスの文化と社会』山川出版社
——— 1998.『文明の表象 英国』山川出版社
——— 1999.「近世ヨーロッパ」『岩波講座世界歴史 16 主権国家と啓蒙』岩波書店
———編 2002.『長い18世紀のイギリス——その政治社会』山川出版社
——— 2004.「修正主義をこえて」史学会編『歴史学の最前線』東京大学出版会
——— 2007a.「チャリティとは慈善か——公益団体のイギリス史」『年報都市史研究』15
——— 2007b. 'The Church and politics in 'disaffected' Manchester, 1718-31' *HR*, 80
———編 2008.『歴史的ヨーロッパの政治社会』山川出版社
——— 2010.「聖俗の結合」吉田伸之・伊藤毅編『伝統都市 4』東京大学出版会
———・伊藤毅編 2007.『江戸とロンドン』(別冊都市史研究)山川出版社
小関隆 1993.『1848——チャーティズムとアイルランド・ナショナリズム』未来社
———編 2000.『世紀転換期イギリスの人びと——アソシエイションとシティズンシップ』人文書院
——— 2006.『プリムローズ・リーグの時代——世紀転換期イギリスの保守主義』岩波書店
———・勝田俊輔・高神信一・森ありさ 1999.「アイルランド近現代史におけるナショナリズムと共和主義の「伝統」」『歴史学研究』726

Kosminsky, E. A. 1956. *Studies in agrarian history of England in the thirteenth century*, R. Kisch, trans. & R. H. Hilton, ed., Blackwell

Krozewski, Gerold 2001. *Money and the end of empire: British international economic policy and the colonies, 1947-58*, Palgrave

Kuhn, William 2006. *The politics of pleasure: a portrait of Benjamin Disraeli*, Free Press

久米邦武編・田中彰校注 1978.『特命全権大使——米欧回覧実記(二)』岩波文庫

Kumin, Beat A. 1996. *The shaping of a community: rise and reformation of the English parish, c.1400-1560*, Scolar Press

Kunz, Diane B. 1991. *The economic diplomacy of the Suez crisis*, University of North Carolina Press

草光俊雄 1997.『明け方のホルン——西部戦線と英国詩人』小沢書店
——— 1998.「徳から作法へ——消費社会の成立と政治文化」『岩波講座世界歴史 22 産業と革新』岩波書店
———ほか編 1991.『英国をみる——歴史と社会』リブロポート

桑原莞爾 1999.『イギリス関税改革運動の史的分析』九州大学出版会

Laity, Paul 2001. *The British peace movement 1870-1914*, OUP

Lake, Peter 1982. *Moderate puritans and the Elizabethan church*, CUP

Lambert, Sheila 1971. *Bills and acts: legislative procedure in eighteenth-century England*, CUP

Landau, Norma 1984. *The justices of the peace, 1679–1760*, University of California Press

Lander, J. R. 1989. *English justices of the peace, 1461–1509*, Alan Sutton

Landes, D. S. 1969 *The unbound Prometheus: technological change and industrial development in western Europe from 1750 to the present*, CUP〔『西ヨーロッパ工業史――産業革命とその後 1750〜1968』(石坂昭雄・富岡庄一訳) みすず書房, 1980-82〕

Lane, Fintan & Andrew G. Newby, eds 2009. *Michael Davitt: new perspectives*, Irish Academic Press

Langford, Paul 1989. *A polite and commercial people: England 1727–1783*, New Oxford history of England, OUP

―――― 1991. *Public life and the propertied Englishman, 1689–1798*, OUP

――――, ed. 2002. *SOHBI: the eighteenth century 1688–1815*, OUP

Lapidge, Michael, ed. 1994. *Bede and his world*, Variorum

―――― & David Dumville 1984. *Gildas*, Boydell

Larner, Christina 1981. *Enemies of god: witch-hunt in Scotland*, Chatto & Windus

Laslett, Peter 1983. *The world we have lost further explored*, Routledge〔『われら失いし世界――近代イギリス社会史』(川北稔ほか訳) 三嶺書房, 1986〕

Laurence, Anne 1994. *Women in England 1500–1760: a social history*, Weidenfeld & Nicolson

Laybourn, Keith 1992. *A history of British trade unionism c.1770–1990*, Sutton

―――― 1997. *The rise of socialism in Britain c.1881–1951*, Sutton

Layton-Henry, Zig 1992. *The politics of immigration: immigration, 'race' and 'race' relations in post-war Britain*, OUP

Le Patourel, John 1976. *The Norman empire*, OUP

Lee, C. H. 1995. *Scotland and the United Kingdom: the economy and the union in the twentieth century*, MUP

Lee, J. J. 1989. *Ireland 1912–1985: politics and society*, CUP

Lee (Jr), Maurice 1980. *Government by pen: Scotland under James VI and I*, University of Illinois Press

―――― 1990. *Great Britain's Solomon: James VI and I in his three kingdoms*, University of Illinois Press

Leerssen, Joep 1996. *Remembrance and imagination: patterns in the historical and literary representation of Ireland in the nineteenth century*, Cork UP

Lehmberg, Stanford E. 1970. *The Reformation parliament 1529–1536*, CUP

Lenman, Bruce 1981. *Integration, enlightenment, and industrialization: Scotland 1746–1832*, Edward Arnold

―――― 1992. *The eclipse of parliament: appearance and reality in British politics since 1914*, Edward Arnold

Lennard, Reginald 1959. *Rural England*, OUP

Levack, Brian 1987. *The formation of the British state: England, Scotland, and the union 1603–1707*, OUP

Lewis, Jane 1984. *Women in England, 1870–1950: sexual divisions and social change*, Wheatsheaf Books

——— 1992. *Women in Britain since 1945: women, family, work and the state in the post-war years*, Blackwell

Little, Patrick & David L. Smith 2007. *Parliaments and politics during the Cromwellian protectorate*, CUP

Litvack, Leon & Colin Graham, eds 2006. *Ireland and Europe in the nineteenth century*, Four Courts Press

Lloyd-Jones, Hugh, et al., eds 1981. *History and imagination: essays in honour of H. R. Trevor-Roper*, Duckworth

Loach, Jennifer 1991. *Parliament under the Tudors*, OUP

Loades, David M. 1991. *The reign of Mary Tudor: politics, government, and religion in England, 1553–58*, 2nd edn, Longman

——— 1992. *The mid-Tudor crisis, 1545–65*, Palgrave Macmillan

Lockwood, David & John Goldthorpe 1968. *The affluent worker: political attitudes and behaviour*, CUP

Lossky, Andrew 1980. 'The general European crisis of the 1680s', *European History Review*, 10

Louis, W. Roger, ed. 1976. *Imperialism: the Robinson and Gallagher controversy*, New Viewpoints

——— 1977. *Imperialism at bay: the United States and the decolonization of the British empire, 1941–1945*, OUP

——— 2006. *Ends of British imperialism: the scramble for empire, Suez and decolonization*, Tauris

——— & Ronald Robinson 1994. 'The imperialism of decolonization', *Journal of Imperial and Commonwealth History*, 22

Lowe, Rodney 1993. *The welfare state in Britain since 1945*, Macmillan

Luscombe, David 2000.『十二世紀ルネサンス――修道士,学者,そしてヨーロッパ精神の形成』(鶴島博和・吉武憲司編) 慶応義塾大学出版会

Lynch, Michael 1981. *Edinburgh and the Reformation*, John Donald

Lyon, Eileen Groth 1999. *Politicians in the pulpit: Christian radicalism in Britain from the fall of the Bastille to the disintegration of chartism*, Ashgate

McAuliffe, Mary, et al., eds 2009. *Palgrave advances in Irish history*, Palgrave Macmillan

McBath, James 1970. 'Parliamentary reporting in the nineteenth century', *Speech Monographs*, 37

McBriar, A. M. 1987. *An Edwardian mixed doubles: the Bosanquets versus the Webbs: a study in British social policy, 1890–1929*, OUP

MacCaffrey, Wallace T. 1992. *Elizabeth I: war and politics 1588–1603*, Princeton UP

McCalman, Iain 1988. *Radical underworld: prophets, revolutionaries and pornographers in London, 1795–1840*, CUP

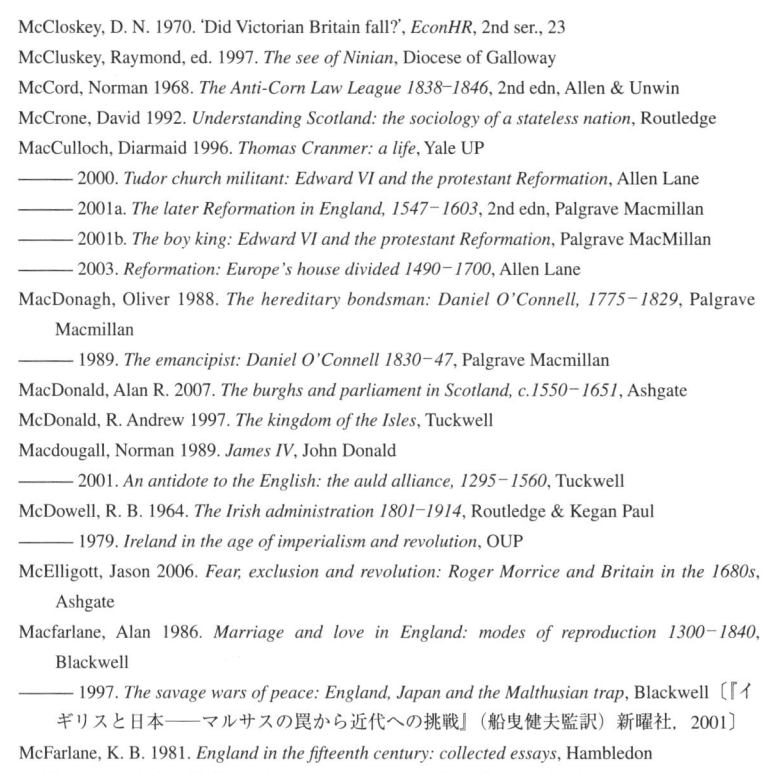

McCloskey, D. N. 1970. 'Did Victorian Britain fall?', *EconHR*, 2nd ser., 23
McCluskey, Raymond, ed. 1997. *The see of Ninian*, Diocese of Galloway
McCord, Norman 1968. *The Anti-Corn Law League 1838-1846*, 2nd edn, Allen & Unwin
McCrone, David 1992. *Understanding Scotland: the sociology of a stateless nation*, Routledge
MacCulloch, Diarmaid 1996. *Thomas Cranmer: a life*, Yale UP
―――― 2000. *Tudor church militant: Edward VI and the protestant Reformation*, Allen Lane
―――― 2001a. *The later Reformation in England, 1547-1603*, 2nd edn, Palgrave Macmillan
―――― 2001b. *The boy king: Edward VI and the protestant Reformation*, Palgrave MacMillan
―――― 2003. *Reformation: Europe's house divided 1490-1700*, Allen Lane
MacDonagh, Oliver 1988. *The hereditary bondsman: Daniel O'Connell, 1775-1829*, Palgrave Macmillan
―――― 1989. *The emancipist: Daniel O'Connell 1830-47*, Palgrave Macmillan
MacDonald, Alan R. 2007. *The burghs and parliament in Scotland, c.1550-1651*, Ashgate
McDonald, R. Andrew 1997. *The kingdom of the Isles*, Tuckwell
Macdougall, Norman 1989. *James IV*, John Donald
―――― 2001. *An antidote to the English: the auld alliance, 1295-1560*, Tuckwell
McDowell, R. B. 1964. *The Irish administration 1801-1914*, Routledge & Kegan Paul
―――― 1979. *Ireland in the age of imperialism and revolution*, OUP
McElligott, Jason 2006. *Fear, exclusion and revolution: Roger Morrice and Britain in the 1680s*, Ashgate
Macfarlane, Alan 1986. *Marriage and love in England: modes of reproduction 1300-1840*, Blackwell
―――― 1997. *The savage wars of peace: England, Japan and the Malthusian trap*, Blackwell〔『イギリスと日本――マルサスの罠から近代への挑戦』(船曳健夫監訳) 新曜社, 2001〕
McFarlane, K. B. 1981. *England in the fifteenth century: collected essays*, Hambledon
McGarry, Fearghal 2007. 'Twentieth-century Ireland revisited', *Journal of Contemporary History*, 42
―――― & James McConnel, eds 2009. *The black hand of republicanism: Fenianism in modern Ireland*, Irish Academic Press
McGiffen, Steven P. 2001. *The European Union: a critical guide, new and updated edition*, Pluto
McGrath, Charles Ivan 2000. *The making of the eighteenth-century Irish constitution: government, parliament and the revenue, 1692-1714*, Four Courts Press
McGregor, J. F. & Barry Reay, eds 1984. *Radical religion in the English Revolution*, OUP
Machin, Ian 2001. *The rise of democracy in Britain, 1830-1918*, Macmillan
McIlvanney, Liam & Ray Ryan 2005. *Ireland and Scotland: culture and society, 1700-2000*, Four Courts Press
Macinnes, Allan I. 1991. *Charles I and the making of covenanting movement 1625-1641*, John Donald
―――― 1996. *Clanship, commerce and the house of Stuart, 1603-1788*, Tuckwell

―――― 2007a. 'Jacobitism in Scotland: episodic cause or national movement?', *Scottish Historical Review*, 86

―――― 2007b. *Union and empire: the making of the United Kingdom in 1707*, CUP

―――― & Jane Ohlmeyer 2002. *The Stuart kingdoms in the seventeenth century: awkward neighbours*, Four Courts Press

MacIntosh, Gillian H. 2007. *The Scottish parliament under Charles II 1660-1685*, Edinburgh UP

McKendrick, Neil, ed. 1974. *Historical perspectives: studies in English thought and society in honour of J. H. Plumb*, Europa

―――― & R. B. Outhwaite, eds 1986. *Business life and public policy: essays in honour of D. C. Coleman*, CUP

――――, et al. 1982. *The birth of a consumer society: the commercialization of eighteenth-century England*, Europa

McKenna, J. W. 1979. 'The myth of parliamentary sovereignty in late-medieval England', *EHR*, 94

MacKenzie, John M. 1984. *Propaganda and empire: the manipulation of British public opinion 1880-1960*, MUP

――――, ed. 1986. *Imperialism and popular culture*, MUP

―――― 1995. *Orientalism: history, theory and the arts*, MUP〔『大英帝国のオリエンタリズム――歴史・理論・諸芸術』（平田雅博訳）ミネルヴァ書房，2001〕

MacKenzie, Norman & Jeanne MacKenzie 1977. *The first Fabians*, Weidenfeld & Nicolson〔『フェビアン協会物語』（土屋宏之ほか訳）ありえす書房，1984〕

McMahon, Deirdre 1999. 'Ireland and the empire-Commonwealth, 1900-1948', in Judith M. Brown & W. Roger Louis, eds, *OHBE, vol. 4*, OUP

McMahon, Timothy G. 2008. *Grand opportunity: the Gaelic revival and Irish society, 1893-1910*, Syracuse UP

Macnicol, John 1980. *The movement for family allowances, 1918-45: a study in social policy development*, Heinemann

MacQueen, H. L. 1993. *Common law and feudal society in medieval Scotland*, Edinburgh UP

―――― 1997. 'Linguistic communities in medieval Scots law', in Christopher Brooks & Michael Lobban, eds, *Communities and courts in Britain 1150-1900*, Hambledon

MacQueen, John, ed. 1990. *Humanism in Renaissance Scotland*, Edinburgh UP

MacRaild, Donald M. 2006. *The Irish in Britain 1800-1914*, Economic and Social History Society of Ireland

McWilliam, Rohan 1998. *Popular politics in nineteenth-century England*, Routledge〔『19世紀イギリスの民衆と政治文化――ホブズボーム・トムスン・修正主義をこえて』（松塚俊三訳）昭和堂，2004〕

前田英昭 1976.『イギリスの上院改革』木鐸社

Maher, Eamon, et al., eds 2007. *Reinventing Ireland through a French prism*, Peter Lang

Maitland, F. W. 1897/1987. *Domesday book and beyond*, CUP

―――― 1908. *The constitutional history of England*, CUP〔『イングランド憲法史』（小山貞夫

訳) 創文社, 1981〕

Makey, Walter 1979. *The church of the covenant, 1637-1651: Revolution and social change in Scotland*, John Donald

Malcolmson, Robert W. 1973. *Popular recreations in English society, 1700-1850*, CUP〔『英国社会の民衆娯楽』(川島昭夫ほか訳) 平凡社, 1993〕

——— 1981. *Life and labour in England, 1700-1780*, Hutchinson

Mancke, Elizabeth & Carole Shammas, eds 2005. *The creation of the British Atlantic world*, Johns Hopkins UP

Mandler, Peter 1990. *Aristocratic government in the age of reform: whigs and liberals, 1830-1852*, OUP

———, ed. 2006. *Liberty and authority in Victorian Britain*, OUP

Mann, A. J. 2000. *The Scottish book trade, 1500-1720: print commerce and print control in early modern Scotland*, Tuckwell

——— 2003. 'Inglorious revolution: administrative muddle and constitutional change in the Scottish parliament of William and Mary', *Parliamentary History*, 22:2

Marsden, Ben & Crosbie Smith 2005. *Engineering empires: cultural history of technology in nineteenth-century Britain*, Palgrave Macmillan

Marshall, John 2006. *John Locke, toleration and early enlightenment culture*, CUP

Marshall, Peter, ed. 1997. *The impact of the English Reformation 1500-1640*, Edward Arnold

——— 2003. *Reformation England 1480-1642*, Bloomsbury Academic

Marshall, P. J. 1965. *The impeachment of Warren Hastings*, OUP

——— 1976. *East Indian fortunes: the British in Bengal in the eighteenth century*, OUP

——— 1998a. 'The English in Asia to 1700', in Nicholas Canny, ed., *OHBE, vol. 1*, OUP

——— 1998b. 'Britain without America: a second empire?', in P. J. Marshall, ed., *OHBE, vol. 2*, OUP

———, ed. 1998c. *OHBE, vol. 2: the eighteenth century*, OUP

——— 2005/2007. *The making and unmaking of empires: Britain, India, and America c.1750-1783*, OUP

——— & Glyndwr Williams 1982. *The great map of mankind: British perceptions of the world in the age of enlightenment*, Dent〔『野蛮の博物誌——18世紀イギリスがみた世界』(大久保桂子訳) 平凡社, 1989〕

Martel, Gordon, ed. 1986. *The origins of the second world war reconsidered: A. J. P. Taylor debate after twenty five years*, Allen & Unwin

Marwick, Arthur 1991. *Culture in Britain since 1945*, Blackwell

Marx, Karl 1859. 『経済学批判序説』(邦訳各種)

Mason, Roger A. 1998a. *Kingship and commonweal: political thought in Renaissance and Reformation Scotland*, Tuckwell

———, ed. 1998b. *John Knox and the British Reformations*, Ashgate

Massarella, Derek 2000. 「1600年から1858年の英日関係」木畑洋一, イアン・ニッシュ, 細

谷千博，田中孝彦編『日英交流史 1600～2000（1 政治・外交Ⅰ）』東京大学出版会

Masschaele, James 1997. *Peasants, merchants, and markets: inland trade in medieval England*, St Martin's

益田実 2008.『戦後イギリス外交と対ヨーロッパ政策』ミネルヴァ書房

Mathias, Peter 1959. *The brewing industry in England, 1700-1830*, CUP

松田武・秋田茂編 2002.『ヘゲモニー国家と世界システム――20世紀をふりかえって』山川出版社

松井透 1991.『世界市場の形成』岩波書店

松本宣郎編 2009.『キリスト教の歴史 1――初期キリスト教～宗教改革』山川出版社

――――・高柳俊一編 2009.『キリスト教の歴史 2――宗教改革以降』山川出版社

松村昌家・長島伸一・川本静子・村岡健次編 1996.『英国文化の世紀』全5巻，研究社出版

松村高夫 2005.『イギリスの鉄道争議と裁判――タフ・ヴェイル判決の労働史』ミネルヴァ書房

松尾太郎 1998.『アイルランド農村の変容』論創社

松浦高嶺 1970.「18世紀のイギリス」『岩波講座世界歴史 17 近代 4』岩波書店

―――― 1973.「18世紀」青山吉信ほか編『イギリス史研究入門』山川出版社

―――― 2005.『イギリス近代史論集』山川出版社

松園伸 1994.『イギリス議会政治の形成――「最初の政党時代」を中心に』早稲田大学出版部

―――― 1999.『産業社会の発展と議会政治』早稲田大学出版部

松塚俊三 2001.『歴史のなかの教師――近代イギリスの国家と民衆文化』山川出版社

――――・八鍬友広編 2010.『識字と読書――リテラシーの比較社会史』昭和堂

Matthew, Colin 1997. *Gladstone 1809-1898*, OUP

――――, ed. 2000. *SOHBI: the nineteenth century 1815-1901*, OUP

Matthew, Donald 2005. *Britain and the continent 1000-1300*, Hodder Arnold

Maume, Patrick 1999. *The long gestation: Irish nationalist life 1891-1916*, Gill & Macmillan

Mayhew, N. J. 1987. 'Money and prices in England from Henry II to Edward III', *Agricultural History Review*, 35

Mendelson, Sara & Patricia Crawford 1998. *Women in early modern England*, OUP

Merritt, J. F., ed. 1996. *The political world of Thomas Wentworth, earl of Strafford, 1621-1641*, CUP

Metcalf, D. M. 2006. 'Monetary circulation in the Danelaw, 973-1083', in S. Keynes & A. P. Smyth, eds, *Anglo-Saxons*, Four Courts Press

Mews, Stuart, ed. 1982. *Religion and national identity*, Blackwell

道重一郎 1989.『イギリス流通経済史研究』日本経済評論社

Middlemas, Keith 1991. *Power, competition and the state, vol.3: 1974-91*, Macmillan

Middleton, Roger 1985. *Towards the managed economy: Keynes, the treasury, and the fiscal policy debate of the 1930s*, Methuen

Midgley, Clare 1992. *Women against slavery: the British campaigns, 1780–1870*, Routledge
見市雅俊 1994. 『コレラの世界史』晶文社
三木さやこ 2002. 「ベンガル塩商人の活動とイギリス東インド会社の塩独占体制（1788〜1836年）」『社会経済史学』68-2
Miles, David 1989. 'The Romano-British countryside', in Malcolm Todd, ed., *Research on Roman Britain, 1960–89*, Society for the Promotion of Roman Studies
Miller, Edward 1971. 'England in the twelfth and thirteenth centuries: an economic contrast', *EconHR*, 2nd ser., 24
―――― & John Hatcher 1978. *Medieval England: rural society and economic change 1086–1348*, Longman
―――― & John Hatcher 1995. *Medieval England: towns, commerce and crafts 1086–1348*, Longman
Miller, John 1973. *Popery and politics in England, 1660–1688*, CUP
―――― 1983. *The Glorious Revolution*, Longman
―――― 1995. 'Representatives and represented in England, 1660–89', *Parliaments, Estates & Representation*, 15
Miller, Rory 1993. *Britain and Latin America in the nineteenth and twentieth centuries*, Longman
Millett, Martin 1990. *The Romanization of Roman Britain*, CUP
Milsom, S. F. C. 1976. *The legal framework of English feudalism*, CUP
―――― 1981. *Historical foundations of the common law*, 2nd edn, Butterworths
Milton, Anthony 1995. *Catholic and reformed: the Roman and protestant churches in English protestant thought, 1600–1640*, CUP
南川高志 2003. 『海のかなたのローマ帝国――古代ローマとブリテン島』岩波書店
Mingay, G. E., ed. 1989. *The agrarian history of England and Wales, vol. 6: 1750–1850*, CUP
Mintz, Sidney W. 1985. *Sweetness and power: the place of sugar in modern history*, Vikings〔『甘さと権力――砂糖が語る近代史』（川北稔・和田光弘訳）平凡社，1988〕
Mitchell, L. G. 1993. 'Foxite politics and the great reform bill', *EHR*, 108
Mitchell, S. K. 1951. *Taxation in medieval England*, Yale UP
Mitchison, Rosalind 1983. *Lordship to patronage: Scotland 1603–1745*, Edward Arnold
――――, ed. 1991/1997. *Why Scottish history matters*, Saltire Society〔『スコットランド史――その意義と可能性』（富田理恵・家入葉子訳）未來社，1998〕
―――― 2000. *The old poor law in Scotland: the experience of poverty, 1574–1845*, Edinburgh UP
三好信浩 1983. 『明治のエンジニア教育――日本とイギリスのちがい』中公新書
水野祥子 2006. 『イギリス帝国からみる環境史――インド支配と森林保護』岩波書店
Mizuta, Hiroshi & Chuhei Sugiyama, eds 1993. *Adam Smith: international perspectives*, Macmillan
Moggridge, Donald 1972. *British monetary policy, 1924–1931: the Norman conquest of $4.86*, CUP
Mokyr, Joel 2009. *The enlightened economy: an economic history of Britain 1700–1850*, Yale UP
Molony, John H. 1995. *A soul came into Ireland: Thomas Davis 1814–1845: a biography*,

Geography Publications

桃木至朗編 2008.『海域アジア史研究入門』岩波書店

Monod, Paul Kleber 1989. *Jacobitism and the English people, 1688−1788*, CUP

Moore, R. J. 1966. *Sir Charles Wood's Indian policy 1858−66*, MUP

Morgan, Hiram 1993. *Tyrone's rebellion: the outbreak of the nine years war in Tudor Ireland*, Boydell

Morgan, Kenneth O. 1979. *Consensus and disunity: the Lloyd George coalition government, 1918−1922*, OUP

―――― 1981. *Rebirth of a nation: Wales 1880−1980*, OUP

―――― 1990. *The people's peace: British history, 1945−1989*, OUP

Morgan, Prys 2000. 'Wild Wales: civilizing the Welsh from the sixteenth to the nineteenth centuries', in Peter Burke et al., eds, *Civil histories*, OUP

森ありさ 1999.『アイルランド独立運動史――シン・フェイン, IRA, 農地紛争』論創社

森建資 1988.『雇用関係の生成――イギリス労働政策史序説』木鐸社

―――― 2003.『イギリス農業政策史』東京大学出版会

森本芳樹 2004.『比較史の道』創文社

森野聡子・森野和弥 2007.『ピクチャレスク・ウェールズの創造と変容――19世紀ウェールズの観光言説と詩に表象される民族的イメージの考察』青山社

森嶋通夫 1988.『サッチャー時代のイギリス』岩波書店

Morley, Vincent 2002. *Irish opinion and the American Revolution, 1760−1783*, CUP

Morrill, John S. 1976/1999. *Revolt of the provinces*, Longman〔2nd edn as *Revolt in the provinces: the people of England and the tragedies of war 1630−1648*〕

――――, ed. 1982. *Reactions to the English civil war 1642−1649*, Macmillan

――――, ed. 1990. *The Scottish national covenant in its British context 1638−51*, Edinburgh UP

――――, ed. 1992. *Revolution and Restoration: England in the 1650s*, Collins & Brown

―――― 1999. 'The war(s) of the three kingdoms', in Glenn Burgess, ed., *The new British history: founding a modern state 1603−1715*, Tauris

―――― 2004.「17世紀ブリテンの革命再考」(富田理恵訳),「ブリテンの複合君主制 1500年〜1700年」(後藤はる美訳)『思想』964号

――――, et al., eds 1993. *Public duty and private conscience in seventeenth-century England: essays presented to G. E. Aylmer*, OUP

Morris, R. J. 1983. 'Voluntary societies and British urban elites, 1780−1850: an analysis', *HJ*, 26

―――― 1990. *Class, sect and party: the making of the British middle class, Leeds 1820−1850*, MUP

―――― 2005. *Men, women and property in England, 1780−1870: a social and economic history of family strategies amongst the Leeds middle classes*, CUP

Morton, Graeme 1999. *Unionist nationalism: governing urban Scotland 1830−1860*, Tuckwell

本野英一 2004.『伝統中国商業秩序の崩壊――不平等条約体制と「英語を話す中国人」』名古屋大学出版会

毛利健三 1971.「ファシズム下における日本資本主義論争」『近代日本経済思想史 2』有斐閣
―――― 1978.『自由貿易帝国主義――イギリス産業資本の世界展開』東京大学出版会
―――― 1990.『イギリス福祉国家の研究――社会保障発達の諸画期』東京大学出版会
Mullan, D. G. 1986. *Episcopacy in Scotland: the history of an idea, 1560−1638*, John Donald
村岡健次 1980.『ヴィクトリア時代の政治と社会』ミネルヴァ書房
―――― 2002.『近代イギリスの社会と文化』ミネルヴァ書房
Murdoch, Alexander 1998. *British history 1660−1832: national identity and local culture*, Macmillan
Murdoch, Steve, ed. 2001. *Scotland and the thirty years' war, 1618−1648*, Brill
Murdoch, T. V. 1985. *The quiet conquest: Huguenots, 1685 to 1985*, Museum of London
Murray, K. M. E. 1935. *The constitutional history of the cinque ports*, MUP
武藤博己 1995.『イギリス道路行政史――教区道路からモーターウェイへ』東京大学出版会
Myers, A. R. 1975. *Parliaments and estates in Europe to 1789*, Thames & Hudson〔『中世ヨーロッパの身分制議会』(宮島直機訳) 刀水書房, 1996〕
永井一郎 1991.「ウェールズ統一王国形成の動き」「ノルマン侵入とウェールズ人の抵抗」「イングランド支配下のウェールズ」青山吉信編『世界歴史大系 イギリス史 1』山川出版社
Nairn, Tom 1977. *The break-up of Britain: crisis and neo-nationalism*, New Left Books
中野忠 1995.『イギリス近世都市の展開――社会経済史的研究』創文社
奈倉文二・横井勝彦編 2005.『日英兵器産業史――武器移転の経済史的研究』日本経済評論社
Namier, Lewis B. 1929. *The structure of politics at the accession of George III*, Macmillan
―――― 1930. *England in the age of the American Revolution*, Macmillan
―――― & John Brooke, eds 1964. *The Commons, 1754−1790*, 3 vols, HMSO
那須敬 2008.「言語論的転回と近世イングランド・ピューリタン史研究」『史学雑誌』117-7
Nead, Lynda 2000. *Victorian Babylon: people, streets and images in nineteenth-century London*, Yale UP
Neale, J. E. 1949. *The Elizabethan House of Commons*, Jonathan Cape
Neale, R. S. 1981. *Class in English history 1680−1850*, Blackwell
Neeson, J. M. 1993. *Commoners: common right, enclosure and social change in England, 1700−1820*, CUP
Newman, Gerald 1987. *The rise of English nationalism: a cultural history, 1740−1830*, Weidenfeld & Nicolson
Ni Chonaill, B. 2008.「革新, 論争と法学――『ハウェルの法 Cyfraith Hywel』と中世ウェールズ」(有光秀行訳)『関西大学西洋史論叢』11
Nightingale, Pamela 1985. 'The evolution of weight standards and creation of new monetary link in

northern Europe from the tenth century to the twelfth century', *EconHR*, 2nd ser., 38

二宮宏之 1986. 『全体を見る眼と歴史家たち』木鐸社

—— 2005. 「歴史の作法」二宮宏之編『歴史はいかにして書かれるか』岩波書店

Nish, Ian 1966. *The Anglo-Japanese alliance: the diplomacy of two island empires, 1894–1907*, Athlone

西川杉子 2002. 「プロテスタント・ネットワークのなかのイギリス」近藤編『長い18世紀のイギリス』

—— 2003. 『ヴァルド派の谷へ——近代ヨーロッパを生きぬいた異端者たち』山川出版社

—— 2005. 'The SPCK in defence of protestant minorities in early eighteenth-century Europe', *Journal of Ecclesiastical History*, 56

—— 2006a. 「フロンティアのプロテスタントたち——近世バルト海地方の宗派ネットワーク」大津留厚編『中央ヨーロッパの可能性——揺れ動くその歴史と社会』昭和堂

—— 2006b. 「イングランド国教会はカトリックである——17・18世紀のプロテスタント・インタナショナルと寛容問題」深沢克己・高山博編『信仰と他者——寛容と不寛容のヨーロッパ宗教社会史』東京大学出版会

西沢保 2007. 『マーシャルと歴史学派の経済思想』岩波書店

Notestein, Wallace 1924. 'The winning of the initiative by the House of Commons', *Proceedings of the British Academy*, 11

野沢協 1973. 「ピエール・ベール寛容論集解説」『ピエール・ベール著作集 2』法政大学出版局

野沢豊編 1981. 『中国の幣制改革と国際関係』東京大学出版会

O'Brien, Patrick K. 1988. 'The political economy of British taxation, 1660–1815', *EconHR*, 2nd ser., 41 〔『帝国主義と工業化 1415～1974——イギリスとヨーロッパからの視点』（秋田茂・玉木俊明訳）ミネルヴァ書房, 2000〕

—— 1998. 'Inseparable connections: trade, economy, fiscal state, and the expansion of empire, 1688–1815', in P. J. Marshall, ed., *OHBE, vol. 2*, OUP 〔『帝国主義と工業化』（秋田・玉木訳）〕

—— 2002. 「パクス・ブリタニカと国際秩序 1688～1914年」松田武・秋田茂編『ヘゲモニー国家と世界システム——20世紀をふりかえって』山川出版社

—— & A. Clesse, eds 2002. *Two hegemonies: Britain 1846–1914 and the United States 1941–2001*, Ashgate

—— & Philip A. Hunt 1999. 'England, 1485–1815', in Richard Bonney, ed., *The rise of the fiscal state in Europe, c.1200–1815*, OUP

—— & Roland Quinault, eds 1993. *The industrial revolution and British society*, CUP

越智武臣 1966. 『近代英国の起源』ミネルヴァ書房

Ó Ciardha, Éamonn 2001. *Ireland and the Jacobite cause, 1685–1766: a fatal attachment*, Four Courts Press

O'Connor, Thomas, ed. 2001. *The Irish in Europe 1580–1815*, Four Courts Press

―――― & Mary Ann Lyons 2006. *Irish communities in early modern Europe*, Four Courts Press
O Croinin, Dáibhí 1995. *Early medieval Ireland 400–1200*, Longman
O'Day, Alan 1998a. *Charles Stuart Parnell*, Dundalgan Press
―――― 1998b. *Irish home rule 1867–1921*, MUP
O'Day, Rosemary 1986. *The debate on the English Reformation*, Methuen
―――― & Felicity Heal, eds 1981. *Princes and paupers in the English Church 1500–1800*, Leicester UP
O'Dowd, Mary 2005. *A history of women in Ireland 1500–1800*, Person
O'Ferrall, Fergus 1985. *Catholic emancipation: Daniel O'Connell and the birth of Irish democracy 1820–1830*, Gill & MacMillan
Ogborn, Miles 1998. *Spaces of modernity: London's geographies, 1680–1780*, Guilford
Ogilvie, Sheilagh C. & Markus Cerman 1996. *European proto-industrialization*, CUP
O'Gorman, Frank 1975. *The rise of party: the Rockingham Whigs, 1760–82*, George Allen & Unwin
―――― 1989. *Voters, patrons, and parties: the unreformed electoral system of Hanoverian England, 1734–1832*, OUP
―――― 1997. *The long eighteenth century: British political and social history, 1688–1832*, Arnold
Ó Gráda, Cormac 1989. 'Poverty, population and agriculture, 1801–45', in W. E. Vaughan, ed., *A new history of Ireland, vol. 5: Ireland under the union, I 1801–70*, OUP
―――― 1999. *Black '47 and beyond: the great Irish famine in history, economy and memory*, Princeton UP
―――― 2006. *Ireland's great famine: interdisciplinary perspectives*, University College Dublin Press
Ohlmeyer, Jane H. 1993. *Civil war and Restoration in the three Stuart kingdoms: the career of Randal MacDonnell, marquis of Antrim, 1609–1683*, CUP
―――― 1998. '"Civilizinge of those rude partes": colonization within Britain and Ireland, 1580s-1640s', in Nicholas Canny, ed., *OHBE, vol. 1*, OUP
岡田章宏 2005.『近代イギリス地方自治制度の形成』桜井書店
岡本隆司 1999.『近代中国と海関』名古屋大学出版会
岡山勇一・戸澤健次 2001.『サッチャーの遺産――1990年代の英国に何が起こっていたのか』晃洋書房
Oliver, Dawn 2003. *Constitutional reform in the United Kingdom*, OUP
Olson, Alison G. 1992. 'Eighteenth-century colonial legislatures and their constituents', *Journal of American History*, 79
大野誠編 2009.『近代イギリスと公共圏』昭和堂
小野塚知二 2001.『クラフト的規制の起源――19世紀イギリス機械産業』有斐閣
Oppenheim, Janet 1985. *The other world: spiritualism and psychical research in England, 1850–1914*, CUP〔『英国心霊主義の擡頭――ヴィクトリア・エドワード朝時代の社会精神史』(和田芳久訳) 工作舎, 1992〕
Oresko, Robert, et al., eds 1997. *Royal and republican sovereignty in early modern Europe: essays*

in memory of Ragnhild Hatton, CUP

Ormrod, David 2003. *The rise of commercial empires*, CUP

Ormrod, W. M. 1995. *Political life in medieval England, 1300-1450*, Macmillan

大沢真理 1986.『イギリス社会政策史――救貧法と福祉国家』東京大学出版会

Ó Siochrú, Micheál 1999. *Confederate Ireland 1642-1649: a constitutional and political analysis*, Four Courts Press

Osterhammel, Juergen 1999. 'Britain and China, 1842-1914', in A. Porter, ed., *OHBE, vol. 3*, OUP

大塚久雄 1969-70, 1985-86.『大塚久雄著作集』全13巻, 岩波書店

Ó Tuathaigh, Gearóid, et al. 2009. *Limerick: history and society*, Geography Publications

Overton, Mark 1996. *Agricultural revolution in England: the transformation of the agrarian economy, 1500-1850*, CUP

Owen, David 1964. *English philanthropy 1660-1960*, Harvard UP

Owen, Geoffrey 2000. *From empire to Europe*, Harper Collins〔『帝国からヨーロッパへ』(和田一夫監訳) 名古屋大学出版会, 2004〕

Owen, J. B. 1974. *The eighteenth century, 1714-1815*, Nelson

Palliser, D. M. 1983. *The age of Elizabeth: England under the later Tudors 1547-1603*, Longman

―――, ed. 2000. *The Cambridge urban history of Britain, vol. 1: 600-1540*, CUP

Palmer, R. P. 1959, 1964. *The age of democratic revolution: a political history of Europe and America, 1760-1800*, 2 vols, Princeton UP

Panayi, Panikos 1994. *Immigration, ethnicity and racism in Britain, 1815-1914*, MUP

Parker, Geoffrey 2002. *Empire, war and faith in early modern Europe*, Allen Lane

――― & Lesley M. Smith, eds 1997. *The general crisis of the seventeenth century*, 2nd edn, Routledge

Parry, Jonathan P. & Stephen Taylor, eds 2000. 'Parliament and the church, 1529-1960', *Parliamentary History*, 19:1 (特集号)

Parssinen, T. M. 1973. 'Association, convention and anti-parliament in British radical politics, 1771-1848', *EHR*, 88

Paterson, Lindsay 2003. *Scottish education in the twentieth century*, Edinburgh UP

Patterson, Annabel 2008. *The Long Parliament of Charles II*, Yale UP

Patterson, W. B. 1997. *King James VI and I and the reunion of Christendom*, CUP

Peck, Linda Levy, ed. 1991. *The mental world of the Jacobian court*, CUP

――― 2005. *Consuming splendor: society and culture in seventeenth-century England*, CUP

Peden, George 1988. *Keynes, the treasury and British economic policy*, Macmillan〔『ケインズとイギリスの経済政策――政策形成に「ケインズ革命」はあったか?』(西沢保訳) 早稲田大学出版部, 1996〕

――― 2000. *The treasury and British public policy, 1906-1959*, OUP

――― 2007. *Arms, economics and British strategy: from dreadnoughts to hydrogen bombs*, CUP

Pedersen, Susan 1993. *Family, dependence, and the origins of the welfare state: Britain and France, 1914-1945*, CUP

Pelling, Henry 1967. *Social geography of British elections 1885–1910*, Macmillan
―――― 1984. *The Labour governments, 1945–51*, Macmillan
―――― 1991. *A short history of the Labour Party*, 9th edn, Macmillan
Pennington, Donald & Keith Thomas, eds 1978. *Puritans and revolutionaries: essays in seventeenth-century history presented to Christopher Hill*, OUP
Perceval-Maxwell, M. 1994. *The outbreak of the Irish rebellion of 1641*, McGill-Queen's UP
Perkin, Harold 1969. *The origins of modern English society 1780–1880*, Routledge & Kegan Paul
―――― 1989. *The rise of professional society: England since 1880*, Routledge
Phelps-Brown, Henry & Sheila Hopkins 1981. *A perspective of wages and prices*, Methuen〔近世・近代の賃金・価格史の古典的な研究〕
Phillips, Gregory D. 1979. *The diehards: aristocratic society and politics in Edwardian England*, Harvard UP
Phillips, John A. 1992. *The great reform bill in the boroughs: English electoral behaviour, 1818–1841*, OUP
―――― 1994. 'Computing parliamentary history: George III to Victoria', *Parliamentary History*, 13:1（特集号）
Philp, Mark, ed. 1991. *The French Revolution and British popular politics*, CUP
Philpin, C. H. E., ed. 1987. *Nationalism and popular protest in Ireland*, CUP
Pick, Daniel 1989. *Faces of degeneration: a European disorder, c.1848–c.1918*, CUP
Pickering, Paul A. & Alex Tyrrell 2000. *The people's bread: a history of the anti-corn law league*, Leicester UP
Pincus, Steven C. A. 1996. *Protestantism and patriotism: ideologies and the making of English foreign policy, 1650–1668*, CUP
―――― 2006. *England's Glorious Revolution, 1688–1689: a brief history with documents*, Palgrave
Platt, D. C. M. 1968. *Finance, trade, and politics in British foreign policy, 1815–1914*, OUP
Plumb, J. H., ed. 1955. *Studies in social history: a tribute to G. M. Trevelyan*, Longmans
―――― 1967. *The growth of political stability in England, 1675–1725*, Macmillan
Pocock, J. G. A. 1974. 'British history: a plea for a new subject', *New Zealand Journal of History*, 8
―――― 1975a. 'British history: a plea for a new subject, and comments by Taylor, Donaldson and Hechter', *JMH*, 47
―――― 1975b. *The Machiavellian moment: Florentine political thought and the Atlantic republican tradition*, Princeton UP〔『マキァヴェリアン・モーメント――フィレンツェの政治思想と大西洋圏の共和主義の伝統』（田中秀夫ほか訳）名古屋大学出版会，2008〕
―――― 1985. *Virtue, commerce, and history: essays on political thought and history, chiefly in the eighteenth century*, CUP〔『徳・商業・歴史』（田中秀夫訳）みすず書房，1993〕
Podmore, Colin 1998. *The Moravian church in England, 1728–1760*, OUP
Pollard, A. J. 2000. *Late medieval England 1399–1509*, Longman
―――― 2001. *The wars of the roses*, 2nd edn, Palgrave Macmillan

Pollard, Sidney 1982. *The wasting of the British economy*, Croom Helm

Pollock, Frederic & F. W. Maitland 1895/1968. *History of English law*, CUP

Poole, Robert 1998. *Time's alteration: calendar reform in early modern England*, UCL Press

Porter, Andrew, ed. 1999. *OHBE, vol. 3: the nineteenth century*, OUP

——— 2004. *Religion versus empire?: British protestant missionaries and overseas expansion, 1700–1914*, MUP

Porter, Bernard 2004. *The absent-minded imperialists: empire, society, and culture in Britain*, OUP

Porter, Roy 1990. *English society in the eighteenth century*, rev. edn, Penguin〔『イングランド18世紀の社会』（目羅公和訳）法政大学出版局，1996〕

——— 2000. *The creation of the modern world: the untold story of the British enlightenment*, Norton

Postan, M. M. 1939. 'The fifteenth century', *EconHR*, 1st ser., 9〔『イギリス封建社会の展開』第2版（佐藤伊久男訳）未来社，1976〕

——— 1972. *The medieval economy and society*, CUP/Penguin〔『中世の経済と社会』（保坂栄一・佐藤伊久男訳）未来社，1993〕

Powell, Enoch J. & Keith Wallis 1968. *The House of Lords in the middle ages: a history of the English House of Lords to 1540*, Weidenfeld & Nicolson

Power, Eileen 1941. *The wool trade in English medieval history: the Ford lectures*, OUP

Poynter, J. R. 1969. *Society and pauperism: English ideas on poor relief, 1795–1834*, Routledge & Kegan Paul

Prestwich, Menna, ed. 1985. *International Calvinism, 1541–1715*, OUP

Price, Jacob M. 1998. 'The imperial economy, 1700–1776', in P. J. Marshall, ed., *OHBE, vol. 2*, OUP

Price, Richard 1999. *British society, 1680–1880: dynamism, containment and change*, CUP

Prochaska, Frank 1980. *Women and philanthropy in nineteenth century England*, OUP

——— 2001. *The republic of Britain 1760–2000*, Penguin

Pryce, Huw 1993. *Native law and the church in medieval Wales*, OUP

Pugh, Martin 2000. *The march of the women: a revisionist analysis of the campaign for women's suffrage, 1866–1914*, OUP

Questier, Michael C. 1996. *Conversion, politics and religion in England, 1580–1625*, CUP

——— 2006. *Catholicism and community in early modern England: politics, aristocratic patronage and religion, c.1550–1640*, CUP

Ramón, Marta 2007. *A provisional dictator; James Stephens and the Fenian movement*, University College Dublin Press

Ramsey, P. 1953–54. 'Overseas trade in the reign of Henry VII: the evidence of customs accounts', *EconHR*, 2nd ser., 6

Randall, Adrian 2006. *Riotous assemblies: popular protest in Hanoverian England*, OUP

——— & Andrew Charlesworth, eds 2000. *Moral economy and popular protest*, Palgrave

Raven, James 1992. *Judging new wealth: popular publishing and responses to commerce in*

England 1750–1800, OUP

———, et al. 1996. *The practice and representation of reading in England*, CUP

Rawcliffe, Carole & Linda Clark, eds 1990. 'Parliament and communities in the middle ages', *Parliamentary History*, 9:2（特集号）

Razi, Zvi & Richard Smith, eds 1996. *Medieval society and the manor court*, OUP

Read, Donald 1964. *The English provinces, c.1760–1960: a study in influence*, Edward Arnold

Reece, Richard 1988. *My Roman Britain*, Cotswold Studies

Reeve, L. J. 1989. *Charles I and the road to personal rule*, CUP

Rex, Richard 2006. *Henry VIII and the English Reformation*, 2nd edn, Palgrave Macmillan

Reynolds, David 1981. *The creation of the Anglo-American alliance, 1937–41: a study in competitive co-operation*, Europa

——— 2000. *Britannia overruled: British policy and world power in the twentieth century*, 2nd edn, Longman

Reynolds, Susan 1977. *An introduction to the history of English medieval towns*, OUP

——— 1994. *Fiefs and vassals*, OUP

——— 1997. *Kingdoms and communities in western Europe 900–1300*, 2nd edn, OUP

Richardson, Angelique 2003. *Love and eugenics in the late nineteenth century: radical reproduction and the new woman*, OUP

Richardson, David 1998. 'The British empire and the Atlantic slave trade, 1660–1807', in P. J. Marshall, ed., *OHBE, vol. 2*, OUP

Richardson, H. G. & G. O. Sayles 1981. *The English parliament in the middle ages*, Hambledon

Richardson, R. C. 1998. *The debate on the English Revolution*, 3rd edn, MUP

力久昌幸 2003.『ユーロとイギリス』木鐸社

Rippon, S., ed. 2009. *Mining in medieval landscape*, University of Exeter Press

Robbins, Keith 1988. *Nineteenth-century Britain: integration and diversity*, OUP

——— 2002. *The British Isles 1901–1951*, OUP

Roberts, Elizabeth & 大森真紀・奥田伸子 1990.『女は「何処で」働いてきたか――イギリス女性労働史入門』法律文化社

Roberts, F. David 2002. *The social conscience of the early Victorians*, Stanford UP

Robertson, John, ed. 1995. *A union for empire: political thought and the British union of 1707*, CUP

Robinson, Ronald 1972. 'Non-European foundation of European imperialism: sketch for a theory of collaboration', in R. Owen & B. Sutcliffe, eds, *Studies in the theory of imperialism*, Longman

——— & John Gallagher with Alice Denny 1961/1981. *Africa and the Victorians: the official mind of imperialism*, Macmillan

Robson, Ralph 1989. *The English highland clans: Tudor responses to a mediaeval problem*, John Donald

Roebuck, Peter, ed. 1981. *Plantation to partition: essays in Ulster history in honour of J. L. Mccracken*, Blackstaff

Roffe, David 2000. *Domesday*, OUP
——— 2007. *Decoding Domesday*, Boydell
Rogers, Nicholas 1989. *Whigs and cities: popular politics in the age of Walpole and Pitt*, OUP
——— 1998. *Crowds, culture and politics in Georgian Britain*, OUP
Rose, Jonathan 2001. *The intellectual life of the British working classes*, Yale UP
Rosen, Andrew 2003. *The transformation of British life, 1950–2000: a social history*, MUP〔『現代イギリス社会史 1950〜2000』(川北稔訳) 岩波書店, 2005〕
Roseveare, Henry 1991. *The financial revolution, 1660–1760*, Longman
Roskell, J. S. 1981–83. *Parliament and politics in late medieval England*, Hambledon
———, et al., eds 1992. *The Commons 1386–1421*, Allan Sutton
Round, J. H. 1895. *Feudal England*, S. Sonnenschein
Royle, Edward & James Walvin 1982. *English radicals and reformers 1760–1848*, Harvester
Rubin, Miri 1987. *Charity and community in medieval Cambridge*, CUP
Rubinstein, W. D. 1983. 'The end of "old corruption" in Britain, 1780–1860', *P&P*, 101
——— 2006. *Men of property: the very wealthy in Britain since the industrial revolution*, 2nd edn, The Social Affairs Unit
——— 2009. 'Social origins and career patterns of Oxford and Cambridge matriculants, 1840–1900', *HR*, 82
Rush, Michael 2001. *The role of the member of parliament since 1868: from gentlemen to players*, OUP
Russell, Conrad 1976. 'Parliamentary history in perspective, 1604–1629', *History*, 61
——— 1990. *The causes of the English civil war: the Ford lectures*, OUP
——— 1991. *The fall of the British monarchies 1637–1642*, OUP
Sack, James J. 1993. *From Jacobite to conservative: reaction and orthodoxy in Britain, c.1760–1832*, CUP
Said, Edward W. 1978. *Orientalism*, Georges Borchardt〔『オリエンタリズム』(板垣雄三・杉田英明監修, 今沢紀子訳) 平凡社, 1986〕
——— 1993. *Culture and imperialism*, Knopf〔『文化と帝国主義』全2巻 (大橋洋一訳) みすず書房, 1998・2001〕
斎藤修 1985. 『プロト工業化の時代——西欧と日本の比較史』日本評論社
———編 1988. 『家族と人口の歴史社会学——ケンブリッジグループの成果』リブロポート
坂巻清 1987. 『イギリス・ギルド崩壊史の研究——都市史の底流』有斐閣
——— 2009. 『イギリス毛織物工業の展開——産業革命への途』日本経済評論社
Sakamoto, Tatsuya & Hideo Tanaka, eds 2003. *The rise of political economy in the Scottish enlightenment*, Routledge
Salbstein, M. C. N. 1982. *The emancipation of the Jews in Britain: the question of the admission of Jews to parliament, 1828–1860*, Fairleigh Dickinson UP
Salmon, Philip J. 2000. 'Local politics and partisanship: the electoral impact of municipal reform,

1835', *Parliamentary History*, 19:3

Salway, Peter 1981. *Roman Britain*, OUP

―― 2001. *SOHBI: Roman Britain*, Very short introductions, OUP〔『古代のイギリス』（南川高志訳）岩波書店，2005〕

――, ed. 2002. *The Roman era: the British Isles: 55 BC-AD 410*, OUP

Sanderson, Michael 1972. *The universities and British industry 1850-1970*, Routledge & Kegan Paul

――, ed. 1975. *The universities in the nineteenth century*, Routledge & Kegan Paul

Sanderson, M. H. B. 1982. *Scottish rural society in the sixteenth century*, John Donald

―― 1996. *Ayrshire and the Reformation: people and change, 1490-1600*, Tuckwell

指昭博編 2007.『王はいかに受け入れられたか――政治文化のイギリス史』刀水書房

Saul, S. B. 1960. *Studies in British overseas trade*, Liverpool UP〔『イギリス海外貿易の研究』（久保田英夫訳）文眞堂，1980〕

Sawyer, P. H. 1965. 'The wealth of England in the eleventh century', *TRHS*, 5th ser., 15

―― 1978. *From Roman Britain to Norman England*, Methuen

――, ed. 1985. *Domesday book*, Baltimore

―― 1986. 'Anglo-Scandinavian trade in the Viking age and after', in M. Blackburn, ed., *Anglo-Saxon monetary history*, Leicester UP

―― 1998. *Anglo-Saxon Lincolnshire*, History of Lincolnshire Committee for the Society for Lincolnshire History and Archaeology

Sayles, G. O. 1975. *The king's parliament of England*, Edward Arnold

―― 1988. *The functions of the medieval parliament of England*, Hambledon

Scammell, Jean 1993. 'The formation of the English social structure', *Speculum*, 68

Scarisbrick, J. J. 1984. *The Reformation and the English people*, Blackwell

Schramm, P. E. 1937. *A history of the English coronation*, OUP

Schuyler, R. L. 1945. *The fall of the old colonial system: a study in British free trade, 1770-1870*, OUP

Schwoerer, Lois G., ed. 1992. *The Revolution of 1688-1689: changing perspectives*, CUP

Scott, David 2003. *Politics and war in the three Stuart kingdoms, 1637-49*, Palgrave Macmillan

Scott, Joan Wallach 1988. *Gender and the politics of history*, Columbia UP〔『ジェンダーと歴史学』（荻野美穂訳）平凡社，1992〕

Scott, Jonathan 1991. *Algernon Sidney and the Restoration crisis, 1677-1683*, CUP

Scouloudi, Irene, ed. 1987. *Huguenots in Britain and their French background, 1550-1800*, Barnes & Noble Imports

Searle, G. R. 1971. *The quest for national efficiency: a study in British politics and political thought, 1899-1914*, Blackwell

―― 1998. *Morality and the market in Victorian Britain*, OUP

―― 2004. *A new England?: peace and war 1886-1918*, OUP

Seaward, Paul 1989. *The cavalier parliament and the reconstruction of the old regime*, CUP

Secord, James A. 2000. *Victorian sensation: the extraordinary publication, reception, and secret authorship of vestiges of the natural history of creation*, University of Chicago Press

Seldon, Anthony & Stuart Ball, eds 1994. *Conservative century: the Conservative Party since 1900*, OUP

Seldon, Arthur 2005. *The IEA, the LSE, and the influence of ideas*, Liberty Fund

Semmel, Bernard 1960. *Imperialism and social reform: English social-imperial thought 1895–1914*, George Allen & Unwin〔『社会帝国主義史――イギリスの経験 1895～1914』（野口建彦・野口照子訳）みすず書房，1982〕

Sharp, Buchanan 1980. *In contempt of all authority: rural artisans and riot in the west of England, 1586–1660*, University of California Press

Sharpe, James 2005. *Remember, remember the fifth of November: Guy Fawkes and the gunpowder plot*, Profile Books

Sharpe, Kevin, ed. 1978. *Faction and parliament: essays on early Stuart history*, OUP
―――― 1992. *The personal rule of Charles I*, Yale UP

Sharpe, Richard 1984. 'Some problems concerning the organization of the church in early medieval Ireland', *Peritia*, 3

Sheehan, Jonathan 2005. *The enlightenment bible: translation, scholarship, culture*, Princeton UP

Sher, R. B. 1985. *Church and university in the Scottish enlightenment: the moderate literati of Edinburgh*, Edinburgh UP

Sheridan, Richard B. 1998. 'The formation of Caribbean Plantation Society, 1689–1748', in P. J. Marshall, ed., *OHBE, vol. 2*, OUP

Sherwood, Marika 2007. *After abolition: Britain and the slave trade since 1807*, Tauris

芝原拓自 1981.『日本近代化の世界史的位置――その方法論的研究』岩波書店

重富公生 1999.『イギリス議会エンクロージャー研究』勁草書房

Shiroyama, Tomoko 2008. *China during the great depression: market, state and the world economy, 1929–1937*, Harvard UP

Shoemaker, Robert B. 1998. *Gender in English society, 1650–1850: the emergence of separate spheres?*, Longman

Silver, Arthur W. 1966. *Manchester men and Indian cotton 1847–1872*, MUP

Simms, J. G. 1969. *Jacobite Ireland*, Routledge & Kegan Paul

Simms, Katharine 1987. *From kings to warlords*, Boydell

Sims-Williams, Patrick 1990. *Religion and literature in western England, 600–800*, CUP

Skidelsky, Robert 1967. *Politicians and the slump*, Macmillan
――――, ed. 1988. *Thatcherism*, Chatto & Windus
―――― 1992. *John Maynard Keynes, vol. 2: the economist as saviour, 1921–1937*, Macmillan

Skinner, Quentin 1978. *The foundations of modern political thought*, 2 vols, CUP

Skinner, S. A. 2004. *Tractarians and the 'condition of England': the social and political thought of the Oxford movement*, OUP

Slack, Paul 1985. *The impact of plague in Tudor and Stuart England*, Routledge & Kegan Paul

—— 1999. *From reformation to improvement: public welfare in early modern England: the Ford lectures*, OUP
Smail, John 1994. *The origins of middle-class culture: Halifax, Yorkshire, 1660–1780*, Cornell UP
Smith, Brendan, ed. 1999. *Britain and Ireland 900–1300*, CUP
Smith, David L. 1999. *The Stuart parliaments 1603–1689*, Arnold
——, ed. 2003. *Cromwell and the Interregnum*, Blackwell
Smith, E. A. 1992. *The House of Lords in British politics and society 1815–1911*, Longman
Smith, Hannah 2006. *Georgian monarchy: politics and culture, 1714–1760*, CUP
Smith, I. R. 1996. *The origins of the South African war, 1899–1902*, Longman
Smith, Jeremy 2006. 'Sir Edward Carson and the myth of partition', in Roger Swift & Christopher Kenealy, eds, *Politics and power in Victorian Ireland*, Four Courts Press
Smith, Mark & Stephen Taylor, eds 2004. *Evangelicalism in the Church of England c.1790–c.1890: a miscellany*, Boydell
Smith, Robert & John S. Moore, eds 1994. *The House of Lords: a thousand years of British tradition*, Smith's Peerage
——, & John S. Moore, eds 1996. *The House of Commons: seven hundred years of British tradition*, Smith's Peerage
Smout, T. C. 1963. *Scottish trade on the eve of union, 1660–1707*, Oliver & Boyd
—— 1969. *A history of the Scottish people 1560–1830*, Collins
——, ed. 1986. *Scotland and Europe 1200–1850*, John Donald
—— 2000. *Nature contested: environmental history in Scotland and northern England since 1600: the Ford lectures,* Edinburgh UP
Smuts, R. Malcolm 1996. *The Stuart court and Europe: essays in politics and political culture*, CUP
Snell, K. D. M. 2006. *Parish and belonging: community, identity and welfare in England and Wales 1700–1950*, CUP
—— & Paul S. Ell 2000. *Rival Jerusalems: the geography of Victorian religion*, CUP
Solow, B. L. & S. L. Engerman 1987. *British capitalism and Caribbean slavery: the legacy of Eric Williams*, CUP
Sommerville, J. P. 1999. *Royalists and patriots: politics and ideology in England 1603–40*, 2nd edn, Longman
Sorkin, David 2002. *'A wise, enlightened and reliable piety': the religious enlightenment in central and western Europe, 1689–1789*, Parkes Institute Pamphlet 1, University of Southampton
—— 2008. *The religious enlightenment: protestants, Jews, and catholics from London to Vienna*, Princeton UP
Southern, R. W. 1960. 'The place of England in the twelfth century Renaissance', *History*, 45
—— 1986. *Robert Grosseteste: the growth of an English mind in medieval Europe*, OUP
Speck, W. A. 1988. *Reluctant revolutionaries: Englishmen and the Revolution of 1688*, OUP
Spence, Peter 1996. *The birth of romantic radicalism: war, popular politics, and English radical*

reformism, 1800–1815, Ashgate

Sprunger, Keith L. 1982. *Dutch puritanism*, Brill

Spufford, Margaret, ed. 1995. *The world of rural dissenters, 1520–1725*, CUP

Spurr, John 1989. 'The Church of England, comprehension and the toleration act of 1689', *EHR*, 104

――― 1991. *The restoration of the Church of England 1646–1689*, Yale UP

――― 1993. 'The church, the societies and the moral revolution of 1688', in John Walsh et al., eds, *The Church of England, c.1689–c.1833: from toleration to tractarianism*, CUP

――― 2000. *England in the 1670s*, Blackwell

――― 2006. *The post-Reformation: religion, politics and society in Britain, 1603–1714*, Pearson Longman

Stafford, Pauline 1989. *Unification and conquest*, Edward Arnold

Stanley, Brian 1990. *The bible and the flag: protestant mission and British imperialism in the nineteenthth and twentieth centuries*, Apollos

―――, ed. 2001. *Christian missions and the enlightenment*, William B. Eerdmans

Starkey, David 1987. 'Intimacy and innovation: the rise of the privy chamber', in David Starkey, ed., *The English court from the wars of roses to the civil war*, Longman

Stedman Jones, Gareth 1971. *Outcast London: a study in relationship between classes in Victorian society*, OUP/Penguin

――― 1983. *Languages of class: studies in English working class history 1832–1982*, CUP〔『階級という言語――イングランド労働者階級の政治社会史 1832～1982年』（長谷川貴彦訳）刀水書房，2010〕

Steinberg, Marc W. 1999. *Fighting words: working-class formation, collective action, and discourse in early nineteenth-century England*, Cornell UP

Steiner, Zara S. & Keith Neilson 2003. *Britain and the origins of the first world war*, Palgrave Macmillan

Stephens, Philip 1996. *Politics and the pound: the Conservative's struggle with sterling*, Picador

Stephens, W. B. 1998. *Education in Britain 1750–1914*, Macmillan

Stevens, Robert 1978. *Law and politics: the House of Lords as a judicial body, 1800–1976*, University of North Carolina Press

Stevenson, David 1973. *The Scottish Revolution, 1637–1644: the triumph of the covenanters*, David & Charles

――― 1977. *Revolution and counter-revolution in Scotland, 1644–1651*, Royal Historical Society

――― 1981. *Scottish covenanters and Irish confederates: Scottish-Irish relations in the mid-seventeenth century*, Ulster Historical Foundation

Stevenson, John 1984. *British society 1914–45*, Penguin

Stewart, Ian Hadley 1955. *The Scottish coinage*, Spink

Stewart, Kenneth J. 2006. *Restoring the Reformation: British evangelicalism and the Francophone 'réveil' 1816–1849*, Paternoster

Stewart, Michael 1978. *Politics and economic policy in the UK since 1964*, Pergamon
Stewart, Richard W. 1996. *The English ordnance office 1585–1625: a case-study in bureaucracy*, Boydell
Stoddart, Brian & Keith A. P. Sandiford, eds 1998. *The imperial game: cricket, culture and society*, MUP
Stone, Lawrence 1972. *The causes of the English Revolution 1529–1642*, Routledge & Kegan Paul
―――― 1977. *The family, sex and marriage in England, 1500–1800*, OUP
――――, ed. 1994. *An imperial state at war: Britain from 1689 to 1815*, Routledge
Storrs, C. M. 1998. *Jacobean pilgrims from England to St James of Compostela from the early twelfth to the late fifteenth century*, Confraternity of St. James
Strong, Rowan 2007. *Anglicanism and the British empire, c.1700–1850*, OUP
Styles, John 2007. *The dress of the people: everyday fashion in eighteenth-century England*, Yale UP
菅靖子 2008.『モダニズムとデザイン戦略――イギリスの広報政策』ブリュッケ
杉原薫 1996.『アジア間貿易の形成と構造』ミネルヴァ書房
―――― 2001.「東アジアにおける工業国型通貨秩序の成立」秋田・籠谷編『1930年代のアジア国際秩序』渓水社
Suzuki, Toshio 1994. *Japanese government loan issues on the London capital market 1870–1913*, Athlone
Sweet, Rosemary 1999. *The English town, 1680–1840: government, society and culture*, Longman
―――― 2004. *Antiquaries: the discovery of the past in eighteenth-century Britain*, Hambledon & London
Sykes, Norman 1926. *Edmund Gibson, bishop of London, 1669–1748. A study in politics and religion in the eighteenth century*, OUP
―――― 1934. *Church and state in England in the eighteenth century*, CUP
―――― 1950. *Daniel Ernst Jablonski and the Church of England*, SPCK
―――― 1955. *Old priest and new presbyter*, CUP
―――― 1957. *William Wake archbishop of Canterbury 1657–1757*, 2 vols, CUP
―――― 1959. *From Sheldon to Secker: aspects of English church history 1660–1768*, CUP
Sylla, Richard & Gianni Toniolo, eds 1991. *Patterns of European industrialization: the nineteenth century*, Routledge
Szechi, Daniel 1994. *The Jacobites: Britain and Europe, 1688–1788*, MUP
高神信一 2005.『大英帝国のなかの「反乱」――アイルランドのフィーニアンたち』第2版,同文舘
高橋純一 1997.『アイルランド土地政策史』新評論
高橋直樹 1985.『政治学と歴史解釈――ロイド・ジョージの政治的リーダーシップ』東京大学出版会
竹内幸雄 2003.『自由貿易主義と大英帝国――アフリカ分割の政治経済学』新評論
田村秀夫編 2000.『千年王国論――イギリス革命思想の源流』聖学院大学出版会

田中秀夫 1996.『文明社会と公共精神——スコットランド啓蒙の地層』昭和堂
田中美穂 2002.「「島のケルト」再考」『史学雑誌』111-10
谷垣真理子 2007.「香港の中国回帰」木畑洋一編『イギリス帝国と20世紀 5 現代世界とイギリス帝国』ミネルヴァ書房
Tanner, Duncan 1990. *Political change and the Labour Party, 1900–18*, CUP
―――, et al., eds 2000. *Labour's first century*, CUP
Tate, R. B. 1990. *Pilgrimages to St James of Compostela from the British Isles during the middle ages*, Liverpool UP
Tate, W. E. 1946/1969. *The parish chest: a study of the records of parochial administration in England*, CUP
Tawney, R. H. 1912. *The agrarian problem in the sixteenth century*, Longman
――― 1941. 'The rise of the gentry, 1558–1640', *EconHR*, 1st ser., 11〔『ジェントリの勃興』(浜林正夫訳)未来社,1957〕
Taylor, A. J. P. 1965. *English history, 1914–1945*, OUP〔『イギリス現代史』(都築忠七訳)みすず書房,1968〕
――― 1993. *The trouble makers: dissent over foreign policy, 1792–1939: the Ford lectures (with a new introduction by Paul Addison)*, Pimlico
Taylor, Brian 1999. *The Scottish parliament*, Polygon
Taylor, Miles 1995. *The decline of British radicalism 1847–1860*, OUP
――― & Michael Wolff, eds 2004. *The Victorians since 1901: histories, representations and revisions*, MUP
Taylor, Stephen 2009. 'An English dissent and the crisis of European protestantism: Roger Morrice's perception of European politics in the 1680s', in David Onnekink, ed., *War and religion after Westphalia, 1648–1713*, Ashgate
Thacker, Alan & Richard Sharpe, eds 2002. *Local saints and local churches in the early medieval west*, OUP
Thain, Colin & Maurice Wright 1995. *The treasury and Whitehall: the planning and control of public expenditure, 1976–1993*, OUP
Thane, Pat 1996. *Foundations of the welfare state*, 2nd edn, Longman〔『イギリス福祉国家の社会史——経済・社会・政治・文化的背景』(深澤和子・深澤敦監訳)ミネルヴァ書房,2000〕
――― 2000. *Old age in English history*, OUP
―――, et al., eds 1984. *The power of the past: essays for Eric Hobsbawm*, CUP
Thirsk, Joan, ed. 1967. *The agrarian history of England and Wales, vol. 4: 1500–1640*, CUP
――― 1978. *Economic policy and projects: the development of a consumer society in early modern England*, OUP〔『消費社会の誕生——近世イギリスの新企業』(三好洋子訳)東京大学出版会,1984〕
―――, ed. 1984–85. *The agrarian history of England and Wales, vol. 5: 1640–1750*, CUP
――― 1987. *England's agricultural regions and agrarian history, 1500–1750*, Macmillan

Thomas, H. M. 1993. *Vassals, heiresses, crusaders and thugs*, University of Pennsylvania Press
―――― 2003. *The English and the Normans*, OUP
Thomas, Keith 1971. *Religion and the decline of magic: studies in popular beliefs in sixteenth and seventeenth century England*, Weidenfeld & Nicolson
Thomas, Peter D. G. 1959. 'The beginning of parliamentary reporting in newspapers, 1768–74', *EHR*, 74
―――― 1971. *The House of Commons in the eighteenth century*, OUP
―――― 2002. *George III: king and politicians, 1760–1770*, MUP
Thomas, Rob 2001. 'UK economic policy: the conservative legacy and New Labour's third way', in Stephen Savage & Rob Atkinson, eds, *Public policy under Blair*, Palgrave Macmillan
Thompson, Andrew 2005. *The empire strikes back?: the impact of imperialism on Britain from the mid-nineteenth century*, Pearson Education
Thompson, Dorothy 1984. *The chartists: popular politics in the industrial revolution*, Maurice Temple Smith 〔『チャーティスト――産業革命期の民衆政治運動』（古賀秀男・岡本充弘訳）日本評論社，1988〕
Thompson, E. P. 1963/1980. *The making of the English working class*, Gollancz 〔『イングランド労働者階級の形成』（市橋秀夫・芳賀健一訳）青弓社，2003〕
―――― 1991. *Customs in common*, Merlin
Thompson, F. M. L. 1963. *English landed society in the nineteenth century*, Routledge & Kegan Paul
―――― 1988. *The rise of respectable society: a social history of Victorian Britain 1830–1900*, Harvard UP
――――, ed. 1990. *The Cambridge social history of Britain 1750–1950*, 3 vols, CUP
――――, ed. 1994. *Landowners, capitalists, and entrepreneurs: essays for Sir John Habakkuk*, OUP
―――― 2001. *Gentrification and the enterprise culture: Britain 1780–1980: the Ford lectures*, OUP
Thompson, Paul 2000. *Voice of the past: oral history*, 3rd edn, OUP 〔『記憶から歴史へ――オーラル・ヒストリーの世界』（酒井順子訳）青木書店，2002〕
Thomson, David 1965. *England in the twentieth century*, Pelican
Thorne, Susan 1999. *Congregational missions and the making of an imperial culture in nineteenth-century England*, Stanford UP
Thorne, S. E. 1959. 'English feudalism and estate in land', *Cambridge Law Journal*, 6
Thorpe, Andrew 2001. *A history of the British Labour Party*, Palgrave
Tiratsoo, Nick & 松村高夫 2006.『戦後復興の日英比較』知泉書館
―――― & Jim Tomlinson 1998. *The conservatives and industrial policy, 1951–64: thirteen wasted years?*, Routledge
Titow, J. Z. 1969. *English rural society, 1200–1350*, Allen & Unwin
Todd, Malcolm, ed. 1989. *Research on Roman Britain, 1960–89*, Society for the Promotion of Roman Studies
―――― 1993. 'The cities of Britain: after Wheeler', in S. J. Greep, ed., *Roman towns*, Council for

British Archaeology

戸上一 1992.『イングランド初期貨幣史の研究』刀水書房

富田理恵 1998.「スコットランド近世社会の成立(1560～1625年)——宗教改革,集権化,同君連合の時代」『西洋史学』189

——— 2007.「連合王国は解体するか？——スコットランドとウェールズへの権限委譲」木畑洋一編『イギリス帝国と20世紀 5 現代世界とイギリス帝国』ミネルヴァ書房

———・金井光太朗 2002.「スコットランドとアメリカ植民地の選択」近藤編『長い18世紀のイギリス』

———・山本信太郎 2009.「ブリテンにおける1534年と1560年——二つの宗教改革による新たな連携と断絶」森田安一編『ヨーロッパ宗教改革の連携と断絶』教文館

Tomlinson, B. R. 1979. *The political economy of the Raj 1914–1947: the economics of decolonization in India*, Macmillan

——— 1985. 'Indo-British relations in the post-colonial era: the sterling balances negotiations, 1946–49', *Journal of Imperial and Commonwealth History*, 13

——— 2001. '"The empire of enterprise": Scottish business networks in Asian trade, 1793–1810', *KIU Journal of Economics & Business Studies*, 8

Tomlinson, Jim 1987. *Employment policy: the crucial years, 1939–1951*, OUP

礪波護・岸本美緒・杉山正明編 2006.『中国歴史研究入門』名古屋大学出版会

Torrance, David 2006. *The Scottish secretaries*, Birlinn

Tosh, John 1999. *A man's place: masculinity and the middle-class home in Victorian England*, Yale UP

等松春夫 2007.「帝国からガヴァナンスへ——国際連盟時代の領域国際管理の試み」緒方貞子・半澤朝彦編『グローバル・ガヴァナンスの歴史的変容——国連と国際政治史』ミネルヴァ書房

Townshend, Charles 1975. *The British campaign in Ireland, 1919–1921*, OUP

——— 2005. *Easter 1916*: the Irish rebellion, Allen Lane

Trentmann, Frank 2008. *Free trade nation: commerce, consumption, and civil society in modern Britain*, OUP

Trevor-Roper, Hugh R. 1959. 'The general crisis of the seventeenth century', *P&P*, 16〔『十七世紀危機論争』(今井宏編訳) 創文社, 1975〕

——— 1967. 'Three foreigners: the philosophers of the puritan revolution', in Hugh R. Trevor-Roper, ed., *Religion, the Reformation and social change*, Macmillan

塚田理 2004.『イングランドの宗教——アングリカニズムの歴史とその特質』教文館

Tsurushima, Hirokazu 1992. 'The fraternity of Rochester cathedral priory about 1100', *ANS*, 14

——— 1995. 'Feodum in Kent c.1066–1215', *Journal of Medieval History*, 21

——— 1996. 'Domesday interpreters', *ANS*, 18

——— 2007. 'The eleventh century in England through fish-eyes', *ANS*, 29

———, ed. 2010. *Nations in medieval Britain*, Shaun Tyas

鶴島博和・春田直紀編 2008.『日英中世史料論』日本経済評論社

Turnbull, George Henry 1947. *Hartlib, Dury and Comenius: gleanings from Hartlib's papers*, Hodder & Stoughton

Turner, John 1992. *British politics and the great war: coalition and conflict 1915−1918*, Yale UP

Tyacke, Nicholas 1973. 'Puritanism, Arminianism and counter-revolution', in Conrad Russell, ed., *The origins of the English civil war*, Palgrave Macmillan

——— 1987. *Anti-Calvinists: the rise of English Arminianism c.1590−1640*, OUP

———, ed. 1998. *England's long Reformation 1500−1800*, UCL Press

内田義彦 1971.『社会認識の歩み』岩波新書

Underdown, David 1985. *Revel, riot and rebellion: popular politics and culture in England 1603−1660*, OUP

——— 1992. *Fire from heaven: life in an English town in the seventeenth century*, Harper Collins

Unger, R. W. 1980. *The ship in the medieval economy, 600−1600*, Croom Helm

Vakil, C. N. 1924. *Financial developments in modern India, 1860−1924*, D. B. Taraporevala

Van den Berg, Johannes 1994. 'Dutch Calvinism and the Church of England in the period of the Glorious Revolution', in Simon Groenveld & Michael Wintle, eds, *Exchange of ideas: religion, scholarship and art in Anglo-Dutch relations in the seventeenth century*, Uitgeverij Walburg

———, et al., eds 1999. *Religious currents and cross-currents: essays on early modern protestantism and the protestant enlightenment*, Brill

Venning, Timothy 1995. *Cromwellian foreign policy*, Macmillan

Vernon, James 1993. *Politics and the people: a study in English political culture, c.1815−1867*, CUP

———, ed. 1995. *Re-reading the constitution: new narratives in the political history of England's long nineteenth century*, CUP

Vigne, Randolph & Charles Littleton, eds 2001. *From strangers to citizens: the integration of immigrant communities in Britain, Ireland and colonial America, 1550−1750*, Sussex Academic Press

Vincent, David 1991. *Poor citizens: the state and the poor in twentieth-century Britain*, Longman

Wacher, J. S. 1966. *The civitas capitals of Roman Britain*, Leicester UP

和田光弘 2000.『紫煙と帝国――アメリカ南部タバコ植民地の社会と経済』名古屋大学出版会

Waddington, Keir 2000. *Charity and the London hospitals 1850−1898*, Royal Historical Society

Wadsworth, A. P. & Juria de Lacy Mann 1931. *The cotton trade and industrial Lancashire 1600−1780*, MUP

Wahrman, Dror 1992a. 'National society, communal culture: an argument about the recent historiography of eighteenth-century Britain', *Social History*, 17

——— 1992b. 'Virtual representation: parliamentary reporting and languages of class in the 1790's', *P&P*, 136

——— 1995. *Imagining the middle class: the political representation of class in Britain, c.1780−1840*, CUP

Walkland, S. A., ed. 1979. *The House of Commons in the twentieth century: essays by members of the study of parliament group*, OUP

Walkowitz, Judith R. 1980. *Prostitution and Victorian society: women, class, and the state*, CUP〔『売春とヴィクトリア朝社会——女性，階級，国家』（永富友海訳）上智大学出版，2009〕

Wallerstein, Immanuel 1976. *The modern world system: capitalist agriculture and the origins of the European world-economy in the sixteenth century*, Academic Press〔『近代世界システム——農業資本主義と「ヨーロッパ世界経済」の成立』（川北稔訳）岩波書店，1981〕

——— 1980. *The modern world-system II: mercantilism and the consolidation of the European world-economy, 1600-1750*, Academic Press〔『近代世界システム 1600～1750——重商主義と「ヨーロッパ世界経済」の凝集』（川北稔訳）名古屋大学出版会，1993〕

Walls, Andrew F. 2001. 'The eighteenth-century protestant missionary awakening in its European context', in Brian Stanley, ed., *Christian missions and the enlightenment*, William B. Eerdmans

Walsh, John, et al., eds 1993. *The Church of England, c.1689-c.1833: from toleration to tractarianism*, CUP

Walsham, Alexandra 1993. *Church papists: catholicism, conformity and confessional polemic in early modern England*, Boydell

Walter, John 1999. *Understanding popular violence in the English Revolution: the Colchester plunderers*, CUP

——— & Roger Schofield, eds 1989. *Famine, disease and the social order in early modern society*, CUP

Ward, J. R. 1998. 'The British West Indies in the age of abolition, 1748-1815', in P. J. Marshall, ed., *OHBE, vol. 2*, OUP

Ward, W. R. 1992. *The protestant evangelical awakening*, CUP

——— 1999. *Christianity under the ancien régime 1648-1789*, CUP

Ward-Perkins, B. 2000. 'Why did the Anglo-Saxons not become more British?', *EHR*, 115

Warren, W. L. 1987. *The governance of Norman and Angevin England 1086-1272*, Edward Arnold

Washbrook, D. A. 1999. 'Orients and occidents: colonial discourse theory and the historiography of the British empire', in Robin W. Winks, ed., *OHBE, vol. 5*, OUP

Wasson, Ellis A. 2000. *Born to rule: British political elites*, Sutton

Watt, J. A. 2005. *The church and the two nations in medieval Ireland*, CUP

Watts, Michael R. 1978/1985. *The dissenters, vol. 1: from the Reformation to the French Revolution*, OUP

——— 1995. *The dissenters, vol. 2: the expansion of evangelical nonconformity*, OUP

Wear, Andrew, ed. 1992. *Medicine in society: historical essays*, CUP

Weatherill, Lorna 1988. *Consumer behaviour and material culture in Britain, 1660-1760*, Routledge

Webb, Sidney & Beatrice Webb 1903-27/1963. *English local government*, 11 vols, Longman/Cass

Webb, Stephen Saunders 1995. *Lord Churchill's coup: the Anglo-American empire and the Glori-

ous Revolution reconsidered, Knopf

Webster, Anthony 1990. 'The political economy of trade liberalization: the East India Company charter act of 1813', *EconHR*, 2nd ser., 43

Webster, Bruce 1997. *Medieval Scotland*, Macmillan

Webster, G. A. 1966. 'Fort and town in early Roman Britain', in J. S. Wacher, ed., *The civitas capitals of Roman Britain*, Leicester UP 〔『中世の技術と社会変動』（内田星美訳）思索社, 1985〕

Webster, Tom 1997. *Godly clergy in early Stuart England: the Caroline puritan movement, c.1620-1643*, CUP

Wedgwood, Josiah C. 1936. *History of parliament: biographies of the members of the Commons House 1439-1509*, HMSO

Wells, Roger 1988. *Wretched faces: famine in wartime England, 1793-1801*, Sutton

Wernham, R. B. 1980. *The making of Elizabethan foreign policy, 1558-1603*, University of California Press

Whatley, C. A. 1994/2001. *'Bought and sold for English gold'?: explaining the union of 1707*, The Economic and Social History Society of Scotland (2nd edn by Tuckwell)

――― 1997. *The industrial revolution in Scotland*, CUP

――― 2000. *Scottish society 1707-1830: beyond Jacobitism towards industrialisation*, MUP

――― 2006. *The Scots and the union*, Edinburgh UP

Wheatley, Michael 2005. *Nationalism and the Irish party: provincial Ireland, 1910-1916*, OUP

Wheeler, James Scott 1999. *The making of a world power: war and the military revolution in seventeenth century England*, Sutton

White, Lynn 1962. *Medieval technology and social change*, OUP

Whyte, I. D. 1995. *Scotland before the industrial revolution: an economic and social history, c.1050-c.1750*, Longman

Whyte, John 1990. *Interpreting Northern Ireland*, OUP

Wiener, Martin J. 1981. *English culture and the decline of the industrial spirit, 1850-1980*, CUP 〔『英国産業精神の衰退――文化史的接近』（原剛訳）勁草書房, 1984〕

Williams, Ann 1995. *The English and the Norman conquest*, Boydell

――― 1999. *Kingship and government in pre-conquest England c.500-1066*, Macmillan

――― 2003. *Aethelred the unready*, Hambledon

――― 2008. *The world before Domesday*, Continuum

Williams, Eric 1944. *Capitalism and slavery*, University of North Carolina Press 〔『資本主義と奴隷制――ニグロ史とイギリス経済史』（中山毅訳）理論社, 1987〕

――― 1970. *From Columbus to Castro: the history of the Caribbean 1492-1969*, Harper & Row 〔『コロンブスからカストロまで――カリブ海域史 1492～1969』全2巻（川北稔訳）岩波書店, 1978〕

Williams, Glanmor 1987. *Recovery, reorientation and reformation: Wales, c.1415-1642*, OUP

Williams, Raymond 1975. *The country and the city*, OUP 〔『田舎と都会』（山本和平ほか訳）晶

文社, 1985〕

Williams, T. Desmond, ed. 1973. *Secret societies in Ireland*, Gill & Macmillan and Barnes & Noble Books

Williamson, Philip 1992. *National crisis and national government: British politics, the economy and empire 1926–1932*, CUP

Wilson, J. F., ed. 2009. *King cotton: a tribute to Douglas A. Farnie*, Crucible

Wilson, Trevor 1966. *The downfall of the Liberal Party, 1914–35*, Collins

Winch, Donald 1996. *Riches and poverty: an intellectual history of political economy in Britain, 1750–1834*, CUP

───── 2009. *Wealth and life: essays on the intellectual history of political economy in Britain, 1848–1914*, CUP

Winks, Robin W., ed. 1999. *OHBE, vol. 5: historiography*, OUP

Witmer, Hellen E. 1943. *The property qualifications of Members of Parliament*, Columbia UP

Wolffe, John 2007. *The expansion of evangelicalism: the age of Wilberforce, More, Chalmers and Finney*, Inter-Varsity

Woolrych, Austin 1982. *Commonwealth to Protectorate*, OUP

───── 2002. *Britain in revolution 1625–1660*, OUP

Worden, Blair 1974. *The Rump Parliament 1648–1653*, CUP

Wormald, Jenny 1981. *Court, kirk and community: Scotland 1470–1625*, Edward Arnold

───── 1985. *Lords and men in Scotland: bonds of manrent 1442–1603*, John Donald

Wormald, Patrick 1983. 'Bede, the bretwaldas and the origins of the gens anglorum', in P. Wormald et al., eds, *Idea and reality in Frankish and Anglo-Saxon society*, Blackwell

───── 1999. *The making of English law, vol. 1*, Blackwell

Wrightson, Keith 1980. 'Two concepts of order: justices and jurymen in seventeenth-century England', in J. Brewer & J. Styles, eds, *An ungovernable people: the English and their law in the seventeenth and eighteenth centuries*, Hutchinson

───── 1982. *The English society 1580–1680*, Hutchinson〔『イギリス社会史 1580〜1680』(中野忠訳) リブロポート, 1991〕

───── 2000. *Earthly necessities: economic lives in early modern Britain, 1470–1750*, Yale UP

Wrigley, E. A. & R. S. Schofield 1981. *The population history of England 1541–1871: a reconstruction*, Arnold

─────, et al. 1997. *English population history from family reconstruction 1580–1837*, CUP

山田園子 1994.『イギリス革命の宗教思想』御茶の水書房

───── 1997.『イギリス革命とアルミニウス主義』聖学院大学出版会

───── 2006.『ジョン・ロック「寛容論」の研究』溪水社

山口二郎 2005.『ブレア時代のイギリス』岩波書店

山本信太郎 2006.「イングランド宗教改革史研究をめぐって──『ヒストリカル・リサーチ』A・G・ディケンズ特集号に寄せて」『西洋史学』224

───── 2009.『イングランド宗教改革の社会史──ミッド・テューダー期の教区教会』立

教大学出版会
山本正 2002.『「王国」と「植民地」――近世イギリス帝国のなかのアイルランド』思文閣
山崎勇治 2008.『石炭で栄え滅んだ大英帝国――産業革命からサッチャー改革まで』ミネルヴァ書房
八代崇 1979.『イギリス宗教改革史研究』創文社
安元稔 2009.『製鉄工業都市の誕生――ヴィクトリア朝における都市社会の勃興と地域工業化』名古屋大学出版会
Yates, Nigel 2006. *The religious condition of Ireland 1770-1850*, OUP
横越英一 1960.『近代政党史研究』勁草書房
米川伸一 1972.『イギリス地域史研究序説』未来社
―――― 1992.『現代イギリス経済形成史』未来社
Yorke, Barbara 1990. *Kings and kingdom of early Anglo-Saxon England*, Seaby
―――― 1995. *Wessex in the early middle ages*, Leicester UP
吉岡昭彦 1975.『インドとイギリス』岩波新書
Youings, Joyce 1971. *The dissolution of monasteries*, Allen & Unwin
Young, B. W. 1998a. *Religion and enlightenment in eighteenth-century England: theological debate from Locke to Burke*, OUP
―――― 1998b. 'A history of variations: the identity of the eighteenth-century Church of England', in Tony Claydon & Ian McBride, eds, *Protestantism and national identity: Britain and Ireland c.1650-c.1850*, CUP
Young, Hugo 1989/1991. *One of us: a biography of Margaret Thatcher*, Macmillan
Young, John R. 1996. *The Scottish parliament 1639-1661: a political and constitutional analysis*, John Donald
―――― 1998. 'The Scottish parliament and national identity from the union of the crowns to the parliaments, 1603-1707', in Dauvit Broun et al., eds, *Image and identity: the making and re-making of Scotland through the ages*, John Donald
―――― & William Kelly, eds 2004. *Scotland and Ulster, c.1585-1700: politics, religion and identity*, Four Courts Press
Young, John W. 2000. *Britain and European unity, 1945-1999*, 2nd edn, Macmillan
Young, Michael B. 1997. *Charles I*, Palgrave Macmillan
Yungblut, Laura Hunt 1996. *Strangers settled here amongst us: policies, perceptions & the presence of aliens in Elizabethan England*, Routledge
Zagorin, Perez 1969. *The court and the country*, Routledge & Kegan Paul
Zakai, Avihu 1992. *Exile and kingdom: history and apocalypse in the puritan migration to America*, CUP

付　録

◆　年　表

［略号］［I］アイルランド関係，［S］スコットランド関係，［W］ウェールズ関係

年代	事　項
前55-54	カエサルのブリタニア遠征（第1次・第2次）
43	ローマ皇帝クラウディウスによるブリタニア征服
60-61	イケニ王妃ボアディケア（ブディカ）の反乱
122～	ハドリアヌスの長城建造
140～	アントニヌスの土塁建造
4C後半～	ゲルマン民族の移動
395	ローマ帝国の東西分裂
410？	ローマのブリタニア支配の終焉
429	オーセール司教ゲルマヌス来島
432？	聖パトリックのアイルランド伝道
476	西ローマ帝国滅亡
5C後半～	アングロ゠サクソン諸族の渡来
540頃	ギルダス『ブリタニアの破滅について』
6C後半	イングランドに諸王国出現
597	アウグスティヌスによる伝道
664	ウィットビの宗教会議
7C末～ 8C前半	ノーサンブリア・ルネサンスの開花
731	ベーダ『アングル人の教会史』
757	マーシア王オッファ即位（～796），この頃オッファの防塁建造
793	デーン人（ヴァイキング）の来襲開始
800	カール大帝，ローマにて戴冠
802	ウェセックス王エグバート即位（～839）
9C半ば	［S］アルバ王国の成立
871	ウェセックス王アルフレッド大王即位（～899）
891	『アングロ゠サクソン年代記』編纂開始
10C	シャイア・ハンドレッド制の整備
973	エドガ王，バースで戴冠
1016	カヌート，イングランドの王に（～35）
1028	カヌートのノルウェー支配，北海帝国の形成
1042	エドワード証聖王即位（～66）
1066	**1** ウェセックス伯ハロルド（ハロルド2世）即位。**10** ヘイスティングスの戦い。**12** ノルマンディ公，ウィリアム1世（征服王）の戴冠（～87）
1069頃	［S］マルカム3世，マーガレットと結婚，イングランド化進む
1085	「ドゥームズデイ・ブック」作成（～86）
1096	第1回十字軍
1135	ヘンリ1世没後，王位をめぐる争い

1154	アンジュ伯，ヘンリ2世として即位(～89)，プランタジネット朝開始
1155	[W]リース・アプ・グリフィズのデハイバース支配(～97)
1164	クラレンドン法令
1166	クラレンドン条令
1170	キャンタベリ大司教ベケット暗殺
1171	ヘンリ2世のアイルランド遠征(～72)
1189	リチャード1世(獅子心王)即位(～99)
	第3回十字軍
1199	ジョン欠地王即位(～1216)
1209	教皇インノケンティウス3世，ジョン王を破門
1215	マグナ・カルタ
1216	ヘンリ3世即位(～72)
1236	史料に「パーラメント」初出
1246	[W]ルウェリン・アプ・グリフィズのグウィネッズ支配，「ウェールズ大公」を自称(58)
1264	シモン・ド・モンフォールの反乱，議会(～65)
1272	エドワード1世(長脛王)即位(～1307)
1276	[W]第1次ウェールズ戦争(～77)
1282	[W]第2次ウェールズ戦争(～83)，ルウェリン・アプ・グリフィズ戦死
1286	[S]アレグザンダ3世没
1291	エドワード1世，スコットランド王位継承問題に介入
1294	ギエンヌ戦争(～97)
1295	パーラメントと聖職者会議の合同会議(模範議会)
	[S]フランスとのあいだに「古き同盟」
1296	イングランド・スコットランド戦争(～1328)
1301	王太子エドワード，ウェールズ公(Prince of Wales)に
1305	[S]ウォレス処刑
1309	フランス王フィリップ4世，教皇庁をアヴィニョンへ移す
1314	バノックバーンの戦い．ロバート・ブルース，エドワード2世を破る
1327	エドワード2世(1307～)廃位，エドワード3世即位(～77)
1329	[S]デイヴィッド2世即位(～71)，教皇が塗油の礼を認める
1337	百年戦争(～1453)
1340	エドワード3世，フランドルのガンでフランス王として戴冠
1346	クレシーの戦い，カレー攻囲戦(～47)
1348	黒死病(ペスト)流行(～50，以後も繰り返す)
1357	ベリック条約，スコットランド戦争(第2次)終結
1371	[S]ロバート2世即位(～90)，ステュアート朝開始
1376	善良議会
1377	ロンドンにおけるウィクリフ査問
1378	教会の大分裂(シスマ)
1381	ワット・タイラの乱
1399	リチャード2世(1377～)廃位。ヘンリ4世即位(～1413)，ランカスタ朝開始
1400	チョーサー没，著書に『カンタベリ物語』ほか
1415	ヘンリ5世(1413～22)，対仏戦争再開，アザンクールの戦い

1422		ヘンリ6世即位(～61, 70～71)
1431		ヘンリ6世，パリでフランス王として戴冠
1450		ケントにジャック・ケイドの一揆，一時ロンドンに拡大
		この頃グーテンベルク，活版印刷を開始
1453		ボルドー陥落，カレーを除き大陸領土を失う(百年戦争終結)
		コンスタンティノープル陥落，東ローマ帝国滅亡
1455		バラ戦争(～85)
1461		エドワード4世即位(～70, 71～83)，ヨーク朝開始
1476		キャクストン，イギリス最初の活版印刷を開始
1483		リチャード3世即位(～85)
1485		ボズワースの戦い。リッチモンド伯，ヘンリ7世として即位(～1509)，テューダ朝開始
1494		[I]ポイニングズ法
		イタリア戦争(～1559)
1496		パーキン・ウォーベックの反乱
1497		カボット，ニューファンドランドへ到達
1499		エラスムス訪英
1509	*4*	ヘンリ8世即位(～47)。*6* アラゴンのキャサリンと結婚
1516	*2*	メアリ(1世)誕生
	——	モア『ユートピア』
1517		ルターの宗教改革開始
1519		カール5世，神聖ローマ皇帝即位
1526	——	ティンダル英訳聖書
1529	*11*	宗教改革議会(～36)
1533	*4*	上訴禁止法。*5* アン・ブーリン戴冠。*9* エリザベス(1世)誕生
1534	*11*	国王至上法(国教成立)
1536	*4*	ウェールズ合同法。*5* アン・ブーリン処刑。ヘンリ8世，ジェイン・シーモアと結婚。小修道院解散。*10*「恩寵の巡礼」
1539	——	大修道院解散
1541	——	[I]ヘンリ8世，アイルランド王を称す(イングランドとアイルランドは同君連合)
1542	*12*	[S]ジェイムズ5世没，メアリ・ステュアート即位(～67)
1547	*1*	エドワード6世即位(～53)
1549	——	共通祈禱書。礼拝統一法。ケットの反乱
1553	*7*	メアリ1世即位(～58)
1554	*7*	メアリ，フィリップ(56年からスペイン王フェリペ2世)と結婚。イングランドの再カトリック化
1555		アウクスブルク宗教和議
1558	*1*	カレー陥落。*11* エリザベス1世即位(～1603)
1559	*4*	カトー・カンブレジ条約。*4* 国王至上法，礼拝統一法(国教会の再確立)
1560	——	[S]宗教改革進行
1562		フランス，ユグノー戦争(～98)
1563	*1*	39カ条の信仰箇条
	——	フォックス『殉教者の書』

年表 383

1567	2	[S]スコットランド女王メアリ，ボズウェルと結婚。7 [S]メアリ，廃位。ジェイムズ6世即位(～1625)
1568	——	王立取引所設立 ネーデルラント独立戦争(～1648)
1569	10	北部の反乱(～70)
1570	2	ローマ教皇ピウス5世，エリザベスを破門
1580	——	ドレイク，世界周航
1586	——	キャムデン『ブリタニア』
1587	2	メアリ・ステュアート処刑
1588	7	スペイン無敵艦隊の来襲
1594	——	アルスタの反乱(九年戦争)
1600	——	東インド会社設立。シェイクスピア『ハムレット』 ウィリアム・アダムズ，九州に渡来
1601	——	救貧法の集大成，チャリティ用益法
1603	3	ジェイムズ6世／1世即位(～25)，ステュアート朝開始(イングランドとスコットランドは同君連合)
1605	11	火薬陰謀事件
1607	——	スコットランド系プロテスタントのアルスタ植民開始。北アメリカにジェイムズタウン建設
1611	——	『欽定訳聖書』
1618		三十年戦争(～48)
1620	——	ピルグリム・ファーザーズ，プリマス(マサチューセッツ)に植民
1623		アンボイナ事件
1625	3	チャールズ1世即位(～49)
1628	3	権利の請願
1632	——	メリーランド植民地
1638	2	[S]国民盟約
1639	6	第1次主教戦争
1640	4～5	短期議会。7 第2次主教戦争。11 長期議会開会(～60)，ストラフォード伯弾劾
1641	7	星室裁判所・高等宗務裁判所廃止。10 アイルランドで反乱
1642	8	チャールズ1世挙兵，内戦開始
1643	9	[S]厳粛な同盟と契約
1645	1	ロード大主教処刑。2 ニューモデル軍編成。6 ネーズビの戦い
1647	10	平等派(レヴェラーズ)第1次人民協定，パトニ討論
1648	3	第2次内戦開始。12 長老派議員の追放(「ランプ議会」)
1649	1	チャールズ1世処刑。3 貴族院および王制廃止。5 イングランド共和国成立。8 クロムウェルのアイルランド侵攻
1650	7	クロムウェル，スコットランド侵攻
1651	1	[S]チャールズ2世戴冠(～85)。10 航海法
	——	ホッブズ『リヴァイアサン』
1652	5	第1次英蘭戦争(～54)
1653	12	統治章典，クロムウェル護国卿に就任(～58)
1660	5	王制復古

1661		ルイ14世の親政(～1745)
1662	5	礼拝統一法
1664	9	オランダからニューアムステルダム奪取，ニューヨークと改称
1665	2	第2次英蘭戦争(～67)。5 ロンドンでペスト大流行
1666	9	ロンドン大火
1667		ミルトン『失楽園』
1673	3	審査法
1675	——	グリニッジ天文台設立。レン，セント・ポール大聖堂の再建開始
1679	5	王位継承排除法案審議(～80)。5 人身保護法
1681	3	ウィリアム・ペン，北米ペンシルヴェニア植民地の特許
1685	2	ジェイムズ2世即位(～88)。6 マンマス公の反乱
1687	——	ニュートン『プリンキピア』
1688	6	王太子誕生。11 オラニエ公ウィレム3世上陸。12 ジェイムズ2世亡命(「名誉革命」～89)
		アウクスブルク同盟戦争(九年戦争，～97)
1689	2	権利宣言，ウィリアム3世(～1702)・メアリ2世(～94)即位。4 [S]権利要求。12 権利章典
	——	ロック『統治二論』
1690	7	ボインの戦い
1694	7	イングランド銀行設立
1697	9	ライスワイク条約
1701	6	王位継承法
		スペイン継承戦争(～13)
1702	3	アン女王即位(～14)。5 スペイン継承戦争参戦(アン女王戦争)
1707	5	イングランドとスコットランド合同(グレートブリテン王国成立)
1713		ユトレヒト条約(～14)
1714	8	ハノーファ選帝侯，ジョージ1世として即位(～27)，ハノーヴァ朝開始(グレートブリテンとハノーファは同君連合)
1715	9	国内の騒擾に続き，ジャコバイトの反乱
1719	——	デフォー『ロビンソン・クルーソー』
1720	——	南海泡沫事件。株式会社禁止法(泡沫禁止法)
1721	4	ウォルポール，第一大蔵卿(首相)に就任(～42)
1726	——	スウィフト『ガリヴァー旅行記』
1727	6	ジョージ2世即位(～60)
1731	——	『ジェントルマンズ・マガジン』創刊
1736	——	エディンバラでポーティアス事件
1739	10	「ジェンキンズの耳の戦争」始まる
1740		オーストリア継承戦争(ジョージ王戦争，～48)
1745	7	ジャコバイトの反乱(～46)
	——	ホーガース「当世風の結婚」
1752	9	新暦に移行
1753	——	英国博物館(BM)設立
1755	——	ジョンソン『英語辞典』
1756		七年戦争(～63)

1760	*10*	ジョージ3世即位(~1820)
1763	*2*	パリ条約。*4* ウィルクス事件(~74)
1765	*3*	印紙法
1767	——	タウンゼンド諸法
1769	——	ワット,蒸気機関の改良(84年に複動回転蒸気機関)
1773	*5*	東インド会社規制法。*12* ボストン茶会事件
1775	*4*	アメリカ独立戦争(~83)
1776	*7*	アメリカ独立宣言
	——	スミス『諸国民の富』。ペイン『コモンセンス』
1779	——	ヨークシャ運動
1780	*6*	ゴードン暴動
1782	——	[I]ポイニングズ法撤廃。グラタン議会
1783	*9*	パリ条約,ヴェルサイユ条約。*12* 第1次ピット内閣(~1801)
1784	*3*	インド法
1786	——	英仏通商条約
1789	*5*	マンチェスタに蒸気機関紡績工場
	——	ベンサム『道徳および立法の諸原理序説』
		ワシントン,初代アメリカ大統領に就任。フランス革命
1791	——	[I]ユナイテッド・アイリッシュメン結成
1793	*2*	第1回対仏大同盟
1795	——	スピーナムランド制度
1799	*6*	第2回対仏大同盟
1800	*3*	アイルランド合同法により1801. *1-1*より連合王国成立
	——	ロバート・オウエン,ニューラナーク工場村設立
1802	*3*	アミアン和約
1804	*5*	第2次ピット内閣(~06)
1805	*8*	第3回対仏大同盟。*10* ネルソン,トラファルガー沖にてフランス・スペイン軍を破る
1806	*11*	ベルリン勅令により大陸封鎖
1807	*3*	イギリス帝国内の奴隷貿易禁止
1808		長崎フェートン号事件
1811	*2*	王太子ジョージ,摂政となる
	——	ラダイト運動,ノッティンガムで始まる
1812	*6*	1812年戦争(米英戦争)
1813	——	東インド会社の独占廃止
1814	*9*	ウィーン会議(~15)
	——	スティーヴンソン,蒸気機関車を開発
1815	*3*	穀物法。*6* ワーテルローの戦い。ウィーン議定書
1819	*2*	ラッフルズ,シンガポール占領。*8*「ピータールーの虐殺」
1820	*1*	ジョージ4世即位(~30),翌年にかけてキャロライン王妃事件
1823	——	[I]オコンネル,カトリック同盟創設
1825	——	ストックトン-ダーリントン間鉄道開通
1828	——	審査法・自治体法廃止
1829	——	カトリック解放法

1830	6	ウィリアム4世即位(～37)。8 スウィング暴動。9 リヴァプール-マンチェスタ間鉄道開通。11 ホウィグ党グレイ内閣(～34)
		フランス七月革命
1832	6	第1次選挙法改正
1833	8	イギリス帝国内の奴隷制禁止。8 工場法
	——	東インド会社の貿易停止
1834	8	救貧法改正(新救貧法)
1837	6	ヴィクトリア女王即位(～1901)。ハノーファとの同君連合解消
1838	5	人民憲章(チャーティスト運動)
1839	3	ロンドンで反穀物法同盟
1840	4	アヘン戦争(～42)
1841	9	第2次ピール内閣(～46)
1842	——	チャドウィック『イギリス労働貧民の衛生状態に関する報告書』
		南京条約
1845	——	[I]ジャガイモ飢饉(～49)
	——	ディズレーリ『シビル』
1846	6	穀物法廃止
1848	7	[I]青年アイルランド党蜂起
		大陸で二月革命,三月革命
1849	6	航海法廃止
1851	5	ロンドンで第1回万国博覧会開催
1853		クリミア戦争(～56)
1854	3	クリミア戦争参戦
		日英和親条約
1856	10	アロー戦争(第2次アヘン戦争,～60)
1857		インド大反乱(～58)
1858	8	インド法(東インド会社解散,インドを直接支配)
		日英修好通商条約
1859	——	スマイルズ『自助』。ダーウィン『種の起源』。J. S. ミル『自由論』
1861		アメリカ南北戦争(～65)
1862		幕府遣欧使節団,滞英
1867	7	カナダ連邦(自治領)成立。8 第2次選挙法改正
1868	2	第1次ディズレーリ保守党内閣(～*12*)。*12* 第1次グラッドストン自由党内閣(～74)
1869		スエズ運河開通
1870	1	英仏通商条約。8 初等教育法。8 [I]第1次アイルランド土地法
		普仏戦争
1872		岩倉使節団,滞英
1874	2	第2次ディズレーリ保守党内閣(～80)
1877	1	ヴィクトリア女王,「インド皇帝」宣言
1880	4	第2次グラッドストン自由党内閣(～85)
	——	教育法(就学の義務化)
1881	8	[I]第2次アイルランド土地法
		第1次ボーア戦争。エジプトでアラービー・パシャの反乱。スーダン

		でマフディーの反乱
1882	*9*	イギリス軍，エジプトを単独占領
1883	——	社会民主連盟成立
1884	——	フェビアン協会結成
	——	*New English dictionary*（のちの*OED*）第1分冊刊行
	11	第3次選挙法改正
1885	*1*	*DNB*（*Dictionary of national biography*）第1巻刊行
1886	*1*	*EHR*（*English Historical Review*）第1巻第1号刊行。*2* 第3次グラッドストン自由党内閣（～*12*）。*4*［I］第1次アイルランド自治法案・土地購入法案。*7* ユニオニスト分裂し，ソールズベリ保守党内閣（～92）
	——	チャールズ・ブースのロンドン社会調査開始
1887	*4*	第1回植民地会議開催。*6* ヴィクトリア女王即位50周年式典
1892	*8*	第4次グラッドストン自由党内閣（～94）
1893	*1*	ケア・ハーディ，独立労働党を創設。*9*［I］第2次アイルランド自治法案（貴族院で否決）
1898		ファショダ事件
1899	*10*	第2次ボーア戦争（南アフリカ戦争，～1902）
1900	*2*	労働代表委員会の結成
1901	*1-1*	オーストラリア連邦（自治領）成立。*1-22* エドワード7世即位（～10）。*7* タフ・ヴェール判決
1902	*1-30*	日英同盟
1904	*4-8*	英仏協商
1907	*4-15*	第5回植民地会議開催（以降，帝国会議と改称），ニュージーランド（自治領）成立。*8-31* 英露協商・三国協商
1908	*4*	アスキス自由党内閣（～15）
	——	老齢年金法
1910	*4-28*	ロイド゠ジョージの人民予算。議会法案（～11）。*5-6* ジョージ5世即位（～36）。*5-31* 南アフリカ連邦（自治領）成立
1911	*8*	国民保険法
1914	*8-4*	第一次世界大戦参戦（～18）。*9-18* 第3次アイルランド自治法案可決（実施は戦後まで延期）
1915	*5-25*	連立内閣（アスキス首相）
1916	*4-24*	［I］ダブリンにてイースタ蜂起。*12* アスキス辞任にともない，ロイド゠ジョージ首相（～22）
1917	*7-1*	英王室，名称を「ウィンザ家」に変更
		ロシア革命
1918	*2-6*	第4次選挙法改正（30歳以上の女性参政権実現）。*11-11* 第一次世界大戦終結
1919	*1-18*	パリ講和会議（～*6-28*）。*4-13* アムリトサル事件。*12-23* インド統治法実施
1920	*12-23*	［I］アイルランド統治法（南北分割）
1921	*12-6*	［I］英・アイルランド条約調印（アイルランド自由国創設）
	——	ロンドン大学に歴史学研究所（IHR）設立
1922	*6*	［I］アイルランド内戦（～23.*5*）

1924	*1-22*	初の労働党内閣,マクドナルド首相(~*10*)
1926	*5-3*	ゼネラル・ストライキ。*10-19* 帝国議会,バルフォア報告書
1927	*1*	*Economic History Review* 第1巻第1号刊行
1928	*7-2*	男女とも,21歳以上に投票権付与
1929	*6-5*	第2次マクドナルド労働党内閣(~*31*)
		世界恐慌
1931	*8-25*	挙国一致政府。*9-21* 金本位制廃止。*12-11* ウェストミンスタ憲章
1932	*2-29*	保護関税法,自由貿易体制から離脱。*7-21* オタワ帝国経済会議(帝国特恵制度の導入)
1936	*12-10*	エドワード8世(36. *1-20*~)退位,ジョージ6世即位(~*52*)
	——	ケインズ『雇用・利子および貨幣の一般理論』。ペンギン・ブックス創刊
1938	*9-29*	ミュンヘン会談
1939	*4-27*	徴兵制導入。*9-3* 対独宣戦布告,第二次世界大戦(~*45*)
1940	*5-10*	チャーチル首相,挙国体制(~*45*)
1941	*8-14*	大西洋憲章
1942	*12-1*	ベヴァリッジ報告書(社会保障構想)
1945	*2*	ヤルタ会談。*5-8* ドイツ降伏。*7-17* ポツダム会談。*7-27* アトリー労働党内閣(~*51*)。*8-15* 日本降伏
1946	*3-1*	イングランド銀行国有化。*3-5* チャーチル,「鉄のカーテン」演説。*8-1* 国民保険法。*11-6* 国民医療制度法
1947	*1-1*	基幹産業の国有化開始。*8-15* インドとパキスタン独立
1949	*4-4*	北大西洋条約(*8-24* 発効)。*4-18* アイルランド共和国(エール)成立
1951	*2-15*	鉄鋼業国有化。*10-26* 第2次チャーチル保守党内閣(~*55*)
		サンフランシスコ講和条約
1952	*2-6*	エリザベス2世即位(~現在)。*10-3* モンテ・ベロ島で初の原爆実験
	——	*Past & Present* 第1号刊行
1955	*4-6*	イーデン保守党内閣(~*57*)
1956	*10~12*	スエズ戦争
		スターリン批判。ハンガリー事件
1957	*1-10*	マクミラン保守党内閣(~*63*)。*3-6* ガーナ独立
1958	——	反核運動高揚,CND(核非武装行動)結成
		EEC(ヨーロッパ経済共同体)発足
1960	*10-1*	ナイジェリア独立
	——	ビートルズ結成(~*70*)
1961	*8-10*	EEC加盟申請
1963	*10-18*	マクミラン辞任,ヒューム保守党内閣(~*64*)。*12-12* ケニア独立
1964	*10-11*	ポンド危機。*10-16* 第1次ウィルソン労働党内閣(~*70*)
1965		ヴェトナム戦争(~*75*)
1967	*5-2*	EEC加盟申請(*11-27* 拒絶)。*11-18* ポンド切下げ
		EC(ヨーロッパ共同体)発足
1968	——	北アイルランド紛争(~*94*)
1969	*4-17*	18歳以上に選挙権付与。*12-16* 死刑制度廃止
1970	*6-19*	ヒース保守党内閣(~*74*)
1971	*2-15*	通貨十進法への切替

1972	*1-30*	北アイルランドで「血の日曜日事件」。*3-24* 北アイルランド自治停止
1973	*1-1*	EC正式加盟。*11-13* 石油危機の非常事態宣言
1974	*3-4*	第2次ウィルソン労働党内閣(～76)
1976	*3-5*	ポンド危機。*4-5* キャラハン労働党内閣(～79)
1979	*3-1*	[S・W]地方分権の国民投票,不成立。*5-4* サッチャ保守党内閣(～90) イラン革命
1981	*4*	ロンドン・ブリクストン地区で大規模騒擾。*7-29* チャールズ王太子,ダイアナ・スペンサと結婚
1982	*4-2～6-14*	フォークランド戦争
1984	*3-12*	石炭労組,全国でストライキ。*12-19* 香港の返還協定調印
1985	*7-16*	地域自治法(大ロンドン府,大マンチェスタ府など廃止)
1990	*3-31*	コミュニティ・チャージ(人頭税)導入(*4-1*)に対する反対運動。*10-30* ユーロトンネル貫通。*11* サッチャ辞任,メイジャ保守党内閣(～97) 南アフリカでマンデラ釈放(アパルトヘイト撤廃)。ドイツ統一
1991		湾岸戦争。ソ連解体
1993	*8-2*	マーストリヒト条約批准(EU加盟)。*12-15* イギリス・アイルランド和平共同宣言
1994	*8-31*	IRA(アイルランド共和軍),テロ活動停止宣言。*9* 第1回日英歴史家会議(AJC)開催 南アフリカでマンデラ大統領選出
1997	*5*	総選挙で労働党圧勝,ブレア労働党内閣(～2007)。*7* 香港返還。*8* ダイアナ元妃事故死。*9* [S・W]地方議会開設についての国民投票,賛成多数
1998	*4-10*	北アイルランド紛争をめぐる和平合意
1999	*11-6*	オーストラリア,国民投票により立憲君主制維持。*12-2* 北アイルランドで自治政府発足
	——	貴族院の改革(世襲貴族の議員資格を大幅に制限)
2001	——	家畜に口蹄疫大流行 アメリカで同時多発テロ(9.11事件)
2003	*3-20*	イギリス軍,イラク進軍開始
2005	*7-7*	ロンドン中心部で爆弾テロ
2007	*6-27*	ブレア辞任,ブラウン労働党内閣(～10)
2008	——	金融危機拡大(世界不況)
2010	*5-11*	保守党・自由民主党連立内閣(キャメロン首相)

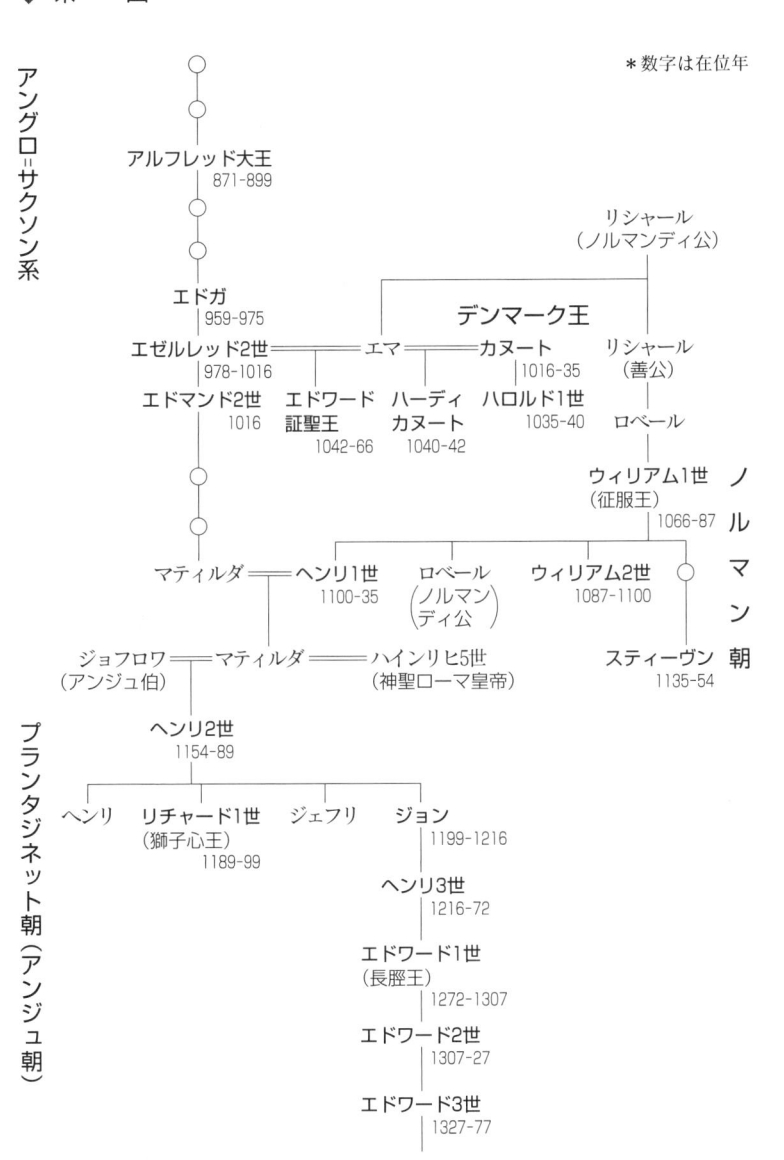

◆ 系　図

*数字は在位年

アングロ=サクソン系

○
│
アルフレッド大王
871-899
│
○
│
エドガ
959-975
│
○
│
エゼルレッド2世 ══ エマ ══ カヌート
978-1016　　　　　　　　1016-35

エマの系統：
- エドマンド2世 1016
- エドワード証聖王 1042-66
- ハーディカヌート 1040-42
- ハロルド1世 1035-40

リシャール（ノルマンディ公）
│
├─ デンマーク王（カヌートと結婚したエマの系統）
└─ リシャール（善公）
    │
    ロベール
    │
    ウィリアム1世（征服王）
    1066-87

ノルマン朝

エドマンド2世の系統：
○
│
○
│
マティルダ ══ ヘンリ1世
　　　　　　　1100-35

ウィリアム1世の子：
- ロベール（ノルマンディ公）
- ウィリアム2世 1087-1100
- ヘンリ1世 1100-35
- （娘）══ スティーヴン 1135-54

プランタジネット朝（アンジュ朝）

ジョフロワ（アンジュ伯）══ マティルダ ══ ハインリヒ5世（神聖ローマ皇帝）
│
ヘンリ2世
1154-89
│
├─ ヘンリ
├─ リチャード1世（獅子心王）1189-99
├─ ジェフリ
└─ ジョン 1199-1216
　　│
　　ヘンリ3世 1216-72
　　│
　　エドワード1世（長脛王）1272-1307
　　│
　　エドワード2世 1307-27
　　│
　　エドワード3世 1327-77

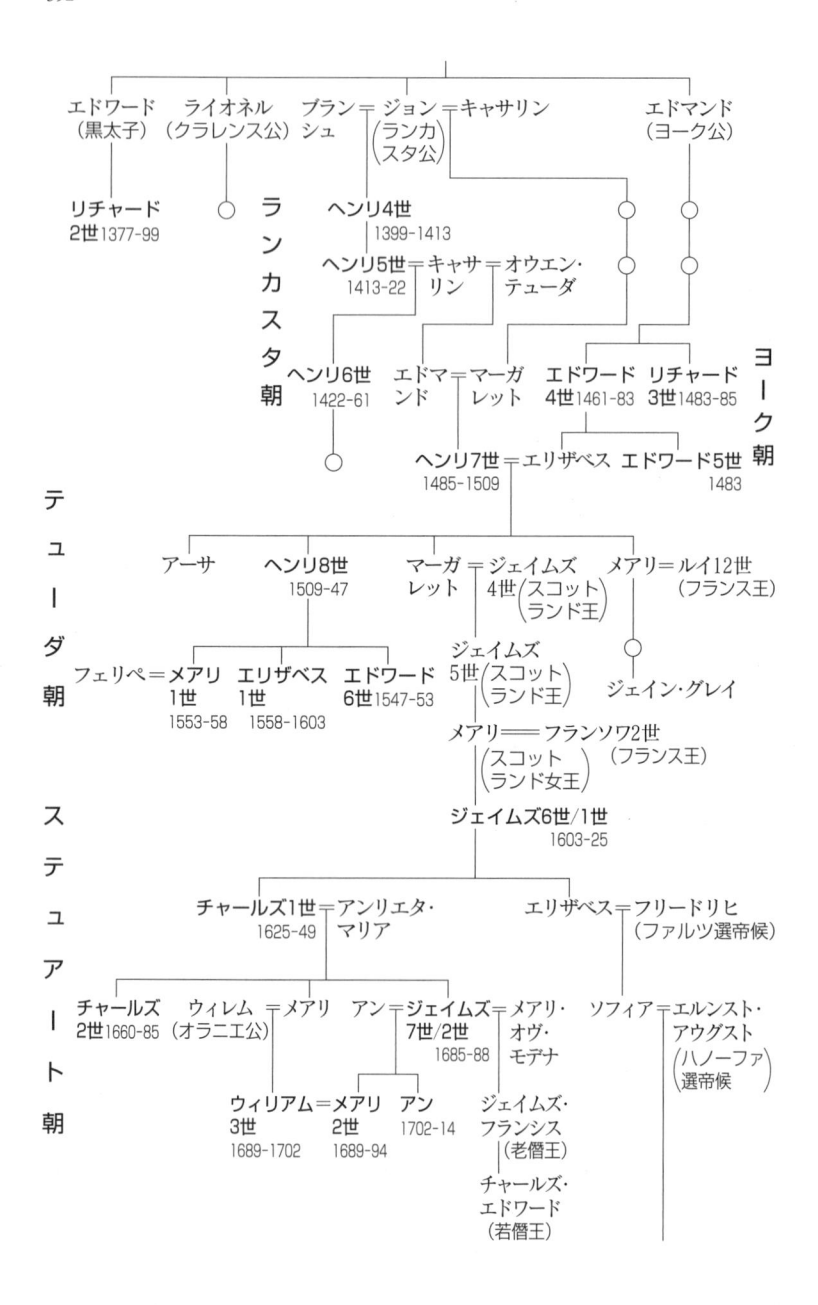

```
                    エドワード    ライオネル    ブラン ジョン   キャサリン            エドマンド
                    (黒太子)      (クラレンス公) シュ  (ランカ             (ヨーク公)
                                                     スタ公)

                    リチャード            ヘンリ4世                ○       ○
                    2世 1377-99           1399-1413
         ラ
         ン                                ヘンリ5世=キャサ  オウエン・      エドワード リチャード
         カ                                1413-22   リン    テューダ        4世 1461-83 3世 1483-85
         ス                                                                                          ヨ
         タ                                ヘンリ6世   エドマ=マーガ                                   ー
         朝                                1422-61    ンド  レット                                   ク
                                                                                                    朝
                                              ○      ヘンリ7世=エリザベス エドワード5世
                                                     1485-1509            1483

テ
ュ        アーサ ヘンリ8世         マーガ =ジェイムズ     メアリ=ルイ12世
ー              1509-47           レット  4世(スコット        (フランス王)
ダ                                        ランド王)
朝
         フェリペ=メアリ エリザベス エドワード  ジェイムズ                ○
                1世     1世     6世 1547-53 5世(スコット
                1553-58 1558-1603         ランド王)         ジェイン・グレイ

                                          メアリ===フランソワ2世
                                          (スコット     (フランス王)
                                          ランド女王)

                                          ジェイムズ6世/1世
                                          1603-25

ス              チャールズ1世=アンリエタ・                     エリザベス=フリードリヒ
テ              1625-49      マリア                                  (ファルツ選帝候)
ュ
ア     チャールズ ウィレム=メアリ アン=ジェイムズ=メアリ・   ソフィア=エルンスト・
ー     2世 1660-85 (オラニエ公)       7世/2世  オヴ・            アウグスト
ト                                   1685-88  モデナ            (ハノーファ
朝                                                              選帝候)
           ウィリアム=メアリ アン        ジェイムズ・
           3世        2世  1702-14    フランシス
           1689-1702 1689-94          (老僭王)

                                      チャールズ・
                                      エドワード
                                      (若僭王)
```

系図 393

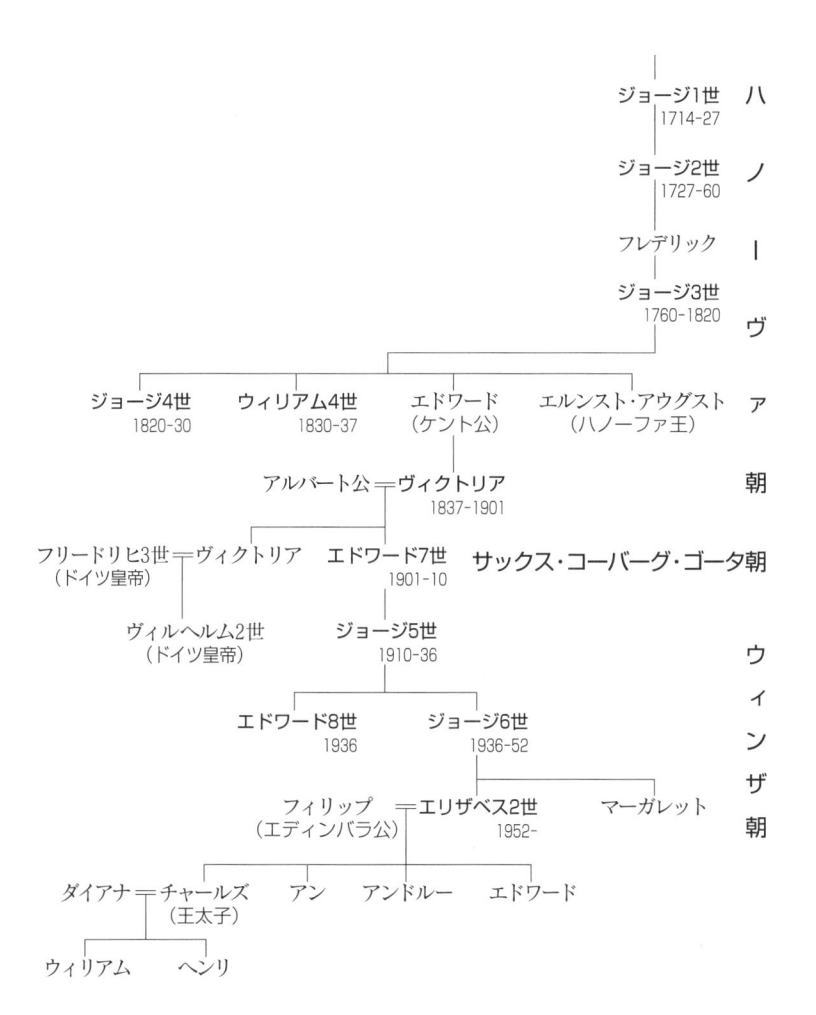

```
                                                    │
                                               ジョージ1世    ハ
                                               │1714-27
                                               │
                                               ジョージ2世    ノ
                                               │1727-60
                                               │
                                               フレデリック    ー
                                               │
                                               ジョージ3世    ヴ
                                               1760-1820
```

ジョージ4世　　ウィリアム4世　　エドワード　　　エルンスト・アウグスト　　ア
1820-30　　　　1830-37　　　　（ケント公）　　（ハノーファ王）

　　　　　　　　　　　アルバート公＝ヴィクトリア　　　　　　　　　　　　　朝
　　　　　　　　　　　　　　　　　1837-1901

フリードリヒ3世＝ヴィクトリア　　エドワード7世　　**サックス・コーバーグ・ゴータ朝**
（ドイツ皇帝）　　　　　　　　　　1901-10

　　ヴィルヘルム2世　　　　　ジョージ5世
　　（ドイツ皇帝）　　　　　　1910-36　　　　　　　　　　　　　　　　　ウ

　　　　　　　　　　エドワード8世　　ジョージ6世　　　　　　　　　　　　ィ
　　　　　　　　　　1936　　　　　　1936-52
　　　　　　　　　　　　　　　　　　　　　　　　　　　　　　　　　　　　ン

　　　　　　　　　　　フィリップ　＝エリザベス2世　　マーガレット　　　　ザ
　　　　　　　　　　　（エディンバラ公）　1952-
　　　　　　　　　　　　　　　　　　　　　　　　　　　　　　　　　　　　朝

ダイアナ＝チャールズ　　アン　　アンドルー　　エドワード
　　　　　（王太子）

ウィリアム　　ヘンリ

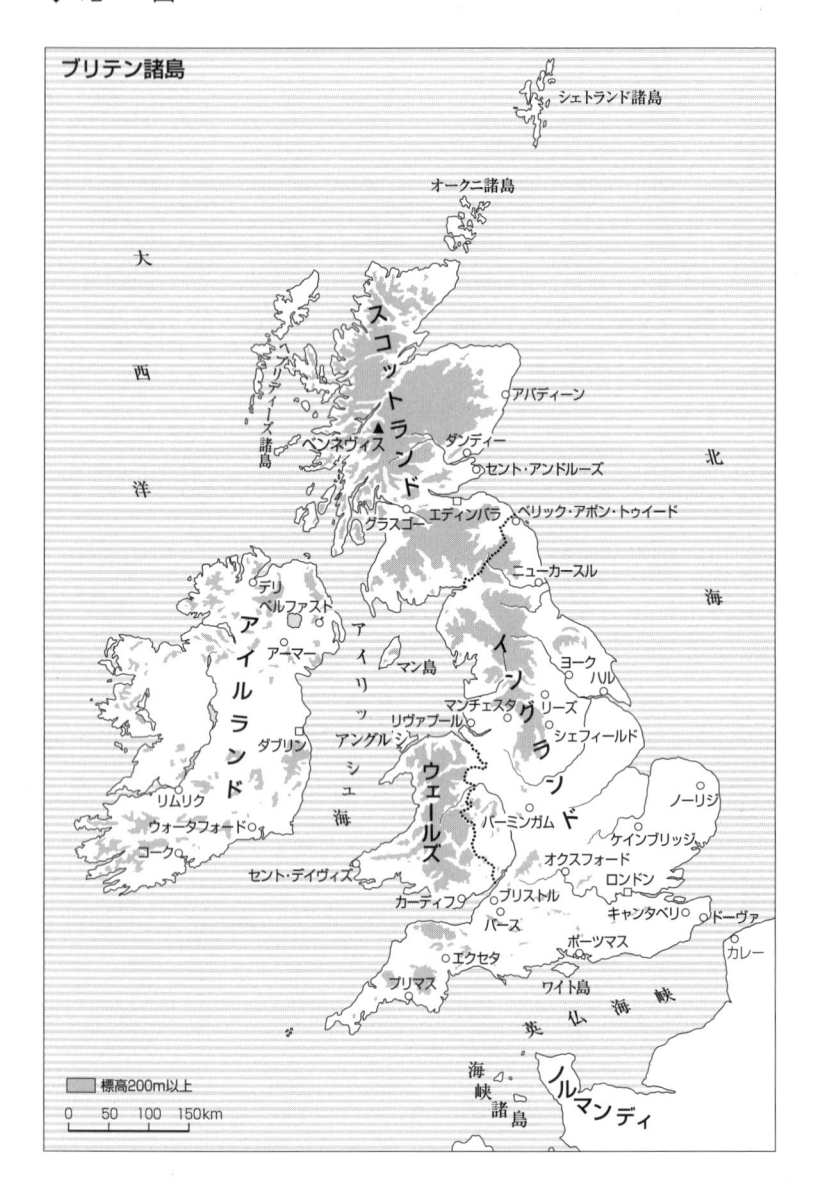

◆ 地　図

ブリテン諸島

シェトランド諸島
オークニ諸島
大西洋
スコットランド
アバディーン
ヘブリディーズ諸島
ベンネヴィス ▲
ダンディー
セント・アンドルーズ
グラスゴー
エディンバラ
ベリック・アポン・トゥイード
北海
ニューカースル
デリー
ベルファスト
アーマー
アイルランド
マン島
アイリッシュ海
ヨーク
ハル
マンチェスター
リヴァプール
リーズ
シェフィールド
アングルシー
ダブリン
イングランド
リムリク
ウォーターフォード
ノーリジ
ケインブリッジ
ウェールズ
バーミンガム
コーク
オクスフォード
ロンドン
セント・デイヴィズ
キャンタベリ
カーディフ
ブリストル
ドーヴァ
バース
カレー
エクセタ
ポーツマス
プリマス
ワイト島
英仏海峡
海峡諸島
ノルマンディ

■ 標高200m以上
0　50　100　150km

◆ 人名索引

ア行

アウグスティヌス　Augustine, St　36
アーガイル公キャンブル(第2代)
　Campbell, J., 2nd duke of Argyll　193
アーガイル公キャンブル(第3代)
　Campbell, A., 3rd duke of Argyll　193
アーガイル伯キャンブル(第5代)
　Campbell, A., 5th earl of Argyll　187
アクトン卿　Acton, J., 1st baron Acton　16
アシュ　Ash, M.　181
アスキス　Asquith, H. H.　147, 148, 157, 159
アースキン　Erskine, J., 2nd earl of Mar　192
アストン　Aston, T. H.　75
アダムズ(三浦按針)　Adams, W.　275
アディソン　Addison, J.　111
アトリー　Attlee, C.　163, 165, 166, 178
アーノルド　Arnold, T.　132
アルバート公　Albert of Saxe-Coburg-Gotha　146
アルフレッド　Alfred the Great　38, 39
アンセルム　Anselm, St　62
アンダーソン　Anderson, P.　140
イエイツ　Yeats, W. B.　224
イズレイル　Israel, J. I.　264
イーデン　Eden, A.　163, 166, 169
イニコリ　Inikori, J. E.　280
イングリス　Inglis, K. S.　256
ヴァージル　Vergilius　58
ヴィクトリア女王　Victoria　146
ウィートリ　Wheatley, J.　159
ウィーナ　Wiener, M. J.　140
ウィリアム(マームズベリの)　William of Malmesbury　32
ウィリアム1世(征服王)　William I (the Conqueror)　27
ウィリアム3世(オラニエ公ウィレム)
　William III　103, 191, 210, 211, 264, 265
ウィリアムズ　Williams, E.　280
ウィルクス　Wilkes, J.　115
ウィルソン　Wilson, H.　167, 168, 197, 292
ウィルバフォース　Wilberforce, S.　142
ウィルバフォース　Wilberforce, W.　132, 270, 282
ウェズリ　Wesley, C.　269
ウェズリ　Wesley, J.　256, 269, 270
ウェーバー　Weber, M.　256
ウォーターズ　Waters, A.　174
ウォーバートン　Warburton, W.　268
ウォーベック　Warbeck, P.　89
ウォーラーステイン　Wallerstein, I.　135, 276
ウォリス　Wallace, W.　195
ウォルポール　Walpole, H.　118
ウォルポール　Walpole, R.　113, 241
ウォレス　Wallace, A. R.　150
ウルジ　Wolsey, T.　89, 90
ウルトン伯　Marquis, F., 1st earl of Woolton　164
ウルフスタン　Wulfstan　38, 44
エセルスタン　Athelstan　40, 71
エセルレッド2世　Ethelred II (the Unready)　42, 46, 47, 53, 61
エドガ　Edgar　39, 41, 43, 46
エドワード(兄王)　Edward (the Elder)　40
エドワード1世　Edward I　55, 57, 66, 69, 76, 79, 195, 199
エドワード2世　Edward II　199
エドワード3世　Edward III　67, 73
エドワード4世　Edward IV　88, 184
エドワード6世　Edward VI　92, 187
エドワード7世　Edward VII　147, 148
エリオット　Elliott, J. H.　18
エリザベス1世　Elizabeth I　73, 89, 93-95, 97, 98, 102, 187, 237, 260
エルトン　Elton, G. R.　20, 80, 90
エンゲルス　Engels, F.　17, 135
オウェイン・グリンドゥール　Owain

Glyndwr (Owen Glendower) 79
オウエン Owen, R. 131, 201
オゴアマン O'Gorman, F. 243
オコンネル O'Connell, D. 133, 216-218, 222
オットー1世 Otto I 41
オニール O'Neill, H., 3rd earl Tyrone 72, 206
オールコック Alcock, R. 284

カ行
ガーシェンクロン Gerschenkron, A. 135
カーゾン Curzon, G. 157
カーティン Curtin, P. D. 280
カヌート Cnut 27, 41, 44, 55, 73
カーライル Carlyle, T. 131
カルヴァン Calvin, J. 90
カルドア Kaldor, N. 167
ガルブレイス Galbraith, V. H. 166
ガンディー Gandhi, M. K. 289
キッド Kidd, C. 181
キノック Kinnock, N. 177
ギボン Gibbon, E. 15, 118
ギャスケル Gaskell, E. 135
キャナダイン Cannadine, D. 140, 293
ギャラハ Gallagher, J. 272, 286
キャラハン Callaghan, J. 155, 173
キャンブル=バナマン Campbell Bannerman, H. 178, 196
キャンベル Campbell, J. 45
ギリンガム Gillingham, J. 45
ギルダス Gildas 33
グイン Gwynn, R. 265, 266
グスルム Guthrum 38
グッダー Goodare, J. 253
クラーク Clark, J. C. D. 105, 119, 132, 133, 257, 258
クラーク Clarke, P. 154, 155
クラークソン Clarkson, T. 132
グラッドストン Gladstone, W. E. 147, 175, 220-222, 247
クラーフツ Crafts, N. F. R. 135
クラレンドン伯 Hyde, E., 1st earl of Clarendon 15
グランヴィル Glanvill, R. 70
クランマ Cranmer, T. 259
クリップス Cripps, S. 168, 169

グリフィス Griffith, A. 225
グリーン Green, T. H. 148, 151
グリーンウッド Greenwood, A. 163
グレイ伯 Grey, C., 2nd earl Grey 244
クレイドン Claydon, T. 258, 265
グレゴリ Gregory, J. 267
クレシ Cressy, D. 260
グロステスト Grosseteste, R. 59, 67
クロスランド Crossland, A. 166
クロムウェル Cromwell, O. 101, 102, 189, 209-211, 274
クロムウェル Cromwell, R. 190
クロムウェル Cromwell, T. 90
ゲイ Gay, J. 111
ゲイツケル Gaitskell, H. 166, 168, 171
ケイン Cain, P. J. 286
ケインズ Keynes, J. M. 155, 158, 160, 161, 164, 165, 168
ケニス・マカルピン Kenneth MacAlpin 39
ケネディ Kennedy, J. F. 171
ケリ Kelly, J. 213
ゲルツェン Gertsen, A. I. 152
ゲルマヌス Germanus 36
コス Coss, P. R. 74
コスミンスキー Kosminsky, E. A. 76
コックス Cox, J. 270
コブデン Cobden, R. 131, 282
コリ Colley, L. 126, 257, 258, 293
ゴールディ Goldie, M. 266
ゴルトン Galton, F. 150
コルンバヌス Columba, St 37

サ行
サイクス Sykes, N. 256
サイード Said, E. W. 292
サースク Thirsk, J. 18
サッチャ Thatcher, M. 155, 156, 172, 174-178, 198, 292
サトウ Satow, E. 284
サマセット公 Seymour, E., 1st duke of Somerset 186
ジェイ Jay, D. 168
ジェイムズ1世 James I 185
ジェイムズ2世 James II 185
ジェイムズ3世 James III 56, 183-185
ジェイムズ4世 James IV 184, 185

人名索引　397

ジェイムズ6世(ジェイムズ1世)　James VI / I　56, 95-98, 187, 188
ジェイムズ7世(ジェイムズ2世)　James VII / II　103, 107, 191, 210, 211, 240, 262, 264
ジェヴォンズ　Jevons, W. S.　151
ジェラルド(ウェールズの)　Gerald of Wales　32
ジェンキンズ　Jenkins, R.　171
シボルド　Sibbald, R.　191
シャフツベリ伯(第1代)　Cooper A.A., 1st earl of Shaftesbury　103
シャフツベリ伯(第7代)　Cooper A.A., 7th earl of Shaftesbury　132
シャルルマーニュ　Charlesmagne　33
ジョイス　Joyce, J.　229
ショウ　Shaw, B.　151
ジョージ1世　George I　212
ジョージ2世　George II　212
ジョージ3世　George III　114, 232, 241, 244
ジョーゼフ　Joseph, K.　174
ジョリフ　Jolliffe, J. E. A.　35
ジョン　John　51, 54, 66, 72
ジョンストン　Johnston, T.　197
ジョンソン　Johnson, S.　111, 118
シルヴァ　Silver, A. W.　283
スウィフト　Swift, J.　111
スカーギル　Scargill, A.　173
スケアリスブリック　Scarisbrick, J. J.　259
スコット　Scott, C. P.　157
スコット　Scott, W.　181
スタッブズ　Stubbs, W.　67, 233
スタティウス　Statius　58
スターリン　Stalin, I. V.　168
スティーヴン　Stephen　65
スティーヴンズ　Stevens, J.　220
スティール　Steele, R.　111
ステュアート　Steuart, J.　193
ステュアート　Stewart, M.　167
スノウデン　Snowden, P.　159, 161, 162
スパフォード　Spufford, M.　259
スペンサ　Spencer, H.　150
スマウト　Smout, T. C.　182, 191
スミス　Smith, A.　117, 133, 155, 193
スミス　Smith, T.　83
セシル　Cecil, W., 1st baron Burghley　187
セッカ　Secker, T.　267
ソウル　Saul, S. B.　286
ソールズベリ侯　Cecil, R. G., 3rd marquess of Salisbury　247
ソールト　Salt, T.　138

タ行
ダイア　Dyer, H.　285
タイアク　Tyacke, N.　260
タイトラ　Tytler, P. F.　181
ダーウィン　Darwin, C.　142
ダフィ　Duffy, E.　256, 259
ダンスタン　Dunstan, St　41
ダンダス(メルヴィル子爵)　Dundas, H., 1st viscount Melville　193
ダンダス　Dandas, R.　193
チェインバーズ　Chambers, R.　142
チェンバレン　Chamberlain, J.　147, 151, 162, 248, 286
チェンバレン　Chamberlain, N.　162, 163
チャウドリ　Chaudhuri, K. N.　274
チャーチル　Churchill, W.　157, 160, 163-166, 168, 169, 197, 255
チャドウィク　Chadwick, E.　136
チャドウィク　Chadwick, O.　256
チャーマーズ　Chalmers, T.　195
チャールズ1世　Charles I　81, 97-101, 189, 208, 261
チャールズ2世　Charles II　102, 103, 189, 210, 261-263
チャールズ王子(若王位僣称者)　Charles Edward Stuart (Young Pretender)　192
ディヴァイン　Devine, T. M.　182
デイヴィス　Davies, Rees R.　202
デイヴィス　Davies, Russell　202
デイヴィス　Davis, J　172
デイヴィス　Davis, Ralph　275
デイヴィス　Davis, T.　217
デイヴィド1世　David I　47, 56, 65, 74
デイヴィド2世　David II　66
ディオクレティアヌス　Diocletianus　30
ディケンズ　Dickens, C.　135
ディズレーリ　Disraeli, B.　135, 147, 247

ティトー　Titow, J. Z.　76
テイラ　Taylor, A. J. P.　16, 154
デ・ヴァレラ　de Valera, E.　227, 289
デフォー　Defoe, D.　111
デュワー　Dewar, D.　199
ドイル　Doyle, A. C.　150
ドゴール　De Gaulle, C.　168, 170, 171
トーニー　Tawney, R. H.　83, 85
トマス　Thomas, K.　18, 201
トムソン　Thompson, A.　152
トムソン　Thompson, E. P.　18, 86, 104, 119, 134
トルーマン　Truman, H. S.　168
トレヴェリアン　Trevelyan, G. M.　16
ドーントン　Daunton, M. J.　201

ナ行

ナポレオン1世　Napoleon I (Bonaparte)　214
ナポレオン3世　Napoleon III　152
ニクソン　Nixon, R.　172
ニニアン　Ninian, St　36
ニューマン　Newman, J. H.　270
ニール　Neale, J. E.　237
ネイミア　Namier, L. B.　20, 113, 241
ノックス　Knox, J.　187, 188
ノーマン　Norman, M.　160

ハ行

ハイエク　Hayek, F. A.　156, 172, 174
ハイド　Hyde, D.　224, 225
ハインドマン　Hyndman, H. M.　148
ハウ　Howe, G.　174, 176, 177
バウイ　Bowie, K.　192
ハウェル　Hywel (the Good)　71
パウエル　Powell, E.　174
バーク　Burke, E.　118, 122, 130, 244
パークス　Parkes, H. S.　284
ハクスリ　Huxley, T. H.　142
ハーコン4世　Hakon IV　50
バジョット　Bagehot, W.　141
パターソン　Patterson, W. B.　260
バタフィールド　Butterfield, H.　16
バッキンガム公　Villiers, G., duke of Buckingham　97
バット　Butt, I.　221
ハットン　Hutton, R.　260
ハーディ　Hardie, K.　196

バトラ　Butler, R. A.　166
ハドリアヌス4世　Hadrianus IV　57
パトリック　Patrick, St　36
ハーネッティ　Harnetty, P.　283
バーネット　Burnet, G.　265
パーネル　Parnell, C. S.　147, 221-223, 225
ハバカク　Habakkuk, J.　201
パーマ　Palmer, R. P.　277
バリ　Barry, J.　118
ハリス　Harris, B.　151
ハリス　Harris, T.　265
ハーロー　Harlow, V. T.　280
ハロルド　Harold II　55
ピアース　Pearse, P.　224
ピゴット　Piggott, F. T.　285
ヒース　Heath, E.　170-174, 177
ビスマルク　Bismarck, O. E. L.　147, 152
ピット　Pitt, W. (the Younger)　122, 193, 244, 279
ヒューム　Hume, D.　193
ヒーリ　Healey, D.　173
ヒル　Hill, C.　18
ピール　Peel, R.　133, 137, 248, 250, 282
ヒルトン　Hilton, R. H.　18, 76
ファガソン　Ferguson, W.　191
フェイス　Faith, R.　75
フォスタ　Foster, R. F.　205
フォーセット　Fawcett, M.　158
フォーダン　John of Fordun　52, 66, 75
フォックス　Fox, C. J.　122, 244
フォックス　Foxe, J.　255
ブキャナン　Buchanan, G.　188
福澤諭吉　6, 7
フーコー　Foucault, M.　119
ブース　Booth, C.　146, 156
フット　Foot, M.　173
ブライト　Bright, J.　282
ブラウン　Brown, C. G.　271
ブラウン　Brown, G.　177, 179
ブラウン　Brown, P. H.　182
ブラクトン　Bracton, H.　70
プラット　Platt, D. C. M.　283
フランソワ1世　Francis I　79
フランソワ2世　Francis II　186, 187
ブラントン　Branton, H.　180, 284
ブリグズ　Briggs, A.　19

人名索引 399

ブリテン	Britten, B.	255
プリドー	Prideaux, H.	267
ブルーア	Brewer, J.	104, 120, 241
ブルックス	Brooks, C.	118
ブルネル	Brunel, I. K.	139
ブルーム	Brougham, H.	142, 244
ブレア	Blair, J.	45
ブレア	Blair, T.	155, 178, 179, 198, 252
ブレイ	Bray, T.	268
ヘイグ	Haigh, C.	259
ベイリ	Bayly, C. A.	281
ベイリン	Bailyn, B.	277
ペイン	Paine, T.	130
ベヴァリッジ	Beveridge, W.	157, 165
ベヴァン	Bevan, A.	165, 166
ベヴィン	Bevin, E.	163, 166, 168, 169
ペヴズナ	Pevsner, N.	16
ベケット	Becket, T.	48
ベケット	Beckett, J. C.	205
ヘースティングス	Hastings, W.	278
ヘゼルタイン	Heseltine, M.	175-177
ベーダ	Bede, St	28, 29, 32-34, 36, 40
ベネット	Bennett, G. V.	256
ペラギウス	Pelagius	36
ヘンダーソン	Henderson, A.	157, 158
ペンブルック伯	Herbert, W., 3rd earl of Pembroke	97
ヘンリ1世	Henry I	38, 54, 65, 66
ヘンリ2世	Henry II	51, 54, 57, 62, 68-70, 74
ヘンリ3世	Henry III	67, 71, 72
ヘンリ4世	Henry IV	59
ヘンリ6世	Henry VI	87
ヘンリ7世	Henry VII	88, 89, 91, 96
ヘンリ8世	Henry VIII	49, 68, 79, 89-94, 97, 186, 199, 205, 259
ホイットフィールド	Whitefield, G.	269
ボウエン	Bowen, H. V.	202
ホーガース	Hogarth, W.	267
ポーコック	Pocock, J. G. A.	16, 20, 111, 126, 183
ボズウェル	Boswell, J.	118
ポスタン	Postan, M. M.	76, 83
ポータ	Porter, A.	270
ポータ	Porter, B.	152
ポータ	Porter, R.	119, 268
ポープ	Pope, A.	111, 117
ホプキンズ	Hopkins, A. G.	286
ホブズボーム	Hobsbawm, E.	18
ホール	Hall, C.	292
ホルト	Holt, J. C.	59
ボールドウィン	Baldwin, S	161-164
ポンピドゥー	Ponpidou, G.	171

マ行

マカラック	MacCulloch, D.	259, 260
マキネス	Macinnes, A. I.	192
マクダーミッド	MacDiarmid, H.	197
マクドナルド(第1代宗主)	MacDonald, J., 1st lord of the Isles	184
マクドナルド(第4代宗主)	MacDonald, J., 4th lord of the Isles	184
マクドナルド	MacDonald, R.	159, 161, 162, 196, 250
マクブライト	McBride, I.	258
マクミラン	MacMillan, H.	166, 167, 169-171, 177
マクロスキ	McCloskey, D. N.	144
マコーミク	McCormick, J.	197
マコーリ	Macaulay, T. B.	15, 16
マーシャル	Marshall, A.	151
マーシャル	Marshall, J.	265
マーシャル	Marshall, P. J.	281
マッケンジ	MacKenzie, J. M.	292
マッツィーニ	Mazzini, G.	152
マリ伯	Stewart, J., 1st earl of Moray	187
マルクス	Marx, K.	6, 15, 17, 152
マルサス	Malthus, T.	137
マンク	Monck, G., 1st duke of Albemarle	190
ミーゼス	Mises, L.	156
ミチソン	Mitchison, R.	192
ミラ	Miller, J.	193
ミル	Mill, J. S.	137, 143, 148
ミルトン	Milton, A.	260
ミルナ	Milner, A.	157
メアリ(ギーズの)	Mary of Guise	186, 187
メアリ1世	Mary I	92
メアリ・ステュアート	Mary Stuart, Queen of Scots	186-188
メイジャ	Major, J.	177, 188
メイトランド	Maitland, F. W.	67

メイヒュ　Mayhew, H.　135
メッテルニヒ　Metternich, K. W. L. F.　152
モア　More, T.　90
モズリ　Mosley, O.　161
モリス　Morrice, R.　266
モリス　Morris, W.　139
モリソン　Morrison, H.　165
モリル　Morrill, J. S.　20
モレル　Morell, E.　285
モントローズ伯／侯　Graham, J., 5th earl & 1st marquess of Montrose　189, 190
モンフォール　Montfort, S. de　67, 234

ヤ行

ヤング　Young, B. W.　268
ユリウス2世　Julius II　90
ヨハネス22世　John XXII　72

ラ行

ライランズ　Rylands, J.　201
ラウントリ　Rowntree, S.　146, 156
ラスキン　Ruskin, J.　139
ラズボーン　Rathbone, E.　165
ラズレット　Laslett, P.　86
ラッセル　Russell, C.　20, 188, 238
ラッセル伯　Russell, J., 1st earl Russell　133
ラングフォード　Langford, P.　105, 113, 242
ランケ　Ranke, L.　6, 15
ランフランク　Lanfranc　57

リヴァプール伯　Jenkinson, R., 2nd earl of Liverpool　127
リカード　Ricardo, D.　137
リース=ロス　Leith Ross, F. W.　290
リチャード3世　Richard III　88
リドリ　Ridley, N.　176
ルイ9世　Louis IX　67
ルイ14世　Louis XIV　103, 210, 263
ルウェリン・アプ・グリフィズ　Llywelyn ap Gruffudd　199
ルーカン　Lucanus　58
ルター　Luther, M.　90
レノルズ　Reynolds, S.　49
ロー　Law, B.　157
ロー　Law, W.　268
ロイド=ジョージ　Lloyd George, D.　157-161, 178, 200, 201
ローズヴェルト　Roosevelt, F. D.　168
ロストウ　Rostow, W. W.　135
ローズベリ伯　Primrose, A. P., 5th earl of Rosebery　151, 196
ローソン　Lawson, N.　174, 176, 177
ローダーデイル伯／公　Maitland, J., 2nd earl & 1st duke of Lauderdale　190
ロック　Locke, J.　122, 265
ロバート1世　Robert I　56, 66, 75, 184
ロバートソン　Robertson, J.　191
ロビンソン　Robinson, R.　272, 286

ワ行

ワイヴィル　Wyvill, C.　122
ワトリ　Whatley, C. A.　192

◆ 事項索引

BBC(英国放送協会)　14, 164, 166, 202
EC(ヨーロッパ共同体)　176, 251
EEC(ヨーロッパ経済共同体)　19, 170, 171
EU(ヨーロッパ連合)　5, 177, 183
IHR(歴史学研究所)　8, 12, 20, 25
IMF(国際通貨基金)　172, 173
IRA(アイルランド共和軍)　227
IRB(フィーニアン)　220-222, 226
NATO(北大西洋条約機構)　166, 169

ア行
アイオナ島　36
愛国主義, 愛国心　114, 122, 126, 127, 257, 289, 292
アイリッシュ海　39, 50, 51, 77, 78
アイルランド
　アイルランド語　→言語
　自治法案(第1次〜第3次)　222, 223, 225, 289
　自治問題(ホームルール)　147, 223, 248, 250, 289
　自由国　227, 289
　総督　208-210, 213, 216
アヴィニョン教皇(庁)　49, 58, 70
アサイズ　69, 70　⇒巡回裁判
アジア域内交易, アジア間交易　274, 278, 282, 285
アセンブリ(自治議会)　→スコットランド議会
アフィニティ　69, 87, 88
アーブロース宣言　68, 72
アヘン戦争(アロー戦争)　138, 284
アーマの書　40
アメリカ独立(戦争)　107, 110, 113, 120, 122, 123, 125, 270, 275-277, 280
アルスタ植民　208, 273
アルバ王国　39
アルミニウス主義　98, 260, 261
亜ローマ圏　33, 34, 36
アングル人　32-34, 40
アングロ=サクソン(人)　40, 170, 199
アングロ=ノルマン(人)　26, 205
アンシャン・レジーム(旧体制)　17, 105, 106, 113, 121, 126, 133, 213, 257
イギリス(定義)　4, 5
イギリス革命　80, 96-99, 101, 102, 238, 239, 255, 275　⇒ピューリタン革命
イースタ蜂起　226
イーストアングリア　34, 38
イタリア戦争　90
一階級社会　86
イネ王法典　40
イー・ネール　40
移民, 移住　6, 32, 34, 46, 50, 139, 152, 196, 219, 220, 222, 226, 265, 292
イラク戦争　179
イングランド銀行　103, 110, 160, 162, 165, 178, 275, 290
イングランド国教会, 国教徒　93, 258, 266
インド統治　163, 193, 279, 289
ヴァイキング　34, 38, 39, 42, 46
ヴァージニア会社, 植民　95, 96, 274
ウィリアムズ・テーゼ　132, 280
ウィルクス事件　245
ウェセックス　34, 38-42, 53, 57
ウェールズ
　ウェールズ語　→言語
　議会　202, 254
ヴォランタリ(任意団体)　14, 116, 129, 150, 268
ヴォランティア　143, 151
運河　113, 117, 128, 195, 242
エアルドールマン　43, 73
英国図書館(BL)　13
英国博物館(BM)　5, 12, 13
英仏海峡　6, 39, 50, 61
英蘭戦争　263
英連邦　→コモンウェルス
王国共同体　26, 49, 68, 69
オクスフォード運動　125, 131, 270
オッファの防塁　200
オーナメンタリズム　134, 293
オリエンタリズム　292, 293
恩顧関係　→パトロネジ

カ行

改革の時代　121, 127, 130
改革派プロテスタント　→ピューリタン, ピューリタニズム
階級　118, 119, 129-153, 158, 159, 164, 201, 245, 247, 250
海軍(ネイヴィ)　61, 62, 79, 109, 134, 138, 162, 287
科学　139, 142, 159, 268
囲い込み　76, 83, 84, 101, 116, 123, 242　⇒農業改良
課税同意　67, 185, 188, 234, 235
家族　84, 85, 118, 141
カトリック解放　122, 132, 248
カヌート法典　38, 44
家父長(制)　85, 86, 105, 114, 121, 125, 141
貨幣　9, 31, 32, 35, 45-47, 65, 76, 78　⇒通貨, 銀貨
火薬陰謀事件　100
カルヴァン主義, 派　187, 260
環大西洋(経済圏)　108, 125, 209, 220, 275-278, 280　⇒大西洋
寛容　93, 98, 102, 125, 264, 269
寛容法　106, 108, 122, 266, 267
議会改革　121, 127, 214, 216, 244-246
議会寡頭政治　117, 240, 241, 243, 245
議会史財団　20, 113, 232, 251, 253
議会における国王, 議会のなかの国王　108, 240
企業家　111, 144
騎士　45, 53-55, 60, 63, 67, 68, 73, 74, 234, 235
騎士議会　102
北アイルランド
　議会　254
　紛争, 問題　223, 228
北アメリカ植民地(13植民地)　10, 98, 101, 103, 107, 114, 122, 213, 222, 242, 253, 254, 266, 272, 274, 276, 277
キムロ　52
急進主義(ラディカル)　19, 115, 121-123, 125-127, 130, 133, 134, 241, 245
救貧　76, 94, 112, 116, 123, 131, 136, 143, 148, 151, 187, 195, 197
救貧法　94, 192
　新救貧法
　　イングランド　124, 126, 133, 134
　　スコットランド　195, 219
教育　10, 110, 116, 118, 132, 141, 143, 144, 150, 172, 173, 187, 191, 195, 202, 218, 219, 266, 288, 292
教区　43-45, 49, 58, 59, 74, 75, 86, 94, 116, 134, 150, 187, 259, 262
　教会　19, 37, 43, 58, 187
　簿冊　19, 83, 91, 256
教皇派　→法王教
共和主義　111, 131, 148
拒否権　240, 250
キルク・セッション　187, 188
キルデア伯家　206
ギルド　8, 49, 151
ギルドホール　70
銀貨　→貨幣, 通貨
銀行　136-138, 193, 194
金本位制　133, 138, 155, 159-162, 287, 290
金融利害　109, 114, 283
クエーカ　262, 266, 282
国の民　→ネーション
九年戦争　109, 110, 206, 207
グラタン議会　213-215, 217
クラパム派　123, 270
クラレンドン法　69
クラレンドン法典　262
クラン(氏族制度)　184
クリミア戦争　138
クレオール　277, 282
グローバル・ヒストリ　152, 273, 281
クロフタ(小作農)　194, 196
敬虔主義(ピエティスムス)　262, 268, 269
啓蒙　117, 121, 126, 130, 181, 192-194, 255, 266-269
契約派　189, 190
ケインズ主義　155, 169, 171, 173, 178
ケインブリッジ・グループ　19, 83
毛織物　45, 65, 76-78, 108, 275
血族, 血縁　35, 43, 44, 59, 75, 79, 184
ケルト　4, 26, 27, 29, 33, 36, 213
　ケルト周縁　29, 37, 39, 43, 45, 58, 159, 180, 199, 254
　島のケルト　29
ゲール同盟　224, 226
ゲルマン　29, 32-34, 36, 40
権限委譲(デヴォルーション)　5, 202,

事項索引　403

226, 254
言語　29, 79, 152, 180, 218
　アイルランド語　217, 224, 226
　ウェールズ語　52, 71, 199, 200, 202
　英語　6, 27, 32, 58, 59, 95, 141, 185, 206, 218, 288
　ゲール語　58, 71, 74, 75, 180, 184, 185
　スコットランド語　183, 185
　ブリソン語　180
　ラテン語　4, 9, 27, 31, 33, 48, 58, 71
言語論的転回　21, 134
権利の請願　97
公益法人　13, 14, 200　⇒チャリティ
航海法　141, 275, 277, 281, 282
工業化　84, 108, 113, 116, 124, 134-137, 139, 144, 193, 194, 213, 220, 269, 280, 290　⇒産業革命
高教会(ハイチャーチ)　131, 266, 270
広教会(ブロードチャーチ)　267, 270
公共圏　14, 192
公式帝国　134, 272, 273, 276, 283, 287-289
公衆衛生　136, 138, 143
好戦的な愛国心　→ジンゴイズム
合同　→ユニオン
公務員　149, 173, 198, 224
公約　160, 161, 177, 197, 198, 250
黒死病　→ペスト
国勢調査　→センサス
国民　→ネーション
国民国家　17, 21, 29, 75
国民投票, 住民投票　171, 198, 199, 251
国民保健サービス(NHS)　165, 174
穀物法　131, 133
穀物法撤廃　137, 138, 140, 141, 282
国有化　165, 166, 172, 197
五港　→シンク・ポート
小作農　→クロフタ
ゴドウィン家　44
ゴードン暴動　122, 125
コミュニティ・チャージ(人頭税)　176, 177, 198
コモンウェルス(英連邦)　6, 166, 170, 288, 289
コモンロー　53, 69-71, 96, 98, 206
娯楽　→レジャー

サ行
財政革命　110, 275, 278
財政軍事国家　67, 79, 82, 109, 110, 114, 115, 121-124, 126, 127, 130, 134, 238, 241
裁判権　50, 56, 60, 75, 91, 183, 185
財務府　42, 54, 73, 110
サクソン人　26, 32-34, 40
サッチャリズム(サッチャ主義)　119, 171-179, 198
三王国戦争　99, 188-190, 200, 208, 261
三角貿易　276, 279, 280
産業革命　21, 116, 118, 121, 124, 125, 134, 135, 144, 214, 242, 244, 277, 280　⇒工業化
　第2次産業革命　145
39カ条　255, 257, 258
三十年戦争　96, 190, 261
三圃制　47, 64
シェリフ　56, 73
ジェンダー　19, 85, 105, 118-120, 133, 143, 151, 152　⇒女性, マスキュリニティ
ジェントリ　45, 56, 59, 63, 68, 74, 85, 86, 92, 94, 100, 119, 140, 235, 238, 242
　ジェントリ論争　85, 92
ジェントルマン　10, 15, 129, 135, 248, 280
　疑似ジェントルマン　276, 279
　ジェントルマン資本主義　140, 141, 285, 286
識字, 識字率　→リテラシー
司教制, 司教座　29, 37, 41, 43, 48, 54, 55, 57, 59
慈善　→チャリティ
氏族制度　→クラン
自治体法　132, 212
七年戦争　212
自治反対派　→ユニオニスト, ユニオニズム
自治法案(第1次～第3次)　→アイルランド自治法案
自治領, ドミニオン　170, 254, 272, 286-290, 293
失業率　161, 163, 172, 173, 178, 196, 198
シティ　8, 140, 154, 176, 280, 285, 286, 288, 290, 291
シティズン(市民)　130, 143, 146, 148,

151, 214, 225
地主，地主支配　114, 116, 117, 121, 123, 133, 135, 145, 194, 213, 222, 223
地主貴族，土地貴族　105, 114, 240, 242, 243, 245, 246, 252, 285
司法　14, 22, 91, 96, 116, 200, 226, 231, 252
資本主義　6, 17, 119, 140, 155, 160, 278
社会主義　17-19, 141, 148, 155-157, 159, 160, 165, 166, 178
社会帝国主義　286, 289
社会民主主義　157, 166, 175
ジャガイモ(大)飢饉　133, 139, 196, 219, 220
爵位，爵位貴族　73, 75, 235, 242, 251, 252, 278
ジャコバイト　108, 109, 113, 192, 193, 210-213, 265
奢侈　110, 111, 117, 276
ジャーディン・マセソン商会　278, 284
ジャーナリズム　109, 111, 117, 239
州　41, 42, 49, 56, 59, 150, 183
州共同体　69, 74
十字軍　62, 66
自由市場(経済)　154, 156, 157, 172, 173
自由主義　→リベラリズム，リベラリスト
重商主義帝国　275, 278, 280, 281
修正主義　15, 20, 21, 105, 166, 231, 238, 259
従属論　280
州長官　93, 116
自由党(起源)　250
修道院　36, 37, 43, 46, 55, 91
　解散　76, 85, 91, 92, 207
修道士，修道会　37, 43, 58, 60, 62
17世紀の危機　101, 273
12世紀ルネサンス　59
宗派，宗派主義　106, 123, 133, 142, 203, 207, 212, 218, 257, 270
宗派対立，抗争　107, 122, 218, 228, 257, 261, 271
十分の一税　44, 54, 58
自由貿易　138, 147, 155, 157, 161, 190, 191
自由貿易帝国主義　219, 272, 283-285
自由放任　→レッセ・フェール
自由民主党　→リベラル・デモクラッツ
主教制　188-190, 257, 261

主教戦争　189, 190
祝祭，祝賀　94, 98, 101, 148, 260, 288
熟練労働者　141, 149, 176, 197
主権国家　4, 27, 80-103, 184, 213
首相　114, 241, 244, 251
巡回裁判　212　⇒アサイズ
巡察　54, 68-70
荘園　35, 61, 63-65, 75, 76, 78
商業革命　108, 111, 275, 278, 280
商業社会　116, 117, 181, 193
商業帝国主義　127
尚書部　53, 56, 58, 68, 73
小選挙区制　247, 251
消費　30, 31, 46, 53, 62, 63, 84, 105, 111, 112, 117, 118, 120, 121, 125, 129, 135, 145, 193, 286
上流階級　105, 117, 120, 140, 193, 270
植民，入植　26, 32, 38, 39, 55, 60, 65, 95, 189, 205, 208, 212, 213, 273
植民地(海外)　5, 114, 190, 191, 268, 272-293
植民地会議　288
女性　19, 58, 85, 111, 119, 131, 132, 136, 143, 147, 150, 157, 158, 192, 196, 219, 247, 248　⇒ジェンダー
女性参政権　130, 143, 148, 196, 247
叙任権　48
進化論　142, 150
信教国家，信教主義　105, 121, 257, 268
シンク・ポート(五港)　62, 79
ジンゴイズム　146, 292
審査法　132, 212, 270
神授王権　95, 191, 192
人頭税　→コミュニティ・チャージ
シン・フェイン　224, 226, 227
新聞　111, 113, 197, 205, 216, 224, 245
人民予算　148, 152, 157
審問　67, 74, 234
枢密院　68, 86, 91, 93, 98, 186, 188
スエズ　6, 19, 167, 291, 292
スコット人　39, 40, 51, 52, 66, 75
スコットランド
　議会(自治議会)　197, 199, 254
　自治権(ホームルール)　181, 183, 198
　スコットランド語　→言語
スコットランド国民党(SNP)　182, 197
スターリング圏，地域　168, 290, 291
スピーナムランド方式　124

事項索引　405

スポーツ　146, 224, 293
生活革命　277
生活水準論争　135, 136
請願　67, 70, 115, 234, 235
聖書　40, 95, 199, 270
制定法　22, 188, 232, 240, 242, 243
政党政治　113, 114, 147-149, 244, 250
　⇒二大政党(制)
青年アイルランド派　217, 218, 220, 224
セイン　43-45, 55, 73
世界システム(論)　135, 272, 276, 280
石炭　137, 139, 145, 172, 195, 201
セクト　107, 262
絶対主義，絶対君主　21, 95
ゼネスト　160, 173, 194
世論　106, 143, 164, 165, 170, 226, 239, 241, 243-245, 250, 292
宣教　→伝道(ミッション)
選挙法改正
　第1次　105, 126, 127, 131, 133, 245, 246
　第2次　141, 143, 146, 149, 245, 247, 248
　第3次　146, 149, 247, 248
センサス(国勢調査)　142, 200, 202
戦争国家(ウォーフェア・ステイト)　152
専門職(プロフェッション)　9, 10, 111, 112, 140, 149
騒擾　119, 120, 243
造船　137, 139, 145, 195

タ行
戴冠(式)　33, 41, 44, 45, 48, 57, 65, 66
大国意識　129, 179
大衆　111, 121, 145
　資本主義　175
　消費社会　145, 182
　政治　195
　文化　166
　民主政治　247-250
大西洋　6, 20, 50, 81, 95, 101, 171, 192, 203, 212, 229, 274, 276, 277, 280　⇒環大西洋(経済圏)
大法官(府)　53, 68, 70, 90, 252
脱工業化　135, 219
脱植民地化　→ポストコロニアル
ダブリン議会　208, 216, 222, 253

男性性　→マスキュリニティ
治安判事　70, 86, 89, 93, 116, 183, 188, 252
地中海　34, 62, 77
血の巡回裁判　264
チャーティスト　127, 131, 141
チャリティ，慈善　14, 116, 131-133, 140, 141, 143, 148, 151, 270
中央と地方　80, 101, 108, 115, 128
中間層，中産階級，中流階級　→ミドルクラス
中世文書革命　53, 58
長期議会　189, 239
長老主義，長老派　100, 187-193, 195, 209, 212, 229, 262, 266
通貨，銀貨　9, 46, 47, 54, 65, 136, 138, 154, 161, 168, 172, 174, 177, 286, 291
　⇒貨幣
創られた伝統　196, 224
低教会(ローチャーチ)　266, 270
帝国特恵制度(オタワ体制)　162, 290
ディジタル(電子)化　13, 24, 27, 183, 203, 232
鉄(製鉄，鉄工業)　137-139, 145, 195
鉄道　117, 128, 137-139, 146, 195, 283
撤廃(リピール)　→リピール運動
デーンゲルド　42, 54
デーン人　38, 46
伝道，宣教(ミッション)　195, 270, 288
　⇒布教
デーンロー　38
同業組合　8, 10
同君連合　96, 188, 189, 217, 225
島嶼　5, 39, 50, 58, 65, 75, 184
道徳　→モラル
ドゥームズデイ　27, 42, 53, 62-64, 75
都市化　30, 31, 46, 77, 78, 84, 112, 135, 194
都市自治体法　126, 134, 252
都市ルネサンス　112
ドミニオン　→自治領
トーリ　103, 109, 114, 123, 127, 133, 137, 209, 239, 244, 274, 282
奴隷(制)　35, 45, 63, 64, 132, 138, 244, 270, 274, 276, 277, 280, 282

ナ行
長い宗教改革　107, 262, 267

ナショナリスト，ナショナリズム　174, 181, 182, 195, 197, 204, 206, 211, 213, 214, 217, 218, 220-222, 225, 226, 229, 288, 291
ナショナル・トラスト　14, 145, 200
ナポレオン戦争　104, 107, 110, 129, 130, 133, 194, 215, 279, 281
二院制　234, 235
西インド諸島　242, 274, 276, 280, 282
二大政党(制)　147, 243, 244, 247, 250
　⇒政党政治
日露戦争　287
ニュー・リベラリズム(新自由主義)　→リベラリズム
ニュー・レイバー　→労働党
任意団体　→ヴォランタリ
ネイボッブ　278
ネイミア学派(史学)　112, 113, 231, 240, 241, 243
ネオ・ホウィグ(史学)　113, 243
ネオ・リベラリズム　→リベラリズム
ネーション(国の民，国民)　26, 39, 40, 49, 51, 52, 73, 79, 125, 129, 139, 202, 213, 214, 218, 224, 227, 243, 258, 293
農業改良，農業革命　83, 84, 94, 116, 194
　⇒囲い込み
ノーサンブリア　38, 47, 51
ノースコート・トレヴェリアン報告　149
ノルマン人　26, 51, 60
ノルマン征服　28, 41, 42, 49-51, 53, 55, 58-60, 62, 73, 74, 78

ハ行
陪審(制)　42, 60, 69, 70, 86
バイユーの綴織　27
ハイランド　75, 109, 184, 185, 191, 194, 196, 197
ハウェルの法　71
伯，伯領　42, 44, 56, 68, 73, 74
パクス・アメリカーナ　291, 292
パクス・ブリタニカ　5, 138, 272
覇権(bretwalda)　35
ハドリアヌスの長城　28, 30
ハートリブ・サークル　261
パトロネジ(恩顧関係)　45, 49, 69, 87, 127, 134, 140, 149, 150, 193, 194
バプティスト　262, 266

バラ戦争　81, 87, 88
バルト海　38, 45, 47, 182
バルフォア報告　289
ハーロー・テーゼ　280
バロン，バロン領　56, 68, 73, 75
反カトリック　103, 109, 208, 258
万国博覧会　137
ハンドレッド　42, 49
反仏　103, 109
東インド会社
　イギリス(EIC)　95, 122, 274, 275, 278-282
　オランダ(VOC)　274, 275
ピクト人　28, 29, 39, 51
非公式帝国　134, 272, 283, 284, 287, 288
非国教徒，非国教会　11, 106, 108, 122, 130, 132, 133, 139, 146, 150, 201, 203, 212, 244, 248, 257, 262, 264, 266, 267, 270, 288
ビスケ湾　6, 39, 51, 62, 228
秘密投票　146, 233, 247
百年戦争　70, 72, 77, 87
ピューリタン，ピューリタニズム(改革派プロテスタント)　93, 95-98, 100, 102, 238, 255, 260-262, 269, 274
ピューリタン革命　98, 101, 255, 258-261
　⇒イギリス革命
品位の理念　→リスペクタビリティ
貧困，貧者　76, 94, 115, 121, 131, 146, 148, 151, 156, 157
フェビアン　148, 156
フェミニズム　143, 148
フォークランド戦争　175, 292
布教　29, 34, 36, 37, 40, 268, 288　⇒伝道，宣教
福音主義　123, 131, 132, 137, 142, 266, 270, 282
複合国家　81, 99, 101
複合所領　35, 42, 45, 64, 75
福祉，福祉国家　130, 134, 142, 143, 148, 151, 155-157, 163-168, 172, 174, 178, 195, 197, 198, 200, 250
腐敗選挙区　245
フランク的　41, 44, 48-50, 65
フランス革命　107, 120, 122, 123, 125, 214, 215, 244, 270, 277, 281, 282
ブリトン人　28-31, 33, 34, 36, 52
フリーホルダー　235

プリムローズ・リーグ　147, 248
旧き腐敗　127, 130, 131, 133, 134, 214, 241, 282
ブルターニュ(半島)　4, 34, 63
浮浪　86, 94, 115
プロト工業化　84
プロト資本主義　281
文化帝国主義　288
文明化の使命　288
ペイル　49, 68, 71, 95, 205, 206
ベヴァリッジ報告　155, 165
ベケット論争　70
ヘゲモニー国家　38, 41, 273, 287, 288, 290, 291
ペスト(黒死病)　52, 76, 83
ベンサム主義　11, 136
ボーア戦争　151
ポイニングズ法　68, 89, 208, 253
ボイン川　211
法案　232, 240, 242
ホウィグ　103, 109, 113, 114, 127, 133, 136, 192, 239, 241, 244, 246, 248, 250
ホウィグ史観, 史家　15-17, 19, 20, 67, 80, 231, 233, 237, 243
法王教(教皇派)　103, 258, 262-264, 266
包括　262
封建制　42, 49, 50, 55, 87, 184
法人　10, 11, 13, 14, 112, 116
法曹学院　10, 59
報道　138, 146, 178, 216, 245
保険　145, 157, 165, 167, 198, 279
保守主義　122, 125
保守党(起源)　248, 250
ポストコロニアル　28, 273, 291-293
ポストモダン　119, 292
北海　5, 6, 8, 34, 38, 39, 47, 50, 78, 182, 228
ポライトネス　117
ポリティカル・エコノミ　106, 137, 139
ポンド切下げ　169, 292

マ行
マクドナルド氏族　190
マグナ・カルタ　67, 72
マーシア　34, 38, 39, 41
魔女　188
マスキュリニティ(男性性)　136, 150
　⇒ジェンダー

マナ　75
マルクス主義(史観)　15-20, 119
マンスタの反乱(九年戦争)　95
マン島　50, 58, 180
見えざる帝国　286
ミッション　→伝道, 布教
ミドルクラス(中間層, 中産階級, 中流階級)　11, 105, 110, 117-122, 126, 129, 131, 136, 140, 141, 143, 145, 147, 149, 159, 195, 240, 245, 246, 270
南アフリカ(ボーア)戦争　287
民営化　175
民間公共社会　7, 104
民兵　93, 100, 126
無神論　269
無敵艦隊(アルマダ)　100, 264, 273
名望家　56, 74, 85, 106, 123, 150, 220, 222
メソディズム, メソディスト　256, 269, 270
綿工業, 綿工場　135, 137, 145, 194, 279, 280, 285
模範議会(モデル議会)　67, 235
モラル(道徳)　108, 121, 130, 131, 137, 141, 142, 148, 262
　モラル・エコノミ　86, 106, 133
　モラル哲学　117
　モラル・リフォーム　262, 267-269

ヤ行
野蛮(人)　28, 32
有料道路(ターンパイク)　113, 128, 242
ユグノー　256, 265, 266, 269
ユダヤ(人)　106, 248, 256, 287
ユナイテッド・アイリッシュメン　214-216, 218
ユニオニスト, ユニオニズム(自治反対派)　147, 223, 225, 226, 228, 229
ユニオン(合同)
　1536年　26
　1707年　182, 183, 191-193, 195, 253
　1801年　122, 216, 253
ユニテリアン　266, 267, 270
余暇　→レジャー
ヨーマン　86
ヨーロッパ議会(欧州議会)　5, 254

ラ行
ライフサイクル　85, 118

ラテンアメリカ 138, 278, 282–284
ラファエル前派 139
陸軍 109, 134, 138
理神論(者) 266, 269
リスペクタビリティ(品位の理念) 140, 143
立法 67, 70, 108, 115, 116, 213, 231, 234, 235, 237, 242
リテラシー(識字, 識字率) 59, 118, 136, 150, 192
リピール(撤廃)運動 133, 217, 222, 223
リブ・ラブ主義 248
リベラリスト, リベラリズム(自由主義) 7, 16, 17, 120, 122, 125, 129-153, 156, 157, 169, 172, 195, 222
　ニュー・リベラリズム(新自由主義) 147, 156-163
　ネオ・リベラリズム 156, 172, 172
リベラル・デモクラッツ(自由民主党) 250
領主権, 領主制 45, 60, 64, 75, 83, 185
ルター派 262
令状 42, 53, 67, 69, 74
レヴァント会社 95, 274
歴史人口学 83, 84

レジャー(余暇, 娯楽) 110-112, 119, 131, 136, 152, 163
レッセ・フェール(自由放任) 121, 130, 134, 142, 151, 155, 157, 283
レモンストランス(上訴) 49, 72
レルド(laird) 68, 185, 186, 188
労働運動 19, 177, 196, 201, 224, 225
労働組合, 労働団体 14, 130, 148, 149, 158, 160, 167, 173, 174, 177, 178, 196
労働者 120, 140, 141, 149, 151, 157, 158, 174, 194, 195, 201, 269
労働者階級 131, 136, 140, 141, 145, 159, 197, 198, 202, 246-248, 289
労働党
　起源 250
　ニュー・レイバー 171-179
ロビーイング 244
ローマ化 27-32
ローマ人 4, 27, 28, 32, 33
ロマニストとゲルマニスト 28, 33
ロマン主義 130, 218
ロラード(派) 58, 259
ローランド 75, 184, 185, 189, 194, 196
ロンドン(定義) 8, 9

後藤はる美・近藤和彦

執筆者紹介(執筆順)

近藤和彦 こんどう かずひこ [編者]
1947年生まれ。東京大学大学院人文社会系研究科教授
主要著作:『民のモラル――近世イギリスの文化と社会』(山川出版社 1993),『文明の表象 英国』(山川出版社 1998), *British history 1600–2000: expansion in perspective* (共編著, London: IHR, 2010)

鶴島博和 つるしま ひろかず
1952年生まれ。熊本大学教育学部教授
主要著作: 'The eleventh century in England through fish-eyes', ANS, 29 (2007),『日英中世史料論』(共編著, 日本経済評論社 2008), *Nations in medieval Britain* (編著, Stamford: Shaun Tyas, 2010)

小泉 徹 こいずみ とおる
1952年生まれ。聖心女子大学文学部教授
主要著作:『宗教改革とその時代』(山川出版社 1996),『岩波講座 世界歴史16 主権国家と啓蒙』(共著, 岩波書店 1999),『魔女狩り』(訳書, 岩波書店 2004)

坂下 史 さかした ちかし
1965年生まれ。東京女子大学現代教養学部教授
主要著作:「国家・中間層・モラル――名誉革命体制成立期のモラル・リフォーム運動から」(『思想』879号 1997),「急進主義・博愛・農業――「ジャコバン・シティ」ノリッジのある社会改良家の活動から」(近藤和彦編『歴史的ヨーロッパの政治社会』山川出版社 2008),「地域社会における公共圏――交錯する公式性, 共同性, 公開性」(大野誠編『近代イギリスと公共圏』昭和堂 2009)

金澤周作 かなざわ しゅうさく
1972年生まれ。京都大学大学院文学研究科准教授
主要著作:『チャリティとイギリス近代』(京都大学学術出版会 2008),「旧き腐敗の諷刺と暴露――19世紀初頭における英国国制の想像／創造」(近藤和彦編『歴史的ヨーロッパの政治社会』山川出版社 2008),『人文学への接近法――西洋史を学ぶ』(共編著, 京都大学学術出版会 2010)

西沢 保 にしざわ たもつ
1950年生まれ。一橋大学経済研究所教授
主要著作:『異端のエコノミスト群像――19世紀バーミンガム派の経済政策思想』(岩波書店 1994),『マーシャルと歴史学派の経済思想』(岩波書店 2007), *No wealth but life: welfare economics and the welfare state in Britain, 1880–1945* (共編著, CUP, 2010)

富田理恵 とみた りえ
1962年生まれ。東海学院大学人間関係学部准教授
主要著作:『世界歴史の旅　スコットランド』(山川出版社 2002),「連合王国は解体するか？――スコットランドとウェールズへの権限委譲」(木畑洋一編『イギリス帝国と20世紀 第5巻　現代世界とイギリス帝国』ミネルヴァ書房 2007),「17世紀スコットランドにおける革命と政治社会――議会制定法の分析から」(近藤和彦編『歴史的ヨーロッパの政治社会』山川出版社 2008)

勝田俊輔 かつた しゅんすけ
1967年生まれ。岐阜大学教育学部准教授
主要著作: 'The Rockite movement in county Cork in the early 1820s', *Irish Historical Studies*, xxxiii (2003),「「ボトル騒動」と総督――19世紀初めのダブリンの政治社会」(近藤和彦編『歴史的ヨーロッパの政治社会』山川出版社 2008),『真夜中の立法者キャプテン・ロック――19世紀アイルランド農村の反乱と支配』(山川出版社 2009)

青木　康 あおき やすし
1951年生まれ。立教大学文学部教授
主要著作:『議員が選挙区を選ぶ――18世紀イギリスの議会政治』(山川出版社 1997), 'Members of parliament and their connections to constituencies in the eighteenth century: a study in quantitative political history', *Parliaments, Estates & Representation*, 18(1998); 'To be a member of the leading gentry: the Suffolk voluntary subscriptions of 1782', *Historical Research*, lxxvi (2003)

西川杉子 にしかわ すぎこ
1963年生まれ。東京大学大学院総合文化研究科准教授
主要著作:『ヴァルド派の谷へ――近代ヨーロッパを生きぬいた異端者たち』(山川出版社 2003), 'The SPCK in defence of Protestant minorities in early eighteenth-century Europe', *Journal of Ecclesiastical History*, 56 (2005), *Daniel Ernst Jablonski: Religion, Wissenschaft und Politik um 1700* (共著, Wiesbaden: Harrassowitz Verlag, 2008)

秋田　茂 あきた しげる
1958年生まれ。大阪大学大学院文学研究科教授
主要著作:『イギリス帝国とアジア国際秩序――ヘゲモニー国家から帝国的な構造的権力へ』(名古屋大学出版会 2003),『パクス・ブリタニカとイギリス帝国』(編著, ミネルヴァ書房 2004), *The international order of Asia in the 1930s and 1950s* (共編著, London/New York: Ashgate, 2010)

　本書は，日本学術振興会の科学研究費補助金・基盤研究(A)「ブリテン諸島の歴史の総合的再構築」(2006～08年度)による共同研究の成果である。編集作業において後藤はる美さんの特段の支援があったことも，記しておきたい。

イギリス史研究入門
<small>し けんきゅうにゅうもん</small>

2010年9月30日　1版1刷　印刷
2010年10月15日　1版1刷　発行

編　者	近藤和彦 <small>こんどうかずひこ</small>
発行者	野澤伸平
発行所	株式会社 山川出版社 〒101-0047　東京都千代田区内神田1-13-13 電話　03(3293)8131(営業)　8134(編集) http://www.yamakawa.co.jp/ 振替　00120-9-43993
印刷所	明和印刷株式会社
製本所	株式会社 手塚製本所
装　幀	菊地信義

©Kazuhiko Kondo
2010 Printed in Japan ISBN 978-4-634-64036-8
造本には十分注意しておりますが，万一，落丁・乱丁などがございましたら，
小社営業部宛にお送り下さい。送料小社負担にてお取り替えいたします。
定価はカバーに表示してあります。